특별지방행정기관 지방이관의
운용실태와 전략방안

특별지방행정기관 지방이관의 운용실태와 전략방안

김인성 지음

[서문]

이 책이 세상에 나오게 된 배경은 '역대정부마다 지방자치와 분권을 국정과제로 추진하겠다고 공표하지만 지방정부와 주민이 체감할 정도로 제대로 추진되지 못한 이유는 무엇인가'에 대한 답을 찾는 데서 비롯되었다.

필자는 시민사회단체 활동을 통해서도 여전히 해소되지 못한 이 물음에 대한 답을 찾기 위해 대학원 과정에 문을 두드리게 되었다. 덕분에 정책 프로세스를 생생하게 체험하고 공부할 수 있는 제주특별자치도의회 행정자치위원회 전문위원실에서 정책연구위원으로 근무할 수 있었다. 평소 궁금증을 해소해나갈 수 있고 심지어 가족의 생계까지 해결할 수 있었으니 본인에게는 굉장히 행운이자 감사한 일이다.

이 책은 행정학 박사학위 졸업논문을 도서로 발간한 것으로서 도의회에서 약10년 동안 행정과 정책현장에서 체득한 논리적 인식체계를 정리한 집적물이다. 아울러 저의 노하우를 지방자치를 연구하는 분들과 공무원들께도 알려서 지방자치와 분권을 조금이나마 앞당기는 데 기여하기를 바라는 마음에서 출판을 결심하였다.

우리나라의 지방자치와 분권의 현 주소를 확인하기 위해서는 제주특별자치도 사례를 들여다봐야한다고 감히 단언하여 말씀을 드리고 싶다.

우리나라 법체계상 지역발전 차원에서 제주특별자치도 지역이 유일한 사례가 아닐까 싶다. 1991년 「제주도개발특별법」, 2002년 「제주국제자유도시특별법」, 2006년 「제주특별자치도 설치 및 국제자유도시 조성을 위한 특별법」으로 이어지면서 '지방자치·분권'

을 위한 제도적 옷을 갈아입어왔다. 현재의 제주특별법은 제1조(목적)에도 밝히고 있듯이 고도의 자치권을 바탕으로 제주지역의 특수한 여건을 활용하여 국제자유도시를 조성함으로써 도민의 복리향상과 국가발전에 기여하는 데 있다.

1991년 관광산업 개발중심 법인 「제주도개발특별법」이 시행된 이후 약 31년이 지났지만 제주사회는 당초 법 취지에 맞게 도민의 삶이 현저하게 나아졌다고 동의하지 못하고 있다. 경제규모와 인구증가 등 외형적으로는 성장하였으나 성장의 과실이 도민들의 삶에 크게 기여를 하지 못하는 것으로 분석되고 있다. 5인 이상 사업체 근로자의 평균 임금 수준은 관련 통계가 확인되기 시작한 1999년의 경우 전국 3위수준이었으나 현재는 전국 최하위를 면치 못하고 있다. 지역 내경제성장률(GRDP)을 구성하는 경제산업분야별 비중도 기간산업인 1차산업 비중은 크게 감소하고 관광업 분야는 제자리 걸음이며 제조업 등 2차 산업비중은 크게 나아지지 않았다. 오히려 지가상승과 중산간 난개발 등으로 주민의 삶의 질은 급격히 나빠지게 되었다.

제주만을 위한 특별한 법이 업그레이드되면서 오랜 기간 운영되었으나 주민들의 삶의 질은 오히려 나빠졌다는 결과는 상식적으로 받아들이기에는 어려운 측면이 있다.

이러한 결과를 야기한 이유를 찾아야만 했다. 제주특별법이라지만 실제로 특별한 지방자치·분권 정책이 없었던 것인지, 제도적 근거는 있으나 공직사회가 제대로 제도를 운영하지 못한 것인지, 아니면 중앙정부에서 제대로 관련 정책을 지원·추진하지 않았던 것인지 등 종합적으로 살펴볼 필요가 있었다.

필자는 이에 대한 해답의 실마리를 특별지방행정정기관 지방이관 정책을 통해 찾고자 하였다. 결론적으로 말하자면 앞서 의문을 가졌던 사항들 모두 복합적으로 작용하였음을 확인할 수 있었다. 대부분의 정책의 ABC가 그러하듯이 특별지방행정기관 정책을 둘러싸고 대통령, 중앙부처, 지방정부 등 정책이해관계 주체가 존재한다. 제주의 경우는 타 지역과 달리 시범사업 차원에서 이관된 7개 특별지방행정기관이 있었으며 별도로 운영할 수 있는 제도적 근거인 제주특별법이 존재하였다. 제주특별법에는 정책의 생애주기에 따라 특별지방행정기관 관련 정책을 추진하도록 명시가 되어 있었다.

하지만 2006년 7월 1일 제주특별자치도가 설치될 때 설계되고 조문이 구성된 이후 제주 지방정부의 정책적 관심 소홀로 정책 사후관리가 제대로 이어지지 못했고 정권이 교체되고 시간이 흐름에 따라 제주특별지방행정기관에 대한 중앙정치권의 관심은 멀어져갔다. 제주특별자치도지원위원회 심의사항에서 다룰 수 있고 국무총리와 성과평가협약 사항에 따른 제주도지사의 막강한 의제 설정·제안권이 제대로 시행된 적이 없었다. 이와 관련한 구체적 사항들은 책 본문에 상세히 기술하였다.

이 책은 특별지방행정기관 정책을 통해 우리나라의 지방자치 역사와 특징 및 한계 그리고 제주특별자치도 행정의 역사 및 특징 등

체계적이면서도 종합적으로 이해할 수 있도록 정리하고자 노력하였다.

본문에서 다 하지 못한 이야기는 향후 연구과제로 남겨서 다음의 숙제를 해야 한다는 약간의 부담감을 가지고자 한다.

본 저자의 고민의 결과가 세상 밖으로 나올 수 있도록 물심양면으로 도와주고 헌신해준 나의 아내 강재희 여사에게 특별한 감사를 드린다. 저자의 삼공주인 선율, 수운, 지운이 웃음으로 지원해주는 응원은 든든한 힘이 되었기에 본 지면을 통해 고맙다는 얘기를 전해본다. 아울러 연구의 주제를 제언해주신 제주대학교 양영철 교수님과 연구성과가 나올 수 있도록 지도해주시고 인간다움을 항상 강조하신 황경수 교수님께 특별한 감사의 말씀을 드린다. 내 삶의 멘토로서 큰 과오없이 세상을 마주할 수 있도록 해주신 산야님께도 진심으로 감사드린다. 단순히 저자의 실력만으로 인생의 운이 닿을 수 없음을 알기에 내 가족 그리고 양가 부모님과 식구들, 동문수학했던 선생님들 모두 오늘의 나를 있게 한 고마우신 분들이다. 본 지면을 통해 다시 한 번 감사의 말씀을 드린다. 더불어 저자를 응원해주시는 주변의 모든 분들에게도 감사의 말씀을 전하며 가정에 행복과 건강이 충만하길 기원드린다.

[국문 요약]

특별지방행정기관 지방이관의
운용실태와 전략방안

　특별지방행정기관 운용실태는 그 나라의 지방자치 역량·수준
과 밀접한 관계를 맺음에도 불구하고 특별지방행정기관 존치 여부
는 학계와 정부의 오랜 논쟁거리이자 정책적 딜레마였다. 본 연구
에서는 이분법적인 접근 논리를 지양하고 합리적인 대안을 모색해
보기 위해서 특별지방행정기관의 본질적 목적을 우선 규명하고자
하였다.

　특별지방행정기관 존치 여부에 대한 판단을 내리기 위해서 특별
지방행정기관의 존재 이유와 목적을 재구조화하였다. 현재 특별지
방행정기관의 목적은 「정부조직법」 상 "국가 행정사무의 체계
적이고 능률적인 수행을 위하여"라고 명시되어 있다. 여기에
「헌법」 전문 중 '대한민국의 의무'와 제69조의 '대통령 의무사항'
에 따라 중앙정부 조직 중 하나인 특별지방행정기관은 국민의 복
리 증진을 위해 존재한다. 국민의 복리 증진을 위해 존재하는 특별
지방행정기관은 행정 이념적으로 민주주의와 지방자치 정신에 닿

아있다. 국민은 민주주의 기본원리이자 목적이며 지방자치는 '국민의 자기결정권'이 본질이기 때문이다.

특별지방행정기관이 지방자치 정신에 닿아있지만 지방정부의 사무와 특별지방행정기관 사무가 중복될 경우 지방자치와 '구역', '자치권'의 충돌문제가 도출된다. 바로 이 지점에서 특별지방행정기관 존치 여부 논쟁이 발생한다. 이 부분에는 크게 두 가지 정책적 경우의 수가 발생한다. 첫째는 지방자치제도가 부활하기 전에 이미 특별지방행정기관이 존재했는지 여부이다. 둘째는 이미 지방정부 사무영역인데 중앙정부에서 특별지방행정기관을 설치하는 경우이다. 첫째 상황의 경우에는 특별지방행정기관 자체 이관 또는 일부 사무를 이관하는 정책적 이슈가 발생한다. 두 번째는 특별지방행정기관 신설 시 해당 지방정부와의 관계를 어떻게 설정하느냐의 문제가 대두된다. 결국 특별지방행정기관 이관 문제는 하나의 일관된 기준을 가지고 단일한 형태로 결론을 내릴 수 있는 사항이 아닌 것으로 논증할 수 있다.

이의 문제를 해결하기 위해서는 민주주의와 지방자치의 실천력으로써 지방분권이 필요하다. 국민(주민) 스스로 삶의 질을 높일 수 있도록 국민(주민)의 자기결정권을 기본적으로 존중하면서 외국과의 경쟁 등 국가 단위의 정책 효율성·효과성을 동시에 해결하는 개념으로 '차별화의 경제'와 '차이의 정치', '보충성의 원칙'을 제시하였다.

지역이 가진 특성과 고유의 잠재력을 활용할 수 있는 '차별화의 이점'을 극대화하여 개인과 지역의 선택폭을 넓히는 다양화를 확대하여 규모의 경제까지 이를 수 있다. 이 과정에 보충성의 원칙은 지방분권의 단계별 전략을 제시해주는 개념이다. 보충성의 원칙은 지역주민과 가장 가까운 지방정부가 지역의 문제를 해결할 수 있어야 하며, 필요하다면 중앙정부를 대상으로 지원을 요청하는 권리까지 포함한다. 보충성(subsidiarity) 용어는 라틴어 subsidium에서 유래한 것으로 help 또는 support의 뜻을 내포하고 있다. 즉, 지역의 문제는 지역주민들이 해결할 수 있도록 해야 하며, 이를 해결하기 위한 모든 공적인 사무는 지역주민 입장에서 가장 가까운 지방정부가 추진할 수 있도록 해야 한다. 이 과정에 사무의 범위와 성격, 효율성과 경제성 등을 고려했을 때 여전히 지역주민과 가장 가까운 지방정부가 추진하는 것이 합리적이라면 중앙정부를 상대로 이와 관련한 지원과 도움을 요청할 수 있다. 바로 이 지점이 특별지방행정기관 이관정책이 당위성을 갖는다.

보충성의 원칙은 중앙정부가 국방, 외교 등 외국을 상대로 한 명확한 국가사무를 제외하고는 기본적으로 지방정부 사무로 간주하고 의사결정을 추진하는 것이 합리적이다. 다만, 지역의 특성 및 지방정부의 행·재정적 여건 등을 고려했을 때 특별지방행정기관 전체를 이관할지, 일부 사무의 이관 등 단계적으로 추진하는 것이 합리적인지에 대해서는 중앙정부와 지방정부 간의 협의 및 합의의 영역으로 남겨질 수는 있다. 분명한 것은 중앙정부 지원에도 불구하고 지방정부가 수행하기 곤란한 경우에는 특별지방행정기관 사무를 존치하는 것이 보충성의 원칙에 부합한다는 것이다.

특별지방행정기관 이관에 대한 판단은 결국, 정책의 목적인 '국민(주민)의 복리 증진에 어떤 방식이 보다 기여하느냐'를 그 중심에 놓고 판단해야 한다. 이를 위한 정책적 수단은 '민주주의-지방자치-지방분권'에 얼마나 부합하느냐를 분석하는 과정으로 해결할 수 있다. 이를 위해 먼저 검토한 것은 역대 정부 국정 운영 철학과 지방분권 정책 의지와 성과를 살펴보았다. 이는 '민주주의-지방자치-지방분권'에 대한 의지와 성과를 가늠할 수 있다. 앞선 논의를 통하여 살펴보았듯이 특별지방행정기관 이관정책은 정부의 지방분권 정책의 일환으로 추진되어 왔다. 역대 정부 국정 운영 방향의 공통점은 국가경쟁력 강화를 위해 중앙정부와 지방정부가 역할을 나눠서 정책의 효율성과 효과성을 담보할 필요가 있다는 것이다. 다만, 차별화의 경제 및 차이의 정치, 보충성의 원칙 등 체계적인 지방분권 차원의 전략은 부족한 측면이 있었다.

특별지방행정기관 이관에 미치는 영향을 파악하기 위해 연구 분석의 틀을 설정하였다. 특별지방행정기관 이관정책효과 극대화 측면을 종속변수로 삼았고 이에 영향을 줄 수 있는 독립변수를 중앙정부, 제주특별자치도, 제주 특별지방행정기관 직원인 정책 이해관계자 등 정책추진 주체별로 설정하였다. 그리고 평가대상 기간을 제주 특별지방행정기관 이관 전·후 시기와 이관 후 시기로 구분하여 접근하였다. 이는 '정책의제설정 및 수립-정책추진과정-정책추진 결과 및 성과' 등 정책단계별로 영향요인을 도출하기 위함이다.

이의 세부적인 분석을 위해 역대 정부 및 제주 특별지방행정기관 이관정책, 제주특별법 추진체계 및 제도개선사항, 중앙정부의 불수용 과제 분석, 인사・재정・조직 운용 분석, 이관사무별 장・단점 분석,「제주특별자치도 성과평가」결과 분석 등 정성적인 분석과 제주 특별지방행정기관 이전 시 같이 이관된 공무원을 대상으로 한 설문조사 등 정량적인 분석을 동시에 진행하였다.

역대 정부의 특별지방행정기관 정책을 비교 분석한 결과 정부의 지방분권 정책의 성공을 담보하는 주요한 요인은 대통령의 의지와 이에 대한 실효성과 구속력을 담보할 수 있는 추진체계와 밀접히 관련이 있다. 정부에서 이양사무를 확정한 후 최종 이양률은 참여정부의 실적이 97.0%(이양확정 902건)로 가장 높았고 박근혜 정부에서는 이양사무가 118건 확정은 되었지만 대통령 보고를 하지 못하여 이양실적이 없었다. 특별지방행정기관 이관정책도 지방분권 정책의 연장선상에서 추진되어 정비실적도 참여정부가 △2,012건으로 가장 실적이 좋았다.

설문조사는 제주 특별지방행정기관 이관 전・후를 경험한 공무원을 대상으로 조사를 함으로써 정성적으로 분석했던 내용에 대해 검증하는 데 의미가 있다. 선행연구에서는 언급되었지만 자료로써 검증이 어려운 사항에 대해서는 보충적 해석이 가능하다는 점 그리고 특별지방행정기관 이관에 영향을 주는 요인에 대한 우선순위 설정 등 추진전략을 도출하는 데도 의미가 있었다.

다음으로 살펴본 것은 '민주주의-지방자치-지방분권'을 실현하는 정책학적 요인을 살펴보았다. 특별지방행정기관 이관과 관련한 선행연구는 크게 네 가지 유형으로 분류하였는데, 이관정책설계 시 '원칙과 기준', 이관정책추진 시 '추진전략', 이관 후 '추진정책평가', 이관 후 '운영성과 평가' 유형이다. 이는 '정책의제설정 및 수립-정책추진과정-정책추진 결과 및 성과'라는 정책의 생애주기 개념과 어느 정도 들어맞는다. '특별지방행정기관 이관 영향'을 파악하기 위해서는 정책의 특정 단계가 아닌 정책의 통합적 관점으로 접근할 필요가 있다. 따라서 주민의 복리 증진 등 특별지방행정기관 이관정책효과 극대화(종속변수)를 위해 이의 영향을 끼치는 요인들(독립변수)을 선행연구에서의 각 유형별 요인들을 참고하여 도출하였다.

본 연구의 목적을 달성하기 위해서는 제주 특별지방행정기관을 면밀히 분석하는 것은 매우 의미가 있으며, 제주특별자치도 사례에서 도출된 요인들도 본 연구의 분석의 틀에 포함했다. 국가의 지방분권 정책 차원에서 특별지방행정기관 이관정책이 가장 잘 구현되고 있는 곳은 제주특별자치도이다. 특별지방행정기관 사무의 이관 기준, 이관에 따른 조치, 이양대상 사무 외 특별지방행정기관의 사무의 이관, 특별지방행정기관의 설치 금지 등 제주특별법 제2장 제3절에 5개 조문(제23조~제27조) 12개 항에 걸쳐 명시되어 있다. 반면 지방분권법에는 1개 조문(제12조) 4개 항에 국한되어 명시되어 있다.

제주특별자치도 출범 후 15년이 지나도록 중앙정부는 전국적으로 특별지방행정기관 이관정책을 제대로 확산시키지 못하고 있다. 2006년 7월 1일 7개 특별지방행정기관이 이전하면서 제주특별자치도의 특별자치 분야로 다뤄졌으나 15년이 다 되도록 전국적으로 적용되는 일반자치로 전환되지 못하고 있는 실정이다. 특별지방행정기관 이관정책이 전국적으로 확산하지 못하는 이유를 제주특별 자치도 사례분석을 통해 파악하는 것이 중앙정부의 특별지방행정 기관 이관정책이 이전보다 한 걸음 더 나아갈 수 있는 계기가 될 수 있다.

이러한 논의들을 바탕으로 성공적인 특별지방행정기관 이관정책 을 추진하기 위한 '특별지방행정기관 지방이관 전략'을 도출하여 정책을 제언하였다. 제1단계 '지방분권 정책의제설정' 단계에서는 지방분권법에 구체적인 지방분권 정책을 명시할 필요성이 있다. 제 2단계 '특별지방행정기관 이관정책과제 수립' 단계에서는 특별지 방행정기관 이관정책수립, 보충성의 원칙 및 지역 특수성 등 특별 지방행정기관 이관정책 기준을 마련할 필요가 있다. 제3단계 '정책추진 과정'에서는 중앙정부 추진 의지, 정책이해관계자와의 공감대 형성 및 지원 등을 고려해야 한다. 제4단계 '정책추진 사후 관리' 단계에서는 이관사무 활용기반지원, 지방정부의 지속적인 정 책추진 의지를 강화해야 한다. 제5단계 '정책추진 성과관리' 단계 에서는 지역발전 기여도, 특별지방행정기관 정책성과, 중앙정부의 적극적 지원 등을 끌어낼 필요가 있음을 제언하였다.

본 연구는 특별지방행정기관 지방이관정책의 명분을 확보하고 제주특별자치도 사례를 통해 실익을 평가하여 전국적으로 확산시 킬 수 있는 전략방안을 도출하는 데 의미가 있다. 그런데도 제주 특별지방행정기관 및 일부 사무에 대한 중앙정부로의 환원에 대해 서는 구체적으로 논의하지 않았다. 앞서 논의했듯이 제주 특별지방 행정기관에 대한 장·단점이 존재하며 특히 일부 사무에 대해서는 추가 이양 또는 중앙정부로의 환원 필요성은 도출되었으나 그러한 논의결과가 기관 환원의 필요성으로까지 이어질 수는 없기 때문이다. 각 특별지방행정기관에 대한 보다 구체적인 분석과 소관 중앙부처와 타 지방정부에서 운영되는 특별지방행정기관 등과의 비교분석을 통해 추가 이관해야 할 사무 또는 환원시켜야 하는 사무에 대한 연구는 향후 연구과제로 남기고자 한다.

▌목 차

▌표 목차

▎그림 목차

제1장 서론

제1절 연구목적 및 배경

본 연구의 목적은 특별지방행정기관 개념과 목적을 지방자치 사상과 이념에 따라 재정의하여 정책단계 및 정책추진 주체별 특성을 고려한 특별지방행정기관 지방이관 전략을 제안하는 데에 있다.

본 연구의 수행을 위해서는 특별지방행정기관 운영 사례에 대한 면밀한 분석이 필요하다. 이에 필요한 사례 지역은 제주특별자치도이며, 특별지방행정기관을 사실상 완전히 이관한 지역으로는 유일하기 때문이다. 2006년 7월 1일 제주특별자치도가 출범하면서 7개 특별지방행정기관1) 사무가 이양된 후 14년이 지났다. 그간 특별지방행정기관은 지방자치법 제9조 제2항 지방자치단체 사무와 관련하여 중앙정부의 개입을 방조한 사례로 논의되어왔다.

특별지방행정기관 운용실태는 그 나라의 지방자치 역량·수준과 밀접한 관계를 맺는다(소진광, 2010). 보통 지방자치의 3대 요소가 주민, 자치권, 구역을 꼽고 있는데, 특별지방행정기관 사무가 자치사무와 중복되거나 하나의 지방자치단체 경계를 넘어 집행되는 점

---

1) 제주특별자치도에 이관된 7개 특별지방행정기관은 제주지방국토관리청, 제주지방해양수산청, 광주지방노동청 제주지청, 제주지방노동위원회, 제주보훈지청, 제주지방중소기업청, 제주환경출장소이다.

을 고려한다면 특별지방행정기관 운용수준이 지방자치의 수준을 가늠하는 바로미터라 할 수 있다. 이러한 맥락에서 본 연구는 특별지방행정기관과 관련한 역대 정부정책과 제주특별자치도의 특별지방행정기관 이관평가 등을 통해 특별지방행정기관에 관한 이관 영향을 분석하고자 하였다. 제주 특별지방행정기관 이관 기준, 과정, 운영평가 등의 분석을 통해 다른 지역에 적용할 수 있는 특별지방행정기관 이관전략을 제시하는 데 기여하고자 한다.

지방자치 부활 이전에는 자치사무를 특별지방행정기관이 수행한 측면이 있었다. 실제로 지방자치제도가 부활하는 1993년 시점까지 특별지방행정기관 수는 7,402개로 역대 가장 많은 수를 기록하고 있었다. 완전한 지방자치가 부활한 1995년 이후 25년이 지난 2019년 3월 기준, 총 5,107개로 1993년보다 그 수가 감소하긴 하였으나 여전히 많은 수를 기록하고 있다. 특별지방행정기관은 전국단위로 전문성을 바탕으로 사무를 효율적으로 추진할 수 있다는 긍정적 측면이 있었다. 하지만 지방자치제도가 부활한 이후에는 법인격을 가진 지방자치단체 사무와 중복되면서 행정의 비효율성, 지역주민과의 갈등 등 부정적 측면이 크게 작용하는 상황이 발생하였다.

특별지방행정기관은 지방자치 3요소인 주민, 자치권, 구역과 중복되는 특성을 지니고 있어서 지방자치제도 부활 이후 역대 정부는 지방분권 차원에서 지방정부로의 이관을 추진해왔다. 본 연구에서는 중앙정부의 특별지방행정기관 이관정책과 제주특별자치도 이관정책의 특징을 역대 정부의 지방분권 정책 맥락에서 분석하여 도출하고자 하였다.

특별지방행정기관 이관의 본질적 목적은 국민(주민)의 복리 증진에 있다. 이는 민주주의와 지방자치의 목적이기도 하다. 이를 실현할 실천력으로서 지방분권이 필요하며 특별지방행정기관 이관은 이를 위한 하나의 정책수단으로 이해할 수 있다. '국민(주민)의 복리 증진'이라는 특별지방행정기관 이관정책 목적을 달성하기 위해서 정책 이해당사자인 중앙정부와 지방정부 등 정책추진 주체 측면, 정책학 관점에서 '정책의제설정-정책계획 수립-정책추진-정책추진 사후관리 및 성과관리' 측면 등 다양한 측면의 요인을 검토하여 합리적인 방안을 마련할 필요가 있다.

본 연구는 지방분권과 지방자치 그리고 특별지방행정기관과의 연관성을 이론적 맥락에서 그 당위성을 살펴보고, 국내외 사례 등을 분석을 통해 특별지방행정기관과 관련한 역대 정부정책과 제주특별자치도 사례를 살펴볼 계획이다. 이를 바탕으로 특별지방행정기관에 대한 우선순위 이관원칙과 기준을 도출하여 정책추진 주체별, 정책단계별에 따른 특별지방행정기관 이관전략을 제안하고자 한다. 아울러 특별지방행정기관 이관 후 정책성과를 높이기 위해 관련 법률 제도개선 등 실효성 있는 정책제안을 하고자 한다.

제2절 연구범위 및 방법

1. 연구범위

본 연구는 특별지방행정기관 이관을 결정함에 있어 우선순위 이관원칙과 기준을 실증적인 분석을 통해 도출하고, 이관 과정뿐만 아니라 정책성과를 높이기 위한 정책제언을 하는 데 있다. 이를 위해서는 특별지방행정기관 소속 공무원 등을 대상으로 보다 심도 있는 연구를 할 필요성이 있기에 연구범위, 그리고 연구방법을 다음과 같이 구체적으로 살펴보고자 한다.

첫째, 연구의 분석대상은 2006년 7월 1일 제주특별자치도로 이관된 7개 특별지방행정기관이다. 당시 이관된 특별지방행정기관은 제주지방국토관리청, 제주지방해양수산청, 제주지방중소기업청, 광주지방노동청 제주지청, 제주지방노동위원회, 제주환경출장소, 제주보훈지청이다. 이관된 특별지방행정기관의 명칭이 변경되었는데, 각각 도로관리과, 해운항만과, 기업지원과, 고용센터, 지방노동위원회, 생활환경과, 보훈청으로 운영되고 있다. 이관 후 14년의 성과 등을 분석하기 위해서는 이관 당시 직원들을 대상으로 인터뷰 또는 설문조사가 필요하다. 연구에서는 문헌분석과 함께 실증분석을 실시하고자 한다.

둘째, 연구를 위한 내용적 범위는 특별지방행정기관 이관원칙과 기준을 결정하는 요인을 검토하고, 특별지방행정기관 이관 시 우선순위 원칙과 기준을 도출하여 정책단계별에 따라 중앙정부와 지방정부 등 정책추진 주체가 특별지방행정기관 이관정책 추진방안을 마련하는 사항에 관한 것이다. 이관원칙을 도출하기 위해서 지방분권과 지방자치에 대한 사상적·이론적 맥락을 살펴볼 필요가 있다. 아울러 특별지방행정기관 이관의 목적이 어디에 닿아있는지 민주주의와 지방자치 그리고 지방분권과의 관계에 대해 살펴보는 것이다.

역대 정부의 지방분권 정책에서 특별지방행정기관 이관정책이 차지하는 비중과 성과에 대해 검토할 필요가 있다. 특별지방행정기관 사무이양 기준에 영향을 미치는 요인을 살펴보기 위해서는 제주 특별지방행정기관 이관 전과 후의 비교와 평가가 필요하다. 아울러 매해 국무조정실이 주관하는 '제주특별자치도 성과평가' 분석 등을 통해 연구모형을 설정하고 실증분석을 실시하여 특별지방행정기관 이관전략을 도출하고자 한다.

넷째, 특별지방행정기관 이관 영향에 관한 연구는 선행연구를 바탕으로 특별지방행정기관 이관정책을 유형화할 필요가 있다. 이관 영향을 실증적으로 파악하는 데는 제주특별자치도 사례를 살펴볼 필요가 있다. 2006년 7월 1일 제주특별자치도가 출범하면서 「제주특별법」 근거에 따라 7개 특별지방행정기관이 이관되었다. 이관 당시 적용되었던 이관 기준 및 원칙, 이관에 따른 조치 등을 실증적으로 파악하는 것은 의미가 있다. 당시 특별지방행정기관 소속 국가 공무원 신분에서 지방공무원 신분으로 전환된 공무원을 대상으로 설문조사를 통해 특별지방행정기관 이관 영향요인의 우선순위를 도출할 필요가 있다. 아울러 제주 특별지방행정기관 이관 전·후 사무별, 예산별, 조직별 등의 평가를 통해 합리적인 특별지방행정기관 이관전략을 도출할 필요가 있다.

다섯째, 연구의 시간적 범위는 지방자치제도가 부활한 문민정부 1993년부터 2019년까지 지난 27년간으로 한다. 이는 역대 지방분권 정책에 대한 검토를 위해 지방자치제도가 부활한 문민정부부터 검토가 필요한 부분이 있다. 다만, 제주 특별지방행정기관 정책에 대한 분석은 이관이 결정된 2007년 6월 1일부터 2019년 12월 31일까지 13년간으로 한다.

여섯째, 논의의 효율성을 기하기 위하여 몇 가지 용어를 설명하고자 한다. 역대 정부에서의 '정부'는 정부와 행정부를 통칭하여 정부라 기술하고자 한다. 정부는 넓은 의미에서 입법·사법·행정 등 한 나라의 통치기구 전체를 의미하며 좁은 의미로는 내각 또는 행정부 및 그에 부속된 행정기구만을 의미한다. 본 연구에서는 좁은 의미의 정부개념을 채택하였다. 법률적으로 명시된 '지방자치단체' 용어를 제외하고 '지방정부' 명칭을 사용하였다. 중앙정부의 정책을 수동적으로 집행하는 하위기관이 아니라 해당 지역발전과 주민 삶의 질 향상을 위해 지방으로 이양된 권한을 바탕으로 주도적인 정책을 추진하는 주체이기 때문이다. 다만, 선행연구에서 사용하는 '지방자치단체' 용어는 그대로 사용하였다. 법 제명도 간략히 기술하였다. 연구에 자주 등장하는 「제주특별자치도 설치 및 국제자유도시 조성을 위한 특별법」은 제주특별법으로 기술하였다. 「지방자치 분권 및 지방행정 체제개편에 관한 특별법」은 지방분권법으로 기술하였다. 매해 국무조정실이 실시하는 「제주특별자치도 성과평가」는 제주 성과평가로 기술하였다.

2. 연구방법

본 연구는 문헌연구와 실증연구를 병행하여 진행하였다. 특별지방행정기관 개념 재구조화, 특별지방행정기관 지방이관에 대한 명분과 실익 분석, 역대 정부의 특별지방행정기관 정책 분석 등을 위해 각종 연구논문, 보고서, 관련 법령 등 문헌연구를 실시하였다.

실증연구는 설문조사 기법을 사용하고 질적 연구를 실시하였다. 설문조사 대상은 제주특별자치도로 특별지방행정기관이 이관될 때 당시 근무했거나 현재까지 근무한 공무원들로 한정하였다. 제주특별자치도가 특별지방행정기관 차원에서 지방 이관한 유일한 지역이다. 특별지방행정기관 지방이관을 경험한 공무원들을 대상으로 이관 전·후 시기에 중앙정부와 지방정부의 정책추진 의지의 차이점을 느끼고 특별지방행정기관 지방이관정책의 성과를 높일 수 있는 우선순위 정책과제를 도출하는 데 활용하고자 하였다. 설문조사 결과분석에 필요한 통계프로그램은 SPSS 18.0을 사용하였다.

설문조사 기법만으로는 다른 지역에도 적용할 수 있는 일반적인 정책제언에는 한계가 있을 수 있다. 이를 보완하기 위해서 질적 연구를 진행하였다. 제주 특별지방행정기관 전·후 평가를 하기 위해 양영철(2009), 민기(2017) 등 제주 특별지방행정기관 소속 공무원들을 대상으로 심층 인터뷰했던 논문, 정책보고서, 토론 자료집 등을 활용하여 비교·분석하였다. 제주특별자치도 행정자료인 균형성과평가(BSC) 실적, 예산서, 도의회에서 제주 특별지방행정기관에 대해 언급했던 자료 등을 바탕으로 분석내용의 질을 높이고자 노력하였다. 제주 특별지방행정기관에 대한 객관적인 평가와 전국적인 일반화 시도를 위해 제주 성과평가 결과를 재분석하였다. 2007년부터 2018년까지 국무조정실에서 매해 실시해왔던 제주 성과평가는 중앙정부와 제주특별자치도 간 협의 등을 통한 성과지표 구축과 외부 전문가들을 통한 성과평가로 어느 정도 객관성과 공신력을 갖고 있다. 이에 대한 재분석을 통한 정책제언이 다른 지역으로 일반화할 수 있는 타당성을 확보하고자 하였다. 이를 통해 제주 특별지방행정기관에 대한 주민만족도, 정책성과 등의 문제점과 개선방안을 도출하였다.

제3절 연구내용 및 흐름

<그림 1>은 전체적인 연구의 흐름을 정리한 것이다. 연구는 전체 5단계 7장에 걸쳐 진행하였다. 제1단계는 이론연구로써 제1장인 서론에는 연구의 목적과 배경, 그리고 연구범위 및 연구방법, 연구내용을 정리하였다. 제2장은 특별지방행정기관 이관을 위한 이론적 논의로써 특별지방행정기관 개념의 재구조화를 시도하였다. 아울러 특별지방행정기관 존치와 이관을 둘러싼 쟁점을 살펴보면서 행정이념과 연계하여 이관 당위성을 주장하였다. 제3장은 선행연구로써 국내외 사례를 분석하여 특별지방행정기관 이관의 의미를 도출하였다. 제2단계는 기존 정책을 평가하였다. 제4장에는 지방분권과 제주특별자치도 특별지방행정기관 이관을 다뤘다. 역대

정부의 지방분권 정책을 평가하고 비교 분석하였고 제주특별자치도 특별지방행정기관 이관에 대해 기술하였다. 이를 통해 정부의 지방분권 정책 차원에서 특별지방행정기관 이관의 정책적 맥락을 짚어보았다. 제3단계는 실증분석 차원에서 제주특별자치도 특별지방행정기관 이관평가를 제5장에 기술하였다. 실증분석을 위한 분석의 틀을 바탕으로 제주특별자치도 출범과 특별지방행정기관 이관 전·후에 대한 분석 및 평가를 시도하였다. 매년 정부가 실시하는 「제주특별자치도 성과평가」 중 제주 특별지방행정기관에 대한 분석 등을 통해 설문조사를 실시하고 정책적 함의를 도출하였다. 제4단계에서는 모형설정 단계로써 제7장에 특별지방행정기관 지방분권 모델을 도출하여 전국공통 적용을 위한 일반 모델과 특별지방행정기관별 적용을 위한 고유모델을 구분하였다. 제5단계는 정책제언 단계로써 결론 및 정책제언, 연구의 한계 및 향후 연구 방향을 제시하였다.

<그림 1> 연구 흐름도

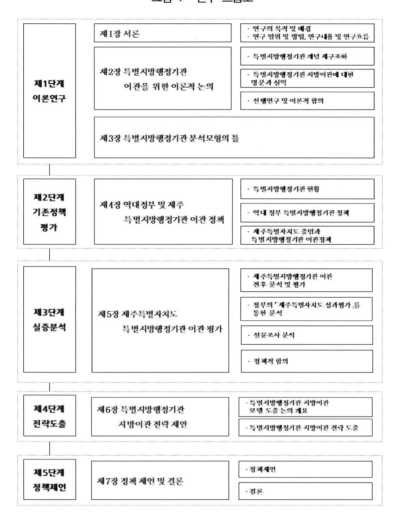

제2장 특별지방행정기관 이관을 위한 이론적 논의

제1절 특별지방행정기관 개념 재구조화

특별지방행정기관을 정의 내림에 있어, 크게 세 가지 개념을 포함한다(소진광, 2002; 2008). 첫째는 '별도로 독립된 중앙정부의 지방행정기관'이고, 둘째는 '일정한 지역을 관할구역'으로 하고, 셋째는 '해당 관할구역에서 행정사무를 집행'한다는 측면이다. 이 세 가지 개념은 특별지방행정기관의 법률적 정의에 잘 명시되어 있다. 특별지방행정기관 설치의 법률적 근거는 「정부조직법」 제3조와 같은 법 시행령인 「행정기관의 조직과 정원에 관한 통칙」 제18조이다. 특별지방행정기관의 법률적 정의는 동법 시행령 제2조 제2항에 명시되어 있다. "특별지방행정기관이라 함은 특정한 중앙행정기관에 소속되어, 당해 관할구역 내에서 시행되는 소속 중앙행정기관의 권한에 속하는 행정사무를 관장하는 국가의 지방행정기관을 말한다."

특별지방행정기관의 설치 기준은 동법 시행령 제18조에 명시되어 있다. 특별지방행정기관 설치 기준은 중앙행정기관 업무에 대한 '지역적 분담·수행 필요성', '해당 업무의 전문성과 특수성으로 지방자치단체 위임이 적합하지 않은 경우'로 하고 있다. 이 경우 지역 특수성, 행정수요, 타 기관과의 관계와 적정한 관할구역 등을 고려해야 함을 명시하고 있다.

특별지방행정기관에 대한 정의와 설치 기준을 살펴보면, 특별지방행정기관을 설치하고 운용함에 있어 지방자치 사상과 이념 차원에서 해당 지방자치단체와 지역주민을 고려하지 않은 측면이 있다. 특별지방행정기관 근거 법인 「정부조직법」 제1조(목적)를 보더라도, 특별지방행정기관 설치 목적은 "국가 행정사무의 체계적이고 능률적인 수행을 위하여" 존재하는 것이기 때문에, 애초에 지방과 지역주민을 정책적으로 우선해서 고려할 수 없는 구조적 한계를 지니고 있다고 할 수 있다.

구조적 한계를 일정 정도 개선하여 제도적으로 반영한 사례가 제주특별자치도의 경우라고 할 수 있다. 2006년 7월 1일 특별자치도가 출범하면서 7개 특별지방행정기관을 이전하면서, 이와 관련한 구체적 내용을 「제주특별자치도 설치 및 국제자유도시 조성을 위한 특별법」(이하 제주특별법)에 명시하였다. 「제주특별법」 제23조 제1항에 해당 지역의 특수성을 고려한, 보다 구체적인 이관 기준을 명시하고 있다. 우선 이관원칙으로는 이관사무가 주민편의를 위하고 현지에서 수행해야 하는 사무일 것, 지역경제발전 또는 지역주민의 삶의 질에 영향을 미치는 사무일 것을 명시하고 있다. 즉, 특별지방행정기관 이관이 지역주민과 지역경제에 도움이 되어야 한다는 것이다.

특별지방행정기관 이관 시 해당 지방정부의 입장도 고려하였다. 동법 제23조 제2항에 이관 시 추진원칙으로 제주특별자치도의 행

・재정 여건과 능력, 이관에 대한 제주특별자치도의 입장 고려, 이관사무와 관련된 모든 사무의 동시 이관을 원칙으로 제시하고 있다. 아울러 동법 제25조에는 특별지방행정기관 이관이 성공적으로 추진될 수 있도록 이관된 공무원을 대상으로 제주특별자치도가 지원하고, 중앙행정기관의 장은 이관된 사무를 원활히 수행할 수 있도록 행・재정적 지원의무를 명시하고 있다. 제주특별법 제27조에서는 특별지방행정기관 설치를 원칙적으로 금지하면서, 추가로 설치하는 경우 도의회의 동의를 얻도록 함으로써 지역주민의 입장에서 결론을 내릴 수 있도록 하였다.

특별지방행정기관 설치 및 운용은 국가사무 처리의 능률적 측면뿐만 아니라 지역의 여건과 지역주민의 입장도 중요함을 알 수 있었다. 이러한 측면에서 특별지방행정기관의 개념을 법적 테두리에서 벗어나 재구조화할 필요가 있다. 박연호・이종호・임영제(2015)외(2015, 230; 232)의 연구에서 특별지방행정기관에 대한 4가지 유형은 특별지방행정기관 개념 확장에 의미가 있다. 특별지방행정기관을 일선 기관(field office)으로 정의하면서 유럽의 대륙형과 영미형으로 구분하고 있다. 대륙형은 국가의 사무를 위임받아 처리한다는 특징이 있으며, 영미형은 일선 기관이 독립적으로 사무를 처리하는 특징을 갖는데, 우리나라의 경우는 대륙형에 속한다. 일선 기관 유형을 4가지로 제시하고 있는 것이 특징인데, ① 사무의 일반성과 특수성에 따라 '보통 또는 특별 일선 기관'으로, ② 조직 계층에 따라 '제1차 또는 제2차 일선 기관'으로, ③ 조직형태에 따라 '부국형・위원회형・공사형 일선 기관'으로, ④ 사무 수행기관의 공공성에 따라 '공적·사적 일선 기관'으로 분류하고 있다.

특별지방행정기관 운영목적은 '국민(주민)의 복리 증진'에 있다. 특별지방행정기관 운용의 목적이 「정부조직법」 상 "국가 행정사무의 체계적이고 능률적인 수행"을 위해서 존재한다고 하지만, 「헌법」 전문에 나타난 대한민국의 의무와 제69조에 명시된 대통령 의무사항에 비추어 보면, 정부조직의 궁극적 목적은 '국민(주민)의 복리 증진'에 있다. 특별지방행정기관 유형 중 조직형태의 다양성과 민간기관을 통한 사무추진은 사무 특성에 따라 국민 복리 증진을 위한 또 다른 정책적 수단이 될 수 있음을 알 수 있다.

앞선 논의를 바탕으로 특별지방행정기관 정의를 정리해보면, '특별지방행정기관은 국민의 복리 증진을 위하여 국가 차원에서 필요한 사무를 특정한 중앙행정기관에 소속되어, 당해 관할구역 내에서 시행되는 소속 중앙행정기관의 권한에 속하는 행정사무를 지역주민 등 지역 여건을 고려하여 관장하는 국가의 지방행정기관이다'라고 할 수 있다. 이에 따라 「정부조직법」 제1조(목적) 또는 「행정기관의 조직과 정원에 관한 통칙」 제2조 제2호(특별지방행정기관)를 개정하여 특별지방행정기관이 국민의 복리 증진을 위해 설치되고 운영되어야 함을 구체적으로 명시할 필요가 있다. 본 연구에서의 특별지방행정기관 개념을 바탕으로 특별지방행정기관 이관을 둘러싼 쟁점을 살펴보고 특별지방행정기관 지방이관에 대한 명분과 실익을 도출하고자 한다.

제2절 특별지방행정기관 지방이관에 대한 명분과 실익

1. 특별지방행정기관 이관논의와 쟁점

특별지방행정기관 지방이관은 중앙정부의 권한과 기능을 지방자치난체로 이양하는 지방분권 차원에서 추진되었다. 대부분의 선진국 사례와 같이 지방분권을 국가경쟁력을 강화하는 방안으로 여겨, 역대 정부가 지방분권을 국정과제로 추진해왔다(지방자치발전위원회, 2017). 지방자치 발전 과정을 돌이켜 보더라도 특별지방행정기관 이관을 위한 논의와 추진은 앞으로도 계속될 것이다(민기, 2017:245).

특별지방행정기관 지방이관을 당위적 차원으로써 중앙과 지방 간의 이분법적이자 대결적 관계로써 접근하는 것에 대해서 본 연구에서는 지양하고자 한다. 특별지방행정기관이 다섯 가지 유형에 이르고, 그 수가 5천 개를 넘는 상황에서 모든 특별지방행정기관을 지방자치단체로 이관해야 한다는 논리적 접근은 현실적이지 못한 측면이 있다. 또한 특별지방행정기관이 그동안 남설 되었다는 점을 인정하더라도, 국가적 차원에서 타 국가와 경쟁이 불가피한 사무, 국민에 대한 형평성 있는 기본권 보장을 위한 행정서비스(national minimum) 제공 필요성 등의 차원에서 여전히 존치 필요성이 있을 수 있기 때문이다.

본 절에서는 특별지방행정기관 존치 필요성과 특별지방행정기관 이관 필요성에 대한 논의를 고찰하여, 특별지방행정기관 운용과 관련한 더 나은 정책 방향을 제시하기 위한 논의를 이어가고자 한다.

1) 특별지방행정기관 존치에 대한 논의

특별지방행정기관은 전통적으로 한 국가의 입장에서 지리적 한계 등을 극복하고 능률적으로 통치하기 위한 제도적 수단으로 설명할 수 있다(전국시도지사협의회, 2009). 「정부조직법」에서 명시하듯이, 중앙행정기관의 운영목적이 기본적으로 국가 행정사무를 체계적이고 능률적으로 수행하는 데 있기에, 중앙행정기관 소속 특별지방행정기관을 설립하고자 할 경우 그 명칭만큼이나 설립 필요성이 특별한 사유를 가질 필요가 있다.

학자들의 연구에 따르면 특별지방행정기관 설립 필요성에 대한 논거는 크게 다섯 가지로 들 수 있다(이승종, 2014; 한표환, 2014; 한국지방행정연구원, 2016; 민기, 2017). 1) 특별지방행정기관 설립이 필요하다는 논거는 '국가사무에 대한 기능적 분권화'(functional decentralization)에 있다. 현대사회가 복잡해짐에 따라 현지성, 시의성 등을 고려하여 대응해야 하는 중앙행정기관 차원의 정책 의사결정은 한계가 있기 마련이기 때문에, 특별지방행정기관 설치를 통해 중앙행정기관 사무를 이관하여 지역 실정에 맞는 사무를 추진할 수 있도록 하는 것이다. 이를 통하여 국가의 정책 효과성을 높이기 위한 효과를 기대하는 목적 또한 존재한다(전국시도지사협의회, 2009).

국가사무에 대한 기능적 분권화를 강조하게 되면, 2) '급변하는 행정여건에 대응하는 데 사무의 특수성을 고려하고 사무 처리의 전문성이 필요하다'는데 까지 이른다. 국제교역 규모가 커짐으로 인한 세무행정과 식품안전 행정수요가 증가하고, 각종 분쟁 등으로 해외 난민 증가로 인한 출입국 관련 행정수요 증가, 불법 조업 등 해상분쟁 증가로 인한 공안행정 수요 증가 등이 이에 해당할 수 있을 것이다. 국가사무에 대한 기능적 분권화 차원과 업무의 전문성 및 특수성을 고려하여 특별지방행정기관 설립 필요성을 제도화한 것이 「행정기관의 조직과 정원에 관한 통칙」 제18조에 명시된 특별지방행정기관 설치 기준이다. 특별지방행정기관 설치 기준은 설치가 필요한 이유로 표현할 수 있는데, 중앙행정기관 업무에 대한 '지역적 분담·수행 필요성', '해당 업무의 전문성과 특수성으로 지방정부 위임이 적합하지 않은 경우'로 명시하고 있다.

법령에 반영된 특별지방행정기관 설치 필요성 이외에도 추가적인 논거들이 제시되고 있는데, 3) '행정서비스 특성과 대상 지역의 광역화에 따른 필요성'이다. 강, 산림, 기상 등 행정대상물이 특정 지방정부에 국한되지 않았을 때 이에 대한 사무를 관장하는 기관이 필요하다. 지방환경청, 국유림관리소, 지방기상청 등이 이에 해당한다. 낙동강유역환경청의 경우, 관할구역은 부산광역시, 울산광역시, 경상남도 다수의 지방자치단체를 포함하고 있다(민기, 2017).

4) '국민의 기본권 보장을 위해 국가가 동일한 수준 또는 형평성 차원의 행정서비스(national minimum)를 제공하기 위해서 필요하다. 지방정부별로 처한 여건에 따라 사회경제적 격차 발생과 이로 인한 특정 공공서비스 제공의 불균형 문제점을 해소하기 위한 차

원에서 필요한 측면이 있다. 중소벤처기업부 소속 지방중소기업청, 고용노동부 소속 지방고용노동청, 통계청 소속 지방통계청 등이 이에 해당한다. 세수 등 재정이 열악한 지방정부의 경우, 중소기업 및 고용업무, 통계 생산 사무가 우선순위 정책이 되기 어려운 측면이 있다. 이 경우, 국가 차원에서 국민에게 동일한 행정서비스를 지원해주는 것은 의미가 있다. 물론 세수가 좋은 지방정부의 경우, 자치사무와 기능 중복으로 인해 불편함을 겪을 수 있으나 그렇지 못한 지방자치단체의 경우에는 긍정적인 측면으로 작용할 수 있다.

5) 특별지방행정기관 이관 시 이전에 없던 지방비를 투입해야 하는 상황에 따른 지방정부의 소극적 수용 입장이다. 제주특별자치도의 사례에서 보듯이, 2007년 7월 1일 7개 특별지방행정기관을 이전하면서 이관 당시 인건비, 운영경비 등의 예산만을 지원해줄 뿐, 추가로 사무를 추진할 경우 도비가 부담되는 상황이 지속되고 있다. 심지어 제주지방국토관리청 이관 후 국도 관리 비용을 도비로 충당하면서, 이관된 국도 관리 사무 환원 요구에 이르는 상황이 발생하였다(「제주신보」. 2008.11.15). 2005년 대전광역시의 경우도, 국가하천 유지관리 업무 이관을 반대한 적이 있다(민기, 2017).

기존의 연구에서 제시한 논거에 더해 특별지방행정기관 설립 필요성 중 '국가 대 국가를 고려한 국가경쟁력 제고 차원'에서도 필요하다. 그동안 특별지방행정기관 이관에 대한 논의는 국가경쟁력 강화 차원에서 중앙과 지방의 대립적 시각에서 진행된 측면이 있다. 물론 이러한 논의는 지방자치 차원에서 의미가 있다고 볼 수 있으나 국가 대 국가 차원에서의 국가경쟁력 제고 차원에서의 논의는 부족했다고 볼 수 있다. 예를 들어, 항만 기능을 지방정부에 이관했을 때, 해당 지방정부 관점에서 보면 자기결정권에 긍정적인 측면도 있으나, 물류 정책을 고려했을 때 국토 이용계획, 국가 항만계획 등 연관정책들을 고려하여 국가경쟁력을 제고시키는 방안이 더 바람직할 수 있기 때문이다. 국가경쟁력 강화를 위한 분권 차원에서 특별지방행정기관 이관 필요성을 제기하지만, 앞으로는 국가경쟁력에 영향을 미치는 대상과 요인들을 고려한, 보다 세밀한 특별지방행정기관 이관정책이 필요한 이유이다.

2) 특별지방행정기관 지방이관 필요성에 대한 논의

많은 학자들에 따르면 국가경쟁력 향상을 위해 지방분권 차원에서 특별지방행정기관 이관은 반드시 필요하다고 주장하고 있다(김익식, 2002; 소진광, 2002; 2008; 2010; 성경륭, 2003; 김성배, 2006; 제주특별자치도지원위원회, 2006; 양영철, 2009; 전국시도지사협의회, 2009; 정원식·안권욱, 2009; 조성호, 2011; 김윤권, 2012; 한표환, 2014; 하혜영, 2016; 한국지방행정연구원, 2016; 민기, 2017; 지방자치발전위원회, 2017). 기존 연구를 정리해보면 특별지방행정기관 이관 필요성은 다섯 가지 논거로 정리할 수 있다.

특별지방행정기관 이관 실적이 그동안 부진한 것은 역대 정부가 국정과제로 추진하더라도 실행력을 담보할 수 있는 제도적 장치가 미흡하고, 관련 중앙행정기관의 조직이기주의가 작용하는 데서 그 이유를 찾고 있다.

1) '특별지방행정기관 설립의 용이성'은 특별지방행정기관 이관 성과에 부정적인 영향을 끼친다. 특별지방행정기관은 대통령령인「행정기관의 조직과 정원에 관한 통칙」에 따라 인사혁신처, 행정안전부 등 관계 부처협의만 거치면 설립이 가능하게 되어있다. 특별지방행정기관 설립의 용이성은 특별지방행정기관에 권한과 기능을 분산시켜 역대 정부의 지방분권 회피전략으로 활용하기도 하였다(조성호, 2011). 특별지방행정기관에 대한 외부평가 및 감사체계가 상대적으로 취약한 상황이 이를 강화하는 측면이 있다. 이는 결과적으로 불필요한 규제를 쉽게 만들 수 있고, 기구존립 치중으로 부처 간 갈등을 조장하는 문제점을 낳을 수 있다. 특별행정기관 설립의 용이성에 따른 문제점들은 국가사무의 능률적 추진을 위한 '기능적 분권화'에 대한 반대 논리로 설명될 수 있다. 특별지방행정기관 남설을 막고 꼭 필요한 경우에만 엄격한 기준에 따라 설립하기 위해서는 설치 기준을 대통령령이 아니라 법률 개정사항으로 변경하거나, 제주특별자치도 사례처럼 해당 지방정부 의회의 동의 사항으로 추진할 필요가 있다.

2) 지방자치단체와의 '기능 중복으로 발생하는 인력, 예산 등 행정의 비효율성' 문제도 주요 정책이슈이다. 지방자치제도가 부활하기 이전에 국가사무의 능률적 처리 차원에서 특별지방행정기관을 활용해왔다는 점을 고려한다면, 기능 중복의 사유가 이해되는 측면이 있으나 기능 중복으로 인한 행정의 비효율성은 해결해야 할 과제임은 분명하다. 해당 사무의 특수성을 일정 부분 인정하더라도

여전히 사무가 중복되는 경우도 있다. 사무 중복과 관련해서는 특정 지방자치단체 내의 오염원에 대한 조사·분석, 지도·단속 등 관리업무를 그 예로 들 수 있다. 환경부 소속 지방환경청과 해당 광역지방자치단체가 각자 권한을 행사할 경우, 사무 처리 과정에 발생하는 행정의 비효율성뿐만 아니라 기관과 지방정부 간 갈등을 불러일으킬 수 있다. 사무 처리의 전문성의 이유로 특별지방행정기관을 존치해야 한다는 논거도 부차적이다. 오히려 전문성이 떨어진다는 지적도 있다. 한국을 찾는 난민이 급증하는 가운데, 이와 관련한 법무부 소속 특별지방행정기관인 출입국관리사무소는 심사 절차의 전문성 부족과 통역 오류 등의 문제로 정식 난민으로 인정받지 못할 때가 많다는 것이다(『동아일보』. 2018.3.2.).

'특별지방행정기관의 전문성이 지방자치단체보다 높다'라고 주장하는 것은 특정 업무에 대한 장기 재직에서 오는 인사 운영 측면에서 비롯되는 것이라 볼 수 있다. 전문성 강화를 위해 지방자치단체에서도 인사제도를 충분히 활용할 수 있다. 「지방공무원법」에 따른 보직관리제도, 개방형 및 공모 직위 지정, 전문직위제도 등이 그 제도적 근거이다. 지방자치단체 차원에서도 국가사무 위임뿐만 아니라 지역발전과 주민 복리 증진을 위한 다양한 분야의 자치사무를 처리하기 때문에, 특별지방행정기관 사무가 더 전문성이 필요한 사무라고 보기 어렵다. 설사 전문성이 필요한 사무라 하더라도 인사제도 운영을 통해 충분히 처리할 수 있다.

3) 특별지방행정기관이 「정부조직법」에 따라 특별한 지역적 특수성과 행정수요를 고려하지 않고, 전국적으로 획일화된 기준으로

사무를 처리한다는 점이다. 공안 등의 사무는 전국적으로 통일된 기준이 필요하겠으나 정책을 통한 예산지원 사무는 지역의 특수한 여건을 고려하여 탄력적으로 운영할 필요가 있다. 제주로 이관된 광주지방노동청 제주지청은 이후 제주 고용센터로 명칭을 변경해서 운영하고 있다. 지원 정책프로그램이 기간산업인 1차 산업과 영세한 관광서비스업 등 3차 산업 중심의 산업여건을 충분히 반영하지 못하여 매해 예산 불용률이 높고 이에 따른 다음 연도 예산 감액편성이 반복되고 있는 실정이다. 제주에 이관된 또 다른 특별지방행정기관인 제주보훈지청도 보훈청으로 명칭이 변경되어 운영되고 있다. 보훈 대상자가 도서 지역이란 특성상 도내 지정 보훈병원에서 질병을 처리할 수 없을 때, 서울·수도권 보훈병원을 이용하게 되는데 저소득층인 경우 교통비가 부담으로 작용한다. 지역 특성상 이에 대한 지원이 필요하나 전국적 기준 적용으로 지원이 어려운 실정이다. 또한 제주 동부권역 보훈 대상자의 접근 편의성을 고려하여 동부지역 종합병원을 지정해달라는 요구에도, 인구 기준 등을 내세워 보훈병원 추가지정에 난색을 보인 사례가 있다.

4) 특별지방행정기관은 중앙행정기관 소속이기 때문에 특별지방행정기관장은 선출직이 아닌 임명직이라는 구조적 차원에서 '해당 지역주민의 입장보다는 조직의 논리에 보다 충실하다'라는 논거이다. 이는 행정이념에 있어서 절차적 정당성을 중시하는 민주주의 정신을 간과하기 쉽다. 주민의 편의성과 정책의 민주성이 약화하고 특별지방행정기관과 주민 또는 해당 지방자치단체와의 갈등이 발생하기 마련이다. 실제로 제주지역에서는 마을 우회도로 신설사업

을 둘러싸고 제주지방국토관리청과 마을주민들과의 갈등사례[2]가 있었다. 특별지방행정기관의 사무 처리 과정에서 주민의 입장보다는 조직유지라는 조직의 논리가 우선으로 작용했던 사례라고 볼 수 있다. 이는 국민의 기본권 보장 등 형평성 있는 행정서비스 제공을 목적으로 특별지방행정기관이 설립되고 운영되었더라도, 오히려 재산권 등 국민의 기본권을 침해하는 결과를 초래할 수도 있다는 사례이기도 하다. 이러한 사례를 통해 특별한 행정수요를 충족했을 때 특별지방행정기관 폐지 필요성에 대한 제도적 근거를 마련할 필요가 있음을 주지할 필요가 있다.

5) 특별지방행정기관 이관에 지방자치단체가 소극적인 것은 이관에 따른 지역의 혜택 등이 명확하지 않은 상황에서, 지방자치단체가 위험부담을 감수하지 않는 것이다(김성배, 2006). 특별지방행정기관과 지방자치단체 간 중복사무에 대한 명확한 기준이 부족하고, 중앙행정기관뿐만 아니라 국회의 미온적 태도, 특별지방행정기관 이향 방향과 관련한 실증적 연구자료 부족도 원인으로 지목된다(제주특별자치도지원위원회, 2006). 제주특별자치도에 이관된 특별지방행정기관을 소관 했던 중앙행정기관과 제도개선 등을 위해 실무를 담당했던 공무원에 따르면, "제주특별자치도 특별지방행정기관 이관은 실패한 정책이 되길 바라는 분위기가 있다"라고 설명

---

2) 김인성(2010)에 따르면, 2002년 9월 9일부터 2004년 12월 23일까지 지금은 이관된, 당시 제주지방국토관리청과 조천읍 주민들과 조천 우회도로 신설사업 갈등이 있었다. 특별지방행정기관 측에서는 조직유지를 위해 도로 신설 추진을 강행하고자 했으며, 지역주민들은 지역경제 악화 등을 이유로 기존도로 확장을 요구했다. 결국 반대하는 주민대책위원회에서 당시 도지사와 북제주군수 면담 등을 통해 제주지방국토관리청장의 사업보류 결정을 끌어냈다.

한다. 특별지방행정기관 이관정책이 성공할 경우, 전국으로 확산할 우려가 있기에 각종 지원에 소극적이라는 것이다.

특별지방행정기관 이관을 위한 원칙과 기준, 그리고 이관 이후 운영성과를 극대화할 수 있는 구체적인 방안 마련이 필요한 이유이다.

3) 특별지방행정기관 이관에 따른 쟁점 해결을 위한 정책적 방향

우리나라의 성장과 더불어 국가의 사무가 증가하고 다양해짐에 따라 능률적 국가사무 처리를 위해 특별지방행정기관이 제도적 수단으로 활용되어온 측면이 있었다. 지방자치제도가 부활하기 전 관선 시대의 지방자치단체는 중앙정부의 시각으로 보면 하위기관 중 하나라는 인식하에 현재의 이관을 둘러싼 논쟁에 대해 인식하기 힘들었을 것으로 판단된다. 지방자치제도가 부활한 이후 법인격인 지방자치단체의 자치역량이 높아지고, 이에 따라 다양한 자기 결정 권한을 행사하고자 하는 과정에 특별지방행정기관 사무와의 중복은 행정의 책임성 차원에서 어떤 식으로든 교통정리가 필요한 상황이다.

특별지방행정기관을 존치해야 한다는 의견과 이관해야 한다는 의견을 제도적 측면과 운영 측면으로 구분하여 각각의 의견을 정리한 내용이 <표 1>이다.

제도적 측면에서 특별지방행정기관 존치가 필요하다는 입장은 크게 세 가지 측면에서 주장한다. 다변화하는 사회에 국가가 시의성 있게 대응하기 위해 국가사무의 '기능적 분권화'가 필요하며, 특정 지방자치단체가 해결하지 못하는 '광역화된 행정서비스 지원'은 불가피한 측면이 있고, 국민 기본권 보장 차원에서 '형평성 있는 행정서비스' 지원이 필요하다는 내용이다.

특별지방행정기관 이관을 주장하는 논거는 존치 필요성에 대한 논거를 반박하는 차원에서 세 가지로 유형화할 수 있다. 설립기준이 대통령령에 따르게 되어 있어, '남설이 용이하고 분권 정책에 따른 사무이양을 회피하는 전략으로 악용'되고 있기 때문에, 기능적 분권화는 존치 명분에 불과하다는 입장이다.

'행정서비스 광역화 필요성'에 대해서는 오히려 특정한 지역의 특별한 행정수요를 고려하지 못하는 획일화된 기준으로 해당 지역 주민 복리 증진을 저해하고 있다는 주장이며, '형평성 있는 행정서비스 제공'에 대해서는 주민의 입장이기 보다는 조직의 입장을 위한 의사결정으로 인해 주민 편의성과 의무론적 민주성을 약화하고 오히려 주민 또는 지방자치단체와의 갈등을 발생시킨다고 주장한다.

운영 측면에서 보면, 특별지방행정기관을 존치해야 하는 이유는 크게 두 가지 차원이다. '급변하는 행정여건에 대응하는 데 사무의 특수성을 고려하고 사무 처리의 전문성이 필요'하고, 이관 시 지방비 추가 비용 부담에 따른 '지방자치단체의 소극성' 등이라고 들고 있다. 이관 주장을 뒷받침하는 논거도 크게 두 가지 차원으로 설명할 수 있다. 특수한 사무보다는 자치사무와 중복되는 경우가 많고, 이에 따른 주민과의 갈등, 인력·예산 중복에 따른 행정의 비효율성 등이 문제이며, 전문성은 제도에 보장된 인사제도를 활용하면 해결될 수 있는 사항으로 존치 이유로 부적합하다는 입장이다. 지방자치단체의 소극성도 중앙행정기관과 국회의 소극적 태도에 기인하는 것이라는 주장이다.

<표 1> 특별지방행정기관 존치 및 이관 논리, 그리고 정책 방향

구분	특별지방행정기관 존치 필요성	특별지방행정기관 (문제점에 따른) 이관 필요성	정책 방향
목적	국가사무의 체계적·능률적 추진	국가경쟁력 강화	▷ 국민 (주민) 복리 증진
제도적 측면	기능적 분권화	설립 용이성에 따른 남설	
제도적 측면	행정서비스 광역화 필요성	획일화된 기준	
운영적 측면	사무 특수성 및 사무 처리 전문성	·기능 중복으로 인한 행정 효율성 저하 ·인사제도로 보완 가능	
운영적 측면	추가 지방비 소요에 따른 지방자치단체 소극성	지역 혜택이 불분명한 정부와 국회의 소극적 태도	
운영적 측면	형평성 있는 행정 서비스 제공	·주민 편의성 및 민주성 약화 ·주민, 지방자치단체 갈등	

출처: 선행연구를 바탕으로 필자가 재구성하였음.

특별지방행정기관 존치 또는 이관 필요성은 그 나름대로 설득력을 갖고 있기에 어느 하나의 기준을 갖고 결론 내리기에는 쉽지 않다. 특별지방행정기관 사무별로 판단하여 기관 이전이 적합한 것인지 특별행정기관은 존치하되 일부 사무를 이관하는 것이 합리적인지 등의 실증적인 연구가 필요한 이유이다.

특별지방행정기관 사무가 갖는 다양성과 특수성이 있더라도, 특별지방행정기관 이관과 관련한 일반적인 기준을 적용하는 시도는 필요하다. 특별지방행정기관 개념을 재정립하면서, 기관설립 및 운영의 목적을 국민(주민) 복리 증진에 두어야 한다고 강조한 바 있다. 이를 위해서는 국가의 경쟁력 제고 관점도 필요하고, 지역의 경쟁력 강화 차원도 필요할 것이다. 이 과정에 특별지방행정기관 전체를 이관하는 게 바람직할 것인지, 아니면 일부 사무만 이관하는 것이 좋은 것인지, 현행대로 존치·운영하게 하는 것이 좋은 것인지 판단하는 것이 바람직할 것이다.

본 연구에서의 이러한 시각은 기존의 당위적 차원에서 각각의 입장에서 주장해왔던 논의와 다른 점이며, 향후 특별지방행정기관 이관을 둘러싼 논쟁 해결을 위한 논의의 출발점이 될 것이라 판단된다.

특별지방행정기관 사무별로 이관 여부를 논의하고 판단하는 것은 필요한 사항이나, 이관과 관련한 원칙과 기준 등에 대한 공감대 없이 논의가 진행되는 것은 또다시 특별지방행정기관 존치냐 이관이냐에 대한 논쟁으로 흐를 수 있기에 바람직하지 않다. 다만, 본 연구에서는 특별지방행정기관 이관원칙과 기준 도출을 위한 이론적 논의를 진행한 후, 제주에 이관된 7개 특별지방행정기관을 대상으로 실증적인 연구를 통해 특별지방행정기관 이관 영향요인을 도출하여 특별지방행정기관 지방이관 전략을 제시하고자 한다.

특별지방행정기관 개념을 재구조화하면서 설립 및 운영목적이 국민(주민) 복리 증진에 있다고 강조하였다. 이 목적달성을 뒷받침하기 위해 특별지방행정기관을 존치 또는 이관을 판단하기 위해서는 행정이념을 비롯한 이론적 논의가 필요하다. 이를 위해 다음 절에서는 민주주의, 지방자치, 지방분권 등 특별지방행정기관 이관에 대한 행정이념적 논의를 전개하고자 한다.

2. 특별지방행정기관의 지방이관

특별지방행정기관 이관 당위성에 대한 연구를 살펴보면, 실증적 검증이 부족한 상황에서 또는 지방분권 차원에서 당위적인 측면에서 주장하는 데 그쳤다. 이는 오랫동안 특별지방행정기관 이관을 둘러싼 논의가 있었음에도 불구하고 가시적인 성과를 도출하지 못한 이유이기도 하다.

본 절에서는 특별지방행정기관 이관의 당위성에 대해 이론적으로 체계화를 시도하고자 한다. 결론적으로 특별지방행정기관 이관 필요성은 민주주의 정신과 닿아있다는 것을 강조하고자 한다. 주민과 지방정부의 자기 결정 권한이 존중되기 위해서는 지방자치가 강화되어야 하며 이를 실현할 권한, 예산 등의 수단으로써 지방분권이 보다 확장되어야 한다. 지역의 특성이 고유의 특성에 따라 각각 다른 상황에서 차별화된 지역의 이점을 극대화하기 위해서는 특별지방행정기관 이관이 필요하다. 지방정부가 지역발전 및 주민복리 증진을 위한 통합적 정책을 추진함에 있어 기존의 단순 행정서비스 전달 차원의 특별지방행정기관으로는 한계가 있다. 이는 기존 연구의 논리적 인식체계를 넘어서는 시도라 할 수 있고, 향후 전개될 내용 중 조직이기주의 등 특별지방행정기관 이관에 반대하는 이해관계자들의 논리를 극복하는 데 기여할 수 있다고 생각한다. 특별지방행정기관 이관을 둘러싼 찬반 주장에 대한 실증적 논거가 명확하지 않고 지방자치 이념에 근거한 당위적 주장은 그 추상성으로 인해 실행력을 담보하기에 어려운 측면이 있기 때문이다.

1) 민주주의 실현을 위한 특별지방행정기관 이관

특별지방행정기관 사무가 지방으로 이양해야 하는 당위성은 민주주의 정신에서 비롯된다고 할 수 있다. 특별지방행정기관 이관 목적과 원칙이 '국민(주민) 복리 증진'에 있듯이, 민주주의 기본원리이자 목적이 '국민(주민)'에 있기 때문이다.

민주주의는 고대 동서양의 정치철학에서부터 이어져 온 가치이자 이념이다(임도빈, 2017)3). 동서고금을 통틀어 역대 정치철학에

---

3) 고대 그리스 플라톤은 『국가(politeia)』에서 철인정치 제시를 통해 수호자가 지켜야 할 가치는 한 국가의 공공성이었다. 이해관계를 초월하여 공익 실현을 위한 도덕성을 지녀야 하고, 시민과 국가를 보호하고, 법령을 수호하여 양극화 등으로 사회가 분열되지 않도록 해야 한다는 것이다. 아리스토텔레스는 다수에 의한 통치로 시민의 참여를 강조함으로써 사회적으로 통합할 수 있다고 보았다. 인간은 정치적 동물임을 강조하여 시민이 정책과정에 참여함으로써, 개인의 행복이 국가의 공공선으로 이어질 수 있다고 강조하였다. 중세의 대표적 국가론자인 마키아벨리조차도 『군주론』 당시 이탈리아 도시 국가들 간의 전쟁 등 시대상을 통해 국가의 독립과 안보가 중요하다면서도, 그 목적은 시민의 자유와 행복을 실현하는 데 있다고 보았다. 근대 대표적인 사회계약론자인 홉스도 '만인의 만인에 대한 투쟁'상태에서 시민의 계약에 의해 권력이 부여된 국가, '리바이어던(Leviathan)'의 목적을 시민의 안전과 기본권 보장에 있다고 강조하였다. 동양의 정치철학 중 대표적으로 유가 사상으로 민본정치(民本政治)를 강조한다. 도(道)를 중시한 공자는 국정 사무의 핵심은 국가에 대한 백성의 신뢰(信)를 가장 우선시했고 다음으로 식(食)과 병(兵)을 중요시했다. 맹자도 군주를 민심의 바다에 떠 있는 배로 비유하며, 백성을 가장 우선 가치로 보았다.

서 최우선으로 강조하는 것이 '국민(주민)'이다. 민주주의는 절차적 측면, 실질적 측면 등 관점에 따라 다양하게 정의 내릴 수 있으나, 현대사회의 민주주의는 국가의 주권이 국민에게 있고 국민을 위하여 정치를 행하는 제도로 설명할 수 있다. 「헌법」 제1조 제2항에서도 '대한민국의 주권은 국민에게 있고, 모든 권력은 국민으로부터 나온다'라고 규정하고 있다. 국가의 주인은 국민이기 때문이다. 우리나라의 경우, 제도적으로 채택하고 있는 민주주의는 자유민주주의이다. 「헌법」 제1조와 제4조를 보면, '대한민국은 민주공화국'이며, '대한민국은 자유민주적 기본질서'에 입각한 정책을 추진한다고 명시되어 있다. 자유민주주의는 국가 또는 다수의 횡포에 대해 개인과 소수자 권리 보호를 강조한다(박선경, 2017)[4]. 소진광(2019)에 따르면 민주주의는 가장 인간적인 삶을 가늠하는 척도이자 인간이 선택할 수 있는 대상과 범위와 관계가 있는 '다양성'을 확대하는 추동력이 된다. 다양성이 확대되고 존중될수록 개인이 속한 사회는 '발전'하게 된다.

민주주의가 지방정부 또는 개인들이 모인 사회적 공동체에서 실현되는 개념이 지방자치라 할 수 있다. 지방자치의 본질은 지역의 문제를 지역주민이 스스로 해결하고자 하는 의지와 충분한 권한이 있어야 하고, 주민들의 복리 증진을 위해 각종 사무를 처리할 수 있어야 한다. '선거', '자기처리' 등은 민주주의 본질적인 내용이기

---

4) 1900년부터 2016년 현재까지 총 176개의 국가를 절차적 접근법에 따라 분석한 결과 크게 선거민주주의(electoral democracy), 자유민주주의(liberal democracy), 참여민주주의(participatory democracy), 숙의민주주의(deliberative democracy), 평등민주주의(egalitarian democracy) 등으로 구분하고 있다.

도 하다(강형기, 2017). 이 경우 지방정부 주민은 동시에 국가의 주권자인 국민이기 때문에 민주주의와 지방자치의 본질적 대상이 같게 된다.

특별지방행정기관 이관을 둘러싼 논쟁도 지역의 다양성이 확대되어 주민(국민)의 삶의 질을 높이는 목적에 두지 않고 중앙정부와 지방정부의 권한 조정, 이관 수단 및 방식 등 부차적인 정책이슈에 국한되었기 때문에 쉽게 결론을 내리지 못한 측면이 있다. 이러한 불필요한 사회·경제적 비용을 줄이고, '어떻게 하면 국민이자 주민의 기본권을 보장하고 다양성을 확대하여 삶의 질을 높일 것인가'가 정책적 관심의 대상이 되어야 한다. 특별지방행정기관 이관에 대한 문제해결도 이러한 방향 속에서 추진할 필요가 있다.

2) 지방자치제도와 상충하는 특별지방행정기관 설치·운용

지방자치 개념은 다양한 학자들에 의해 이론적으로 연구되었다. 학자들의 연구에 따르면 지방자치는 '주민', '구역', 자치사무 및 재정 등 '자치권', '주민참여', '국가의 일정한 감독', '자치사무 처리의 민주성과 능률성 제고' 등의 개념을 담고 있다(헌법재판소, 1996; 임승빈, 2010; 정재화, 2012; 이승종, 2014). 이들 개념을 바탕으로 지방자치에 대해 정의를 내리면 지방자치는 '일정한 지역 내의 공공사무를 지역주민들 스스로 또는 지역의 대표를 통하여 국가의 감독을 최소화한 상황에서 민주성과 능률성 제고를 통한 자치권을 행사하는 과정'이라 할 수 있다. 이들 개념은 「지방자치법」에 반영되어 있다. 지방정부는 법인격으로 하고 관할구역을 두고(제3조), 지방정부의 기능과 사무(제9조), 자치재정(제7장 제2절 및 제3절) 등 자치권을 명시하고 있으며, 주민의 자격과 권리 등의 조문(제2장 주민)을 두고 있다.

지방자치에 대한 정의를 구성하는 개념 중 본 절에서 의미 있는 개념은 '자치권'이다. 주민들의 요구에 따라 지방정부가 공공사무를 처리하기 위해서는 고유의 자치권이 필요한데, 특별지방행정기관 사무 등 중앙정부 사무와의 중복과 이로 인해 파생되는 부작용들은 지방자치 정의에 부합하지 않기 때문이다.

본 연구에서 논의를 이어나가기 위해서는 '자치권'의 유래를 살펴볼 필요가 있다. 임승빈(2010)에 따르면 자치권은 크게 고유권설과 제도적 보장설을 포함한 전래설로 구분된다. 고유권설은 프랑스 등에서 발달한 도시자치권과 자연법설(自然法設)과의 만남으로 18세기 후반부터 20세기에 걸쳐 등장한 이론이다. 자치권은 인간의 기본권과 같이 지방자치단체가 국가성립 이전부터 독립적인 인격과 지배권을 가지고 있다는 견해이다. 다만, 자치권이 국가의 발전 또는 존재에 저해되는 경우 정부의 감독이 허용됨을 예외적으로 인정한다. 자치권과 국가권 모두 주민으로부터 비롯되었기에 국가가 항상 우월적인 지위를 갖고 지방을 통제할 수 없다는 입장이다. 전래설은 근대국가였던 독일을 중심으로 제2차 세계대전 이전까지 다수설로 자리 잡았던 이론이다. 자치권이 지역공동체에서 고유한 것이라 할지라도 근대국가 법적 구조 측면에서 자치권은 국가의 통치권으로부터 전래한 것이라는 입장이다. 이는 헌법 등 어떠한 제도적 규정도 국가에 의한 승인을 의미한다. 지방자치를 전래설에 입각한다면 국가의 승인·위임에 따라 자치권은 축소할 수 있으며, 극단적으로 적용한다면 지방자치에 대한 부정이 가능하며 국가적 차원에서 보면 하나의 조직 운용을 위한 기술적 측면으로 전락하는 측면이 있다. 본 연구에서 정의하고 있는 지방자치는 자치권에 대한 고유권설에 입각한 것으로 볼 수 있다. 다만, 국가 차원에서 지방자치를 제한할 수 있다는 이론적 배경은 제도적 보장설에 근거할 수 있다. 이 경우도 국민의 의사에 기초해야 함은 물론이다.

지금까지 지방자치 이념 및 개념을 살펴본 것은 특별지방행정기관 이관 당위성을 검토하는 데 의미가 있다. 특별지방행정기관도 중앙행정기관이기 때문에 국민이자 지역주민의 복리 증진과 의사를 반하여 운영될 수 없기 때문이다. 특별지방행정기관 이관 여부를 결정하는 우선순위 기준 중 하나는 지방자치 이념이자 개념에 부합되는지에 대한 여부이다. 특별지방행정기관 운용 과정에서 '주민', '자치권', '주민참여', '국가의 일정한 감독', '자치사무 처리의 민주성과 능률성 제고' 등의 개념을 같이 살펴보면서 특별지방행정기관 이관을 결정해야 한다. 특별지방행정기관 이관을 둘러싼 핵심 논쟁은 지방자치와 특별지방행정기관이 중복되는 개념인 '구역', '자치권'에 대한 중복의 문제이다.

3) 민주주의와 지방자치 실천력인 지방분권 차원의 특별지방행정기관 이관

  민주주의와 지방자치 실현을 위해 지방정부가 자기결정권을 행사하는 목적은 주민의 삶의 질을 높이는 데 있다고 논의하였다. 민주주의와 지방자치 실현을 위한 수단이자 실천력으로써 지방분권이 필요하다. 여러 학자들의 연구에 따르면 지방분권의 개념을 형성하는 것은 '의사결정 권한이 중앙에서 지방으로', '지역주민 참여', 중앙과 지방의 합리적 기능배분 차원의 '행정 분권', 분권을 실현할 '재정 분권', '권력분립', '지역의 창의성', '국가경쟁력 강화' 등이다(신철환, 2001; 이현우·이미애, 2008; 지방분권촉진위원회, 2013; 임승빈, 2014; 이승종, 2015; 김소윤 외, 2017). 이를 바탕으로 지방분권에 대한 정의를 내리면, '지방분권이란 지역의 창의성과 경쟁력을 높여 국가경쟁력을 강화할 수 있도록, 지역의 자기 결정 권한을 최대한 행사할 수 있는 행·재정 분권을 추진하는 과정'이다.

  소진광(2019; 2020)의 연구에 따르면 지방분권에 대한 논의는 본질에서 접근해야 함을 강조하고 있다. 지방분권이 해외사례 비교 등을 바탕으로 당위적으로 일정 수준까지 도달해야 한다는 '상대적 접근' 차원보다는 지방분권의 명분과 실익차원에서 주민의 삶의 질에 도움이 될 수 있는 '본질적 접근'이 필요함을 강조한다. 본질적 접근 차원에서 지방분권의 필요성을 뒷받침하는 개념으로 차별화의 경제와 차이의 정치 그리고 보충성의 원칙이다. 지역의 특성과 인문사회·자연 자원 등 여건이 다른 상황에서 중앙정부 소속의

특별지방행정기관이 지역발전과 주민 삶의 질 향상을 주도하는 데
는 한계가 있기 때문이다.

(1) 차별화의 경제와 차이의 정치

소진광(2010; 2019; 2020)의 연구에 따르면 '같은 것은 같게, 다
른 것은 다르게 관리'해야 한다는 지방자치의 원리와 지역발전과 주
민의 삶의 질 향상을 실현하기 위해서는 '차별화의 이점(advantage
from differentiation)-다양화의 이점(economies of diversification)-규
모의 경제(scale economies)'의 정책 가치사슬을 구축해야 한다. 지
역의 특성이 저마다 다른 상황에서 지역마다 차별화의 이점을 극대
화하여 정책적으로 서로 연결하면 지역주민들의 선택의 폭이 넓어지
는 다양화의 이점으로 확장하고 지역끼리 공간기능 분담 등을 통해
규모의 경제를 실현할 수 있다는 설명이다. 중앙정부 소속으로서의
특별지방행정기관은 낮은 단계에서 획일적인 기준으로 주민 삶의
질 향상에 어느 정도 기여할 수는 있으나, 지역마다 다른 잠재역량
을 극대화하는 데는 한계가 존재한다. 지방분권 차원에서 특별지방
행정기관 이관이 필요한 이유이다.

아이리스 메리언(Iris Marion Young, 1990)의 '차이의 정치' 개
념도 민주주의와 지방자치를 실현하는 지렛대 역할로 의미가 있다.
차이의 정치는 동일성(logic of identity) 및 통일성의 논리에서 벗
어나는 집단 간의 차이, 개별특수성 등을 인정하지 않는 이분법적
사고를 강요하는 정치이다. 인간의 기본권은 불가침의 영역이지만
개인 간, 집단 간 차이를 수용하지 않고, 공리주의적 정의론과 보

편적 인간성을 강조하는 전략으로 주류를 차지한다. 여기에서 배제되는 지역, 소수, 욕구, 감정 등에 대한 차별을 정당화하는 개념이다5). 차이의 정치 개념은 우리나라가 채택한 자유민주주의가 국가 또는 다수의 횡포에 대해 개인과 소수자 권리 보호를 실체화하는 개념이며, 지방자치의 대상이자 목적인 주민을 일반화가 아닌 세분화하는 데 의미가 있다. 특별지방행정기관 이관 시 가장 가까운 주민이 '어떤 주민'인지를 살펴보고, 구체적 이관을 결정하는 데 유용할 수 있다. 차이의 정치를 극복하기 위한 '적극적 차별시정조치'는 국가사무의 전국 형평성 및 통일성에 따른 일률적인 적용으로 나타나는 문제점을 개선하는 데 유용한 수단이다. 지역의 특성, 자치역량 등을 고려하지 않은 사무의 일률적 적용은 지방자치단체가 지역발전을 위한 적극적 시책 발굴 및 추진 등을 위한 의지를 저감시킬 수 있다. 자치역량 등을 갖춘 지역에 '차등적 분권'을 시행할 수 있는 이론적 타당성을 뒷받침할 수 있다.

'차별화의 경제', '차이의 정치' 개념은 국가적 차원에서 국민의 기본권 보장 등 자유민주주의 목적을 달성해야 하는 당위성을 제공해줄 수 있으며, 지방정부 차원에서는 지방자치 실현을 위해 중앙정부의 사무와 권한을 요구할 수 있는 실천적 이론으로 뒷받침할 수 있다고 생각한다.

---

5) 정책형성의 경우 정책수혜자의 통일성을 꾀하는 '집단 중립적(group-neutral) 정책'과 정책수혜에서 벗어나는 대상을 위한 '집단의식적(group-conscious policy) 정책'이 있음을 강조한다. 저자는 집단의식적 정책을 지지하면서, 예시정책으로 직장에서의 여성 평등, 언어에 대한 비영어 사용자의 권리, 아메리칸 인디언의 권리 등을 들고 있다. 필요하다면 적극적 차별시정조치를 해야 함을 강조하고 있다.

(2) 보충성의 원칙

보충성의 원칙은 주민에게 가장 가까운 정부가 공적책무(Public responsibilities)를 집행하는 것이다. 이러한 원칙은 지방자치 본질을 실현하는 방안이자 특별지방행정기관 이관원칙으로 적용해야 한다고 많은 학자들이 주장하였다(소진광, 2002; 2005; 2007; 2010; 양영철, 2009; 권오성, 2012).

보충성 원칙의 철학적 배경은 아리스토텔레스까지 거슬러 올라가며 토마스 아퀴나스, 존 로크 등에 계승되어, '지방자치의 바이블'로 일컫는 1988년 9월에 발효된 유럽평의회의「유럽 지방자치 헌장(European Charter of Local Self-Government)」에 처음으로 명문화되면서, 지방자치의 지도 원리로 작용하고 있다(한귀현, 2010). 고전적 민주주의 관점에서 정치 권력은 '개인, 가족에서부터 보다 큰 사회집단까지 의사결정의 고려 대상으로 삼아, 하위 집단들이 다양한 필요를 충족시킬 수 없는 경우에만 개입한다'라는 이념에 기초하고 있다. 지방자치는 이러한 통치이념을 근거로 중세의 도시 국가 시기를 거쳐, 근대의 자연법적 사회원리와 결부되면서 완성되었다고 볼 수 있다.

이러한 철학적 배경과 맥락 하에서 보충성의 원칙은 유럽평의회에서 1985년 7월에 채택되어 1988년 9월에 발효된「유럽 지방자치 헌장」에 반영되었다. 이 헌장은 18개의 조문으로 구성되어 있고, 제4조 제3항 전단에 보충성의 원칙이 명시되어 있다6). 이를 풀

---

6) **Article 4. Scope of local self-government** 3. Public responsibilities shall generally be exercised, in preference, by those authorities which are closest

어서 설명하면, '공적인 책무는 일반적으로 주민들과 가장 가까운 (지방) 정부에서 우선으로 집행해야 한다'라고 밝히고 있다. 이는 자연법사상에서 비롯된, '자치권'이 고유한 권리라는 측면, 개인의 권리는 타고나는 것이며 고유한 것이라는 측면에서, '모든 공적인 사무는 주민의 관점에서 가장 가까운 정부에서 추진되어야 하며, 가장 가까운 곳에서 충족을 못할 경우 그다음 단계의 정부가 추진 주체이자 책임을 갖게 되며, 국가는 이전 단계에서 충족시키지 못한 사무에 대해 가장 마지막 단계에서 보충적으로 지원하는 책무를 가진다'라는 것이다.

보충성의 원칙은 보충성 용어의 유래7)에서 보듯이 사회구성체의 가장 낮은 단위인 개인(주민)이 소극적으로는 공적 사무를 처리할 수 있게 해야 하며, 그 능력이 안될 때 적극적으로 보다 높은 지방정부와 국가에 사무를 충분히 수행할 수 있도록 요구하는 권리 모두를 포함한다(김석태, 2005). 보충성의 유형이 금지적 보충성(proscriptive subsidiarity) 대 처방적 보충성(prescriptive subsidiarity), 영토적 보충성(territorial application)과 기능적 보충성(functional subsidiarity) 등으로 분류 (Follesdal, 1988; 195-196)되기도 한다. 보충성 원칙이 여러 가지 유형에 따라 구분되어 설명되기도 하지만 그 구분의 시작점이 사회구성체의 가장 낮은 단위인 '개인(주민)의 역량과 의지'가 그 출발점이라 할 수 있다. 개인(주민)의 역량과 의지가 충분할 때 사무이양을 요구할 수 있고, 그렇지 않을 경우 보다 높은 차원의 지방정부와 국

---

to the citizen.
7) 보충성(subsidiarity) 용어는 라틴어 subsidium에서 유래하였고 help 또는 support 의 뜻을 내포하고 있다.

가에 보충적 지원을 요구할 권리가 있다. 중요한 것은 보충성 원칙을 적용하는 가치와 출발점이 개인(주민)이며 그들의 자발적 의사에서 부터 비롯되어야 한다는 점이다.

본 연구에서 보충성의 원칙이 시사하는 부분은 특별지방행정기관 이관원칙과 기준을 정하는데, 주민(지방정부)의 입장과 그들이 요구하는 역량 강화 지원이 우선하여 적용되어야 한다는 점이다. 자연법적 사상에 기인한 개인이자 주민의 관점에서 개인의 문제이자 지역의 문제를 해결하는 데 필요한 권한과 사무가 추가로 필요한 경우, 주민참여 등 주민의 의견이 중요하다. 지방정부가 해결할 수 있는 일인데, 제도적 근거가 없다는 취지로 의사결정이 지연되거나 중앙행정기관이 권한을 행사하려 할 경우, 보충성의 원칙에 어긋나기 때문이다. 중앙행정기관이 특별지방행정기관 설립 또는 관련 사무 근거 추가 등을 통해 사무를 처리하려고 하여도 주민의 의견과 입장을 고려해야 한다. 특별지방행정기관과 지방자치단체 사무가 중복되는 경우도 마찬가지이다. 중복사무의 정책적 범위가 해당 지방정부 내에 머무른다면, 그리고 효율성과 경제성 차원보다는 종합행정으로써 더욱 의미가 있다면, 행정서비스 전달체계를 지방정부로 일원화할 필요가 있다.

사실 보충성의 원칙은 우리나라의 「지방자치법」과 「지방자치분권 및 지방행정 체제개편에 관한 특별법」(이하 지방분권법)에 일부 반영되어 있다. 「지방자치법」 제10조 제3항을 보면 "시·도와 시·군 및 자치구는 사무를 처리할 때 서로 경합하지 아니하도록 하여야 하며, 사무가 서로 경합하면 시·군 및 자치구에서 먼저

처리한다."라고 명시되어 있다. 즉, 광역자치단체와 지방자치단체 간 사무 중복배제의 원칙을 통해 기초지방자치단체가 우선으로 사무 처리를 하도록 되어있다. 「지방분권법」 제9조[8])는 국가와 지방자치단체 간 사무배분 원칙 등 보다 구체적으로 명시하였다. 국가와 지방자치단체 간 사무 중복배제, 지역주민 생활과 밀접한 사무는 원칙적으로 기초지방자치단체, 광역자치단체, 국가 순으로 사무를 처리하도록 하였다. 또한 사무 배분 시 자기 책임성과 종합행정 차원에서 포괄적으로 배분해야 함을 명시하였다.

국가사무의 배분 원칙을 「지방분권법」에 반영한 후 15년이 지났지만, 특별지방행정기관 이관을 둘러싼 논의는 결론을 내리지 못하고 있는 상황이다. 「지방자치 분권 및 지방행정 체제개편에 관한 특별법」 제9조는 2004년 1월 16일 시행된 「지방분권특별법」 제6조에 명시된 내용이다. 현재의 「지방분권법」으로 개정되는 동안에도 사무배분 원칙이 15년 동안 정부 정책에 반영되고 추진된 것이다. 국가사무를 중앙행정기관과 광역지방자치단체, 광역자치단체와

---

8) ① 국가는 지방자치단체가 행정을 종합적·자율적으로 수행할 수 있도록 국가와 지방자치단체 간 또는 지방자치단체 상호 간의 사무를 주민의 편익증진, 집행의 효과 등을 고려하여 서로 중복되지 아니하도록 배분하여야 한다. ② 국가는 제1항에 따라 사무를 배분하는 경우 지역주민 생활과 밀접한 관련이 있는 사무는 원칙적으로 시·군 및 자치구(이하 "시·군·구"라 한다)의 사무로, 시·군·구가 처리하기 어려운 사무는 특별시·광역시·특별자치시·도 및 특별자치도(이하 "시·도"라 한다)의 사무로, 시·도가 처리하기 어려운 사무는 국가의 사무로 각각 배분하여야 한다. ③ 국가가 지방자치단체에 사무를 배분하거나 지방자치단체가 사무를 다른 지방자치단체에 재배분하는 때에는 사무를 배분 또는 재배분 받는 지방자치단체가 그 사무를 자기의 책임하에 종합적으로 처리할 수 있도록 관련 사무를 포괄적으로 배분하여야 한다. ④ 국가 및 지방자치단체는 제1항부터 제3항까지의 규정에 따라 사무를 배분하는 때에는 민간부문의 자율성을 존중하여 국가 또는 지방자치단체의 관여를 최소화하여야 하며, 민간의 행정참여기회를 확대하여야 한다.

기초자치단체 간의 배분 원칙을 「지방자치법」과 「지방분권법」에 반영해도 가시적인 결과를 내지 못하는 것은, 보충성의 원칙의 핵심 전제인 '주민'이 사실상 빠져 있기 때문이다.

「지방자치법」의 경우, 주민(자치)보다는 지방자치단체(자치)에 중심을 둔 것으로 해석할 수 있다. 「지방자치법」 제1조 목적9)을 살펴보면, 지방자치의 주인인 '지역주민'이 빠져있다. 국가와 지방자치단체 관계를 정하고, 이를 바탕으로 한 지방자치단체의 책무를 규정함에 있어 '지역주민 스스로'라는 주민자치가 포함되어 있지 않다. 즉, 중앙과 지방자치단체 간의 기능 배분에 우선 초점이 맞춰져 있다. 광역자치단체와 기초자치단체 간의 사무배분 기준(동법 제10조 제1항 제1호)에 있어서도 '주민'은 빠져 있다. 광역자치단체가 맡는 사무 기준은 2개 이상 기초자치단체에 영향을 미치는 광역적 사무, 시·도 단위 동일한 기준 및 통일성 유지가 필요한 사무, 기초자치단체가 독자적으로 처리하기 부적당한 사무 등이다.

「지방분권법」의 경우는 '지역주민 생활과 밀접한 관련이 있는 사무'가 갖는 모호성과 추상성이 문제가 된다. 상식적으로 기초자치단체부터 국가사무에 이르기까지 지역주민 생활과 밀접한 관련이 없는 사무가 있을 수 없다. 이러한 용어는 보충성의 원칙과 동떨어진 개념이라 할 수 있다. '지역주민과 가장 가까운 지방자치단체'로 변경할 필요가 있다. 「지방분권법」 제6조 사무배분 원칙 중

---

9) "지방자치단체의 종류와 조직 및 운영에 관한 사항"을 정하고, "국가와 지방자치단체 사이의 기본적인 관계를 정함"으로써 지방자치 행정을 민주적이고 능률적으로 수행하고, "지방을 균형 있게 발전"시키며, "대한민국을 민주적으로 발전시키려는 것을 목적으로 한다."

제1항의 '주민의 편익증진, 집행의 효과 등을 고려'한다는 조항도 서로 상충하는 개념이다. 이 조항은 보충성의 원칙이 명시된 「유럽 지방자치 헌장」 제4조 제3항에 있는 전단 부분과 후단 부분[10]의 개념을 등가성 차원에서 병기하였다. 사무 배분을 '효율성'과 '경제성'을 강조할 경우, 주민과 멀어지더라도 보다 높은 차원의 정부에서 추진될 수 있게 하는 명분으로 작용할 수 있다. 분권이 아니라 집권을 위한 논리가 되는 것이다. 「정부조직법」 제1조 목적이 국가사무의 체계적이고 '능률적'인 처리에 있는 만큼, 특별지방행정기관이 집행의 효과 즉, 효율성과 경제성을 주장할 때 정책이 갖는 성과 차원의 모호성과 측정의 어려움으로 이를 실증적으로 반박하기는 어려운 측면이 있다.

「유럽 지방자치 헌장」에 명시된 보충성의 원칙은 우선 주민과 가장 가까운 정부에서 공공의 책무를 추진해야 하고, 효율성과 경제성은 후순위임을 명시하고 있다. 결국 특별지방행정기관을 존치할 것인지, 이관할 것인지는 특별지방행정기관 사무의 목적인 '국민(주민)의 복리 증진'에 '민주주의-지방자치-지방분권' 정신에 부합하고 보충성의 원칙에 따라 주민과 가장 가까운 곳에서 주민이 수행 가능성 등을 고려하여 주민의 의견이 우선으로 존중되어야 한다.

---

10) Allocation of responsibility to another authority should weigh up the extent and nature of the task and requirements of efficiency and economy.

3. 정책적 시사점

지방정부가 수행하는 사무와 권한이 많은 국가일수록 분권화가 높은 국가이다. 1995년에 지방자치가 부활한 지 23주년이 되고 있으나, 우리나라 전체사무 약 4만6천 건 중 지방 사무는 32.3%인 14,844건에 불과하다(민기, 2017). 지방분권의 본질은 주민들의 삶의 질 향상을 위해 지역(area)과 기능(function) 간의 상호조정(reciprocal adjustment)에 있다(Fesler, 1949). 지역과 기능은 지방자치 개념에서 '구역', '자치권'에 해당한다. 실증적 연구에 따르면 지방분권의 핵심은 권한 이양 등 기능 배분과 재정 분권이다(서성아, 2011).

민주주의 핵심 가치는 '모든 권력은 국민으로부터 나온다.'이다. 즉, 권력은 국민 가까이에 있어야 한다. 권력이 국민에게 가장 가까이 있어야 한다는 원칙이 '보충성의 원칙'이며, 민주주의 이념을 실현하는 '선거'와 '자기처리(결정)'는 지방자치의 핵심 개념이다. '자기처리'는 행정 권한, 재정 권한이 뒷받침되어야 하는 것이기 때문에 '지방분권'이 강화되어야 한다. '특별지방행정기관 존치 또는 이관'을 결정하는 이론적 가치는 결국, '민주주의-지방자치-지방분권'이라는 이론 체계 속에서 설득력을 갖는다. '특별지방행정기관 존치 또는 이관' 목표이자 대상은 '주민'이어야 하며, 존치 및 이관, 구체적 이관을 판단하는 원칙은 '민주주의-지방자치-지방분권'이라는 가치 하에 '차별화의 경제', '차이의 정치', '보충성의 원칙' 개념이 그 실행력을 뒷받침할 수 있다.

제3절 선행연구

1. 특별지방행정기관 이관 관련 국내사례

앞서 특별지방행정기관 지방이관의 명분은 민주주의와 지방자치, 지방분권 등 행정 이념적 가치에 기인해야 함을 논의하였다. 다만, 사무의 특성, 지역적 특성, 지방정부 여건 등에 따라 특별지방행정기관 이관의 우선순위와 범위, 내용이 다를 수 있다.

이와 관련하여 특별지방행정기관 지방이관의 성공적 추진방안 등 선행연구를 살펴보았다. 그 결과 크게 네 가지로 구분하였다. 행정 이념적 가치에 따른 특별지방행정기관 '이관원칙과 기준', 효율적·효과적인 특별지방행정기관 '이관 추진전략', 정책성과 확보를 위한 '지방분권 추진정책평가', 이관에 따른 '운영성과 평가' 등이다. 이를 바탕으로 7개 특별지방행정기관 이관에 영향을 파악하는 데 필요한 요인을 도출하고자 한다.

1) 특별지방행정기관 '이관원칙과 기준'

특별지방행정기관 이관원칙은 특별지방행정기관의 이관을 결정한 이후 어떤 원칙을 가지고 어떤 우선순위 기준으로 추진할 것인지에 대한 방안을 마련하는데 의미가 있다. 우선 특별지방행정기관 이관원칙을 제시한 선행연구를 살펴보고 본 연구의 분석에 반영할 필요가 있다. 이관원칙과 관련한 연구는 많은 학자(소진광, 2002;

2005; 2007; 2010; 김영수·금창호, 2002; 지방이양추진위원회, 2003; 안영훈, 2006; 양영철, 2009; 권오성, 2012; 김윤권, 2012; 하혜영, 2016)들을 통해 소개되고 있다.

소진광(2002; 2005; 2008; 2010)은 특별지방행정기관의 정비 방향을 보충성, 지방정부와의 중복성, 지역적 다양성 및 차별성, 재정 여건, 주민자치 연계성, 공공분야 효율화, 지방자치 정신에 부합하는 특별지방행정기관과 지방정부의 거버넌스 용이성 등을 제시하고 있다. 특히 지역균형발전의 전제조건으로 강조하고 있는 '차별화의 경제' 측면에서 지역적 다양성과 차별성 원칙은 지방분권 차원에서 의미가 있다.

김영수·금창호(2002)는 특별지방행정기관의 합리적 운영방안은 지방자치단체와의 관계조정에서 찾을 것을 강조한다. 특별지방행정기관 설치가 지방자치단체의 기능보완에 있기에 이의 타당성 여부에 따라 운영방안의 적실성을 확보할 수 있음을 설명한다. 이에 따른 기본원칙은 상보성의 강화, 대표성의 증진, 작은 정부 실현을 제시하고 있다. 대표성의 증진과 관련해서는 그동안 비판의 영역이 었던 주민의 비대표성을 지방화 시대에 맞게 적정해야 하는 당위성을 설명하고 있다.

지방이양추진위원회(2003:66)는 특별지방행정기관 이관을 포함한 이관 기준을 크게 세 가지 차원으로 제시하고 있다. 사무 구분을 크게 국가사무, 광역사무, 기초사무로 구분하여 주요 개념을 각각 국가 통합성, 광역성, 주민 편의성으로 잡았다. 이에 따른 판별 기준으로 국가사무는 국가존립성, 전국통일성, 고도의 전문성 등으로 하고, 광역사무는 영향력의 범위, 집행의 효율성, 광역적 전문성 등으로, 기초사무는 현지성, 대응성 등을 그 기준으로 삼았다.

안영훈(2006)은 특별지방행정기관 사무 이양 시 광역자치단체와 기초자치단체 간의 사무 배분이 보충성의 원칙, 기초자치단체의 종합행정 기능의 수행 존중 원칙에 따라 마련되어야 하며, 시도지사협의회와 시군구청장협의회가 사전에 협의해야 함을 제안했다. 이양 시 단계적 전략을 제안했는데, 지방자치단체와 중복사무가 많은 기관을 시범사업으로 우선 이양하여 그 성과를 바탕으로 분야별로 체계적인 지방 이양계획 수립이 필요하다고 하였다.

양영철(2009)은 당시 「지방분권촉진에 관한 법률」에 명시된 특별지방행정기관 이관원칙에 대한 평가 등 제주특별자치도 사례연구를 진행하였다. 단층제 행정구조를 채택한 제주특별자치도의 경우, '중복배제의 원칙'을 제외하여 '보충성의 원칙', '포괄적 이관의 원칙' 두 개의 원칙을 바탕으로 평가하였다, 그 결과 제주지방국토관리청, 제주보훈지청, 제주지방노동위원회가 이관원칙을 준수하고 있고, 이관원칙이 제대로 지켜진다면 기관 운영성과가 개선될 것으로 분석하였다.

권오성(2012)은 특별지방행정기관 이관과 관련하여 비경합성, 보충성, 효율성, 포괄성, 충분재정이 포함되어야 함을 강조하고 있다. 비경합성과 관련해서는 「지방자치법 제10조 제3항」에 따라 시도와 시군구는 사무 처리 시 서로 경합하지 않아야 하며, 기초정부가 사무를 우선으로 처리하고 상급정부가 보완하는 보충성 원칙이 필요하다고 설명하고 있다. 아울러 보충성 원칙 적용 후 광역 또는 중앙정부가 처리하는 것이 효율적일 수 있는 효율성을 고려하고, 동종 업무나 상호 밀접하게 연관된 업무는 같이 배분하는 포괄성 원칙을 설명하고 있다. 지방정부 사무 처리 수반 재원 또는 재정 능력을 지원하는 충분재정 원칙도 중요함을 강조하고 있다.

김윤권(2012)은 자율성과 책임성 차원에서 특별지방행정기관 이관원칙을 제시하고 있다. 특별지방행정기관 이관을 통해서 중앙과 지방의 자율성을 높이는 효과를 가져온다고 강조하면서, 사무 중심보다는 조직중심 이관, 기관 선 폐지 후 조정, 지방자치단체 수용의사와 수용 능력 등을 고려하여 이관을 결정해야 한다고 설명하고 있다. 아울러 특별지방행정기관 이관이 책임성을 강화하는데, 권한배분 명확화를 통해 책임 주체의 모호함을 해소하고 책임성은 보충성 원칙으로 단순화하는 것이 바람직하다고 강조하고 있다.

하혜영(2016)에 따르면 특별지방행정기관 정비를 위해서는 합리적 이양기준과 범위를 설정하고, 특별지방행정기관 이관에 소요되는 인력과 예산을 수반할 수 있도록 해야 하며, 지방 일괄이양 관련 법률 제정을 통해 추진하는 방안 세 가지를 제안하고 있다. 우선 합리적 이양기준과 범위는 특별지방행정기관과 지방자치단체의 기능 중복 문제를 개선하기 위해 필요한데, 보충성, 책임성, 수요자 중심 원칙을 제시하고 있다. 중앙부처와 지방자치단체가 참여하는 행정협의체를 구성해서 중소기업, 고용, 환경 등 최일선 행정서비스 담당 분야부터 우선 이관할 것을 제안하고 있다. 둘째, 단순히 사무만을 이관시킬 때 늘어나는 비용을 지방자치단체가 부담하는 구조가 되기 때문에 (가칭)사무이양평가위원회를 설치해서 비용 추계 및 감독 기능을 부여하고, 사무 이양 목적에 따른 (가칭)이양교부세 등의 특별지방교부세 신설 필요성을 강조하고 있다. 셋째, 「지방일괄이양법」 또는 「특별지방행정기관의 지방 이양에 관한 특별법안」을 제정하여 관련 특위 구성 등을 통해 처리할 것을 제시하고 있다.

사무이양 시 지역 특수성을 고려한다는 것은 차이의 정치, 차별화의 경제적 측면과 균형발전 측면에서 의미가 있다. 필요에 따라서는 전국공통의 일률적인 사무이양도 필요하지만 제주지역 특성을 활용할 수 있는 사무를 차별적으로 이양받을 필요가 있기 때문이다. 이와 관련한 구체적인 연구는 제주특별자치도 출범을 준비하는 과정에서 제주발전연구원(2004)에서 이루어졌다. 제주발전연구원(2004)은 국제자유도시 조성을 촉진하고 국제수준 서비스를 제공할 수 있도록 하는 것이 특별지방행정기관 정비 목적이 되어야 함을 밝히고 있다. 이를 위해 고려해야 할 변수로 우선 '행정규제의 완화'이다. 규제중심의 사무와 기관은 지방자치단체로의 통합을 통해 행정규제 완화를 통한 민간부문 활성화를 유도해야 한다는 것이다. 둘째, '세계 일류수준 서비스 제공'이 되어야 한다. 국제자유도시 조성을 위해 행정서비스도 세계수준으로 지원되어야 하며, 이를 위해 유사업무 통합이 필요하다. 셋째, '자율권의 차별화'이다. 특별자치도는 다른 지역에 비해 자율권을 확대하는 동시에 책임을 지는 것을 의미한다. '지역 치안의 안전화'이다. 국제자유도시의 가장 중요한 인프라 중 하나로써 국제범죄 증가가 예상되기 때문에 국가를 우위로 정부와 자치단체 간 상호협력체제 관계 성립 필요성이 있다.

본 연구는 이미 2006년 7월 1일 제주로 이관된 7개 특별지방행정기관을 대상으로 진행하는 것이다. 즉, 이관을 앞둔 선험적이면서도 사전적인 연구가 아니라 이미 이관이 이루어진 특별지방행정기관에 대한 사후 연구 및 평가에 무게중심을 두고 있다. 앞선 선행연구를 바탕으로 이관원칙과 기준을 평가하는 데 있어 의미 있는 개념은 '보충성의 원칙', '사무 중복성 배제', '연관 사무의 포괄 위임', '사무의 현지성(지역적 특성 반영)', '주민 요구 및 행정수요에 대한 행정 대응성', '재정 등 정부 지원 의지' 등의 개념이다.

<표 2> 행정이념에 따른 특별지방행정기관 이관원칙

연구자	원칙	주요 내용
소진광 (2002; 2005; 2007; 2010)	보충성	개인-사회단체-하위 지방정부-상급 지방정부-중앙정부
	사무 중복·책임성	행정주체 간 사무의 불경합
	재정 여건	차별화의 경제적 측면 필요
	지역적 다양성·차별성	
	주민자치 연계성	행정수요자의 행정에 대한 접근 편의성, 주민편익 극대화, 주민참여
	거버넌스 용이성	지역의 모든 이해당사자들이 의사결정에 참여하고 책임을 지는 구조
	공공분야 효율화	과도한 정책개입, 정부 비대화 최소화, 공공부문 간 경쟁
김영수· 금창호 (2002)	상보성 강화	특별지방행정기관과 지방자치단체 간의 상호 한계 보완
	대표성 증진	특별지방행정기관의 주민 비대표성 보완
	작은 정부 실현	행정개혁 차원에서 접근

연구자	원칙	주요 내용
지방이양추진위원회 (2003)	국가 통합성 (국가사무)	국가존립성, 전국통일성, 고도의 전문성
	광역성(광역사무)	영향력 범위, 집행 효율성, 광역적 전문성
	주민 편의성 (기초사무)	현지성, 대응성
안영훈 (2006)	보충성	광역자치단체와 기초자치단체 간 사무배분
	종합행정 기능수행 존중	기초자치단체 종합행정 기능수행 존중
	사전협의	시도지사협의회와 시군구청장협의회 대상
양영철 (2009)	보충성	・제주특별자치도는 단층제이기 때문에 중복배제의 원칙 적용하지 않음
	중복배제	・「지방분권촉진에 관한 법률」에 따른 이관원칙 적용
권오성 (2012)	비경합성	시도와 시군구는 사무 처리 시 서로 경합하지 않아야 함(「지방자치법 제10조 제3항」)
	보충성	기초정부 우선 원칙, 상급정부 보완
	효율성	보충성 원칙 적용하더라도 광역 또는 중앙정부가 처리하는 것이 효율적임
	포괄성	동종 업무나 상호 밀접하게 연관된 업무는 같이 배분
	충분재정	지방정부 사무 처리 수반 재원 또는 재정 능력 지원
김윤권 (2012)	자율성: 이관 측면	・특별지방행정기관 이관은 중앙과 지방의 자율성을 높임 - 사무 중심보다는 조직중심 이관 - 기관 선 폐지 후 조정 - 이양 여부 판단: 지방자치단체 수용 의사, 수용 능력(인력, 재원, 정보, 기술 등), 기능 성격
	책임성(보충성): 정비 측면	・권한배분 명확화를 통해 책임 주체 불분명 해소 ・보충성 원칙으로 단순화하는 것이 바람직

연구자	원칙		주요 내용
하혜영 (2016)	보충성		·합리적 이양기준과 범위 설정
	책임성		
	수요자 중심		
	재정 수반		·인력 및 예산 등 지원체계 마련
	포괄위임		·지방 일괄이양 관련 법안 제정
제주발전 연구원 (2004)	지역 특수성		
		규제 완화	·국가존립과 전국통일성 ·국제자유도시의 목적달성에 도움도
		세계 일류수준의 행정서비스 제공	·업무추진 효율성 ·자치역량
		자율권 차별화	·더 큰 자율권 ·차별화 타당성
		지역 치안의 안정화	·더 안전한 치안(치안 안전 기여도)

자료: 선행연구를 바탕으로 필자가 구성함.

2) 특별지방행정기관 이관 추진전략 연구

특별지방행정기관 이관원칙과 기준의 우선순위에 따른 사항뿐만 아니라, 이관을 어떤 전략으로 추진하는 지에 따라 특별지방행정기관 이관정책의 성과가 달라질 수 있다. 이관 추진전략에 대한 선행연구(소진광, 2002; 조계근, 2003; 김성배, 2006; 제주특별자치도지원위원회, 2006; 한국조직학회, 2007)를 살펴보고 이관원칙과 기준과의 연계성을 고려하는 것은 특별지방행정기관 이관 영향요인을 도출하는 데 의미가 있다.

소진광(2002)은 특별지방행정기관과 지방자치단체 간 사무 경합이 이뤄지지 않는 수준으로 이관을 하여 책임을 명확히 하는 것이 중요하다고 강조하고 있다. 이를 위한 절차와 기준을 기관 중심이 아니라 '해당 사무를 어떤 주체가 처리하는 것이 합리적인가'라는 사무 처리 주체 타당성을 중심에 놓고 5단계로 제시하고 있다. 1단계 해당 기능의 민간화 적합성 검토, 2단계 해당 기능의 중앙정부 담당 근거 검토, 3단계 지방자치단체와의 기능 중복 여부 검토, 4단계 지방자치단체로의 이관 가능성 검토, 5단계 특별지방행정기관의 잔존업무 수준 결정 등을 제시하고 있다. 이에 따라 정비해야 할 사무 분야를 중소기업 지원 분야, 지역 통계 분야, 노동 관련 분야, 국도·하천 분야, 항만·수산 분야, 산림관리 분야, 식·의약품 분야, 환경 분야, 보훈 분야 등을 들고 있다. 또한 사무이양 시 중앙부처의 예산과 인력을 같이 이양해야 정부 실패를 막을 수 있음을 강조하고 있다. 정비대상 특별지방행정기관 기준은 주민 편의성과 현지성을 띠면서 해당 지방자치단체와 유사·중복사무를 하는 기관, 지역경제 또는 지역주민 삶에 큰 영향을 끼쳐 지방의회 통제가 필요한 기관, 시·도에서 꾸준히 이관을 요구하는 기관 등을 제시하고 있다. 국가사무 배분과 관련하여 현재 지방자치법 제102조를 개정할 것을 제안하고 있는데, '시·도와 시·군 및 자치구에서 시행하는 국가사무는 법령에 다른 규정이 없으면 시·도지사와 시장·군수 및 자치구의 구청장에게 위임하여 행한다.'라는 '법령' 조문을 '법률'로 개정해야 특별지방행정기관과 지방자치단체 사무의 경합이 일어나지 않고, 보충성의 원칙이 실현된다고 강조하고 있다. 이관에 따른 인력과 예산도 같이 수반되어야 하나 그렇지 못할 경우, 직렬 직군 신설, 중앙과 지방 간 인사교류 확대 등의 대안을 제시하고 있다.

조계근(2003)은 특별지방행정기관 기능평가 관점에서 사무이양 기준을 제시하고 있다. 업무의 전국적 통일성, 국가존립에 필요한 사무, 주민과의 밀접성, 자치단체 업무 연계성 등을 고려한 종합평가를 실시하여 위임, 즉시 이양, 장기이양, 특별지방행정기관, 민간위탁, 위임 후 이양 단계로 추진할 것을 제안하고 있다.

김성배(2006)는 서비스 공급의 결정, 서비스 생산, 서비스 소비 등 공공서비스 전달체계 관점에서 특별지방행정기관을 분석하였다. 공공서비스의 유형화와 거버넌스 구조[11]를 2×2 매트릭스화 하여 노동, 국토건설, 환경 사무에 대한 적정 거버넌스 구조를 분석하였다. 그 결과 현재 특별지방행정기관이 직접 수행하는 즉, 단일 거버넌스 방식 사무들 중 상당 부분이 적정 거버넌스 구조로 관리되지 못함을 지적하고 있다. 결과적으로 특별지방행정기관 사무를 지방에 위임하거나 민간기관을 활용하는 방안이 필요함을 제시하고 있다.

제주특별자치도지원위원회(2006) 연구에 따르면 H.L.A.Har(The concept of law, Oxford, 1961)가 제시한 법체계 및 규칙과 관련한 1차 규범(primary rules)과 2차 규범(secondary rules)의 틀을 참고하여 이관 절차를 3단계로 적용할 것을 제안했다. 제1단계는 규범적 판단 기준으로 보충성의 원칙에 따라 기초자치단체-광역자치단체-국

---

11) 공공서비스의 유형은 5가지로 ①거래를 수행하기 위해 필요한 투자의 특수성, ②거래가 일어나는 빈도와 지속성, ③거래의 복잡성과 불확실성의 정도, ④거래의 성과 측정상의 어려움 정도, ⑤거래의 다른 거래나 사람들과의 연계성 등이다. 거버넌스 구조는 거래비용의 최소화 노력을 의미하며, 주체들 간 관계를 기준으로 시장 거버넌스, 3자 거버넌스, 2자 거버넌스, 단일 거버넌스로 구분한다.

가사무를 구분하는 것이다. 제2단계는 사무 특성상 판단 기준으로 편익지역의 공간 범위, 규모의 경제, 서비스 공급의 통일화·다양화, 공공재의 순수성(비경쟁적, 비배제성), 누출 효과(spillover), 국가 최저수준(national minimum)을 고려한 가치재 등을 제시하였다. 제주특별자치도에 대한 사무이양을 위해서 새로운 분석 틀을 마련하여 지방이양위원회가 지방 이양대상 발굴 사무에 대해 분석을 실시하였다. 분석 틀은 제1단계 기본지표 4개, 제2단계 실행지표(수권역량, 이양 용이성) 9개로 판별기준을 제시하였다. 제1단계 판별기준은 정책 적합성, 광역기초사무, 기초 인프라 기능 우선, 지역 적합성이며, 제2단계 판별기준으로는 수권역량 분야에 인적자원성, 재정자립도, 전문기술성을, 이양 용이성 분야에 이행 독립성, 기관위임처리, 자율책임성, 독자적 결정권, 실행 효율성, 정책 효과성을 제시하였다. 분석대상 사무는 지방이양위원회가 2002년 기준 총 3,353개 법령상의 대상 사무 총 41,603개를 분류하고, 지방 이양대상 사무 5,194개로 하였다. 분석결과 2011년 이후 장기과제 232개를 포함하여 총 2,543개 사무를 이양해야 한다고 제시하였다.

이승종(2006)은 특별지방행정기관 사무 이양에 대한 접근방식은 지방의 논리 방식이 아닌 국가 전체의 공익확보를 위해 보충성 원칙 등의 규범적 접근과 생산단계를 지방이 맡는 등 실천적 접근이 균형적이어야 함을 강조하였다.

한국조직학회(2007)는 특별지방행정기관 이관 기준에 대해 지자체 이관, 현행유지, 광역화와 분권화, 민간화 및 민간위탁, 책임운영기관화, 특별지방행정기관의 잔존업무 수준 검토 등 6개 차원으로 제시하였다. '지자체 이관'이 필요한 경우는 지자체와의 기능 중복성, 관할구역의 특수성, 정부 지자체 간 이행충돌 여부, 지자체의 수용 의사 및 수용 능력(인력, 재원, 정보, 기술 등), 기능의 성격 등을 고려하여 결정할 것으로 제안했다. '현행유지'는 업무의 운영 면에서 현재 상태가 최적인 경우, 타 대안의 선택에 비해 비용대비 편익이 상대적으로 더 큰 경우, 타 대안을 선택하여 불확실성이 매우 커지는 경우 등으로 그 기준을 제시하고 있다. '광역화와 분권화'의 경우는 특별지방행정기관을 존치하면서 가능하다고 전제하면서, 행정서비스 편익의 지역적 경계, 규모의 경제, 관할구역의 적정성, 행정의 근거리 원칙, 주민의 접촉기회 등의 기준을 제시하였다. '민간화(민영화) 및 민간위탁'은 행정환경의 변화로 원래 설계된 기능의 목적과 내용 변화, 성과측정 가능성, 자체수익모형 존재, 민간 유사기능 존재 여부 판단, 생산의 민간이양 시 민간위탁을 활용하고 서비스 공급 자체의 이관은 민간이양 할 것을 제시하고 있다. '책임운영기관화'는 업무 내용이 명확하고 성과지표의 개발과 적용이 용이한 경우, 기능수행을 위한 규칙, 기술, 기준, 절차 등이 잘 확립되어 있는 경우, 기능수행 상 국가의 공신력과 공권력이 필요한 경우로 그 기준을 제시하고 있다. '특별지방행정기관의 잔존업무 수준 검토'는 민간화 또는 중복기능의 지방이관은 특별지방행정기관에 잔존하는 업무량을 검토하여 특별지방행정기관의 처리방식, 즉 폐지, 존치 혹은 책임운영기관 여부를 검토하여 결정할 것을 제안하고 있다.

금창호(2009) 연구에 따르면 특별지방행정기관 정비방안으로 세 가지를 들고 있다. 주 내용은 과거 정부의 실패 원인에 대한 철저한 분석, 합리적 정비방안 마련, 효과적인 추진전략 마련이다. 합리적인 정비방안과 관련해서는 3단계 전략을 제시하였는데, 1단계는 민영화, 규제 합리화 등 정부 관장 범위 타당성 검토를 포함한 '현행체제 전제 정비방안 검토'이다. 2단계는 기능배분 판단 기준 설계 및 적용 등 '배분 합리화 정비방안 검토'를, 3단계는 통합수행 타당성 검토, 업무처리 프로세스 효율화 등 '수행 효율성 정비방안 검토'이다. 지난 정부의 실패가 최종정책결정권자인 대통령의 의지 부족과 중앙정부의 소극적 대응, 다수의 지방분권과제 중 후순위 과제로 밀려나는 등의 이유로 분석하고 있기 때문에 '현행 특별지방행정기관 체제'에서 '완전 이관'이라는 단계적 이관전략은 의미가 있다고 볼 수 있다.

이창균(2010)에 따르면 지방분권촉진위원회에서는 특별지방행정기관에 대한 종합적 정비방안을 모색하기 위한 특별지방행정기관 정비 T/F에서 특별지방행정기관 기능분석 기준을 설정하였다. 그 기준은 크게 4가지로 민간부문이 수행하기에 보다 적합한 기능 등 '민영화 가능성', '기능 중복성', 지방자치단체가 수행하기에 보다 적합한 기능 등 '이관 적합성', 특별지방행정기관 존치가 요구되는 사무 등 '분야 특이성'이다.

김윤권(2012)은 사무의 성격, 사무의 종합성, 전문성, 전국적 통일성, 효과성, 효율성, 공평성, 외부효과, 책임성 등의 기준을 제시하였다. '사무의 성격'은 전략적인 계획기능이 있는지, '종합성'은 업무가 타 업무와 유기적으로 연계되어 집행하는 것이 바람직한지 여부, '전문성'은 고도의 전문성을 필요로 하는지 여부, '전국적 통일성'은 전국적으로 표준적인 성과달성이 필요한지 여부, '효과성'은 일관성 있는 집행을 통해 행정기능을 효과적으로 달성할 수 있는지, '효율성'은 공공서비스의 전국 통일성과 규모의 경제 실현, '공평성'은 지방자치단체 간 서비스 수준의 형평성 확보 필요성 여부, '외부효과'는 공간적으로 긍정적 외부효과가 여러 행정구역에 걸쳐 나타나는지 여부, 지방자치단체가 부담은 최소화하고 이익만 추구하는 기회주의적 행동을 할 가능성이 있는지, '책임성'은 국가 존립에 필수적이고 국가전략상 중요한지 여부에 대한 것임을 설명하고 있다.

지방자치발전위원회(2016)는 루이(T.J. Lowi)의 사무(정책) 분류 방식을 통해 사무의 유형을 분배정책, 규제정책, 재분배정책, 구성정책으로 분류하였다. 이를 지방자치법에 명시된 사무를 적용한 결과, 산업진흥, 교육, 지역개발 등의 '분배정책'과 주민의 복지증진 등 '재분배정책', 구역 및 조직, 행정관리 등의 '구성정책'은 자치사무로, '규제정책'은 국가사무로 구분하였다. 이를 통해 지방자치단체가 처리하는 것이 적합한 사무인데 중앙부처가 민간기관을 설립하여 사실상 특별지방행정기관과 같이 사무를 위탁하는 현황을 제시하며 이에 대한 형태를 분석하였다. 이에 따라 지방자치단체가 수행해야 할 사무 중 직접적 이관이 필요한 사무는 지방자치단체로 사무를 이관(지방 이양 1)하고 지방자치단체로의 이관이 필요한 사무 중 현재 수행하고 있는 민간기관에 위탁을 주는 방식(지방 이양 2), 두 가지를 제안한다. 민간기관 위탁사무 중 지방자치단체로의 이관은 국민의 권리 제한 등의 규제사무는 책임 주체가 행정기관이 바람직함을 그 이유로 밝히고 있다. 고용노동부, 보건복지부, 산업통상자원부의 사무를 수탁하는 기관은 전체 89개로 각 부처마다 10개, 34개, 45개 기관이 있다. 이들 기관으로부터 위탁 처리되고 있는 사무는 고용노동부 133개, 보건복지부 152개, 산업통상자원부 296개 총 581개이다. 이 중 지방 이양이 필요한 사무는 고용노동부 78개, 보건복지부 29개, 산업통상자원부 121개 총 228개이며, 전체 위탁사무 중 39.2% 규모이다. 지방 이양사무가 필요한 사무 228개 중 기존 민간기관의 수탁이 무방하다는 사무는 186개로 분석하고 있다.

한국지방행정연구원(2016)은 특별지방행정기관 이관을 2단계로 제시하고 있다. 1단계 기준은 기능 중복성으로 동일목적의 실현을 위해 중앙과 지방이 동일한 사무인지 여부를 판단해야 함을 제시하고 있다. 2단계 이관 기준은 적합성과 분야 특이성을 제시하고 있으며, 이관 적합성은 지방자치단체가 수행하기에 보다 적합한 기능 여부를 판단하는 것으로 파급효과가 전국적이 아닌 사무, 주민의 접근성과 편의성이 요구되는 사무, 현지 적합성이 요구되는 사무, 지방자치단체의 기존기구로 수행 가능한 사무, 지방자치단체의 집행 효율성이 높은 사무를 고려할 것을 제시하고 있다. 분야 특이성 기준은 행정 효율성 이외의 특행별 존립 가치에 해당하는 기능으로 전국적 통일성이 요구되는 사무, 지방자치단체가 수행할 수 있는 전문성이 부족한 사무인지를 판단할 것을 제시하고 있다.

앞서 기술한 선행연구의 공통점은 특별지방행정기관 사무를 이관할 때 단계적으로 접근이 필요하다는 점이다. 뒤에 기술하겠지만 제주특별자치도로 7개 특별지방행정기관 이관을 확정 짓기 위한 내용적 타당성은 어느 정도 확보한 측면이 있다. 「제주특별자치도 기본계획」(2005년 10월)을 마련하기 위해 약 1년 동안 이관의 법적 타당성, 이관 시 제주특별자치도의 실익, 주민 생활에 미치는 영향 검토, 관계부처 간 수차례 토론 등을 거쳤다. 형식적으로는 내용적 타당성을 확보한 것으로 보이지만, 당시 특별지방행정기관 구성원들 간의 공감대가 형성되어 있었는지를 확인하는 것은 중요하다. 사전공감대가 형성되어 있지 않고 정권 차원의 의지로 이관을 추진하게 된다면, 이관 후 정권이 교체되면 중앙정부의 지속적인 관심과 지원이 배제되는 경우가 발생하고 제주특별자치도의 사례가 전국적으로 확산하는 데 장애 요인이 될 수 있기 때문이다.

이에 본 연구에서는 '이관 방식'과 '이관 시 해당 특별지방행정기관 구성원들에 대한 사전공감대'가 형성되었는지를 설문조사 등을 통해 실증적으로 확인할 필요가 있다. 제주 특별지방행정기관이 중앙정부와 제주특별자치도 간의 의사결정에 이뤄진 사항이기 때문에 이관 당사자가 되지 않는 민간위탁에 대한 사항은 제외하기로 한다.

<표 3> 효과적 · 효율적인 특별지방행정기관 사무이관 전략

연구자	이관전략			주요 내용
소진광 (2002)	1단계			해당 기능의 사무이양(민간화 포함) 적합성 검토
	2단계			중앙정부 담당해야 하는 근거 검토
	3단계			지방자치단체와 기능 중복 검토
	4단계			이관 가능성 검토
	5단계			특별지방행정기관 잔존사무 수준 결정
조계근 (2003)	특별지방행정기관 기능평가			업무 전국적 통일성
				국가존립 필요성(영향력)
				주민과 밀접성
				자치단체 업무 연계성
				종합평가(위임, 즉시 이양, 장기이양, 특별지방행정기관, 민간위탁, 위임 후 이양)
김성배 (2006)	공공 서비스 전달체계 관점	서비스 유형		투자 특수성/빈도와 지속성/확실성과 단순성/측정 용이성/연계성
		거버넌스 구조		시장 거버넌스/3자 거버넌스/2자 거버넌스/단일 거버넌스
제주특별 자치도지원 위원회 (2006)	1단계	정책 적합성		지역 특수성을 고려한 정책 우선 추진과제 및 관련 필요 기능 우선 이양
		광역기초사무		현지성, 주민 편의성 우선 이양
		기초 인프라 기능 우선		기초기획기능 등 지역 활성화에 필수기능 우선 이양
		지역 적합성		지역적 영향 범위에 적합한 기능 우선 이양
	2 단 계	수 권 역 량	인적자원성	인력자원의 확보가 필요한 경우 순차 이양
			재정자립도	재정자립도가 필요한 경우 순차 이양
			전문기술성	전문기술성이 필요한 경우 순차 이양
		이 양 용 이 성	이행 독립성	독자적 추진이 강한 기능 우선 이양
			기위임처리	·집행기능 우선 이양 ·제주도 특성을 고려해 독자적으로 집행을 해도 문제 발생이 없는 기능 우선 이양

연구자	이관전략			주요 내용
제주특별 자치도지원 위원회 (2006)	2 단 계	이 양 용 이 성	자율책임성	수권 기관의 이양요구 또는 이양에 따른 높은 실천 의지를 보이는 기능 우선 이양
			독자적 결정권	기준, 인허가 등 독자적인 결정권이 높은 기능 우선 이양
			실행 효율성	법과 제도 등의 개선이 용이한 기능 우선 이양
			정책 효과성	·행정 효율성 및 행·재정적 효과성 이 높은 기능의 우선 이양 원칙 ·성책적 효과가 빠르고 높게 나타날 수 있는 기능 우선 이양
한국조직 학회 (2007)	지자체 이관			·지자체와 중복된 기능의 이관 ·관할구역의 특수성 ·정부 지자체 간 이행충돌 여부 ·지자체의 수용 의사, 수용 능력(인 력, 재원, 정보, 기술 등) ·기능의 성격
	현행유지			·업무의 운영 면에서 현재 상태가 최적인 경우 ·타 대안의 선택에 비해 비용대비편 익이 상대적으로 더 큰 경우 ·타 대안을 선택하여 불확실성이 매우 커지는 경우
	광역화와 분권화			·특별지방행정기관의 현행유지 시 해당 서비스의 광역화와 분권화 시 도 가능 - 행정서비스 편익의 지역적 경계 - 규모의 경제 - 관할구역의 적정성 - 행정의 근거리 원칙 - 주민의 접촉기회
	민간화(민영화) 및 민간위탁			·행정환경의 변화로 원래 설계된 기능의 목적과 내용 변화 ·성과측정 가능성 ·자체수익모형 존재 ·민간 유사기능 존재 여부 판단

연구자	이관전략	주요 내용
한국조직 학회 (2007)	민간화(민영화) 및 민간위탁	· 생산의 민간이양 시 민간위탁을 활 용하고 서비스 공급 자체의 이관은 민간 이양함
	책임운영기관화	· 업무 내용이 명확하고 성과지표의 개발과 적용이 용이한 경우(사업 성 측정의 용이성) · 기능수행을 위한 규칙, 기술, 기준, 절차 등이 잘 확립되어 있는 경우 · 기능 수행상 국가의 공신력과 공 권력이 필요한 경우

자료: 선행연구를 바탕으로 필자가 구성함.

3) 특별지방행정기관 이관 후 추진정책평가

특별지방행정기관 이관 후의 성과를 점검하는 것은 정책평가 차원에서 중요한 부분이다. 특별지방행정기관 이관 필요성과 당위성에도 불구하고 이관 후 정책성과가 미흡하게 나타난다면, 특별지방행정기관 이관정책 자체가 추진 명분의 타당성을 확보하기 어렵기 때문이다.

정책평가와 관련한 선행연구 검토는 본 연구에서 특별지방행정기관 이관정책이 성공적으로 추진될 수 있는 주요 요인을 파악하는 데 의미가 있다. 이와 관련한 연구는 많은 학자들(김순은, 2010; 소순창, 2011; 금창호·박기관, 2014; 한표환, 2014; 소순창·이진, 2016; 정정화, 2017; 금창호·김필두, 2017; 김홍환·정순관, 2018)을 통해 연구되었다. 일반적으로 정책의 구성요소는 정책목표, 정책수단, 정책대상을 포함한다(최봉기, 2009; 이성우, 2013). 선행연구는 이들 구성요소를 주요 근간으로 지방분권 추진

정책평가를 시도하고 있다.

김순은(2010)은 평가 기준을 정책 내용, 집행과정과 절차, 집행의 성과를 제시하고 있다. 정책 내용은 추진목적, 추진목표, 추진과제, 추진체계(정책 의지, 추진기구 크기, 기능·권한, 추진원칙)를 포함하고, 집행과정과 절차는 분권 추진 로드맵, 관련 특별법을 언급하고 있으며, 집행의 성과는 세부과제 달성도를 제시하고 있다.

소순창·이진(2016)은 목표 달성도를 의미하는 정책 효과성, 이해관계자 의견반영을 포함한 정책 민주성, 정책이해관계자 만족도를 의미하는 정책 대응성을 정책평가 기준으로 제시하고 있다.

금창호·김필두(2017)는 내용 타당성, 절차 타당성 등 정책목표, 수행과정 효율성, 배분 방법 합리성 등 정책과정, 양적 달성도, 질적 적합성 등 정책 결과를 제시하고 있다.

지방분권 정책추진 평가 기준은 소순창(2011), 금창호·박기관(2014), 정정화(2017)의 연구가 의미가 있다. 소순창(2011)의 연구에 따르면 효과성(목표달성 정도, 지방분권 철학 및 방향), 민주성(의사반영 여부 및 의사반영 절차), 대응성(주민의 편익과 만족도)을 평가 기준으로 제시하였다. 금창호·박기관(2014)은 정책설계(지방분권과제의 합리성), 정책 결정(정책결정자의 의지-정책 기조, 정책 관련 지지), 정책집행(집행조직의 효율성, 집행담당자 역량)을 평가 기준으로 제시하였다.

정정화(2017)의 연구는 정책목표와 주친 과제(정책목표의 합리성, 추진과제의 적합성), 정책결정자 의지(대통령의 철학과 의지, 국정과제 중 중요도), 추진기구(추진기구의 효율성-법적 지위, 기능 등), 추진과정과 추진전략(의견수렴 등 과정의 민주성, 추진전략의 적절성), 정책 관련 집단 요구·지지(정치권, 국회 등의 협력 및 지방, 학계 등의 지지), 추진성과(추진과제에 대한 이행실적)를 평가 분석 틀로 삼았다.

한표환(2014)은 역대 정부의 특별지방행정기관 정비정책 비교평가를 연구하면서 정책집행 결과가 성공적 정책집행으로 이어지는데 검토할 요소로 크게 다섯 가지를 제시하였다. 합리적 정책설계, 정책결정자 의지, 정책 관련 집단지지, 집행조직의 효율성, 집행담당자 역량 등이다.

김흥환·정순관(2018) 연구에 지방분권 수준과 정책추진 평가기준을 바탕으로 크게 2단계 평가절차와 기준을 제시하고 있다. 1단계에서 지방분권 개념 정의와 비교하여 지방분권 정책 적절성을 평가하고, 2단계에서는 이를 바탕으로 목표대비 실적 등 성과평가를 시도하고 있다.

앞서 논의된 내용을 바탕으로 본 연구에 의미가 있는 사항으로 정책목표 차원에서는 '이관사무 활용도', '실효성 있는 정책성과' 등이다. 정책수단 차원에서는 정책결정자 의지와 관련된 '중앙정부 및 제주특별자치도의 지원 의지', '집행담당자 역량' 등이며, 정책대상 차원에서는 '특별지방행정기관 출신 공무원에 대한 인사상 불이익 배제'와 정책추진의 민주성과 연계된 '주민만족도'와 '행정의 적극 대응성' 등이 의미 있는 요인으로 추릴 수 있다.

<표 4> 특별지방행정기관 이관 후 추진정책평가

연구자	평가 기준	주요 요인
김순은 (2010)	정책 내용	추진목적, 추진목표, 추진과제, 추진체계(정책의지, 추진기구 크기, 기능·권한, 추진원칙)
	집행과정과 절차	분권 추진 로드맵, 관련 특별법
	집행의 성과	세부과제 달성도
소순창 (2011)	효과성	목표 달성도, 지방분권 철학 및 방향
	민주성	의사반영 여부 및 의사반영 절차
	대응성	주민편익과 만족도
금창호·박기관 (2014)	정책설계	지방분권과제 합리성
	정책 결정	정책결정자 의지(정책 기조), 정책 관련 지지
	정책집행	집행조직 효율성, 집행담당자 역량
한표환 (2014)	합리적 정책설계 (정책설계 합리성)	정책목표와 정비대상
	정책결정자 의지	대통령의 지방분권 의지
	정책 관련 집단지지	중앙 관련 부처 및 지방자치단체 지지
	집행조직의 효율성	법적 지위 적정성, 업무 전담성 및 조직구조 체계성
	집행담당자 역량	대통령 소속 위원회 부처 공무원, 민간 전문가 참여 정도
소순창·이진 (2016)	정책 효과성	목표 달성도
	정책 민주성	이해관계자 의견반영
	정책 대응성	정책이해관계자 만족도
정정화 (2017)	정책목표와 추진과제 적합성	정책목표 합리성, 추진과제 적합성
	정책결정자 의지	대통령 분권 철학과 의지, 국정과제 중요도
	추진기구 효율성	추진기구 효율성(법적 지위, 기능·권한 등)
	추진과정 민주성과 추진전략 적절성	의견수렴 등 추진과정의 민주성, 선택과 집중 등 추진전략 적절성
	정책 관련 집단 요구·지지	·정치권, 국회, 중앙부처의 협력 및 지지 여부 ·지방, 시민사회, 학계 등 관련 단체 요구 및 지지

연구자	평가 기준	주요 요인
정정화 (2017)	추진성과	추진과제에 대한 이행실적 (관련 법률제정, 권한 이양실적, 제도개선)
금창호· 김필두 (2017)	정책목표	내용 타당성, 절차 타당성
	정책과정	수행과정 효율성, 배분 방법 합리성
	정책 결과	양적 달성도, 질적 적합성
김흥환· 정순관 (2018)	1단계: 지방분권 정책 적절성 평가	1차: 중앙권한에 대한 지방 이양도 2차: 지방자치단체 요구과제 반영도
	2단계: 성과평가	1단계에서 실질적 지방분권과제로 선정된 과 제의 목표대비 실적

자료: 정정화(2017), 김흥관·정순관(2018)을 참고하여 수정·보완

4) 특별지방행정기관 이관 후 운영성과 평가 연구

특별지방행정기관 이관 후 성과를 평가하는 것은 앞서 논의한 이관 후 특별지방행정기관 성과를 높이기 위해 추진하는 정책 차원의 평가와 함께 특별지방행정기관 이관 차원의 운영성과를 평가할 수 있다. 이를 통해 보다 나은 정책성과를 도출하기 위한 정책 설계에 그 의미가 있다. 특별지방행정기관 이관의 당위성에 따른 이관에만 관심을 둘 경우 관련 정책의 의미와 정책성과의 확산에 한계가 나타날 수 있기에 이관 후 운영성과 평가를 살펴볼 필요성이 있다.

특별지방행정기관 사무이양에 따른 운영성과를 측정하는 데 시사할 수 있는 연구는 여러 학자들(김익식, 1990; Berman &Martin, 1988; Zimmerman, 1995; 홍준현 외, 2006; 고광용, 2016; 안영훈·한부영, 2012)을 통해 소개되었다.

김익식(1990)은 구조적 토대, 기능적 토대, 재정적 토대, 인사적

토대로 평가 기준을 분류하고 있다. 구조적 토대는 지방정부 총수, 지방 정부당 평균인구 및 평균면적 등을, 기능적 토대는 정부 일반 회계 중 지방정부 지출비율, 총교육비지출, 총사회비 지출 등을, 재정적 토대는 정부 세입 중 지방정부 세입비율, 정부 세수입 중 지방세 수입 비율 등을, 인사적 토대를 전체 공무원 중 지방공무원의 비율 등으로 설명하였다.

Zimmerman(1995)은 조세부과 능력, 징수능력 등 재정적 측면, 기능의 추가·삭제·변경능력 보유 여부 등 기능적 측면, 자율적 인사 기능 여부 등 인사 측면, 입법적 조치 없이 조직구조 변경 가능 여부 등 구조적 측면을 평가 기준으로 제시하였다.

홍준현 외(2006)의 연구에서는 국가-지방 간 인적자원 배분, 국가 일선 기관 비중, 조직 인사에 대한 국가관여 등 조직 인사 측면, 국가-지방 사무배분, 지방에 대한 국가관여 등 사무배분 측면, 국가-지방 재정배분, 지방재정 운영의 재량성 등 재정 측면을 평가 기준으로 삼고 있다.

고광용(2016)은 사무 분권, 인사 분권, 재정 분권 차원을 제시하고 있다. 사무 분권은 국가사무 대 지방사무 비율, 지방사무 중 자치사무 비율을, 인사 분권은 전체 공무원 대비 지방공무원 비율, 지방정부 소속 지방직 공무원 비율을, 재정 분권은 세입 분권, 세출 분권을 제시하고 있다.

안영훈·한부영(2012)은 업무 효율성, 조직예산, 주민 편의성, 기타 분야로 설명하였다. '업무 효율성'과 관련한 평가요인은 기능 이관에 따른 업무 효율성 제고의 구체적 사례 여부, 기능 이관된 업무수행 실적, 유사·중복기능의 통합수행에 따른 인력·예산 절감 및 행정절차의 간소화 사례, 이관된 기능수행을 위한 중앙부처와의 협조·지원 또는 문제 사례를 들고 있다. '조직예산' 평가요인은 특별지방행정기관에서 이관된 기능을 수행하는 조직현황, 이관된 공무원이 배치된 부서와 담당업무, 이관에 따른 예산·재정지원 여부 등이다. '주민 편의성' 평가요인과 관련해서는 기능이관 이후 주민편의 제고 및 행정서비스 개선사례, 주민들의 인지도 제고를 위해 홍보방법 및 실적을 제시하였다. '기타' 분야는 3개 분야 기능이관 외에 추가 이관 필요성이 있는 분야, 관련 중앙부처·연구기관 등과의 연계체제 구축·운영 여부, 이관에 따른 문제점 및 애로사항, 기타 건의사항 등을 평가요인으로 제시하였다.

앞선 논의들을 살펴보면 특별지방행정기관의 운영성과와 관련 있는 요인은 재정, 인사, 조직관점과 업무 효율성 등이 주요한 사항으로 제시되고 있다. 재정은 조직의 지속가능성을 담보한다는 측면에서 '이관 후 정부의 지원 의지'는 중요하다. 조직의 경우 지역 여건에 맞게 조직구조를 변경할 수 있을 필요가 있으며, 제주의 경우 이관된 7개 특별지방행정기관 중 4개 기관이 도 조직으로 통합되어 운영되고 있어, 이에 대한 성과를 점검하는 것은 의미가 있다. 인사와 관련해서는 특별지방행정기관 이관 후 전문성을 담보하기 위해 어떻게 인사제도가 운영되고 있고, 점차 늘어나는 업무량에 상응하는 인력증원은 어떻게 이뤄지고 있는지 살펴볼 필요가 있다. 업무효율성과 관련해서는 특별지방행정기관 이관 후 이관사무의 활용실적, 중앙정부와의 정책소통 활성화 정도 등을 살펴볼 필요가 있다.

연구자	평가 기준	주요 요인
Berman & Martin (1988) Zimmerman (1995)	재정적 측면	조세부과 및 징수능력
	기능적 측면	기능의 추가, 삭제, 변경능력
	인사적 측면	인사에 관한 의사결정 능력
	구조적 측면	추가적 권한 부여 없이 조직구조를 변경할 수 있는 능력
김익식 (1990)	구조적 토대	지방정부 총수, 지방 정부당 평균인구 및 평균면적 등
	기능적 토대	정부 일반회계 중 지방정부 지출비율, 총교육비지출, 총사회비 지출 등
	재정적 토대	정부 세입 중 지방정부 세입비율, 정부 세수입 중 지방세 수입 비율 등
	인사적 토대	전체 공무원 중 지방공무원의 비율
홍준현 외 (2006)	조직·인사	국가와 지방간 인적자원 배분, 국가 일선 기관의 비중, 조직 인사에 대한 국가의 관여
	사무배분	국가와 지방간 사무배분, 지방에 대한 국가의 관여
	재정	국가와 지방간 재정배분, 지방재정 운영의 재량성
고광용 (2016)	사무 분권	국가사무 대 지방사무 비율, 지방사무 중 자치사무 비율
	인사 분권	전체 공무원 대비 지방공무원 비율, 지방정부소속 지방직 공무원 비율
	재정 분권	세입 분권, 세출 분권
안영훈· 한부영 (2012)	업무 효율성	·기능이관에 따른 업무 효율성 제고의 구체적 사례 여부 ·기능 이관된 업무수행 실적 ·유사·중복기능의 통합수행에 따른 인력·예산 절감 및 행정절차의 간소화 사례 ·이관된 기능수행을 위한 중앙부처와의 협조·지원 또는 문제 사례
	조직예산	·특별지방행정기관에서 이관된 기능을 수행하는 조직현황 ·이관된 공무원이 배치된 부서와 담당업무 ·이관에 따른 예산·재정지원 여부
	주민 편의성	·기능이관 이후 주민편의 제고 및 행정서비스 개선사례 ·주민들의 인지도 제고를 위해 홍보방법 및 실적

연구자	평가 기준	주요 요인
안영훈· 한부영 (2012)	기타	· 3개 분야 기능이관 외에 추가 이관 필요성이 있는 분야 · 관련 중앙부처·연구기관 등과의 연계체제 구축·운영 여부 · 이관에 따른 문제점 및 애로사항, 기타 건의사항

자료: 정정화(2017), 김홍관·정순관(2018)을 참고하여 수정·보완.

2. 특별지방행정기관 이관 관련 국외사례

유럽 등 국외사례를 살펴보면 앞서 국내사례에서 논의되었던 '이관원칙과 기준', '특별지방행정기관 이관 추진전략', '특별지방행정기관 이관 후 추진정책평가', '특별지방행정기관 이관 후 운영성과 평가'를 염두에 두고 연구와 정책을 추진해왔음을 알 수 있다.

제주특별자치도지원위원회(2006) 연구에 따르면 이관 기본원리로서 대륙법계 국가에서는 전권한성(All-zustandigkeit) 원리 또는 행정 권한의 보편성 원리, 기초자치단체 우선의 원리를, 영미법계 국가에서는 월권행위의 금지원리 (Ultravires)를 따른다고 밝히고 있다. 대륙법계 국가는 자치단체가 종합행정을 실행할 수 있는 권한을 행사할 수 있어야 한다는 측면이며, 영미법계 국가에서는 입법권을 중앙과 지방정부가 나누어 갖게 되므로 법령의 규정 범위 내에서 자치권이 확보된다는 특징을 갖는다. 현대사회에서는 행정환경변화로 특례적 규정, 포괄적 권한 이양 등을 통해 상호 보완적으로 활용되고 있다.

주요 외국 국가별 이관 기본원칙을 살펴보면, 독일은 구체적 기준을 헌법에 연방과 주의 사무를 명시하고 있고, 전권한성의 원칙,

보충성의 원칙 및 기초자치단체 우선 원칙을 정하고 있다. 프랑스는 권한 이양 기본법 등에 자치단체 상호 간 평등성 보장, 동질의 행정 권한 행사, 총괄적인 사무이양, 사무이양 시 재정적 보전 및 상응하는 재정수단 확보, 사무배분 시 국가 역할 계속성 보장 등의 원칙을 두고 있다. 영국은 일반원칙은 존재하지 않으나 지방정부법(Local Government Act)에서 사무이양 시 효과성과 주민 편의성을 고려해야 함을 명시하고 있다. 일본은 국가행정조직법과 지방자치법 등에 현지성의 원칙, 기초자치단체 우선 원칙, 능률원칙, 행정 책임 명확화의 원칙, 종합성의 원칙, 경제성의 원칙 등의 기본원칙을 두고 있으며, 지방자치단체 사무에 대해 국가관여 축소 또는 금지 등 국가의 역할 한정원칙과 자치단체 행정의 활성화 원칙을 명시하고 있다.

특별지방행정기관 정비 등 이관은 단계적으로 추진해왔다. 한국지방행정연구원(2017)에 따르면 독일-뷔르템베르크 주 정부는 2005년 토이펠 개혁을 통해 450개 주정부 특별지방행정기관 중 350개를 정비하여, 지방자치단체와 주정부 중간 일반행정기관으로 그 기능을 이관하였다. 일본은 도도부현 단위의 특별지방행정기관을 원칙적으로 폐지하였다. 이는 2007년 지방분권개혁추진위원회와 지방 6단체, 전국지사회가 지방분권개혁 차원에서 특별행정기관의 폐지·축소를 주장함에 따른 결과이다. 정원식·안권욱(2009)의 연구에 따르면, 독일은 과거 1960~1970년대 구서독을 중심으로 행정구역 조정과 행정계층 간 기능 배분에 초점을 맞춘 정책을 추진하였다. 이후 2000년대 들어 주정부의 기능 축소와 정비, 주정부와 지방정부 간 기능재배분 등에 중점을 둔 정책이 특징이다. 정책적 수단은 주로 주정부 특별지방행정기관 기능 정비 및 폐지, 주정부에서 지방정부 및 지방자치단체협의회로의 기능 이전, 민영화 등인데 바덴-뷔르템베르크주가 대표적인 사례로 꼽히고 있다. 바덴-뷔르템베르크주의 특별지방행정기관 수는 1970년대 850여 개에서 2001년에는 470여 개로 감소했으며, 2005년에는 450개에서 350개 기관의 기능을 정비하여 그 기능을 지방정부와 주정부 중간 일반 행정기관으로 이관하였다(이하 토이펠 개혁). 2005년 토이펠 개혁을 통해 정비한 350개 주정부 특별지방행정기관은 주정부 중간 일반행정기관인 레기룽스프래지디움(Regierungspräsidium) 4개 기관과 35개의 광역지방자치단체 그리고 9개의 광역시로 이관하는 성과를 거두었다. 토이펠 개혁의 성공에는 기존의 첨예한 이해집단 갈등관리 성공에 기인하는 것으로 분석된다. 주정부 전문 행정기관 종사자 및 대표자들과 슈태테탁(Städtetag)과 란트크라이스탁(Landkreistag) 등과 같은 지방정치인 및 지방자치단체의 이익기관의 갈등이 있었으나, 토이펠 개혁은 1970년대부터 이어진 주정부 개혁의 연장선상의 일환이라는 명분에 힘입어 2003년 3월 25일 주정부 예산구조위원회의 의결로 행정체제개편을 위한 기본방향 설정을 시작으로 2005년 1월 1일 「행정체제개편법률」 시행으로 개혁이 추진되었다.

특별지방행정기관 이관 후 평가결과가 반드시 좋은 것만은 아니다. 제주특별자치도지원위원회(2006)의 같은 연구자에 따르면 성과평가 기준을 행정 능률성, 행정 전문성, 행정 종합성, 주민 접근성, 행정 책임성, 행정 투명성·주민통제, 지자체 자율성을 제시하여 평가를 시도하였다. 평가결과 2005년 이후 2011년까지 기존 특별지방행정기관 소요 예산의 약 20% 절감 등 능률성이 증가하였으나, 공무원 수 감축 등으로 인한 행정 전문성은 약화하였다. 이관된 사무를 주민 수요를 바탕으로 연관 사무를 고려한 사무추진과 장애인 및 노인복지 등 사회복지 분야에 대해 주민 접근성이 향상되었다고 분석하고 있다. 지방자치단체 이관이 아닌 위임된 사무의 경우 여전히 주정부가 지휘·감독 권한을 갖고 있어 지역주민과 의회의 통제권이 없어 결과적으로 행정 책임성과 주민통제에는 부정적이다. 2005년 이관 후 매년 3%씩 삭감되어 지방자치단체 자율성은 여전히 미흡한 것으로 분석되었다.

지방자치발전위원회(2016)의 연구에 따르면 사무배분 기준은 크게 대륙법계와 영미법계로 구분된다. 대륙법계는 포괄적인 입법으로 법조문은 비교적 간결하고 추상적이고 용어의 개념화가 잘 이루어지고 있다. 영미법계는 산발적, 부분적 입법이 일반적이며, 법조문도 상세히 규정하는 것이 일반적이다. 우리나라의 경우 일반적으로 대륙법계 국가로 분류하고 있다. 사무 구분과 관련하여 일본은 기존의 국가사무와 자치사무, 위임사무를 국가사무, 자치사무, 법정 수탁사무로 전환하였다. 국가사무는 국가의 존립에 관계되는 사무, 민간활동 및 지방자치에 관한 전국적 준칙 사무, 전국적 규모나 전국적 관점에서 행해야 하는 시책, 사업 등 주로 3분야에 한정하고 있다. 자치사무는 '지역의 사무'와 '법률 또는 이에 근거한 정령에 따라 처리하도록 되어있는 사무'로 규정하였고, 이 중 법정

수탁사무를 제외하였다. 위임사무는 폐지하여 법정 수탁사무로 전환하여 사무 배분의 명확화를 통한 행정의 책임성을 높였다. 프랑스는 1983년 「코뮌, 데파르트망, 레지옹 및 국가의 사무 배분에 관한 법률」을 제정하여 국가사무, 자치사무, 위임사무 등 사무 구분 및 배분을 체계화하였다. 국가사무는 개별 법령 및 사무배분법상 '국가사무'로 규정하되 제한적으로 열거하는 방식을 취했고, 자치사무는 코뮌, 데파르트망, 레지옹 등 각 계층의 사무를 신지방자치법에 세부적으로 규정하였다. 위임사무는 법률상 반드시 의무적으로 지방자치단체가 수행하도록 규정한 사무로써 신지방자치법에 명시하였다.

임성근(2017) 연구에 따르면 프랑스는 1982년과 2003년에 지방분권개혁을 추진하였으며, 2003년 개헌을 통해 헌법 제1조에 '프랑스는 지방분권을 기초로 하여 이루어진다'라는 내용을 포함한다. 지방분권개혁 추진배경에는 수도 파리 중심의 일극화에 따른 지방 활성화와 발전에 대한 우려, 경제위기 극복 수단을 지방 활성화로 보았으며, 유럽연합통합을 앞두고 선진행정에 맞게 지방을 정비할 수 있다는 전망에 따른 것이었다. 1982년 1차 지방분권개혁은 코뮌, 데파르트망, 레지옹을 주체[12]로 하는 행정체제 구축에 주력하게 되는데, 권한 이양 원칙을 '가장 적합한 단위의 지자체에 동일 분야 권한을 이양한다'로 설정하여 직업훈련, 도시계획, 복지 등 사무가 지자체에 이관되었다. 권한 이양에 수반되는 재원은 사무이양

---

12) 프랑스 지방자치단체는 코뮌(commune), 데파르트망(département), 레지옹(région) 3계층제로 이루어졌다. 코뮌의 수는 약 3만7천 개로 법정화 되지 않아 코뮌 간 인구수, 시설 등의 차이가 있다.

재정교부금 신설을 통해 국가가 전액 지원하였고, 지방의회 권한을 확대하여 집행기관 통제를 꾀하였다. 2003년 2차 지방분권개혁은 코뮌, 데파르트망, 레지옹 간의 명확한 사무 배분을 못함으로 인한 권한중복에 기인하였다. 2004년 개정된 '권한이양법'은 권한 블록(bloc de compétences) 이양을 도입하여, 행정 분야별로 사무를 나눠서 이양기관을 명시하였다. 전국시도지사협의회(2009) 연구에 따르면 프랑스 특별지방행정기관 수와 유형의 다양성으로 인해 분류하기 어렵다면서도, 최초의 역사는 19세기에서부터 시작되었음을 설명하고 있다. 현재는 특별지방행정기관이 데파르트망, 레지옹 모든 지역에서 설치·운영되고 있다. 1992년 「전국행정기관에 관한 기본법」 등을 통해 특별지방행정기관을 하나의 운영체계로의 통합을 추진하였다. 이와 관련하여 이전까지 사용되었던 명칭을 '외각 행정기관'에서 '국가의 행정 분권 기관'으로 정정하였고, 보충성 원칙을 적용한 국가기관 내의 이관원칙을 제시하였다. 특히 「전국행정기관에 관한 기본법」 제6조 근거한 시행령인 「행정 분권 기관 헌장」을 통해 특별지방행정기관 설치를 제한하는 것을 명문화한 것이 특징인데, 특별지방행정기관은 국가와 지방정부 간 관계가 있는 업무에 대해서만 그 사무로 규정할 수 있도록 하였다. 즉, 특별지방행정기관에 의한 국가사무 수행을 제한하는 원칙을 제시하였다. 독일의 특별지방행정기관은 개별 중앙부처의 지방사무국 형태와 큰 주정부 산하 주정부 관구(행정청) 두 가지 방식으로 존재하며, 프랑스와 같다. 독일은 1990년 통일 이후 지역 기반 협력 체제 강화를 통해 세계의 변화에 대응해야 할 필요성으로 인해 이전의 연방정부-주정부-기초자치단체의 수직적 구조의 단점을 극복하고자 다양한 지방정부 간 협력 거버넌스 체제를 확대하는 노력을 기울였다. 이는 특별지방행정기관과 지방정부 간 협력도 포함하는 것으로써 지속해서 특별지방행정기관을 줄여왔다. 폐지된 특별지방행정기관은 지방자치단체 이양 또는 주정부로 재편입되었다. 특별지방행정기관은 주정부 범위를 넘어 전국적으로 행정서비스를 제공하는 것으로서 보건의료, 사고보험, 연금 등 분야가 이에 해당한다. 사무의 전문성과 독립성 측면에서도 운영되는데 대학병원, 연방보안청, 연방국토계획청, 연방노동원 등이다. 주정부 수준의 특별지방행정기관은 대표적으로 지방재정국과 관구청이 있으며, 지역주민 가까이서 주민의 생활의 질을 동등하게 보장해주기 위한 지방 공공서비스를 제공하고 있다. 교육시설, 보건시설, 인권보장, 여가시설 등이 이에 해당한다. 영국은 행정계층이나 행정구역은 아니지만 1940년대 이후로 전국을 개괄할 때 12개의 리전(Region)으로 구분하고 있으며, 전국의 통치 효율성 차원에서 각 리전마다 '국가의 지방행정기관'을 설치하였다. 그동안 리전을 광역자치계층으로 발전시키고자 하는 노력이 있었고 리전마다 통합지방행정청과 지역개발청(Regional Development Agency), 지역 내 기업, 민간단체 등의 대표들로 구성된 지역협의회(Regional Assembly) 등을 두었다. 통합지방행정청(Government Office)은 각 부처별 지역 사무소를 하나의 큰 지방청사로 통합한 것으로서 우리나라의 지방 통합청사와 같다. 특별지방행정기관 종류는 세 가지로 분류하고 있는데, 비부처 공법인(Non-Departmental Public Bodies, NDPB), 중앙부처의 지역사무국, 책임운영기관(Executive Agencies)이다. 비부처 공법인은 정부 기관은 아니지만 정부 예산 보조를 통해 국가사무를 수행하는 기관들을 모두 통칭하는 용어이다. 여기에는 비부처 공법인뿐만 아니라 국영기업(Nationalised Industries), 공기업(Public Corporation), 국민보건의료기관(NHS Bodies) 등이 포함된다. 또한 독립된 중앙행정기관이나 장관급이 아닌 '비각료급 중앙행정기관'(Non-Ministerial Departments) 21개도 해당한다. 중앙부처의 지역사무국은 전체 국가 공무원의 1/3에 이르며, 주요 기능은 중앙기관에서 정한 행정 임무 수행, 비공식 네트워크를 통한 지방의 행정 활동 조정, 지방정부와의 교류를 통한 정보 소통, 중앙부처의 재정지원 정책평가 등이다. 책임운영기관(Executive Agencies)은 독립적으로 집행기능을 주로 담당하는 국가의 행정기관을 의미하며, 중앙부처 공무원의 3/4이 근무하고 있다. 책임운영기관은 1980년대 대처 총리가 추진한 행정개혁 중 Next Steps 사업의 일환으로 정부 업무 중에서 서비스제공과 규제기능을 전담토록 하였다. 이는 뉴질랜드의 독립사업기관(Crown Entities), 호주의 행정지원부(Department of Administrative Services) 산하 사업소(business units)와 일부 독립기관들(Statutory Authorities), 캐나다의 특별운영기관(Special Operating Agencies) 등이 책임운영기관제도의 사례이다.

영국의 특별지방행정기관 분류방식에 대비하였을 때 우리나라는 관련 법상 중앙부처의 지역사무국이 이에 해당한다. 실제로 우리나라도 민간위탁 등을 통해 관련 협회 또는 기관에 국가사무를 시행하고 있기 때문에 이러한 실태를 고려한 특별지방행정기관 분류방식 개선이 필요하다. 일본은 특별지방행정기관 용어를 지방지분부국(地方支分部局)으로 총칭하고 있다. 지방지분부국 설치는 국가행정조직법, 내각부설치법, 총무성설치법에 근거하고 있어서 국회심의를 받는다는 것이 우리나라와 다른 특징이다. 아울러 관련 법은 총무성이 총괄하고 있다. 사무이관원칙과 관련해서는 행정 책임 명확화의 원칙, 능률주의의 원칙, 기초자치단체 우선의 원칙 등이다. 한국지방자치학회(2002) 연구에 따르면 특별지방행정기관에 해당하는 기관인 지방지분부국은 제2차 대전 이후 지방자치 실시에 따라 국가사무를 지방자치단체를 통해 처리되는 것에 불만을 가진 중앙관청들이 지방에 설치하는 데서 비롯되었다. 김병준(2012)에 따르면 일본은 1964년 임시행정조사회가 2년간의 실태조사를 바탕으로 마련한 「행정사무의 배분에 관한 개혁 의견」 보고서에서 이관원칙이 마련되었다. 임시행정조사회의 원칙으로 일컫는 이관원칙은 현지성의 원칙, 종합성의 원칙, 경제성의 원칙이다. 일본도 도쿄 일극 집중, 고령화와 저출산에 대한 대응, 정부의 비대화에 따른 재정위기, 각계의 정치·행정개혁 요구 등에 따라 지방분권개혁을 추진하게 된다. 1999년 「지방분권추진을 도모하기 위한 관계 법률의 정비 등에 관한 법률」(이하, 지방분권일괄법)을 제정하여 기관위임사무 제도를 폐지하여 사무를 자치사무와 법정위탁사무로 이원화를 시켰다. 조계근(2003) 연구에 따르면 일본에서 1999년 지방분권일괄법 제정 당시 광역지방자치단체에 해당하는 도도부현에서 수행하는 사무 중 기관위임사무가 70~80%를 수행하고 있었다. 기관위임사무의 폐지를 통한 법정 수탁사무와 자치사무 비율을 약 3대 7로 조정하면서, 지방자치단체의 자기결정권을 확대하게 된 것이다. 이러한 정책은 지방자치단체를 더 이상 국가의 하부기관으로 보지 않도록 한 부분에 의의가 있다고 강조하고 있다.

3. 선행연구 시사점

특별지방행정기관 이관과 관련한 국내외 사례를 살펴본 것은 특별지방행정기관 이관정책을 성공적으로 추진하기 위한 전략을 마련하는 데 있어 의미가 있다. 특별지방행정기관 이관을 위한 이론적 타당성이 뒷받침되더라도 실제 현장에서 추진되는 정책은 정부, 지방자치단체, 지역주민 등 다양한 이해관계가 얽혀있기 때문에 면밀한 추진전략이 필요하다.

선행연구는 이와 관련하여 적지 않은 시사점을 제시해주고 있다. 특별지방행정기관 이관을 결정하고 정책을 추진함에 있어 선행연구 내용을 바탕으로 크게 네 가지 차원인 특별지방행정기관 '이관 원칙과 기준', 효율적·효과적인 특별지방행정기관 '이관 추진전략', 정책성과 확보를 위한 '지방분권 추진정책평가', 이관에 따른 '운영성과 평가' 분야로 정리하였다.

특별지방행정기관 이관을 위해 여러 가지 원칙과 기준이 있음을 확인하였다. '보충성의 원칙', '사무 중복성 배제', '연관 사무의 포괄위임', '사무의 현지성(지역적 특성 반영)', '주민 요구 및 행정수요에 대한 행정 대응성', '재정 등 정부 지원 의지' 등의 원칙이 있다. 이에 더해 제2장에서 시사점으로 도출된 요인인 이관된 사무를 추진하게 될 지방자치단체의 '행정여건과 운영능력', '지방자치단체 입장' 등을 추가할 필요가 있다.

특별지방행정기관 이관을 결정한 후 효율적·효과적으로 추진하기 위해서는 단계별 전략이 필요하다. 이관이 포괄적 이관의 형태인지 합의된 사항부터 단계적으로 이관하는지 등의 '이관 방식', '이관 시 해당 특별지방행정기관 구성원들에 대한 사전공감대'가 형성되었는지 등은 특별지방행정기관 이관정책의 지속가능성을 담보하기 위해 중요하다.

특별지방행정기관 이관 후의 정책평가도 중요하다. 시행착오를 줄여 추가로 사무를 위임받거나 다른 지역에 적용할 수 있는 계기가 될 수 있기 때문이다. 이와 관련한 분석요인으로는 정책목표, 정책수단, 정책대상을 들 수 있다. 정책목표 차원에서는 '이관사무 활용도', '실효성 있는 정책성과'를, 정책수단 차원에서는 정책결정자 의지와 관련된 '중앙정부 및 제주특별자치도의 지원 의지', '집행담당자 역량' 등이며, 정책대상 차원에서는 '특별지방행정기관 출신 공무원에 대한 인사 상 불이익 배제'와 정책추진의 민주성과 연계된 '주민만족도'와 '행정의 적극 대응성' 등이 주요 요인으로 도출되었다.

특별지방행정기관 이관 후에 특별지방행정기관 차원의 운영평가는 보다 나은 정책성과를 도출하기 위한 정책설계를 위해 의미가 있다. 이와 관련해서는 재정, 인사, 조직관점과 업무 효율성 등이 주요한 사항이었다. 재정은 조직의 지속가능성을 담보한다는 측면에서 '이관 후 정부의 지원 의지'는 중요하며, 이관 후도 조직과 통합 운영되고 있는 사항에 대한 평가와 점차 늘어나는 업무량에 상응하는 인력대응, 특별지방행정기관 이관 후 이관사무의 활용실적, 중앙정부와의 정책소통 활성화 등은 주로 살펴봐야 할 요인이다.

제4절 이론적 함의

특별지방행정기관은 지방자치제도 부활 이전까지 자치사무를 능률적으로 수행한다는 의미가 있었다. 완전한 지방자치가 부활하면서 특별지방행정기관 사무영역과 자치사무 영역이 중복되면서 중앙정부 차원의 구조조정과 지방분권 정책에 따라 특별지방행정기관 수는 1993년 7,402개에서 2019년 3월 기준 5,107개로 감소하였다. 그런데도 많은 수의 특별지방행정기관이 여전히 존재하면서 특별지방행정기관 이관과 존치를 둘러싼 논의가 오랜 시간 진행되었지만, 명쾌하게 결론을 내리지 못하고 있다. 이는 각각의 주장을 뒷받침하는 제도적 측면, 운영 측면에서의 논거가 모두 설득력이 있어서 어느 한쪽의 주장을 취하기가 쉽지 않은 측면이 있다. 그리고 전국의 획일적인 특별지방행정기관 운영 특성상 이관 대상인 지방정부를 상정하여 각 주장의 차이를 실증하는 것이 쉽지 않고 더욱이 특별지방행정기관별로 검증하는 것은 더더욱 어려운 측면이 있다.

이러한 이유보다 더욱 본질적인 원인은 특별지방행정기관 존치와 이관을 주장하는 측의 목적이 상호 교환적이라는 데 있다. 특별지방행정기관 존치 측의 특별지방행정기관의 목적은 '국가사무의 체계적·능률적 추진'에 있다. 반면, 이관 측에서 주장하는 목적은 '국가경쟁력 강화'에 있다. 이 두 가지 목적을 서로 바꾸어서 주장한다 해도 논리가 성립된다.

현재의 「지방자치법」과 「지방분권법」은 정부와 광역지방자치단체, 광역지방자치단체와 기초지방자치단체 간의 관계만을 규정할 뿐 주민의 관점이 빠져 있다. 즉, 특별지방행정기관 사무를 정부가 하는 것이 나은지, 지방자치단체가 수행하는 것이 나은지의 차이만 존재할 뿐이다. 이는 사무의 기능적 배분 관점이란 정책적 수단을 의미하는 것일 뿐 정책적 목적과 효과를 염두에 두지 않은 측면이 있다. 정책적 목적인 '국민(주민) 복리 증진을 위해 특별지방행정기관 사무를 이관할 것이냐 이관하지 않을 것이냐'로 논리가 이어져야 한다.

'특별지방행정기관 존치냐, 이관이냐'를 판단하는 데 있어 특별지방행정기관의 존재와 목적이 지역주민 등 지역 여건을 고려한 국민의 복리 증진에 닿아있음을 분명히 해야 한다. 「정부조직법」 제1조(목적) 또는 「행정기관의 조직과 정원에 관한 통칙」 제2조 제2호(특별지방행정기관)를 개정하여 특별지방행정기관이 국민의 복리 증진을 위해 설치되고 운영되어야 함을 구체적으로 명시할 필요가 있다.

특별지방행정기관 운영이 국민(주민) 복리 증진에 있어야 함을 뒷받침하는 이론은 민주주의와 지방자치, 지방분권으로 이어지는 행정이념이다. 지역마다 특성과 잠재역량이 다른 상황에서 지역마다 맞는 권한이 활용될 수 있도록 해야 한다. 이를 뒷받침하는 실천적 개념이 차별화의 경제와 차이의 정치 그리고 보충성의 원칙이다.

전국단위의 획일화된 기준으로 운영되는 특별지방행정기관으로는 지역마다 차이의 이점을 극대화해줄 수 없다. 특별지방행정기관이 수행하는 사무에 가장 가까이에 있는 지역주민 또는 지방정부가 충분히 수행할 수 있고 능률적일 수 있다면 이관을 추진하고, 지역주민 또는 지방정부가 재정 등 정부의 지원이 이뤄진다면 정부 지원을 전제로 이관을 요구할 수 있다. 정부 지원에도 불구하고 지역주민 또는 지방정부가 수행하기 곤란한 경우, 특별지방행정기관 사무를 존치하는 게 보충성의 원칙에 부합할 것이다.

지금까지 제2장에서는 특별지방행정기관 운영과 목적의 본질을 규명하고 특별지방행정기관 이관 또는 존치 여부를 판단할 수 있는 행정이념과 이론적·실천적 개념을 도출하였다. 아울러 특별지방행정기관 지방이관의 성공적 추진을 위한 요인도출을 위해 선행연구를 검토하였다. 제3장에서는 역대 정부의 특별지방행정기관 정책을 살펴봄으로써 실제 정책과정에서 특별지방행정기관 지방이관에 미치는 영향을 살펴보고자 하였다. 이와 함께 특별지방행정기관 차원의 지방이관이 유일한 제주특별자치도 사례를 살펴봄으로써 타 지방정부로 확산할 수 있는 계기를 마련할 수 있는 시사점을 도출하고자 하였다.

제3장 특별지방행정기관
분석모형의 틀

앞서 제2장에서 기술한 특별지방행정기관 이관과 관련한 선행연구를 바탕으로 제주특별자치도 특별지방행정기관 이관평가를 위한 분석의 틀을 제시하고자 한다. 특별지방행정기관 이관정책과 관련해서는 크게 네 가지 차원인 특별지방행정기관 '이관원칙과 기준', 효율적·효과적인 특별지방행정기관 '이관 추진전략', 정책성과 확보를 위한 '지방분권 추진정책평가', 이관에 따른 '운영성과 평가'로 구분해볼 수 있다.

'이관원칙과 기준'과 관련해서는 보충성의 원칙, 사무 중복배제, 재정 여건·지역적 다양성·차별성, 이해관계자 참여, 현지성 및 대응성 등 주민 편의성, 기관 간 사전협의, 사무 효율성, 지역 비전 등 지역 특수성, 포괄위임 등이 주요 요인이었다.

'효율적·효과적인 특별지방행정기관 이관 추진전략'에는 특별지방행정기관 이관정책이 성과를 내기 위해서는 단계적 접근이 필요하다는 논리가 핵심이다. 초기 단계에는 사전에 충분한 검토가 필요하며 지역 특수성을 고려한 정책 적합성 등 기준을 설정하여 단계적 이관이 필요함을 확인하였다. 사무를 이관할 경우 이관 방식에 대해서도 민간위탁 등 여러 가지 방식이 있을 수 있음을 확인하였다.

'지방분권 추진정책평가'와 관련해서는 특별지방행정기관 이관정책의 성과를 제고하는 데 주요한 요인을 도출하는 데 참고하였다. 정책성과를 뒷받침하는 주요 요인은 정책의 추진목적, 과제, 추진체계, 정책 의지, 추진계획 및 목표 달성도 등 정책성과, 주민편익과 만족도, 의사결정의 민주성, 정책결정자 의지, 정책 관련 집단지지, 집행 담당자 전문성, 정책이해관계자 공감대 형성 및 만족도 등이었다.

이관에 따른 '운영성과 평가'는 특별지방행정기관 이관 후에 성과를 관리하는데 주요한 요인으로 도출하였다. 중앙정부의 재정지원, 지역발전 및 주민 삶의 질 향상 등이 주요한 요인이었다.

이 네 가지 차원은 사실상 정책학적 범주 내에 포함된다. 정책추진의 시작단계에서부터 성과를 내야 하는 마지막 단계까지 이어지는 과정에 포함되는 개념이기 때문에 이를 논리적으로 체계화하는 것이 필요하다.

특별지방행정기관 정책을 분석하기 위해서는 중앙정부와 지방정부 간의 상호작용을 이해하여야 한다. 앞서 제시한 분석모형 요인을 정책학적 맥락으로 분석하기 위해서는 역대 정부의 특별지방행정기관 이관정책에 대한 비교분석이 필요하다. 아울러 기관 이전의 유일한 제주특별자치도 사례를 분석함으로써 의미 있는 정책적 시사점을 도출할 수 있다.

제주특별자치도 사례와 관련해서는 「제주특별법」 제23조에서부터 제27조까지 명시되어 있다. 주요한 내용을 보면 제23조(이관 기준 등)에는 특별지방행정기관 이관 기준과 이양, 위임, 위탁 등 사무이관 방식, 사무이관원칙이 명시되어 있다. 제24조(우선 이양대상 사무)에는 특별지방행정기관 이관과 그에 따른 이관사무를 명시하였고 이양에 필요한 조치를 의무화하였다. 제25조(사무의 이관에 따른 조치 등)에는 특별지방행정기관 이관 시 인사, 행·재정적 지원 및 생활환경 개선 등 지원시책을 명시하였다. 특별지방행정기관 이관에 따른 중앙정부의 행·재정적 지원을 의무화하면서 지원을 위한 계획수립과 기준이 제시되어 있다. 제26조(이양대상 사무 외 특별지방행정기관의 사무의 이관)에는 특별지방행정기관 이관 후 추가 이관과 관련한 절차를 명시하였고 제27조(특별지방행정기관의 설치 금지)는 특별지방행정기관 이후 기관과 제주특별자치도 간의 관계를 명시하였다.

본 연구에서는 「제주특별법」에 명시되어 추진된 정책의 성과를 분석의 틀에 반영시키고자 했다. 주요 사항은 이관 기준의 '해당 사무가 주민의 편의를 위한 것이고 현지에서 수행하여야 하는 사무일 것', '지역경제발전 또는 지역주민의 삶의 질에 영향을 미치는 사무일 것'이며, 이관원칙의 '제주특별자치도의 행정상·재정상 여건 및 능력을 고려할 것', '특별지방행정기관의 이관에 대한 제주특별자치도의 입장을 고려할 것', '이관사무와 관련되는 모든 사무를 동시 이관할 것' 등이다.

앞서 논의의 결과로 도출된 주요한 요인을 특별지방행정기관 이관정책추진 주체별(중앙정부, 제주특별자치도, 특별지방행정기관 구성원)로 정책평가를 하고자 한다. 특별지방행정기관 이관정책에서 중앙정부와 지방정부의 관계는 단체자치 이해관계이다. 즉, 중앙정부와 지방정부 간의 사무이관을 결정하고 조정하는 직접적 관계이다. 특별지방행정기관 이해관계자 중 구성원 또한 중요한 주체이다. 역대 정부의 지방분권 정책성과가 미흡한 이유 중 하나는 인력과 조직축소 등을 염려하는 해당 부처의 조직이기주의 등이 작용했기 때문이다. 특별지방행정기관 소속 구성원을 해당 정책의 주체로 설정하여 성공적인 특별지방행정기관 이관정책방안을 도출하는 데 하나의 요인으로 삼고자 한다.

중앙정부가 가진 특별지방행정기관 사무를 지방정부에 이관한다는 측면에서 중앙정부의 지방분권 정책이라 할 수 있다. 독립변수로써 이의 정책평가요인은 '제주특별자치도 행정여건 및 능력 고려도', '제주도민 공감대 고려도', '제주지역 특수성 부합도', '보충성 원칙', '중앙정부 추진 의지', '이관 방식'으로 설정하였다. 이러한 요인을 정성적으로 분석하기에는 자료접근과 생성의 한계로 제주특별자치도로 이관될 때 특별지방행정기관 소속 공무원을 대상으로 설문조사를 실시하여 해석을 시도하였다. 다만, 중앙정부 추진 의지 중 제주특별자치도 지원위원회 심의 사항(제주특별법 제17조 제1항 제6호), 인사교류 등 중앙정부의 정책소통 적극성과 국비 등 재정지원 의지 등은 관련 자료를 바탕으로 정성적으로 평가를 시도하였다.

중앙정부의 사무를 이관 받고 정책성과를 내야 하는 제주특별자치도는 지방자치 정책 측면에서 평가할 수 있다. 독립변수로써 제주특별자치도 특별자치 정책을 평가하는 요인은 '제주특별자치도 정책추진 의지', '특별지방행정기관 이관 조치', '특별지방행정기관 전문성 강화', '특별지방행정기관 이관사무 활용', '제주 특별지방행정기관 효율적 조직 운용'을 설정하였다. 이에 대한 실증적 차원에서 설문조사를 실시하였으며, 제주특별자치도 추진 의지 중 지속적인 제도개선 노력, 중앙정부에 대한 예산절충 노력, 특별지방행정기관 인력 및 도비 확충에 대해서 관련 자료를 바탕으로 정성적 평가를 시도하였다. 아울러 이관사무 활용도와 직원의 전문성 강화와 관련한 내용도 정성적 평가를 시도하였다.

특별지방행정기관 이관정책 주요 이해관계자의 공감대 형성과 관련한 평가는 제주 특별지방행정기관 이관 당시 구성원을 대상으로 설문조사 및 분석을 시도하였다. 이에 대한 의의는 특별지방행정기관 이관 과정에서 각종 회의와 토론회 등을 거쳤다 하더라도 이관 대상 특별지방행정기관 구성원들이 충분히 공감하지 않는다면 정책성과를 높이고 전국적으로 확산하는 데 계속해서 어려움을 겪을 것이기 때문이다.

독립변수로 설정한 중앙정부의 지방분권 정책평가와 제주특별자치도 특별자치 정책평가, 정책이해관계자 공감도 평가는 종속변수로 설정한 제주 특별지방행정기관 정책성과, 제주지역 발전 기여도, 특별지방행정기관 이관정책 지지도 등에 어떠한 영향을 끼치고 있는지 설문조사 분석을 시도할 예정이다. 이를 통해 성공적인 특별지방행정기관 이관정책 추진전략을 도출하고자 한다. 다만, 특별지방행정기관 이용주민을 대상으로 주민만족도를 평가하는 것은 본 연구의 한계 상 매해 국무조정실이 실시하는 「제주특별자치도 성과평가」 결과를 활용하여 분석하고자 한다.

본 연구의 분석의 틀을 검증하기 위하여 요인분석과 회귀분석을 시도하고자 한다. 요인분석은 종속변수에 통계적으로 유의미한 변수들을 묶어줌으로써 설명력을 높여준다. 아울러 종속변수에 대한 독립변수 설명력을 바탕으로 독립변수의 우선순위를 도출하고자 한다. 이를 바탕으로 특별지방행정기관 정책에 대한 단계별 전략을 제시하고자 한다.

이러한 내용을 바탕으로 본 장의 제주특별자치도 특별지방행정
기관 분석모형의 틀은 다음의 <그림 2>와 같다.

<그림 2> 제주특별자치도 특별지방행정기관 분석모형의 틀

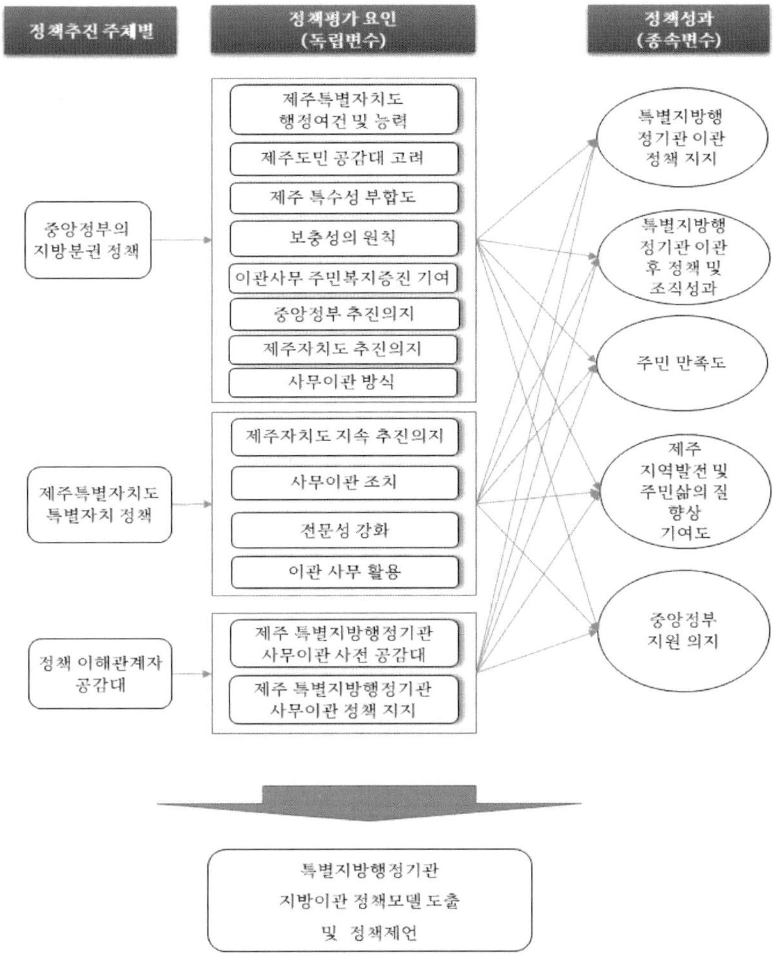

제4장 역대 정부 및 제주 특별지방행정기관 정책

특별지방행정기관 이관과 관련한 영향요인을 파악하기 위해서는 역대 정부의 지방분권 정책의 맥락에서 살펴볼 필요가 있다. 역대 정부 지방분권 정책을 평가하는 것은 역대 정부의 지방분권 정책 성과가 미흡한 원인을 도출하여, 향후 성공적인 추진전략을 도출하는 데 의미가 있다.

역대 정부 지방분권 정책평가 기간은 문민정부에서부터 문재인 정부로 한정하고자 한다. 지방자치 역사는 발아기(1948년 8월~1960년 6월), 변혁기(1960년 6월~1961년 5월), 중단기(1961년 5월~1990년 4월), 부활·발전기(1991년~현재)로 구분할 수 있다(소순창, 2011; 국가기록원, 2018). 특별지방행정기관 이관은 지방분권 정책 차원에서 추진되었기 때문에 지방자치제도가 부활하면서 민선 제1기가 들어서고, 지방분권 정책이 추진된 시기가 문민정부이기 때문에 역대 정부 평가 시기를 문민정부에서부터 하고자 한다.

이번 장에서는 행정이념을 바탕으로 한 정책단계별 평가를 통해 역대 정부의 지방분권 정책의 의미와 한계 그리고 정책적 시사점을 도출하고자 한다. 다음 절에서는 이를 위한 분석의 틀을 제시하였고, 역대 정부의 지방분권 정책평가를 시도하였다.

제1절 특별지방행정기관 현황

우리나라 특별지방행정기관 유형 중에서 공안행정기관이 가장 많다. 1952년 교육위원회 설치를 시작으로 2019년 3월 말 기준 총 5,107개이며, 5개 유형으로 고용노동행정기관, 세무행정기관, 공안행정기관, 현업행정기관, 기타행정기관으로 분류가 되고 있다. 유형별로 전체에서 차지하는 비중(개수)은 공안행정기관 53.2%(2,716개), 현업행정기관 36.4%(1,858개), 기타행정기관 6.0%(304개), 세무행정기관 3.5%(181개), 고용노동행정기관 0.9%(48개) 순으로 분포하고 있다. 유형별로 세부적인 기관을 보면 고용노동행정기관은 지방고용노동청·지청·출장소 48개이며, 세무행정기관은 지방국세청 세무서·지서 및 세관 181개이고, 공안행정기관은 지방해양경비안전본부 연안 교통관제센터, 지방해양경찰청 해양경찰서·파출소, 보호관찰소·지소, 소년분류심사원, 소년원, 외국인보호소, 지방교정청 교도소, 출입국관리사무소, 지방경찰청·지구대·파출소, 지방검찰청 등 2,716개로 가장 많고, 현업행정기관은 우정사업본부 지방 우정청 우체국 1,858개이며, 기타행정기관은 지방공정거래사무소, 지방보훈청·지청, 지방식품의약품안전청 수입식품 검사소, 질병관리본부 국립검역소, 지방환경청, 지방항공청, 지방국토관리청, 지방해양수산청, 지방조달청, 지방통계청, 지방병무청, 지방 산림청, 지방중소기업청 등 304개이다. 특별지방행정기관 직제는 보통 1, 2, 3차 기관으로 구분한다[1]. 3차 기관이 전체의 79.4%를 차지하고 있고 2차 기관 16.0%, 1차 기관 4.6% 순으로 비중을 차 지하고 있다.

<표 6> 특별지방행정기관 총괄 현황
(단위: 개, %, 2017.12.31. 기준)

유형별	합계	기관 수			비중
		1차	2차	3차	
계	5,105	236	815	4,054	100.0
	비중	4.6	16.0	79.4	
고용노동행정기관	47	6	41	0	0.9
세무행정기관	195	40	136	19	3.8
공안행정기관	2,693	83	447	2,163	52.8
현업행정기관	1,858	0	9	1,849	36.4
기타행정기관	312	107	182	23	6.1

자료: 행정안전부, 정부조직관리정보시스템 정부조직통계, 재구성.

---

1) 시도지사협의회(2009) 연구에 따르면 1차 기관은 기획 및 관할구역 내 업무총 괄, 2·3차 기관에 대한 감독업무 및 지역별 업무 분장, 본부와 지방사무소 간 연계업무를 수행한다. 때에 따라서는 2·3차 기관이 없는 지역에서 2·3차 기 관과 같은 업무를 수행하는 경우도 있다. 2차와 3차 기관은 1차 기관이 제시한 기본방침을 수행하며, 2·3차 기관의 차이는 관할 지역의 규모 또는 범위에 따 른 분류이기 때문에 기능상으로는 별 차이는 없다. 특별지방행정기관 설치는 광 역·기초자치단체 등 행정구역에 따른 기준(지방경찰청, 세무서 등), 시설물의 위치가 되는 기준(교도소, 세관 등), 강·산림 등 행정대상물의 위치가 되는 기 준(지방환경청, 국유림관리소 등) 등으로 구분한다.

특별지방행정기관 수는 지방자치제도가 부활한 이후 감소세를 보인다. 특별지방행정기관의 수는 1993년 7,783개로 가장 많았고 2006년도에 4,492개로 감소하였다가, 이후 증가세를 보이면서 2017년 5,105개로 다시 증가하였다. 지방자치제도가 부활하기 이전인 1993년까지 특별지방행정기관 수가 가장 많은 원인은 지방자치가 부활하기 이전까지 중앙에서 직접 현재의 지방자치단체 사무까지 관여하면서 특별지방행정기관 수가 급증했기 때문이다(소진광, 2008). 1991년 지방이양합동심의회 구성을 시작으로 정부 차원의 특별지방행정기관 이관 추진을 통하여 1993년 7,783개에서 2017년 5,105개로 34.4% 규모인 2,678개를 감축하였다.

<표 7> 연도별 특별지방행정기관 설치 현황

연도	'85	'87	'93	'98	'02	'06	'07	'09	'14	'17	'19 (3월)
총개수	3,058	6,895	7,783	7,402	6,539	4,492	4,565	4,703	5,227	5,105	5,107

자료: 제주발전연구원(2004); 하혜영(2016); 이재호 외(2012); 한국지방행정연구원(2016); 대통령 직속 자치분권위원회(2020), 행정안전부, 정부조직관리정보시스템 정부조직통계 재구성.

특별지방행정기관 감소는 중앙정부 차원의 구조조정의 결과였다. 특별지방행정기관 감축 수는 공안행정기관(△1,723), 현업행정기관(△649), 기타행정기관(△292) 순으로 나타났다. 증감률로는 기타행정기관(△48.3), 공안행정기관(△39.0), 현업행정기관(△25.9) 순으로 나타났다. 특별지방행정기관 수 감소는 중앙정부 차원의 특별지방행정기관 이관정책 추진결과로 보기는 어렵다(지방자치발전위원회, 2016:85; 민기, 2017:235). 특기할 만한 특별지방행정기관 이관이 미미했고, 이에 따른 조직·인력·재정 이관 등 특별지방행정기관 차원의 구조적 변화가 없었기 때문이다. 특별지방행정기관 수가 줄어든 것은 공안행정기관 중 파출소를 폐지하고 지구대로 개편한 정책과 현업행정기관 중 적자 우체국 폐지 등에 따른 결과이다.

특별지방행정기관 수는 각 연도마다 차이가 나고 있는 이유를 역대 정부의 특별지방행정기관 정책을 통해 살펴보고 의미 있는 요인을 확인할 필요가 있다.

<표 8> 유형별 특별지방행정기관 증감현황

유형별	1985년		1987년		1993년		2003년	
계	3,058	비중	6,895	비중	7,783	비중	6,574	비중
고용노동행정기관	41	1.3	54	0.8	58	0.7	46	0.7
세무행정기관	167	5.5	170	2.5	198	2.5	175	2.7
공안행정기관	377	12.3	3,888	56.4	4,416	56.7	3,466	52.7
현업행정기관	2,247	73.5	2,185	31.7	2,507	32.2	2,495	38.0
기타행정기관	221	7.2	598	8.7	604	7.8	392	6.0

유형별	2009년		2017년		2019년		'93년 대비 '19년	
							감축 수	증감률
계	4,703	비중	5,105	비중	5,107	비중	△2,676	△34.4
고용노동행정기관	47	1.0	47	0.9	48	0.9	△10	△17.2
세무행정기관	182	3.9	195	3.8	181	3.5	△17	△8.6
공안행정기관	2,136	45.4	2,693	52.8	2,716	53.2	△1,700	△38.5
현업행정기관	1,987	42.2	1,858	36.4	1,858	36.4	△649	△25.9
기타행정기관	351	7.5	312	6.1	304	6.0	△300	△49.7

자료: 행정안전부, 정부조직관리정보시스템 정부조직통계 재구성.

제2절 역대 정부 특별지방행정기관 정책

본 절에서는 지방자치제도가 부활한 문민정부 시기부터 논의를 이어나가고자 한다. 특별지방행정기관 운영은 지방자치법이 규정하고 있는 지방정부의 '구역', '자치권'과 중복·충돌되기 때문에 지방자치 및 지방분권 정책과 연계하여 분석할 필요가 있다. 실제로 역대 정부의 특별지방행정기관 정책은 독립적으로 존재했다기보다는 지방분권 차원에서 '기능이관' 등의 측면에서 추진되었다.

지방자치제도가 부활한 시기가 문민정부이기 때문에 문민정부를 시작으로 역대 정부의 지방분권 및 특별지방행정기관 정책을 살펴보고자 한다. 지방자치제도가 부활하였던 1993년에 특별지방행정기관 수가 역대 가장 많은 수인 7,783개를 기록한 이후 2019년 3월 기준 5,107개로 감소하였다. 특별지방행정기관이 감소한 정책적 배경과 추진정책에 대해 살펴보는 것은 앞으로 실효성 있는 특별지방행정기관 이관정책 방향을 도출하는 데 의미가 있다.

1. 역대 정부 특별지방행정기관 정책

1) 문민정부: 지방자치 부활에 따른 준비기

문민정부에 대한 지방분권 정책을 연구한 학자들(지방이양추진위원회, 2003; 2006; 2017; 국가기록원, 2006; 2015; 한국행정학회, 2007; 소순창, 2011; 한국지방행정연구원, 2011; 권오성 외, 2012;

박중훈, 2016)에 따르면, 문민정부는 민주화 이후 첫 번째 정부였기에, 새로운 정치·사회·경제 질서를 세우기 위해 과감한 변화와 개혁을 시도한 정부이다.

특별지방행정기관 이관과 관련한 정책은 1995년 지방자치 전면 실시를 앞두고 지방자치단체 이관사무를 정비하는 측면에서 이뤄졌다. 중앙부처의 사무이양은 1986년 국무총리 산하에 '지방자치 실시연구위원회' 설치로 시작되었고, 1991년 지방자치제가 부활하면서 지방이양합동심의회가 구성되는 등 본격적인 논의가 진행되었다(국가기록원, 2015; 지방자치발전위원회, 2017).

특별지방행정기관 이관은 지방이양합동심의위원회가 총무처 소속으로 법령상 설치 근거가 없이 총무처 직제(대통령령)와 국무총리 지시에 의한「조직관리지침」으로 운영되었다2). 지방이양합동심의회는 법적·제도적 근거 미비와 관계부처 공무원 중심의 의사결정으로 인해 제대로 된 성과를 내기 어려웠다. 총무처 조직국장을 위원장으로 하고 심의위원들은 주로 관계부처 과장급 공무원 등으로 구성되었기 때문에, 교수 및 연구기관 전문가가 위원으로 참여하여도 지방 이양 정책의 효과를 담보하기에는 한계가 있기 때문이다. 지방자치단체 공무원들도 지방분권 인식이 부족하여 소극적인 행태도 그 원인으로 지목되었다(국가기록원, 2006).

---

2) 지방이양합동심의위원회는 총무처 조직국장(이후 소관국의 변경에 따라 행정자치부 행정관리국장, 자치지원국장으로 변경됨)을 위원장으로 하고 심의위원들은 주로 관계부처의 과장급 공무원(총리실 행정조정실 일반행정 담당과장, 법제처 총무처 담당 법제관, 총무처 제도 1과장, 내무부 지방기획과장), 중앙부처 및 지방자치단체의 과장과 실무담당 사무관, 교수 및 연구기관의 전문가로 구성되어 운영되었다.

특별지방행정기관 이관은 문민정부 정책의 우선순위가 아니었다. 정책목표를 달성하기 위해 경제부처 중심의 조직개편을 우선 추진하였다. 특별지방행정기관 이관은 지방자치 실시를 염두에 둔 차원에서 논의된 측면이 있기 때문에 본격적이고 체계적인 지방분권 정책을 추진했다고 보기는 어렵다.

<표 9> 중앙부처 사무이양 현황 –문민정부

(자료: 건, %)

구분	합계	1993	1994	1995	1996	1997
이양확정	818	116	449	110	82	61
이양완료	723	103	410	89	74	47
추진중	95	13	39	21	8	14
이양률(%)	88.4	88.8	91.3	80.9	90.2	77.0

자료: 지방자치발전위원회(2017), 「지방자치발전백서」. 재구성.

2) 국민의 정부: 정부 효율성을 위한 지방분권

여러 연구(기획예산처, 2002; 지방이양추진위원회, 2003; 2006; 2017; 국가기록원, 2006; 한국지방행정연구원, 2011; 권오성 외, 2012; 한표환, 2014; 윤태웅, 2015; 지방자치발전위원회, 2017; 김홍환·정순관, 2018)에 따르면 국민의 정부는 민주적인 수평적 정권교체와 외환위기 대응 등 국가적 과제를 해결하기 위해 효율성을 지향하였다. 정부의 효율성을 통한 국가경쟁력 향상 차원에서 특별지방행정기관 이관정책이 추진된 측면이 있다.

국민의 정부의 특별지방행정기관 이관정책은 지방분권 정책 차원에서 문민정부와 달리 체계적이고 정부 차원의 의지를 갖고 추진하였다. 국민의 정부는 국정개혁 100대 과제 중 하나로 '중앙권한의 지방 이양'을 채택하여 추진하였다. 이를 뒷받침하기 위한 후속 조치로 「중앙행정 권한의 지방 이양촉진 등에 관한 법률(이하 지방이양촉진법)」을 제정('99.1.29)하고 제1기 지방이양추진위원회를 발족('99.8.30)시켰다[3]. 지방이양추진위원회는 대통령 소속으로 민간인을 공동위원장으로 두는 등 민간인의 의견반영 비중을 높였다는 점, 중앙과 지방의 사무 배분에 관한 기본계획 수립과 시행에 관한 사항 등을 심의·의결하는 기능을 수행하였다는 점 등에서 지방 이양을 위한 국민의 정부의 적극적 의지를 확인할 수 있다.

국민의 정부 지방분권 정책은 지방이양추진위원회가 마련한 「지방이양추진기본계획」에 담겨있다. '행정개혁의 완성, 국가경쟁력 제고'를 비전으로 3대 기본목표 6개 기본방향 7가지 중점추진 전략과제를 제시하였다. 국민의 정부 지방분권 정책이 국가기능 재정립을 위한 행정개혁 일환임을 강조하였고, 중앙과 지방의 기능 분담으로 행정의 생산성 향상, 자율·책임·다양성이 통합되어 주민밀착형 행정서비스 제공을 통해 주민편익을 증진하는 기본목표를 제시하였다. 이를 위해 '보충성의 원칙'을 적용하여 「지방이양촉진법」 제3조 지방 이양 등의 기본원칙[4]에 반영하였다.

---

3) 위원회 사무지원을 위해 '지방이양지원팀'을 설치('99.10.15)하였고, 이어 2000년 「지방이양추진기본계획」을 수립하였고, 2001년에는 제2기 지방이양추진위원회, 2004년에는 제3기 지방이양추진위원회, 2006년에는 제4기 지방이양추진위원회가 구성되어 활약하였다.

4) 제1항 5호에 "주민의 복리 및 생활편의와 직접 관련된 권한 내지 사무는 시·군·자치구에 우선으로 배분할 것"으로 반영하였다.

국민의 정부 지방분권 정책의 한계는 지방자치단체의 자기결정 권을 존중하지 않았다는 점이다. 「지방이양추진기본계획」 기본방 향 첫 번째 원칙은 "중앙은 정책기획 기능, 지방은 집행기능에 충 실토록 역할 재배분"을 제시하였다. 즉, 지방은 지역의 발전과 주 민 복리 증진을 위한 자체 정책기능을 수행하기보다는 집행기능 중심의 사무를 추진하라는 정책적 취지이다. 이는 지방분권 개념에 부합하기에는 미흡한 사항이라 할 수 있다.

지방이양추진위원회는 1999년부터 2008년까지 총 1,568건의 지 방 이양대상 사무를 확정하고, 1,288건의 사무 이양을 완료하여 약 82% 이양실적을 보였다.

<표 10> 중앙부처 사무이양 현황 -국민의 정부

(자료: 건, %)

구분	합계	1998	1999	2000	2001	2002
이양확정	1,447	834	1	185	176	251
이양완료	1,171	560	1	185	176	250
추진 중	275	274				1
이양률(%)	80.9	67.1	100.0	100.0	100.0	99.6

자료: 지방자치발전위원회(2017), 「지방자치발전백서」. 재구성.

「지방이양기본계획」의 기본방향과 전략과제에도 명시하였듯이 중앙정부 사무이양도 중요하지만 이에 수반되는 행·재정적 지원 이 중요하다. 지방이양추진위원회에서는 이를 위해 「행·재정지원 단」을 운영하였다. 행·재정지원단은 행정자치부 자치행정국장을 단장으로 중앙 및 지방의 국·과장급 공무원과 관련 전문가 22명으로 구성되었으며, 3대 행·재정지원 원칙으로 운영되었다. 3대 원칙은 행·재정지원 병행의 원칙(「지방이양촉진법」 제5조 제1항), 재정지원 균형유지의 원칙(「지방이양촉진법」 제5조 제2항), 최단 시일 지원의 원칙(「지방이양촉진법 시행령」 제3조 제1항」)이다.

국민의 정부 특별지방행정기관 정비는 중앙기능의 지방 이양 차원에서 접근하였다. 특별지방행정기관 이관의 정책 방향은 지방자치 관점이기보다는 지방자치단체의 고객 지향적 서비스 강화라는 행정의 효율성 측면에서 추진되는 것이 특징이다(기획예산처, 2002). 실제로 특별지방행정기관 수는 1998년 7,402개에서 2002년 6,539개로 감소하였다. 하지만 기관 전체를 이관시키는 성과는 미흡하였다.

국민의 정부는 특별지방행정기관 정비성과를 도출하지 못했다. 1999년 10개 부처 375개 특별지방행정기관을 대상으로 지방자치단체 의견수렴을 거쳐, '병역자원관리', '통계관리', '환경보전', '국유림 관리' 분야를 정비대상으로 하였으나 추진하지 못했다. 그 원인은 지방분권의 정책 우선순위가 아니었고 정부 개혁 수단 중 하나였기 때문이다. 중앙부처의 반대와 인력·재정이 수반되지 않는 이관에 대한 지방자치단체의 소극성, 지방이양추진위원회를 뒷받침하는 집행조직의 비효율성, 지방이양추진위원회에 중앙부처 공무원이 포함되면서 발생하는 부처 이기주의 발생 등에 기인한다고 볼 수 있다.

<표 11> 국민의 정부의 특별지방행정기관 정비대상 선정

구분	내용
정비대상(4개)	・병역자원관리, 통계관리, 환경보전, 국유림 관리
현행유지(6개)	・중소기업지원, 고용안정, 국도하천관리, 해양수산, 식・의약품관리, 보훈

자료: 한표환(2014) 역대 정부의 특별지방행정기관 정비정책 비교평가, 재인용.

3) 참여정부: 지방자치 강화를 위한 미완의 지방분권

참여정부는 민주주의 심화와 지방분권을 지역의 경쟁력 향상의 원동력으로 삼아 국가 균형발전을 추구한 정부이다. 참여정부의 지방분권 정책과 관련한 연구(정부혁신지방분권위원회, 2003; 2004; 2005; 김순은, 2003; 2010; 대통령직인수위원회, 2003; 권영주, 2009; 소순창, 2011; 금창호・김필두, 2012; 국가기록원, 2015; 한표환, 2014; 윤태웅, 2015; 지방자치발전위원회, 2017; 김홍환・정순관, 2018; 오재일, 2018)도 정책성과라는 관점에서 많이 이뤄졌다.

참여정부는 이전 정부와 달리 체계적이고 종합적으로 지방분권 정책 방향과 계획을 제시했다는 평가를 받고 있으나, 실제로 정책에 반영하고 추진하는 정책성과 측면에서는 부정적인 평가가 주를 이루고 있다.

참여정부는 2003년 7월 4일 「참여정부의 지방분권추진 로드맵」을 발표하면서 특별지방행정기관 정책을 포함한다. 지방분권의 비전을 "지방 활력을 통한 분권형 선진국가"로 제시하고, 3대 추진원칙, 5대 추진전략, 47개 정책과제 등 지방분권 정책을 체계적이고 종합적으로 제시하였다. '중앙-지방정부 간 권한 재배분' 정책 방향

속에서 '특별지방행정기관 기능조정'이라는 정책과제를 포함했다.

참여정부 지방분권 정책 특징 중 하나는 보충성의 원칙을 지방분권 추진원칙으로 표방하고 있다는 점이다. 국민의 정부에서 제정한 「중앙행정 권한의 지방 이양촉진 등에 관한 법률」에 보충성의 원칙이 일부 명시되기는 하였으나, 지방분권 추진원칙으로 명시하는 것은 역대 정부 중에 처음 있는 일이다. 「지방분권특별법」제6조 (사무 배분의 원칙)[5]제2항에 보충성의 원칙을 명시하였으며, 제3항에는 자율성과 책임성 일치 차원의 이관 포괄성을, 제4항에는 민간영역의 행정참여 기회 확대를 명시하였다.

지방분권 정책은 이전 정부의 지방이양추진위원회와 함께 정부혁신지방분권위원회 구성을 통해 추진하였다. 정부혁신지방분권위원회는 정부 혁신과 지방분권에 대한 종합적이고 체계적인 심의 필요성에 따라 대통령 소속 기구로 설립되었다. 설치 근거로 2003년 「정부혁신지방분권위원회 규정」의 제정·공포에 따라 구성되었다가, 「지방분권특별법」(2004.1.16.)에 따라 '정부혁신지방분권위

---

5) ①국가는 지방자치단체가 행정을 종합적·자율적으로 수행할 수 있도록 국가와 지방자치단체 간 또는 지방자치단체 상호 간의 사무를 주민의 편익증진, 집행의 효과 등을 고려하여 서로 중복되지 아니하도록 배분하여야 한다. ②국가는 제1항의 규정에 의하여 사무를 배분하는 경우 지역주민 생활과 밀접한 관련이 있는 사무는 원칙적으로 시·군 및 자치구의 사무로, 시·군 및 자치구가 처리하기 어려운 사무는 특별시와 광역시 및 도의 사무로, 특별시와 광역시 및 도가 처리하기 어려운 사무는 국가의 사무로 각각 배분하여야 한다. ③국가가 지방자치단체에 사무를 배분하거나 지방자치단체가 사무를 다른 지방자치단체에 재배분하는 때에는 사무를 배분 또는 재배분받는 지방자치단체가 그 사무를 자기의 책임하에 종합적으로 처리할 수 있도록 관련 사무를 포괄적으로 배분하여야 한다. ④국가 및 지방자치단체는 제1항 내지 제3항의 규정에 의하여 사무를 배분하는 때에는 민간부문의 자율성을 존중하여 국가 또는 지방자치단체의 관여를 최소화하여야 하며, 민간의 행정참여기회를 확대하여야 한다.

원회'6)가 법정 기구로 출범하였다. 이전 정부와 달리 참여정부는 지방분권 정책추진을 위하여 「지방분권특별법」7)을 제정하여 추진하였다.

중앙사무 이양과 특별지방행정기관 수 감소에는 성과가 있는 것으로 판단된다. 지방이양추진위원회를 통해 추진한 중앙부처 사무 이양 실적은 이양 확정한 902개 사무에 대해 875개 사무이양을 완료하여 97%의 이양실적을 보인다. 정부 기구 수는 2003년 38개에서 2007년 39개로 큰 차이를 보이지 않았으나, 특별지방행정기관 수는 2003년 6,577개에서 2007년 4,565개로 감소하였다.

참여정부 지방분권 로드맵 상의 5년 후 지방사무 비중 40% 달성목표는 달성하지 못했다. 소순창(2011)에 따르면 2002년 기준 지방사무 비중이 27%(11,363개)에서 2007년 33.1%(13,770개)로 높아진 점은 긍정적이나, 참여정부가 애초 제시했던 지방사무 비중 40%에는 미치지 못한 결과이다.

---

6) 정부혁신지방분권위원회는 20~30인으로 구성되며, 1. 지방분권의 기본방향설정 및 추진계획의 수립에 관한 사항 2. 제9조 내지 제16조의 규정에 의한 지방분권추진과제의 추진에 관한 사항 3. 제1호 및 제2호에 규정된 사항의 점검 및 평가에 관한 사항 등을 심의하였다. 7개 분야의 전문위원회(행정개혁전문위원회, 인사개혁전문위원회, 지방분권전문위원회, 재정세제전문위원회, 전자정부특별위원회, 기록관리전문위원회, 혁신분권평가전문위원회)로 운영되었으며, 「지방분권 로드맵」을 마련하였다.
7) 지방분권특별법의 목적은 '지방을 발전시키고 국가경쟁력을 높이는 것'으로 '국가와 지방자치단체의 지방분권에 관한 책무', '지방분권의 기본원칙·추진과제·추진체계 등 규정'하고 있다.

<표 12> 중앙부처 사무이양 현황 -참여정부

(자료: 건, %)

구분	합계	2003	2004	2005	2006	2007
이양확정	902	478	53	203	80	88
이양완료	875	466	53	191	79	86
추진 중	27	12		12	1	2
이양률(%)	97.0	97.5	100.0	94.1	98.8	97.7

자료: 지방자치발전위원회(2017), 「지방자치발전백서」, 재구성.

참여정부의 특별지방행정기관 이관정책은 시간이 갈수록 정책적 의지가 후퇴하는 방향으로 진행되었다. 애초 참여정부 100대 국정 과제에서 과제명이 '특별지방행정기관 정비'로 명시하였다가, 이후 마련된 참여정부의 지방분권추진 로드맵에서는 '특별지방행정기관 기능조정'으로 변경되었다. 국정과제에서는 '지방행정의 종합적 수행 보장을 위해 집행기능의 자치단체로 일원화(규제적 사회기능은 이중장치 마련)'로 계획하였으나, 과제명 변경에서 알 수 있듯이 기능조정으로 정책 의지가 후퇴한 것으로 이해할 수 있다.

참여정부의 행정자치부는 24개 부처의 6,556개 특별지방행정기관 대상('03.08.31 기준)으로 검토한 결과를 바탕으로 '특별지방행정기관 정비 추진계획을 보고한다. 애초 공안, 현업, 세무 관련 기관을 제외한 총 11개 분야(노동, 환경, 국도·하천관리, 중소기업지원, 식·의약품 안전관리, 국가보훈, 통계, 국유림 관리, 해운항만·수산진흥, 병무, 조달)를 대상으로 이관 여부 검토 및 의견수렴 등을 통해 6개 분야(중소기업지원, 노동, 국도·하천 분야, 항만·수산 분야, 식·의약품, 환경)로 정비방안을 마련하였고 최종 세부내용은 <표 13>과 같다.

<표 13> 참여정부의 특별지방행정기관 정비방안

이관형태	대상기관
순수전체이관 (2개 분야)	지방중소기업청(11개) 및 사무소(1개)
	지방식품의약품안전청(6개)
이관 후 대체 사무소 신설 (2개 분야)	・지방국토관리청(6개) 및 국도유지사무소(18개) - 단, 5대강 관리를 위한 하천별 관리사무소 설치
	・지방해양수산청(12개) 및 해양수산사무소(25개) - 단, 건설기능 수행을 위해 건설사무소 설치
일부 이관 (2개 분야)	・지방노동청(6개) 이관, 노동사무소(40개) 현행유지 - 단, 이관되는 6개 지역에 노동사무소 신설(40개 → 46개)
	・환경출장소(9개) 이관, 지방・유역환경청(8개) 현행유지
현행유지 (3개 분야)	・통계, 산림, 보훈

자료: 금창호・김필두(2012:32), 한표환(2014:84)에서 재인용.

　최종적으로 특별지방행정기관 정비는 무산되었고, 제주특별자
치도에 한해 제주특성을 고려한 7개 특별지방행정기관이 이양되
었다. 애초 8개 기관이 검토되었으나 최종적으로 7개 기관을 이양
하였다.

<표 14> 제주특별자치도 특별지방행정기관 이관 현황

구분	대상기관
애초 계획	· 완전 이관(6) - 제주지방국토관리청, 제주지방중소기업청, 제주지방해양수산청, 제주환경출장소, 제주지방노동사무소, 제주지방노동위원회 · 지도 · 감독 권한 이관(2) - 제주세관, 제주출입국관리사무소

최종
대안
	· 완전 이관(7)
	- 제주지방국토관리청, 제주지방해양수산청, 지방중소기업청,
	  제주환경출장소, 제주지방노동사무소, 제주지방노동위원회,
	  제주보훈지청

자료: 정부혁신지방분권위원회(2004: 422), 한표환(2014:84)에서 재인용.

참여정부의 특별지방행정기관 이관정책성과는 대체로 미흡하다
는 평가이다. 김순은(2003; 2010), 한표환(2014), 윤태웅(2015) 등
의 연구에 따르면 미흡한 이유를 크게 세 가지 차원으로 분석할 수
있다. 정책의 최우선 순위 설정 실패, 추진기구 운영의 비효율성과
관련 부처와 국회 등 관계기관의 반대와 비협조이다. 우선, 지방분
권 정책이 정부의 최우선 정책순위로 작용하지 못한 점이다. 애초
에는 참여정부의 '지방분권과 국가균형발전' 과제를 12대 국정과
제에 포함했으나 추진과정에 균형발전 정책을 우선순위에 두면서
제대로 된 성과를 내지 못한 것으로 평가하고 있다. 이는 중앙부처
의 반대와 지방분권 전략 중 '선 분권 후 보완의 원칙'에 따라 재
정 · 인력이 수반되지 않는 특별지방행정기관 이관에 대해 지방자
치단체의 지지를 얻어내지 못했기 때문이다.

둘째, 추진기구가 비효율적으로 운영되었고 집행조직의 효과성
을 담보하는 장치가 미흡하였다. 우선 추진체계의 문제점을 들 수

있는데, '정부혁신지방분권위원회'는 지방분권의 기본계획을 수립하고, '지방이양추진위원회'에서 사무이양 발굴·심의·확정하는 역할 등 이원적 체계로 되어있다. 또한 정책집행은 관련 부처가 담당함으로써 관련 부처의 정책 미이행 시 이를 조정할 수 있는 권한이 없었다. 정부혁신지방분권위원회 구성의 문제점도 지적되고 있다. 정부혁신지방분권위원회에 관련 중앙행정기관장 6인을 포함함으로 인해 장애 요인으로 작용했다는 분석이다. 실제로 중소기업청, 노동부, 건설교통부 등 관계 중앙부처의 극심한 반대로 추진하지 못하였다.

셋째, 국회의 미온적인 태도이다. 특별지방행정기관 수 및 정원 증가로 인해 이를 개선하기 위한 국회 입법 시도가 있었으나, 국회 내 공감대 형성 실패로 접수거부나 자동 폐기되었다. 2004년 11월 정부가 추진하는 지방일괄이양법을 국회가 접수를 거부한 바 있다. 특별지방행정기관 설치 시 해당 지방자치단체와 협의하도록 하는 「지방자치법」 일부 개정 법률안('05.11.1. 한나라당 이윤성 의원 대표발의)과 특별지방행정기관 설치를 대통령령이 아닌 법률에 따라 국회 동의를 받도록 하는 「지방자치법」 일부 개정 법률안('06.4.118. 한나라당 김정권 의원 대표발의) 발의가 있었다. 하지만 제17대 국회 임기만료('08.5.29)에 따라 자동 폐기되었다.

4) 이명박 정부: 소극적 지방분권

이명박 정부는 민주화 단계를 넘어 선진 일류국가로 가기 위해 이념과 지역주의를 넘어서는 실용정부를 지향하였다. 지방분권 정책은 지방의 발전과 국가경쟁력 향상을 위한 수단으로 법 제도적 측면에서 정책 의지를 드러냈으나, 실제 성과는 미흡한 것으로 평가되고 있다. 지방분권 정책은 행정의 효율성 측면을 강조하면서 정권 후반기에는 행정체제개편에 관심을 가지면서 해당 과제의 실현 용이성이 쉽지 않은 측면도 기인하였다. 이명박 정부의 지방분권 정책에 대한 연구(금창호, 2009; 김순은, 2010; 김철회, 2012; 서용석, 2012; 정광호, 2012; 최유진, 2012; 송병주, 2013; 지방분권촉진위원회, 2013; 한표환, 2014; 윤태웅, 2015; 금창호·김필두, 2017; 오재일, 2018)들도 역대 정부 지방분권 정책평가 측면에서 이러한 측면을 뒷받침하고 있다.

이명박 정부의 특별지방행정기관 정책은 지방분권 정책에 포함되어 추진되었다. 지방분권 비전은 '창의와 활력이 넘치는 지역사회'로 설정하고 이를 달성하기 위해 4개 분야 20개 과제를 제시하였다. 특별지방행정기관 이관정책은 참여정부의 연속선상에서 '권한 및 기능 재배분' 정책 분야 '특별지방행정기관 기능조정'으로 포함했다. 이명박 정부 지방분권 정책의 특징은 '지방자치 행정체제 정비'에 정책의 우선순위가 맞춰졌다. 지방분권 20개 정책과제 중 17개가 참여정부의 지방분권로드맵 과제와 중복된다. 참여정부와 다른 지방분권과제는 ⑭ 지방자치 행정체제 정비, ⑰ 특별지방자치단체 제도 도입·활용, ⑳ 지방분권 홍보 및 공감대 확대이다. 이명박 정부의 지방분권과제가 참여정부와 상당수 중복되는 것은 정권을 달리하더라도 지방분권이 국가발전을 위해 필요한 가치이자 수단이었음을 확인할 수 있다.

　이명박 정부 지방분권 정책추진체계는 참여정부의 '정부 혁신·지방분권위원회'와 '지방이양추진위원회'를 '지방분권촉진위원회'로 일원화하였다. 이전의 「중앙행정 권한의 지방 이양촉진 등에 관한 법률」과 「지방분권특별법」을 폐지하고 「지방분권 촉진에 관한 특별법」으로 전부 개정하였다. 지방분권 정책의 목적은 '궁극적으로 국민의 삶의 질에 있다'라는 민주주의와 지방자치의 원칙을 명시한 것이 특징이다. 「지방분권 촉진에 관한 특별법」 제1조에 '지방분권이 지방의 발전과 국가경쟁력 향상을 도모하여 궁극적으로는 국민의 삶의 질을 제고하는 것을 목적으로 한다'라고 규정하였다. 이전 「지방분권특별법」상의 지방분권 목적이 지방발전과 국가경쟁력 향상에 두었던 측면에서 본다면, 민주주의와 지방자치 이념에 보다 충실한 내용이다. 지방분권추진기구인 지방분권촉진위원회는 참여정부의 정부 혁신·지방분권위원회에 비교하여 대표성과 의사결정의 효율성을 꾀했다고 볼 수 있다. 지방분권촉진위원회 위원은 10인 이내로 구성했으며, 대표성 있는 기관이 추천하는 인사로 구성하였다. 당연직 위원은 기획재정부 장관과 안전행정부 장관 2명을 두도록 하고 이들을 포함한 대통령 위촉 4명, 국회의장 추천 2명, 지방자치단체 협의체의 장이 추천하는 4명으로 구성하도록 하였다. 「지방분권 촉진에 관한 특별법」에는 제7조에 지방분권 추진 일정을 명시하여 정책의 현실화·구속력을 담보하기 위한 장치를 마련하였다. 지방분권 정책에 관한 추진일정, 추진방법, 추진절차를 수립하고, 추진실적을 연 2회 이상 공표해야 하며 법의 유효기간

(5년) 내에 정책 시행 완료를 명시하고 있다. 이는 참여정부의 「지방분권특별법」에는 없던 내용이다. 이명박 정부 임기 중반(2010년)에 지방분권 정책추진체계가 이원화되면서 지방분권 정책추진 수단의 비효율성을 초래하였다. '지방자치 행정체제 정비' 분권 과제 추진을 위하여 「지방행정 체제개편에 관한 특별법」 제정(2010.10.1.)에 따른 지방행정 체제 개편위원회를 출범('11.2.)시켜 운영하였다.

이명박 정부의 지방분권 정책은 법 제도적 측면에서는 정책적 의지를 가졌다고 할 수 있으나, 지방분권 추진과제 달성도 측면에서 정부 의지가 부족하고 이에 따라 정책성과도 미흡한 것으로 판단된다. 국가사무의 지방 이양실적도 이전 정부보다 성과가 미흡하다. 「지방분권 촉진에 관한 특별법」을 통해 정책목표와 정책추진 수단이 이전 정부보다 의지가 있는 것으로 보이지만, 국가사무의 이양확정 대비 이양 완료한 비율(이양률)을 보면 최종 44.2%로 문민정부 88.4%, 국민의 정부 80.9%, 참여정부 97.0%에 비해 가장 낮은 실적을 기록하고 있다.

특별지방행정기관 수도 늘어났다. 중앙정부 기구 수는 이전 참여정부 39개보다 줄어든 35개로 정부 기간 내내 변함이 없었다. 특별지방행정기관 수는 2008년 4,703개에서 2012년 5,175개로 늘어났다.

(자료: 건, %)

구분	합계	2008	2009	2010	2011	2012
이양확정	1,587	53	698	481	277	78
이양완료	702	45	390	177	69	21
추진 중	885	8	308	304	208	57
이양률(%)	44.2	84.9	55.9	36.8	24.9	26.9

자료: 지방자치발전위원회(2017), 「지방자치발전백서」. 재구성.

이명박 정부의 '특별지방행정기관 기능조정' 지방분권과제
는 정부 초기('08.07.21)에 '특별지방행정기관 정비방안'이 핵심
국정과제로 채택되면서 추진되었다. 크게 2단계로 8개 분야(국
도·하천, 해양·항만, 식·의약품, 노동, 환경, 산림, 보훈, 중소기
업 분야) 특별지방행정기관 지방이관을 추진하였다. 1단계는
2010년 6월 30일 마무리하였는데, 국도·하천, 해양·항만, 식·의
약품 분야로 시설관리, 인허가, 지도·단속 등 집행적 기능을 우선
이관하였다. 이에 수반되는 관련 11개 법률과 16개 시행령을 개정하
였고, 인력 208명(국도·하천 48명, 식·의약품 101명, 해양·항만
59명)과 수반 재원 3,969억을 광역·지역발전특별회계를 통해 이
관을 완료하였다. 2단계 분야인 노동, 환경, 산림, 보훈, 중소기업
분야 사무는 사실상 추진을 하지 못하였다. 1단계 이관 성과가 미
흡하다는 분석이 영향을 끼쳤다. 1단계로 이관된 사무들이 지방자
치단체와의 정보·기술공유 미흡으로 인한 이관 효과가 미흡하고
이관 공무원의 직급조정과 순환보직으로 인한 전문성 등의 문제가
드러났다. 2단계 이관은 인력 재배치 등 기구·인력 효율화, 자치

역량 향상이 선결되어야 한다는 지방분권촉진위원회 계획이 정권 임기 후반기인 2012년 11월에 마련되었다.

특별지방행정기관 정비에 대한 국회의 소극적인 행태도 성과 미흡에 기여하였다. 이명박 정부 기간인 제17대 국회에서도 특별지방행정기관 남설을 막기 위한 입법시도가 있었으나 국회 임기만료에 따라 자동 폐기되었다. 민주당 유성엽 의원은 특별지방행정기관 설치 시 지방협의체 동의를 받도록 하는 「정부조직법」 일부 개정 법률안을 대표발의('13.1.2) 하였으나, 국회 임기만료('16.5.29)로 자동 폐기되었다.

5) 박근혜 정부: 정책 의지가 부족한 지방분권

박근혜 정부는 '국민 행복'이라는 국정 비전을 위하여 경제민주화 등 이념적 편향을 지양하는 정책 방향을 출범 초기에 제시하였다. 지방분권 정책도 이를 뒷받침하기 위해 관련 법률을 통합·제정하고 지방자치 발전종합계획을 법률에 명시하는 등 나름 체계를 갖췄다.

자치분권 과제 추진을 위한 논의는 비교적 활발하였으나, 대통령에게 한 차례도 보고하지 못하는 등 정부 차원의 실행 뒷받침이 따라주질 못했다. 이와 관련하여 다양한 연구(금창호, 2018; 김홍관 외, 2018; 박종관, 2018; 방민석, 2016; 배준구, 2016; 오재일, 2018; 정정화, 2017; 지방자치발전위원회, 2017; 하혜영, 2017)에서 논의되었다.

박근혜 정부의 지방분권 정책 비전은 '성숙한 지방자치, 행복한 지역주민'으로 설정하고, 이를 실현하기 위해 4대 분야 20개 과제를 포함한 「지방자치 발전종합계획」을 제시하였다. 이 중 특별지방행정기관 정책은 '강력한 지방분권 기조 확립과 실천' 정책 분야의 '특별지방행정기관 정비'로 명시하였다. 지방분권 정책이 파급효과 및 실현 가능성 등에 따라 핵심과제(8개)와 일반과제(10개) 미래발전과제(2개)로 분류하면서 '특별지방행정기관 정비' 정책은 일반과제로 분류되면서 지방분권 정책의 우선순위에 해당하진 않았다.

박근혜 정부의 지방분권 정책은 이전 이명박 정부에서 이원화되었던 추진체계를 일원화하였다. 기존의 「지방분권 촉진에 관한 특별법」에 따른 지방분권촉진위원회와 「지방행정 체제개편에 관한 특별법」에 따른 지방행정체제개편추진위원회를 「지방분권 및 지방행정 체제개편에 관한 특별법」(이하 '지방분권법')을 제정하여 지방자치발전위원회로 통합하였다.

박근혜 정부 지방분권 정책은 법률적 체계에 있어서는 이전 정부보다 위상과 의지가 있다고 볼 수 있다. 지방자치발전위원회 인원은 27명이며 이 중 당연직 위원은 기획재정부 장관, 안전행정부 장관, 국무조정실장을 두도록 하였다. 이는 이전 정부의 지방분권촉진위원회 구성인원이 10인 이내이며 당연직 국무위원이 없었다는 점을 고려했을 때 분권 정책추진 의지가 있다고 볼 수 있다. 지방자치발전위원회 의사결정을 전담할 수 있는 사무기구를 두도록 한 점도 이전 정부가 '한시적 전담지원기구'를 두도록 한 점에 비추어 진일보한 부분이 있다.

지방분권법에서 이전 정부와 두드러지는 사항은 지방분권 정책을 체계적으로 수립하고 추진할 수 있도록 '지방자치 발전종합계획'을 수립하고 시행하도록 한 점이다. 이 종합계획은 추진과제에 대한 재원조달방안 등을 포함했으며 국무회의 심의를 거쳐 대통령과 국회에 보고하도록 하였다. 지방분권 정책이 정부 차원의 정책으로써 실행력을 담보할 수 있는 계기가 마련되었다고 평가할 수 있다.

　박근혜 정부는 총 세 차례에 걸쳐 118개 사무를 이양할 것을 지방자치발전위원회에서 의결하였으나 대통령에게 보고가 되지 못하면서 최종 실적은 없는 상황이다. 2013년과 2014년은 국가 총 사무 재배분 및 이양대상 사무분류를 실시하였고, 이양사무에 대한 위원회 의결은 2015년 68개, 2016년 46개, 2017년(2월) 4개가 이뤄졌다. 박근혜 정부는 지방분권과제를 추진하기 위하여 「(가칭)지방일괄이양법」 제정을 통해 추진하고자 하였다. 대상 사무(2017년 6월 말 기준)는 총 598개로써 19개 부처가 소관하는 100개 법률에 이르는 규모이다. 결과적으로 입법화는 이루지 못하였다. 박근혜 정부의 지방분권 정책을 전담하는 지방자치발전위원회 차원의 활발한 논의와 활동이 있었으나 위원회가 의결한 내용을 대통령에게 보고하지 못함으로써 결과적으로 아무런 실적을 내지 못하였다.

　박근혜 정부의 지방자치발전위원회는 이전 정부의 지방분권촉진위원회와 지방행정체제개편추진위원회의 결정사항을 고려하여 특별지방행정기관 정비를 추진하였다. 이를 위해 특별지방행정기관 정비 TF를 구성하여 애초 이관하기로 결정한 243개 사무를 재검토 및 해당 기관 및 지방자치단체 의견수렴 등을 거쳐 이 중 34개 사무에 대해서만 지방이양위원회에서 최종 의결하였다. 하지만 지방분권법에 따라 대통령에게 보고가 이뤄지지 못하면서 해당 부처의 입법 조치로 이뤄지지 않았다.

이전 정부의 위원회에서 의결한 이양사무를 포함하여 재검토 후 위원회에서 의결한 결과의 그 대상 사무가 대폭 축소되었고 대통령에게 보고되지 못한 상황은 대통령 또는 정부 차원의 의지가 부족했다고 판단할 수 있다.

6) 문재인 정부 추진상황 소개: 현안 해결과 새로운 전기를 마련한 지방분권

문재인 정부 임기가 아직 진행 중인 상황에서 이전 정부와 동일한 기준으로 평가하는 것은 합리적이지 않은 측면이 있다. 그런데도 이전 정부에 비해서 적지 않은 성과를 내고 있다. 특히 역대 정부에서 해결하지 못한 지방이양일괄법 제정 및 체계적인 자치분권 과제 관리 등은 특기할 만한 사항이다. 지방자치법 전부 개정안의 국회 제출과 재정 분권을 위한 노력과 성과도 이전 정부에 비해 성과가 인정된다고 볼 수 있다(국정기획자문위원회, 2017; 윤종인, 2018; 자치분권위원회, 2018:2020; 정부업무평가위원회 외, 2020; 하혜영, 2020).

문재인 정부에서 추진하고 있는 주요 내용을 소개 차원에서 기술하고자 한다. 문재인 정부가 끝나지 않은 상황에서 본 연구의 분석범위에 포함한 것은 이전 정부와 차별화되는 추진전략 등 정책 의지가 주목할 만한 사항이 있기 때문이다. 이전 정부에 비해 지방분권 및 특별지방행정기관 정책성과가 기대되는 부분이다.

문재인 정부의 지방분권 정책은 기존의 하향식 개념에서 국민의 자기결정권 행사 차원의 상향식 개념을 도입하였다. 문재인 정부 지방분권 비전은 '우리 삶을 바꾸는 자치분권'으로 제시하였다. '중앙권한의 획기적인 지방 이양' 전략 하에 '특별지방행정기관 정비' 정책을 포함했다. 자치분권 비전과 목표달성을 위해 6대 전략 33개 과제를 제시하였다. 이전 정부와 두드러지는 지방분권과제 중 하나는 재정 분권이라는 용어를 전면에 내세워서 추진하고 있는 점이다. 이는 국가 대 지방사무 비율은 7:3이나 국세 대 지방세 비율이 76:24로 불균형함으로써 자치권과 자율성이 미흡한 부분을 개선하기 위한 측면과 중앙과 지방이 동반자적 관계로 나아가 자치권의 실질적 확대와 지역 주도 성장을 촉진하여 국가발전을 선도하기 위한 정책적 의지가 작용하였다.

문재인 정부도 지방자치 분권 정책추진을 위해서 관련 법을 개정하였다. 이전의 「지방분권 및 지방행정 체제개편에 관한 특별법」을 「지방자치 분권 및 지방행정 체제개편에 관한 특별법」으로 개정하였다. 지방자치 분권은 기존 지방분권의 법적 개념에서 '지방자치단체의 정책 결정 및 집행과정에 주민의 직접적 참여를 확대'를 포함하여 주민자치 기능을 강화하였다.

자치분권 정책 추진체계도 강화하였다. 지방분권 정책을 전담하는 위원회 명칭을 이전의 지방자치발전위원회에서 자치분권위원회로 변경하였고, 그 기능 중에 읍면동 주민자치 기반과 지방자치단체 및 주민 의견수렴에 관한 사항에 대해 심의·의결할 수 있도록 하였다. 자치분권위원회에서 필요하다고 인정하는 경우에는 국무위원 참석을 요청할 수 있도록 하였다. 위원회의 효율적 업무처리를 지원하기 위하여 행정안전부에 자치분권지원단을 둘 수 있도록 하였다.

일반 국민이 정책에 참여할 수 있도록 제도적 근거도 마련하였다. 지방분권법 제46조의 2를 신설하여 자치분권 과제에 대한 정보교환, 정책제안, 의견수렴 등을 위한 지역별 협의회를 설치할 수 있도록 하였다.

이전 정부에 비해 문재인 정부의 정책 의지가 높다는 것을 가늠할 수 있는 사항은 그동안 역대 정부에서 실패했던 지방이양일괄법이 국회를 통과('20.1.9)한 사례이다. 애초('18.10.26) 정부 제출안은 「중앙행정 권한 및 사무 등의 지방 일괄이양을 위한 물가안정에 관한 법률 등 66개 법률 일부 개정을 위한 법률안」이었으나 국회 운영위원회 대안으로 「중앙행정 권한 및 사무 등의 지방 일괄이양을 위한 물가안정에 관한 법률 등 46개 법률 일부 개정을 위한 법률안」을 통과시켰다. 2021년 1월 1일부터 시행이 되며 400개 사무가 지방에 이양될 예정이다.

국회에서 통과된 지방이양일괄법은 이전 정부에서 추진하지 못했던 지방 이양대상 사무에 해당한다. 문재인 정부에서 새롭게 발굴된 사무가 아니라 2000년부터 2012년까지 지방 이양이 확정된 사무 3,101건 중 법률개정이 되지 않아 미이양된 752건 사무를 대상으로 이뤄졌고 이 중 위원회 의결을 거친 518개 사무 중 400개

사무가 국회를 통과하였다. 문재인 정부의 자치분권종합계획에 따라 기존에 발굴('12~'17년)한 대도시 특례, '19년 신규 이양의결 사무를 중심으로 제2차 지방이양일괄법 제정과 제3차('21년~'22년 이양 확정된 사무) 지방이양일괄법 제정을 자치분권위원회에서 추진할 계획이다.

31년 만에「지방자치법」전부 개정안을 국회에 제출('19.3)한 것도 주요한 정책성과라 할 수 있다. 지방자치법 전부 개정안의 주요 내용은 그동안 단체자치 차원에서만 명시되었던 사항을 '주민자치' 요소를 목적 조항과 주민의 권리 조문에 명시하였다. 비록 국회를 통과하지는 못하였지만 문재인 정부의 정책 의지에 따른 성과라 볼 수 있다.

국세와 지방세 구조개선 등의 재정 분권 성과도 의미가 있다. 지방소비세비율을 단계적으로 인상('18년 11%→ '19년 15% → '20년 21%)하여 연 8.5조 원의 지방재정 확충에 기여하였다. 국세 대 지방세 비중을 7:3으로 전환하기 위한 2단계 재정 분권 협의체를 구성('19.9)하고 '18년 78:22 → '19년 77:23 → '20년 75:25 목표로 논의를 진행하고 있다.

문재인 정부의 자치분권 의지는 이전 정부보다 강한 편이나 특별지방행정기관 이관과 관련한 정책 의지는 아직 미흡하다고 볼 수 있다. 문재인 정부의 특별지방행정기관 이관정책은 자치분권종합계획에 '특별지방행정기관 정비'로 제시되어 있고 2020년 업무계획에 광역자치단체 중심의 특별지방행정기관 정비방안을 마련할 계획이라 밝히고 있다. 광역자치단체와 특별지방행정기관 간 사무의 중복성, 효율성, 주민 편의성 등을 기준으로 하여 지방 이양대상 사무를 검토하겠다고 했으나 자치분권위원회 담당 전문위원 인터뷰에 따르면 전체 중앙사무 이양과 연계하여 추진할 계획이며, 특별지방행정기관과 지방자치단체 간 협력을 강화하는 방향으로 과제발굴을 진행할 계획이라 밝히고 있다. 즉, 지방분권법 제12조에 '특별지방행정기관 정비'라는 용어로 통일해서 쓰기는 하지만, 기관 이관보다는 사무이양에 초점을 맞추고 있다고 볼 수 있다. 다만, 2019년 자치분권 시행계획에 따르면 제주특별자치도 사례분석과 기존 이양대상 사무 심의를 하겠다고 밝히고 있어, 기존 특별지방행정기관 이관사무에 대한 선행검토를 바탕으로 정책 기조가 변화될 가능성은 있다고 판단된다.

2. 역대 정부 특별지방행정기관 정책 비교분석

역대 정부의 지방분권 정책은 국정 운영 철학과 연계하여 목표를 세우고 있다. 지방분권 정책의 성과는 관련 법률 등 제도적 근거 마련과 실효성을 담보할 수 있는 추진체계 그리고 대통령의 의지 등에 달려있다. 역대 정부의 지방분권 정책은 전반적으로 그 성과는 미흡한 것으로 나타났다. 그 이유에 대해서 소진광(2010)은 '외부효과의 덫'에 걸려있음을 강조하고 있다. 지방분권과제와 관련하여 관계부처 등 반대 관점에 있는 이해관계자는 명확한 반면 수혜를 입는 집단이 특정계층이 아니라 국민이기 때문에 적극적인 요구와 찬성 입장이기보다는 '무임승차'의 입장이 되기 때문이다.

실제로 지방분권 정책을 추진함에 있어 관련 부처가 입법절차 등 행정절차를 추진해야 하지만, 이를 이행하지 않더라도 강제할 수 없다는 점이 제도적으로 보완해야 할 부분이다.

역대 정부 특별지방행정기관 정책을 비교 분석하여 특별지방행정기관 이관정책과 관련하여 제주특별자치도가 취해야 할 전략적 입장을 도출하고자 한다.

1) 지방분권 정책목표

특별지방행정기관 이관정책은 역대 정부의 지방분권 정책 목표 하에 추진되었다. 중앙정부 사무 범위 내에 특별지방행정기관이 포함되어 있기 때문에 역대 정부의 지방분권 정책목표를 살펴보는 것은 의미가 있다.

문민정부와 국민의 정부는 '지방분권'이라는 차원보다 국가운영의 효율성 차원에서 중앙정부 사무 이양을 추진하였다. 문민정부는 지방자치 부활에 따른 사무조정 차원에서, 국민의 정부는 외환위기 대응 차원에서 국가운영 효율성을 위해 추진하였다. 다만, 국민의 정부는 지방 이양추진계획을 마련하여 체계적으로 추진했다는 점이 특징이다.

참여정부는 '지방분권' 개념과 정책을 정책에 본격적으로 제시하고 추진하였다. 우리나라가 한 단계 더 도약하기 위해 민주주의 심화와 지역 균형발전에 목표를 두고 지방분권 정책목표를 설정하였다. 체계적이고 종합적인 계획과 법률체계를 마련했지만 7개 분야

47개 과제에 이르는 많은 분권 과제를 임기 내에 모두 마무리 못하였다.

이명박 정부는 시장경제를 강조하는 국정 방향과 연계하여 지방분권 목표를 자율성을 강조하는 '창의와 활력이 넘치는 지역사회'로 설정하였다. 이를 위해 지방분권을 촉진하는 「지방분권 촉진에 관한 특별법」으로 개정하여 정책 의지를 드러냈으나, 임기 후반부에 행정의 효율성 강화를 행정체제개편에 두고 「지방행정 체제개편에 관한 특별법」을 제정함으로써 지방분권 정책이 이원화되어 효율성이 저하되는 결과를 초래하였다.

박근혜 정부는 각종 사회적 격차 완화를 위한 국정 운영 방향과 연계하여 '성숙한 지방자치, 행복한 지역주민'을 지방분권 목표로 설정하였다. 기존 지방분권 관련 특별법을 「지방분권 및 지방행정 체제개편에 관한 특별법」으로 개정하여 추진체계를 지방자치발전위원회로 일원화하였고 지방분권과제 목표달성을 위한 재원조달방안 마련 등 실효성 있는 정책기반을 마련하였다. 지방자치발전위원회 의결사항이 지방분권특별법에 따라 대통령에게 보고되지 못함으로 인해 관련 법 개정 등 후속 조치가 이뤄지지 못했다.

문재인 정부는 '국민'의 기본권과 자기결정권을 존중하고 지원하는 국정 운영 방향과 연계하여 지방분권 정책목표를 '우리 삶을 바꾸는 자치분권'으로 설정하였다. 자치분권은 기존의 중앙정부와 지방자치단체 간의 하향식 의미가 포함된 지방분권에서 지역주민의 자기결정권을 존중하는 상향식 의사결정 차원의 '자치분권'을 내세

웠다.

역대 정부의 지방분권 목표는 '중앙정부가 지방자치단체에 권한을 이양해준다'라는 하향식 단체자치 형식에서 '국민의 삶은 국민스스로 결정할 수 있어야 한다'라는 상향식 주민자치 형식으로 변화되어왔다. 특별지방행정기관 이관정책의 경우도 역대 정부의 지방분권 정책 기조를 고려했을 때 해당 지방자치단체와 지역주민의 의견이 갈수록 중요해지고 있다. 이러한 점을 고려했을 때 특별지방행정기관 구성원 또는 관련 부처와의 원활한 협의가 중요하다. 특별지방행정기관 이관 시 달라지는 사무 양에 따른 인력 및 예산 운용에 대해 합리적인 공감대를 형성하는 것이 관건일 수 있다.

<표 16> 역대 정부 지방분권 정책목표 및 특징

구분	정책목표 및 계획	주요 특징
문민정부	· 지방자치 부활에 따른 이관사무 정비	· 지방자치 부활에 따른 준비기 -지방분권 정책 미 태동
국민의 정부	· 중앙권한의 지방 이양 · 지방 이양 추진계획(7개 과제)	· 정부 효율성 위한 지방분권 -행정개혁을 통한 국가경쟁력 강화
참여정부	· 지방 활력을 통한 분권형 선진국가 · 지방분권 로드맵 (7개 분야 47개 과제)	· 지방자치 강화를 위한 미완의 지방분권 -지방분권과 균형발전
이명박 정부	· 창의와 활력이 넘치는 지역사회 · 지방분권추진계획 (4개 분야 20개 과제)	· 소극적 지방분권 -권한 및 기능 재조정
박근혜 정부	· 성숙한 지방자치, 행복한 지역주민 · 지방자치 발전종합계획 (4개 분야 20개 과제)	· 정책 의지가 부족한 지방분권

구분	정책목표 및 계획	주요 특징
문재인 정부	·우리 삶을 바꾸는 자치분권 ·자치분권종합계획 　(6대 전략 33개 과제)	·주민참여, 재정 분권 강조

자료: 선행연구를 바탕으로 필자가 구성.

2) 지방분권 정책추진 수단

문민정부는 대통령령인 「조직관리지침」에 따라 총무처 소속의 지방이양합동심의회를 두었고 총무처 조직국장을 위원장으로 하고 관계부처 과장급 공무원을 위원으로 하였기에 태생적으로 지방분권 정책과 연계되기에는 한계가 있었다.

국민의 정부는 「중앙행정 권한의 지방 이양촉진 등에 관한 법률」 제정을 통해 중앙행정 권한의 지방 이양에 관한 '지방이양기본계획'을 수립하고 시행할 수 있도록 제도적 장치를 처음으로 마련하였다는 데 의미가 있다. 중앙사무의 지방 이양을 결정하는 지방이양추진위원회를 처음으로 대통령 소속하에 두면서 공동위원장을 국무총리와 함께 민간인을 두도록 하여 위상을 대폭 강화한 점이 특징이다.

참여정부는 지방분권을 국정 운영의 전면에 내세우고 법제화를 추진하였다. 이전 정부와 달리 정책의 실행력을 담보하기 위해 추진상황에 대해 정기적으로 대통령에게 보고하도록 법제화하였으며, 각 부처의 추진상황을 점검·평가하여 그 결과를 국무회의 심의를 거쳐 대통령에게 보고한 것은 진일보한 정책수단이라 할 수 있다. 다만, 해당 부처 장관이 이행을 하지 않았을 때 '필요한 조치를 권고'할 수 있다고 하는 등 강제 이행의무는 없다는 것은 한계였다.

이명박 정부는 참여정부의 지방분권 정책을 촉진하여 이의 정책이 국민의 삶의 질 제고에 있음을 명확히 하였다. 이전 정부의 지방분권과 관련한 두 개의 위원회를 지방분권촉진위원회로 일원화하는 데 의미가 있다. 지방자치단체에서도 지방분권 정책을 추진할수 있는 근거를 마련했고, 한시적이지만 위원회 의사결정 전담 지원 기구 설치 등은 진일보한 체계라 할 수 있다.

박근혜 정부 초기에는 이전 정부의 이원화된 지방분권 정책을「지방분권 및 지방행정 체제개편에 관한 특별법」제정을 통해 일원화하는 등 이전 정부보다 정책 의지가 있다고 볼 수 있었다. 실제로 지방자치발전위원회 차원에서 다양한 이해관계자의 참여 등 다양한 의견수렴을 거쳤으나 이후 대통령에게 한 번도 보고되지 못함으로써 대통령의 실천 의지는 취약했다고 볼 수 있다.

문재인 정부의 지방분권 정책은 주민의 참여강화를 통한 정책 체감도 제고, 지방자치의 실효성 확보를 위한 국세의 지방세 이양, 정책의 실효성 확보를 위해 주관부처에 실무지원단을 설치하였다. 이러한 정책적 취지는 관련 법률인「지방분권 및 지방행정 체제개편에 관한 특별법」을「지방자치 분권 및 지방행정 체제개편에 관한 특별법」으로 개정하여 추진하였다.

역대 정부의 지방분권 정책목표를 달성하는 방법으로 관련 법률 제·개정 등 제도적으로 근거를 마련하여 추진해왔다. 문민정부에서 문재인 정부로 올수록 지방분권을 전담하여 추진하는 위원회의 위상과 기능, 이를 지원하는 전문실무지원기구, 관련 부처 이행의무 및 대통령에게 정기적 보고 등의 기능이 강화되어 왔다.

지방분권 정책추진을 위한 제도적 근거가 강화되어 왔음에도 불구하고 해당 부처가 미 이행할 경우 이를 강제할 근거가 없어, 특별지방행정기관 이관에 대해 해당 부처가 반대할 경우 정책추진에 한계가 존재한다. 이를 개선하기 위해서는 「정부업무평가 기본법」에 따른 정부 업무평가 기본계획과 실행계획과 연계할 필요가 있다. 문재인 정부 국정과제가 「정부업무평가 기본법」에 따라 추진되고 있는 점을 고려한다면 보다 실효성을 높이는 계기가 될 수 있다.

<표 17> 역대 정부 지방분권추진 수단 및 주요 특징

구분	추진기구 및 근거 법률	주요 특징
문민정부	· 지방이양합동심의위원회 · 「조직관리지침」	· 관계부처 공무원 중심의 의사결정 추진 · 지방분권 의식 부족
국민의 정부	· 지방이양추진위원회 · 「중앙행정 권한의 지방 이양촉진 등에 관한 법률」	· 민간인 공동위원장으로 최초의 민주적 추진기구 · 행·재정지원단(행정자치부 자치행정국장 단장) 운영
참여정부	· 정부혁신지방분권위원회 / 지방이양추진위원회 · 「지방분권특별법」	· 지방발전과 국가경쟁력 제고 · 지방분권 정책의 법제화 · 추진상황 대통령 보고의무 최초 법제화 · 추진체계 이원화로 효율성 저하
이명박 정부	· 지방분권촉진위원회/지방 행정체제개편추진위원회 · 「지방분권 촉진에 관한 특별법」 / 「지방행정 체제개편에 관한 특별법」	· 지방분권촉진과 국민의 삶의 질 제고 · 추진체계 이원화로 효율성 저하

구분	추진기구 및 근거 법률	주요 특징
박근혜 정부	· 지방자치발전위원회 · 「지방분권 및 지방행정 체제개편에 관한 특별법」	· 추진체계의 일원화 · 부처 및 대통령 의지 미흡
문재인 정부	· 자치분권위원회 · 「자치분권 및 지방행정 체제개편에 관한 특별법」	· 주민 직접 참여 확대 · 추진체계 강화 -국무위원 참석요청 -주관부처에 실무지원단 설치

자료: 선행연구를 바탕으로 필자가 구성.

3) 지방분권 정책성과

문민정부는 지방자치제도 부활을 준비하는 시대적 특수성에 따라 지방분권 정책은 국정 운영의 우선순위가 되질 못하였다. 사무이양도 지방자치제도 실시에 따라 중앙정부와 지방정부 간의 기능 재정립 차원에서 이뤄졌다.

국민의 정부는 지방분권과제를 정책 의제화한 최초의 정부로서 의미가 있으나 이양에 따른 명확한 행·재정지원 기준 미흡, 행·재정지원단 비정기적 운영, 지원절차 복잡성 등으로 실효성 있는 성과를 내지 못하였다.

참여정부는 지방분권 정책을 지방분권특별법 제정을 통해 정책의 연속성을 담보했다는 의미가 있으나, 지방분권 로드맵상의 지방사무 비중 40%는 달성하지 못했다. 다만, 제주특별자치도 설치 등 지방분권 정책의 시범·선도의 정책 씨앗을 뿌렸다는 측면에서는 의미가 있다.

이명박 정부는 지방분권 정책 추진체계의 일원화로 효율성을 꾀한 것은 의미가 있었으나, 임기 중반에 「지방행정 체제개편에 관한 특별법」 제정(2010.10.1.)을 통해 지방행정 체제개편을 국정 운영의 우선순위로 올림으로써 지방분권 정책성과를 떨어뜨리는 결과를 초래했다. 이러한 정책 기조는 중앙정부 사무 이양률이 44.2%에 그치고 말았다.

박근혜 정부는 제도 정비 등 추진체계의 효율화와 지방자치발전위원회 차원의 활발한 여론 수렴 등 논의를 추진하고 의결을 하였으나 관련 법률에 따른 대통령 보고를 하지 못함으로 인해 이양을 추진하지 못했다.

문재인 정부는 역대 정부 중 지방분권 정책 의지와 실효성 확보를 위한 노력이 가장 높은 편이다. 참여정부부터 추진했던 지방이양일괄법이 그동안 국회의 벽을 넘지 못하다 16년만인 2020년 1월 9일 국회 본회의를 통과했고, 30년 만에 지방자치법 전부 개정안을 국회에 제출하는 등 의미 있는 성과를 내고 있다. 실질적인 지방자치를 뒷받침하기 위한 재정 분권도 지방 소비세율 인상 등 성과를 내고 있고 제2단계 재정 분권 TF 구성 등 지속해서 정책을 추진하고 있다.

역대 정부의 지방분권 정책성과를 살펴보면 국정 운영의 최고 통치자인 대통령의 의지와 관련 부처의 공감대가 중요하다. 성공적인 특별지방행정기관 이관정책을 추진하기 위해서는 특별지방행정기관 이관이 대통령의 국정 운영 철학에 부합한다는 실증적인 연구가 지속해서 이뤄져야 할 필요가 있다.

정부 부처와의 공감대 형성을 위해서는 특별지방행정기관 이관이 중앙정부와 지방정부 모두가 상생하는 방안임을 도출하는 전략이 필요하다. 지방자치단체에 이관되는 사무는 해당 부처의 불요불급한 사무를 줄여주고, 잉여인력과 예산은 해당 부처의 점증하는 사무나 보다 전문적이고 심화된 정책추진, 관련 법률 제·개정으로 신설되는 사무에 배치함으로써 해당 부처 정책추진의 신속성 및 대응성을 높일 수 있는 계기가 될 수 있다.

<표 18> 역대 정부 사무이양 현황

(자료: 건, %)

구분	문민 정부 ('93-'97)	국민의 정부 ('98-'02)	참여 정부 ('03-'07)	이명박 정부 ('08-'12)	박근혜 정부 ('13-'17.2)	문재인 정부 ('17.5~)
이양확정	818	1,447	902	1,587	118	563 (518+45)
이양완료	723	1,171	875	702	-	400*
추진 중	95	275	27	885	-	
이양률(%)	88.4	80.9	97.0	44.2	-	

*국회에서 통과('20.1)된 지방이양일괄법에 포함된 사무이며 '21년 1월 1일 시행계획임
자료: 지방자치발전위원회(2017); 자치분권위원회(2019:2020); 하혜영(2020) 재구성.

4) 특별지방행정기관 이관정책

특별지방행정기관 이관정책성과는 중앙정부의 사무이양 실적과 상관관계가 있다. 문민정부의 사무이양 완료 사무는 723개로 애초 확정과제 818개 대비 이양률은 88.4%로 나타났다. 이에 따른 문민정부 마지막 해에는 특별지방행정기관 수는 381개 줄어든 전체

7,402개이다. 국민의 정부의 경우 이양 완료 사무가 1,171개로 애초 이양확정 과제 대비 80.9%로 나타났다. 이에 따른 국민의 정부 마지막 해에는 863개가 감소한 6,539개이다. 참여정부는 중앙정부 사무 이양 완료가 875건이며 이양률은 97%에 이른다. 이에 따른 특별지방행정기관 수는 2,012개가 대폭 감소하였다. 이는 중앙정부 이양사무를 특별지방행정기관과 연계하여 추진했음을 알 수 있다. 이명박 정부의 중앙정부 사무이양 완료는 702건으로 애초 확정과제의 44.2%에 그쳤으며, 이에 따른 특별지방행정기관 수는 오히려 472개가 증가하였다. 박근혜 정부는 지방분권 정책 의지가 부족함에 따라 특별지방행정기관 수는 36개 감소에 그쳤으며, 문재인 정부도 특별지방행정기관 이관에 정책 우선순위를 두지 않음으로써 65개 기관이 감소하는 데 그쳤다. 다만, 문재인 정부의 경우 지방이양일괄법 시행과 맞물려 특별지방행정기관 이관이 연동될 수 있는 여지는 갖고 있다.

<표 19> 역대 정부 기구 및 특별지방행정기관 현황

구분	문민 정부		국민의 정부		참여 정부		이명박 정부		박근혜 정부		문재인 정부
	'93	'97	'98	'02	'03	'07	'08	'12	'13	'17.6	'19.3
정부	37	35	35	38	38	39	35	35	37	38	40
특행	7,783	7,402*	7,402	6,539	6,577	4,565	4,703	5,175	5,206	5,105	5,107
차이	△381		△863		△2,012		472		△36		△65

자료: 선행연구를 바탕으로 필자가 재구성.

역대 정부에서 공통으로 특별지방행정기관 이관 대상으로 선정한 분야는 중소기업, 국도하천, 해양항만, 식·의약품, 지방환경, 보훈 분야로 꼽았다. 제주특별자치도에 이관된 노동위원회는 포함되지 않은 것이 특징이다.

국가사무 환원을 추진하는 사례도 있었다(지방자치발전위원회, 2017). 박근혜 정부('13.12~'14.2)의 지방자치발전위원회에서는 국가 총 사무 46,005개 중 이양 2,122개건, 환원 174개, 현행 존치 43,709개로 분류하였다. 이 중 환원 174개는 국민안전 분야와 국가균형발전 분야 중심으로 발굴하였다. 비록 대통령 보고가 이뤄지지 않아 실질적으로 추진되지 못한 한계는 있다.

제주특별자치도에 이관된 특별지방행정기관 이관사무가 그동안의 운영성과를 통해 애초 취지와 달리 부정적인 효과가 더 크거나 타 지방정부에서도 필요로 하지 않은 사무인 경우, 중앙정부로의 환원을 추진하는 데 의미 있는 사례가 될 수 있다.

<표 20> 역대 정부 특별지방행정기관 정비 주요 현황

역대 정부	정비대상	정비결과
국민의 정부	· 4개 분야 선정 - 병역자원관리, 통계관리, 환경보전, 국유림 관리	구체적 정비결과 부재
참여정부	· 6개 분야 선정 - 중소기업, 국도하천, 해양항만, 지방 노동, 식·의약품, 지방환경	제주특별자치도 7개 분야 이관: 국토관리, 중소기업, 해양수산, 보훈, 환경, 노동, 노동위원회
이명박 정부	· 8개 분야 선정 - 중소기업, 국도하천, 해양항만, 지방 노동, 식·의약품, 지방환경, 산림, 보훈	3개 분야 위임방식 이관: 국도하천, 해양항만, 식·의약품

역대 정부	정비대상	정비결과
박근혜 정부	·9개 분야 선정 - 중소기업, 국도하천, 해양항만, 고용 노동, 식·의약품, 지방환 경, 산림, 보훈, 통계	89개 단위 사무 이양 잠정 결정
문재인 정부	이전 정부의 위원회 의결사무 검토 제주특별자치도 사례분석 등을 통 해 추진예정	

자료: 선행연구를 바탕으로 필자가 구성함.

제3절 제주특별자치도 출범과
특별지방행정기관 이관정책

　제주특별자치도로의 특별지방행정기관 이관정책은 국민의 정부
와 참여정부의 국정 운영 방향에 따라 추진되었다고 볼 수 있다.
국민의 정부는 중국경제 부상에 따른 대응으로 우리나라를 '동북아
비즈니스 중심지'로 조성하기 위해 제주를 관광산업을 중심으로 한
경제특구인 '국제자유도시'로 지정(2002년)하였다. 뒤이어 참여정
부는 '국제자유도시' 비전을 뒷받침하기 위해 중앙정부 사무이양
및 행정특례를 적용한 제주특별자치도를 출범(2006년)시켰다. 이
과정에 7개 특별지방행정기관이 제주특별자치도로 이관되었다. 제
주 특별지방행정기관 이관은 참여정부의 국정 운영 방향과 제주지
역의 특성을 고려한 당시 중앙정부의 지방분권 정책의 연장선상에
서 이해하고 분석할 필요가 있다.

1. 제주국제자유도시 조성 경과

제주는 섬 지역이라는 특성과 대외 개방성이라는 특징을 연계한 발전 정책개념을 중앙정부 차원에서 논의하여왔다. 제주발전에 대한 구상은 1963년 정부(건설부)의 '제주도자유지역 설정 구상'에서 부터 2002년「제주국제자유도시특별법」제정에 이르기까지 중앙정부가 중심이 되어 논의를 이어왔다. 제주특별자치도(2006)에 따르면, 1963년 당시 건설부는 '제주도자유지역 설정 구상'을 통해 외국인 투자 유인 방안으로 제주 전 지역 또는 제주시(제주항)에 국한된 자유지역 설정을 검토하였다. 국무총리 소속하에「제주도건설개발연구위원회」를 설치하여 논의하였으나, 홍콩과의 경쟁에서 불리하고 세계 각국 자유항의 적자운영, 국가안보상의 손실 등을 고려하여 부정적 결론을 내렸다. 1963년「국토건설종합계획」에 따라 1966년 '제주도 특정 지역 지정'을 통한 30년간 개발 특정 지역으로 지정하였으나, 잠재자원 기초조사만 실시하는 데 그쳤다. 1975년 특정 자유지역 개발구상을 위한 기초조사를 바탕으로 무역, 관광, 금융, 수출가공, 비축 기기 기능 등을 검토했으나 정책적으로 추진되진 않았다. 1980년 건설부의 '자유항 구상'을 통해 향후 중국과의 경제교류 가능성에 대비하기 위한 장기사업으로 검토되었으나 당시「경제기획원」의 불투명한 성공 가능성 결론에 따라 유보되었다. 1983년 지역개발·관광개발·국제자유지역 조성계획을 담은「특정 지역 제주도종합개발계획」을 수립하였으나, 1984년 경제장관회의에서 발전 가능성 불투명, 투자재원 과다로 인한 투자효과 불확실 등으로 유보되었다.

제주지역 발전과 관련하여 제도적 근거가 마련된 시기는 1991년 「제주도개발특별법」이 제정되면서부터이다. 특정 지역계획과 도 종합계획의 이원적 추진체계를 일원화하였다. 2002년 4월 4일 재 정경제부는 중국의 경제성장을 통한 국가발전을 도모하기 위해 '동 북아 비즈니스 중심국가 실현방안'을 발표하였다. 이를 위해 특정 지역을 경제특구로 선정하여 규제수준과 생활여건을 국제적 수준 으로 만들겠다는 구상이다. 경제특구는 자유무역 지역, 외국인투자 지역, 경제자유구역, 국제자유도시 등이다. 국제자유도시는 정부 차원에서 관광·휴양 등의 도시로 개발하여 동북아시아의 관문으로 육성하기 위한 정책이었다. 이에 따라 다른 경제특구 관련 법률과 마찬가지로 2002년 「제주국제자유도시특별법」이 제정되었다.

<그림 3> 재정경제부(2002), 동북아 비즈니스 중심국가 실현방안

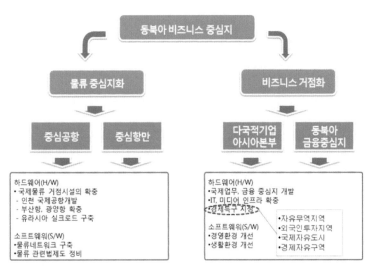

자료: 재정경제부(2002), 동북아 비즈니스 중심국가 실현계획, 재구성.

2. 제주특별자치도 출범 경과

제주특별자치도 출범은 이전의 정부의 하향식 자립형 발전모델 수립과는 달리 당시 참여정부의 제안에 따라 제주도가 자율적 계획을 수립하고 정부가 지원하는 방식으로 추진되었다.

2003년 2월 12일 노무현 대통령당선인은 제주도 중소기업지원센터에서 열린 제주도민과의 대화에서 '분권의 시범도, 지방자치의 시범도' 구상을 발표했다. 즉, 지금까지 제주가 스스로 체계적인 발전, 비전 전략을 정부와 국회를 대상으로 입법화하는 면에서 가장 앞선다고 판단하기 때문에, 제주도가 강한 의욕을 보인다면 제주에서부터 획기적인 분권 제도를 출발시켰으면 한다고 밝힌다. 이에 제주도에서는 2003년 3월 7일 기획관리실장을 단장으로 4개 팀으로 구성된 지방자치 시범지역추진기획단을 출범시킨다.

2003년 10월 31일 노무현 대통령은 평화포럼 참석차 제주를 찾아 제주 라마다프라자호텔에서 열린 도민과의 대화에서 '제주특별자치도' 구상 의지를 표명하였다. 제주 스스로 발전 방향을 제시하면, 제주뿐만 아니라 우리나라 지방자치 수준을 높이는 모델이 될 수 있을 것이며 '자치도'라는 이름을 가질 수 있도록 세금부과 및 감면, 행정규제도 스스로 판단할 수 있도록 대폭적인 권한 이양을 할 수 있도록 지원하겠다고 밝혔다. 제주도에서는 2003년 11월 10일 행정부지사를 단장으로 3개 팀, 1 연구단 등 제주특별자치도 추진기획단을 발족시켰다.

2004년 3월 3일 노무현 대통령은 청와대 영빈관에서 제주지역

언론인 초청 간담회에서 '자치 모범도시' 추진 의지를 표명한다. 제주는 특별한 개성, 주민들의 강한 욕구, 전국적인 획일적 정책추진에 적절치 않은 요소 등으로 자치입법권까지 폭넓게 인정하는 자치모범도시를 올해 안에 추진하는 것이 희망이라고 밝혔다.

2004년 10월 27일 「제주특별자치도 기본방향 및 실천전략」 최종연구보고서가 발표되고 여론 수렴을 거쳐 2004년 11월 17일 제주도지역혁신협의회 전체회의를 통해 11월 30일 「제주특별자치도 추진계획(안)」을 정부에 제출하였다. 이후 12월 22일 「제주특별자치도 기본방향(보완계획)」을 제출하였다.

이후 2004년 12월부터 2005년 5월까지 정부혁신지방분권위원회 제주특별자치도지원특별위원회 중심으로 연구가 추진되어 2005년 5월 20일 정부혁신지방분권위원회 윤성식 위원장이 「제주특별자치도 기본구상」을 발표하였다.

2005년 6월 7일 기획관리실장을 단장으로 하는 제주특별자치도 추진기획단을 신설하였고 같은 해 7월 4일 「제주특별자치 추진 도민 행동」이 출범하는 등 도민사회의 공론화 과정을 거쳐 10월 14일 「제주특별자치도 기본계획」을 확정·발표하게 된다. 2005년 11월 14일 정부는 특별자치도 관련 3개 법률(「제주특별자치도 설치 및 국제자유도시 조성을 위한 특별법(안)」, 「제주도 행정체제 등에 관한 특별법(안)」, 「지방자치법 일부 개정법률(안)」)에 대해 입법예고를 했다. 이후 당정 협의(11.7), 두 차례 도민 공청회(11.9, 11.11), 서울지역 공청회(11.11), 국회방문(11.15-16), 제주도의회 의원 간담회(11.18) 등을 통해 11월 21일

특별자치도 관련 법률 정부안이 확정되었다.

2005년 12월 30일 국회에서 특별자치도 관련 법률 중 「제주도 행정체제 등에 관한 특별법」과 「지방자치법 일부 개정법률」을 의결하였고, 2006년 2월 「제주특별자치도 설치 및 국제자유도시 조성을 위한 특별법」이 국회를 통과하였다.

이후 균형발전특별회계 제주계정 설치에 관한 워크숍 개최 등 제주도의 특별자치도 출범 준비 단계를 거쳐 2006년 7월 1일 제주특별자치도가 출범하였다.

3. 제주특별자치도 출범과 특별지방행정기관 이관

2005년 10월 14일 확정된 「제주특별자치도 기본계획」에 따르면, 「제주특별자치도」 추진배경으로 사회·경제·문화적 특수성을 가지면서 독자성이 가장 강한 제주도가 이상적 분권 모델의 선도 지역으로 가장 적합하기에 제주를 국제자유도시로의 지속적 발전을 위한 토대를 구축하기 위함이라고 밝히고 있다. 기본방향은 제주도를 자치입법, 조직 및 인사, 재정 등 자치행정 전 분야에 걸쳐 획기적인 자치권을 갖는 "자치 모범도시"로 육성하고, 이상적 자유시장 경제모델 구축과 4+1 핵심산업 육성으로 경쟁력 있는 "국제자유도시" 육성을 제시하고 있다.

제주특별자치도 육성계획은 크게 4개 분야 17개 정책과제를 제시하고 있다. 먼저 '고도의 자치권 부여' 분야는 자치입법권 강화, 자치조직·인사 자율성 강화, 의정활동역량 강화, 주민참여의 확대,

재정자주권 강화, 교육자치제의 선도적 실시, 제주형 자치경찰제 시범 실시, 특별지방행정기관 이관 등 8개 과제를 제시하고 있다.

둘째, 단계적 규제 완화를 통한 자유 시장경제모델 구축 분야로서, 추진 방향을 중앙정부 권한을 특별자치도로 이양하여 스스로의 특성에 맞는 규제 운용 유도, 필수규제를 제외한 규제 전면 정비 착수로 잡았다. 특별자치도 출범 이후 제주특별자치도지원위원회에 의견을 제출하고, 지원위원회는 필수규제를 매 3년마다 재검토하여 개정할 것을 제시하고 있다.

셋째, 핵심산업 육성 분야에서는 관광산업의 활성화, 국제자유도시에 적합한 교육서비스 제공, 특화된 양질의 의료서비스 모델 개발·육성, 첨단산업의 육성, 청정 1차 산업의 육성 등 5개 과제를 제시하고 있다.

넷째, 산업 인프라 및 여건의 조성 분야에서는 건설·교통, 환경, 사회복지 및 보건 분야에서 권한 이양을 제시하고 있다. 특별지방행정기관 사무 이양은 「제주특별자치도 기본계획」에서 명시하고 있듯이 '고도의 자치권 부여'를 위해서 필요한 과제로 의제를 설정하였다. 즉, 특별지방행정기관 이관을 통해 제주특성에 맞게 효율적인 행정서비스를 제공하여 주민 편의성을 증대시키고, 특별지방행정기관 인력 및 예산 일괄 이관으로 업무의 연속성 및 전문성을 제고하고자 하였다.

제주발전연구원(2004)에 따르면 중앙부처의 사무가 지방자치단체를 통한 위임사무와 특별지방행정기관을 통한 사무, 지방자치단체의 자치사무 추진을 통한 기능 중복으로 인해 인력·예산 낭비,

과잉규제, 책임과 권한의 괴리, 대민서비스 현지성 및 경제성 결여 등의 많은 문제점을 야기하고 있다고 지적하고 있다. 특히 국제자유도시를 지향하는 제주는 외국인·투자자·관광객 등에게 신속한 서비스를 제공할 수 있어야 하나, 행정의 이원화는 이의 장애물로 작용하고 있다. 특별자치도가 지방분권을 강화하는 것이기 때문에 지역적 특수성과 국제화 특성이 더욱 과감히 반영되어야 한다고 밝히고 있다.

제주지역 특별지방행정기관 이관에 대한 논의가 다른 지역과 다른 점은 국제자유도시 조성이라는 목적을 효율적·효과적으로 달성하기 위해 지역적 특성뿐만 아니라 국제적 기준 등을 고려해야 한다는 측면에서 타당성을 찾았다는 것이다.

4. 제주 특별지방행정기관 이관 과정

지방자치단체와 특별지방행정기관의 업무 중복 등으로 기능, 인력, 예산, 규제 이원화로 책임과 권한의 괴리, 주민 서비스의 현지성과 효율성 결여 등이 지적되어 왔다. 「지방분권특별법」8)이 제정·시행('04.1)되면서 특별지방행정기관이 수행하는 사무 중 지방자치단체가 수행하는 것이 효율적인 사무는 지방자치단체가 담당할 수 있는 법적 근거가 마련되면서 관련 논의가 추진되었다.

특별지방행정기관 이관에 대한 공식적인 내용은 2004년 10월에 발표된 「제주특별자치도 기본방향 및 실천전략」 보고서에 포함되

---

8) 이후 2008년 2월 29일 「지방분권 촉진에 관한 특별법」이 제정되었고 2013년 5월 28일 「지방분권 및 지방행정 체제개편에 관한 특별법」으로 제정되었다.

었다. 당시 제주도 내의 특별지방행정기관 사무에 대해 국가사무로서의 적절성, 국제자유도시 및 특별자치도 추진과의 적합성 등을 고려하여 검토되었고 총 25개 중앙기관(선거관리위원회 포함) 산하 48개 중 18개 이관 대상기관(안)을 선정하였다.

2004년 11월에 제주특별자치도 추진지원단은 제주국토관리청 등 18개 지방행정기관 이전 등 "제주특별자치도 추진계획"을 확정하고 정부혁신지방분권위원회에 제출하였다.

2005년 5월 「제주특별자치도 기본구상」이 발표되고 이후 기본계획을 수립하는 과정에서 이관의 법적 타당성과 이관 시 제주도의 실익 및 주민 생활에 미치는 영향 등을 검토하였다. 2005년 7월 4일에서 20일까지 1차 검토가 이루어졌고 이관 대상 7개 기관, 단계적 이관 대상 7개 기관, 국가존치 대상 4개 기관으로 분류하였다. 이후 2005년 8월 8일에서 9일까지 관련 부서 간 워크숍을 통해 이관 대상기관을 총 8개로 잠정 선정하고 제주특별자치도 추진위원회에 2차 검토 결과를 제출하였다.

총리실과 제주도 간의 합동 워크숍을 통한 제3차 검토 결과 직접 국가사무 수행기관을 제외하고 도와의 유사·중복사무 비교, 정책적 시너지 효과 여부, 주민편리성과 현지성 요구 등을 통해 현재의 7개 이관 대상기관을 확정하였다.

이후 세 차례의 중앙부처 논의과정을 거쳐 2005년 10월 제주특별자치도 추진위원회는 「제주특별자치도 기본계획」을 확정하였다.

2006년 2월 21일 「제주특별자치도 설치 및 국제자유도시 조성을 위한 특별법」이 공포되면서 제주지방국토관리청, 제주시지방해양수산청(해상안전 관련 사무 제외), 제주지방중소기업청(시험·분석사무 제외), 제주보훈지청, 제주환경출장소, 제주지방노동지청, 제주지방노동위원회 7개 특별지방행정기관 49분야 458개 사무를 이관하였다.

2006년 4월「특별지방행정기관 통합기본계획」을 수립하였으며, 기본방향을 이관사무 기능분석 및 이체정원·예산확보 기준 제시, 신분전환 공무원에 대한 행·재정적 생활환경 개선 지원책 마련, 주민 편의성 및 현지성, 경제발전의 효과 고양으로 설정하였다. 세부과제 분야로는 기구개편 및 정원조정, 예산 이체, 재산양수, 전산망 연계 운영, 인계·인수, 법·제도 후속 조치를 마련하였다.

5. 제주 특별지방행정기관 이관 기준

제주특별자치도(2011)에 따르면 선정기준은 국가사무로서 외교, 국방, 사법, 국세, 선거, 공안, 우편, 전파, 검사·시험·연구, 항공관리, 기상 행정기능은 원칙적으로 이관에서 제외하였고, 국가사무 또는 국가사무의 성격을 가진 기능도 현지성·도와 연계성이 많은 사무, 주민의 접근성과 편리성이 높은 사무를 이관하는 것으로 하였다.

이관 기준과 우선 이양대상 사무 등 제주특별법 명시를 통해 구체화하였다. 이관원칙은 '제주특별자치도의 행정상·재정상 여건 및 능력을 고려할 것', '특별지방행정기관의 이관에 대한 제주특별자치도의 입장을 고려할 것', '이관사무와 관련되는 모든 사무를

동시 이관할 것'을 명시하였다. 우선 이관사무의 경우, '해당 사무
가 주민의 편의를 위한 것이고 현지에서 수행하여야 하는 사무일
것', '지역경제발전 또는 지역주민의 삶의 질에 영향을 미치는 사
무일 것'을 그 기준으로 삼았다.

6. 제주 특별지방행정기관 이관 결과

1) 조직·인원·예산 분야

제주특별자치도로 이관된 7개 특별지방행정기관은 합의제기관 1
곳, 도 본청 국·과 편제 4곳, 직속 기관 1곳, 사업소 1곳의 형태로
조정되었으며, 이관 후 조직개편과 현재(2019년 12월 31일 기준)
의 조직은 <표 21>과 같다.

<표 21> 7개 **특별지방행정기관 이관 후 조직개편 현황**

기관별	이관 후 조직개편('06)	현재 조직('19)
제주지방국토관리청	도시건설본부 도로관리단 (운영, 보수, 구조물, 시설 등 4 담당)	건설과
		도로관리과
제주지방해양수산청	·해양수산본부 어업자원과 (어업정책, 자원관리, 어선 어업 3 담당)	해운항만과
	·해양수산본부 항만개발정책과 (항만정책, 항만공사, 항만 관리 3 담당)	해양수산연구원
제주지방중소기업청	·지식산업국 기업지원과 (지원총괄, 기업지원, 판매 지원, 소상공인 지원 4 담당)	소상공인 기업과

기관별	이관 후 조직개편('06)	현재 조직('19)
광주지방노동청 제주지청	종합고용안정지원센터	고용센터
제주지방노동위원회	노동위원회 1 사무국	지방노동위원회
제주환경출장소	청정환경국 환경정책과 내 편제	생활환경과
제주보훈지청	보훈청(보훈과 및 관리과 2과)	보훈청

자료: 제주특별자치도 내부자료.

제주특별자치도로 이관된 7개 특별지방행정기관 이체정원은 140 명으로 확정되었고 전입 현원은 125명으로 확정되었다. 국토관리 청과 보훈지청, 노동위원회인 경우 정원 전원이 이체되었으며, 기 관별 인원 이체는 <표 22>와 같다.

예산 규모는 애초 예산 기준, 7개 기관 전체 1,422억 원이며 제주지방해양수산청이 825억 원으로 규모가 가장 크고 다음으 로 제주지방국토관리청이 512억 원 규모이다.

<표 22> 제주특별자치도 특별지방행정기관 이양현황

(단위: 명, 백만 원)

기관명	정원			예산 현황 (애초 기준)
	기존인원	이관 결정	잔류	
전체	238	140	98	142,229
제주지방국토관리청	49	49		51,211
제주지방해양수산청	99	35	64(해상안전)	82,258
제주지방중소기업청	17	12	5(시험)	1,174
광주지방노동청 제주지청	33	10	23(근로감독)	3,882
제주지방노동위원회	9	9		524
제주환경출장소	8	2	6(기관지원)	313
제주보훈지청	23	23		2,867

자료: 하혜영(2016), 제주특별자치도(2007) 재구성.

2) 사무 분야

제주특별자치도에 이관된 7개 특별지방행정기관 사무는 총 49개 분야 458개이다. 국토관리사무는 8개 분야 92건으로 '도로개발의 종합계획수립 및 시행에 관한 사항', '도로·하천계획 및 기술심사에 관한 사항', '도로보수유지에 관한 종합계획수립 및 시행', '교량·터널 등 도로시설물의 유지관리', '태풍, 호우, 설해 등 재해대책에 관한 사항' 등이 있다.

해양수산사무는 13개 분야 131건으로 '항만 개발 및 항만 관리에 관한 사항', '항만운송사업 및 항만운송관련사업', '국가 어항개발에 관한 사항', '수산 관리(수산기술 보급지도)에 관한 사항', '무역항 내 공유수면 관리·매립에 관한 사항' 등이 있다. 미이관사무는 해상안전에 관한 사항(항만보안, 항만관제, 해운업, 선원관리 및 해기사 면허, 선원 근로감독, 선박등록, 해상교통 및 선박 안전, 항로표지 시설 및 관리)이다.

중소기업사무는 4개 분야 8건으로 '제주특별자치도 중소기업육성시책 수립·추진', '소상공인 지원센터 설치 및 운영', '산업단지(농공단지 포함) 관리운영 총괄', '중소기업 육성자금 지원 및 중소기업 육성기금 조성·운영' 등이 있다. '시험 및 분석에 관한 사무'는 미이관 하였다.

고용사무 11개 분야 97건으로 '취업 지원', '고용보험관리', '고용안정사업' '직업 능력개발', '외국인 채용지원', '실업급여', '모성보호' 등이다. 미이관사무는 '근로감독' 등이다.

노동위원회 사무는 1개 분야 4건으로 '노동쟁의의 조정 및 중재에 관한 사항', '부당해고, 부당노동행위 구제신청 등 판정에 관한 사항', '노동조합 임시총회 소집권자 지명 등 의결에 관한 사항', '근로조건 위반에 따른 손해배상 청구 등에 관한 승인·인정에 관한 사항' 등이다.

환경사무 4개 분야 4건으로 '폐기물 배출기관에 대한 검사 및 조사', '공공하수처리시설 및 분뇨처리시설의 관리 및 개선조치', '공공하수처리시설의 수질 기준 및 시설관리에 대한 검사 및 조사', '정수장의 수도시설기준 및 수질 기준 검사 및 조사' 등이 있다. 미이관사무는 '대기, 토양, 지하수의 국가측정망(수질·토양·지하수 측정망 설치·운영 및 환경오염 채취 시료 시험·분석·관리에 관한 사항)' 사무와 '공공기관이 수행하는 개발사업에 대한 협의 권한'이다.

보훈사무는 8개 분야 122건으로 '국가유공자단체·대한민국재향군인회 및 국가유공자 자활 용사촌의 운영지원', '각종 보훈 행사 및 기념사업에 관한 사항', '국가유공자 등에 대한 의료보호에 관한 사항', '국가유공자 등에 대한 각종 보훈 급여금의 지급', '순국선열·애국지사 사업기금, 보훈 기금의 관리' 등이 있다. 미이관사무는 '국가유공자 등의 등록 및 결정에 관한 사무'이다.

<표 23> 특별지방행정기관 이관사무 현황

기 관 명	이관사무	미이관사무 (주요 사무)
합　계	49개 분야 458개 사무	
제주지방국토관리청	국토관리사무 8개 분야 92건	-
제주지방해양수산청	해양수산사무 13개 분야 131건	해상안전사무 (IMO 국제협약)
제주지방중소기업청	중소기업사무 4개 분야 8건	시험·분석사무 (전문성 및 통일성)
제주지방노동위원회	노동위원회 사무 1개 분야 4건	-
광주지방노동청 제주지청	고용사무 11개 분야 97건	근로감독 사무 (ILO 국제협약)
제주환경출장소	환경사무 4개 분야 4건	국가측정망 (대기, 토양, 지하수)
제주보훈지청	보훈사무 8개 분야 122건	국가유공자 등록·결정사무

자료: 제주특별자치도 내부자료.

제5장 제주특별자치도 특별지방행정기관 이관평가

제주특별자치도에 이관된 특별지방행정기관을 평가하는 것은 특별지방행정기관 이관 영향요인을 파악하여 중앙정부 차원의 특별지방행정기관 정책에 대한 시사점을 도출하는 데 의미가 있다.

제주 특별지방행정기관 이관평가를 위해 2006년 7월 1일 제주특별자치도 출범 이후 지금까지의 정책성과분석을 시도하고자 한다. 이를 위해서는 크게 중앙정부의 지방분권 정책 의지, 제주특별자치도의 지방자치 의지, 정책이해관계자인 특별지방행정기관 소속 공무원의 공감대 등을 정성적·정량적으로 분석할 필요가 있다. 분석 결과를 바탕으로 중앙정부가 「지방자치 분권 및 지방행정 체제개편에 관한 특별법」 제12조에 따른 특별지방행정기관 정비를 합리적으로 추진할 수 있는 특별지방행정기관 이관 모델 도출 등 정책적 제언을 하고자 한다.

제1절 제주 특별지방행정기관 이관 전·후 분석 및 평가

1. 제주특별자치도 출범 이후 중앙정부의 지방분권 정책

경제특구인 '제주국제자유도시' 지정(2002.4.1)과 이의 목표달성을 위한 정부의 행정특례 지원 개념인 '제주특별자치도' 설치(2006.7.1)는 중앙정부가 국가경쟁력 강화를 위해 추진한 정책이었다. 제주특별법 제1조 목적에도 '국제자유도시를 조성함으로써 국가발전에 이바지함을 목적으로 한다'라고 명시되어 있다.

역대 정부마다 '지방분권' 정책을 강조하고 추진하였지만 제주특별자치도 설치 이후 중앙정부는 '전국 형평성', '전국 동시 적용'이라는 논리로 제주특별자치도 지원에 소극적이었다. 이는 국가발전을 위한 중앙정부의 경제특구를 통한 추진전략과 모순된다. 중앙정부가 '국제자유도시' 경제특구에 행정특례를 지원하고 제주특별자치도에서 국제자유도시 조성이라는 비전달성과 이의 목표달성을 위한 지방분권 정책의 시험을 통해 전국으로 확대·적용하겠다는 기존의 국정 운영 방향에 배치된다고 볼 수 있다.

제주로 이관된 제주 특별지방행정기관에 대한 중앙정부의 지원의지도 미흡하다고 볼 수 있다. 특별지방행정기관이 제주로 이관된 후 전국적으로 확대 적용되지 않는 이유도 중앙정부의 정책추진의지가 부족한 점도 하나의 원인으로 지목할 수 있다.

이에 대한 논거를 제주특별자치도 출범 이후 중앙정부의 제주특별자치도에 대한 중앙정부의 지방분권 정책을 '제주특별법 제도개선' 측면, '인사교류 등 정책소통' 측면, '재정지원' 측면에서 제시하고자 한다.

1) 소극적인 보충성의 원칙 적용: 제주특별법 제도개선 과제 소극적 수용

(1) 추신체계 및 제노개선 현황

제주는 지역 특성을 활용하여 제주발전과 주민 복리 증진을 통해 국가발전에 이바지할 수 있는 정책 또는 사무가 필요할 경우, 「제주특별자치도 설치 및 국제자유도시 조성을 위한 특별법」 제도개선(개정)을 통해서 추진해왔다. 제주특별법 제도개선 추진체계와 절차에 관한 사항은 제주특별법 제19조에 명시되어 있다. 이는 지방자치 분권 차원에서 지방정부에 지역발전을 위한 법률 발의 요청 권한을 인정했다는 점에서 의미가 있으며, 이러한 절차를 통해 추진된 제도개선 추진성과를 살펴보는 것은 제주특별자치도에 대한 중앙정부의 지방분권 정책 의지를 가늠해볼 수 있는 지표가 될 수 있다. 제주특별법 제도개선과 관련한 추진절차는 다음의 <그림 4>와 같다.

<図 4> 제주특별법 제도개선 추진체계 및 절차

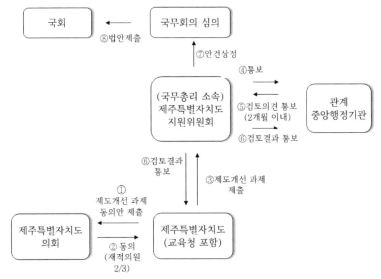

자료: 제주특별법 제19조를 도식화함.

제주특별법 제도개선은 2020년 6월 11일 시행하는 내용을 포함해서 총 6단계로 진행하였다. 제1단계는 제주특별자치도 출범과정에 정부가 주도한 측면이 있었다면 제2단계부터는 제주특별자치도 차원에서 의지를 갖고 제도개선을 추진했다고 볼 수 있다. 국회를 통과한 기준으로 살펴보면, 제1단계 제도개선 주요 내용은 특별자치도 출범, 자치분권 확대, 자치 모범도시 등 특별자치도를 구성하는 핵심과제 1,062건이 포함되었다. 제2단계 제도개선은 핵심산업 중심 규제 완화, 국제자유도시 여건 확대 등을 위한 278건이다. 제3단계는 관광 3법 일괄이양, 영어교육도시 지정 등 365건이며, 제4단계는 교육·의료·투자진흥 등 특례 확대, 법률 일괄이양 등

2,134건이다. 제5단계는 추가 권한 이양, 입법체계 개선을 통한 전부 개정 등 698건이며, 제6단계는 투자진흥지구 관리 효율화, 환경보전 기능 강화 등 35건이다. 제7단계는 카지노업 관리강화, 지하수 관리강화, 도민 중심의 국제자유도시개발센터 운영 등 33건에 동의안이 제주특별자치도 의회에 제출된 상황이다.

<표 24> 제주특별법 제도개선 단계별 주요 추진현황

단계	과제 수	주요 내용 및 특징
제1단계 ('06.02.21 제정)	1,062건	특별자치도 출범, 자치분권 확대, 자치 모범도시 등 자치 모범도시의 틀 마련, 경제자유구역 수준 경쟁기반 마련
제2단계 ('07.08.03 개정)	278건	핵심산업 중심 규제 완화, 국제자유도시 여건 확대 등 경제자유구역 수준 이상 여건 조성
제3단계 ('09.03.25 개정)	365건	관광 3법 일괄이양, 영어교육도시 지정 등 관광·교육·개발 분야 자율권 획기적 확대
제4단계 ('11.05.23 개정)	2,134건	교육·의료·투자진흥 등 특례 확대, 법률 일괄이양 등 국제자유도시로의 도약을 위한 전반적 제도적 기반 정비
제5단계 ('15.07.24. 전부 개정)	698건	추가 권한 이양, 입법체계 개선을 통한 전부 개정 등 권한 추가 이양, 미비점 보완 및 장·절 체계 전부 개정
제6단계 ('19.11.19 개정)	35건	투자진흥지구 관리 효율화, 환경보전 기능 강화 등 난개발 지양과 청정 환경보전 및 지역주민 복리 증진 특례 확대
제7단계 (도의회 제출, '19.10.4)	33건*	카지노업 관리강화, 지하수 관리강화, 도민 중심의 국제자유도시개발센터 운영 등 사업자와 도민 상생 특례 확대

* 도의회 제안과제(20건) 및 집행기관 추가 제출 과제(6건) 등 추가·심의예정
자료: 제주특별자치도 의회·제주특별자치도 내부자료 참조.

(2) 중앙정부의 제주특별법 제도개선 과제
불수용 현황 및 시사점

제주특별자치도가 중앙정부에 제주특별법 개정을 요구한 여섯 차례의 제도개선 과제 중 불수용한 과제를 살펴보는 것은 중앙정부의 지방분권 정책 의지를 가늠해볼 수 있다. 6단계까지 불수용된 제도개선 과제는 225건이며 각 단계별 불수용된 과제 수를 보면 역대 정부별의 지방분권 정책 기조와의 연관성은 나타나지 않는다. 지방분권 정책 의지가 상대적으로 높았던 참여정부의 경우 불수용 과제가 가장 많은 56개로 나타났고 지방분권 정책 의지에 소극적이었던 이명박 정부의 불수용 과제는 21건으로 가장 낮게 나타나고 있다.

제주특별자치도(2019)에 따르면 제도개선 과제에 대한 중앙정부의 불수용 사유로 크게 여섯 가지인 ① 타 자치단체와의 형평성 위배 ② 법령 악용 우려 ③ 국제조약, 국가존립 사무 ④ 전국적 통일 유지 ⑤ 실익 없는 사무 ⑥ 개별법 입법 취지에 위배로 분류하고 있다. '타 자치단체와의 형평성 위배'로 불수용된 주요 과제는 도 전역 면세 지역화, 제주 경마공원 개별소비세 면제, 보통교부세 법정률 3% 개선, 자치 재정권 강화 등이다. '법령 악용 우려'로 불수용된 과제는 골재채취업 등록, 제주국제금융센터 도입, 법인세율 인하, 바이오에너지 사용 규제 완화 등이다. '국제조약, 국가존립' 사무로 불수용된 과제는 근로감독관 및 제주세관의 사무이관, 해상안전 사무 등이다. '전국적 통일 유지' 필요성에 따라 불수용된 과제는 제주특별자치도 공항시설 사용료 감면, 초중등교육과정의 자율성 확대,

자동차 대여사업 등록, 공수의 위촉 및 가축의 검사, 제주 맥주 주세율 경감 등이다. '실익 없는 사무'로 불수용된 과제는 중소기업 시험분석 업무, 에너지 사용계획 협의, 핵심산업 육성촉진지구 지정, 지정면세점 설치 가능지역 제한 완화 등이다. '개별법 입법 취지에 위배' 사무로 국가 예산의 법정률 지원, 복권기금 배분 및 용도, 자유무역 지역 특례 도입, 제한적 토지수용제도 도입 등이다.

제주특별법 제도개선 과제에 대한 중앙정부의 불수용 사유는 '국제조약, 국가존립 사무'에 해당한다는 사유를 제외하면, 중앙정부가 '제주국제자유도시'를 지정하고 '제주특별자치도'를 설치한 지방분권 정책취지를 고려하면 타당성이 떨어진다. 이와 관련한 구체적인 논의는 본연구의 주제인 '특별지방행정기관 이관' 정책의 범위를 넘어서는 부분이기 때문에 다음 기회에 논의하고자 한다.

<표 25> 중앙정부의 제주특별법 제도개선 불수용 과제 현황

(단위: 건, %)

단계	불수용 과제 수		중앙정부의 논의 기간*
	건수	비중	
계	225	100.0	-
1단계	22	9.8	
2단계	56	24.9	'06.11.27.~'07.05.15.(참여정부)
3단계	40	17.8	'07.12.12.~'08.10.07. (참여정부-이명박 정부)
4단계	21	9.3	'09.07.24.~'10.05.04.(이명박 정부)
5단계	36	16.0	'13.03.28.~'14.11.18.(박근혜 정부)
6단계	50	22.2	'16.09.30.~'17.12.26. (박근혜-문재인 정부)

*제주특별자치도지원위원회 접수 시점부터 국무회의에서 정부안 확정 시점까지임.
자료: 제주특별자치도(2019) 재구성.

(3) 제주 특별지방행정기관 이관 관련 불수용 과제
   주요 현황 및 시사점

제주 특별지방행정기관 이관 후 주요 불수용 사무는 전체 적용
(2) 사무, 보훈 분야(1), 환경사무(4) 등이다. 중앙정부의 불수용 사
유는 '보충성의 원칙'에 위배된다. 제주지역의 특수성과 타당성 등
을 고려하여 지방정부가 해당 사무를 능률적으로 처리할 수 있다
고 이관의 필요성을 주장함에도 불구하고 중앙정부는 설득력이 부
족한 논거들을 제시하면서 불수용하고 있다.

'특별지방행정기관 이관'을 둘러싼 핵심쟁점 중 하나는 특별지방
행정기관 이관 후 중앙정부 차원의 사무가 신설될 경우, 제주특별
자치도 입장에서는 신규사무를 수행할 근거가 없다는 점이다. 즉,
특별지방행정기관 이관이 안된 다른 지역에서는 해당 지역 특별지
방행정기관이 신설사무를 수행하면 되지만, 제주의 경우 이미 이관
이 되었기 때문에 신설사무와 자동으로 연계하여 수행할 수 있는
근거가 없는 것이다. 이러한 문제점을 개선하기 위해 제5단계 제도
과제에 '중앙행정기관의 장은 특별지방행정기관의 이양사무 외 새
로운 사무 도입 시 제주에서도 그 사무를 즉시 시행할 수 있도록
입법·행정상 조치 규정 신설', '중앙행정기관과 제주특별자치도
간 인사교류 활성화 및 교육훈련제도규정 신설', '특별지방행정기
관이 수행하는 이양사무 또는 그 기능과 유사한 사무를「공공기관
의 운영에 관한 법률」의 공공기관에 위탁하고자 하는 경우에는 도
지사와 협의하도록 근거 마련'을 포함하여 추진했지만 중앙정부는
불수용 하였다. 중앙정부가 신설된 사무를 다른 지역에서는 특별지

방행정기관을 통해 추진하지만, 제주에서는 제주 특별지방행정기관이 아닌 공공기관을 통해서 추진할 수도 있는 것이다. 제주특별법에 따라 신설사무를 이양뿐만 아니라 보다 낮은 단계인 위임 또는 위탁을 할 수 있도록 하고 있지만 중앙정부는 제주 특별지방행정기관이 아니라 공공기관 위탁 등 다른 방식으로 추진하거나 신설사무에 따른 재정지원을 하지 않겠다는 의도로써 특별지방행정기관 이관정책을 반대하는, 해당 부처의 조직이기주의 전략의 하나로 판단된다. 그런데도 제주특별자치도 입장에서는 신설사무와 이에 수반되는 재정 흐름을 정기적으로 파악하여 시의성 있게 신설사무를 제주에서도 추진할 수 있도록 점검 및 제도개선 체계를 마련·추진해야 한다.

보훈 사무 중 병역업체 지정은 기간산업체에서 대체 병역 대체복부를 할 수 있도록 한 것으로, 제주지역 산업특성을 고려하면 여전히 유효하다. 제주지역에서는 관광업이 기간산업이지만 「병역법」에 따른 병역특례업체 지정조건에는 관광업이 포함되어 있지 않다. 또한 관광업 규모가 영세한 산업특성을 질적으로 전환하기 위해서는 전문성 보완과 비용 절감 차원에서 병역업체 지정을 통한 공공지원이 필요하다. 또한 첨단산업을 육성하고자 하는 제주의 산업육성정책을 고려하면 여전히 의미 있는 과제이다. 하지만 중앙정부는 병역특례업체 지정 권한도 국방 사무로 불수용하고 있다. 적어도 지방정부의 협의 권한은 필요하다.

중앙정부가 불수용한 환경사무는 '사전환경성 검토 및 환경영향평가 협의 권한', '개발사업 시 환경개선부담금 및 생태계 보전협력금 조정 권한' 등이다. 불수용 사유는 제주특별자치도의 전문성 등 사무역량이 부족하고 전국 형평성을 위배한다는 취지이다. 이는 '환경'이 매우 중요한 제주지역의 특수성을 간과한 논리이다. 전문성 부족은 인력 및 조직 운용의 관점으로 해결할 수 있으며, 최근 제주가 인구증가와 난개발로 인해 훼손되는 생태환경을 보호하자는 취지로 생태협력보전협력금 인상에 대한 논의가 이뤄지는 점, 중산간 지역 보호를 위한 활발한 논의 등을 고려했을 때 오히려 2단계 제도개선 시 처리되었어야 할 과제라고 판단된다.

<표 26> 중앙정부가 불수용한 제주 특별지방행정기관 관련 불수용 과제

사무	단계	과제(사무)명	미반영 사유
보훈	2	병역특례업체 지정 권한 이양	국방의무와 관련된 사무로서 권한 이양 곤란
환경	1,2	사전환경성 검토 및 환경영향평가 협의권 등 전면 이양	중앙도·지방공기업이 시행하는 사업에 대한 사전환경성 검토 및 환경 영향평가 협의 권한 미반영 - 평가에 대한 독립적이고 객관성 부족 등
	2	개발사업 시행 시 환경개선 부담금, 생태계 보전협력금 감면	환경개선부담금은 국가 및 국민을 대상으로 예외 없이 부과하고 있으며, 생태계 보전협력금은 형평성 문제로 '01.4월 감면제도 폐지
	3	곶자왈 공유화 법인의 특수 법인 지위확보	지정기부금 단체로 조세특례 적용 중으로 현행 조세 지원으로 충분
	5	곶자왈 공유화재단의 특수 법인 지위확보	특수법인화는 환경부 반대로 대안 마련 (반대 사유) 다른 지역 공유화재단과 형평성 문제, 국민신탁법인 제주 사무소로 설치 운영 곶자왈을 법률 개념으로 승화, 곶자왈의 정의와 곶자왈을 관리·보전하는 단체에 대한 재정지원 근거 마련

사무	단계	과제(사무)명	미반영 사유
전체	5	특별지방행정기관 소관 사무의 자치권 확보	실질적인 지방분권 및 자치권 보장은 바람직하나, 특별지방행정기관의 범위에 공사·공단 등이 포함되는 것은 곤란
	5	특별지방행정기관 신규 사무 수행 근거 마련	기 이양사무와 관련되는 새로운 사무라 하더라도 신규사무의 성격이 조성적 업무, 규제적 업무, 준(準) 사법적 업무 등으로 상이할 수 있으므로, 신규사무의 내용과 특성에 따라 사안별로 이양 여부를 판단 하는 것이 바람직

자료: 제주특별자치도(2019) 재구성.

(4) 제주특별자치도지원위원회 활동 현황 및 시사점

국무총리실 소속 제주특별자치도지원위원회(이하 '제주지원위원회')는 중앙정부와 제주특별자치도 간의 지방분권 정책을 연결하는 정책적 통로로서 매우 중요한 기능을 한다. 중앙정부의 정책 의지에 따라 중앙정부의 지방분권 정책이 원활히 추진되도록 하는 정책적 허브 기능을 할 때도 있고, 제주특별자치도에서의 지방분권 정책실현을 가로막는 장애 요인으로 작용하기도 한다. 제주특별자치도 출범 이후에는 제주특별자치도지원위원회의 존·폐를 염려할 정도로 그 위상이 매우 약해졌다.

제주지원위원회 설치 근거와 기능은 제주특별법 제17조 및 제19조에 명시되어 있다. 국무총리 소속으로 30명(위원장: 국무총리, 정부위원: 18명, 민간위원: 8명) 이내의 위원으로 구성하도록 되어있으며, 국제자유도시 조성과 특별자치와 관련한 사실상 모든 사안을 심의하게 되어있다. 회의안건을 상정할 수 있는 권한도 위원장인 국무총리뿐만 아니라 제주특별자치도지사에게도 주어져 있다.

<표 27> 제주특별자치도지원위원회 심의기능(제주특별법 제17조)

1. 제주특별자치도의 조직·운영에 관한 기본계획의 수립 및 시행에 관한 사항
2. 제주특별자치도의 행정 및 재정자주권 제고와 행정적·재정적 우대 부여 방안 마련에 관한 사항
3. 제주특별자치도 성과평가 협약체결과 그 평가결과의 활용에 관한 사항
4. 제주특별자치도에서 제출한 법률안 의견의 검토 등에 관한 사항
5. 중앙행정기관 권한의 단계적 이양에 관한 사항
6. 특별지방행정기관의 이관과 그에 따른 조치에 관한 사항
7. 제주 첨단과학기술단지의 지정·해제 및 개발에 관한 사항
8. 제주국제자유도시 개발센터의 사업추진과 발전방안, 개발센터와 지방자치단체 간 업무조정 등에 관한 사항
9. 제주특별자치도의 행정규제 자유화의 추진에 관한 사항
10. 외국 교육기관 및 외국의료기관의 유치와 설립 지원에 관한 사항
11. 국제적 교육환경 조성에 관한 사항
12. 제주특별자치도의 경관 관리에 관한 사항
13. 제1호부터 제12호까지의 사항과 관련하여 도지사와 관계 중앙행정기관의 장과의 협의·조정에 관한 사항
14. 그 밖에 지원위원회의 위원장 또는 도지사가 필요하다고 인정하여 회의에 부치는 사항

제주지원위원회의 막강한 심의기능에도 불구하고 중앙정부 차원의 활성화 의지는 낮다. 제주지원위원회의 대면 회의가 많을수록 정부의 지방분권 정책 의지가 높다고 볼 수 있으나, 제주특별자치도가 출범한 이후('06~'17) 제주지원위원회 회의는 총 30회 개최되었으나 대면 회의는 10회에 불과하다. 이명박 정부는 각종 위원회 효율화 방침에 따라 제주지원위원회 조직을 기존의 3국 6과 23명에서 1국 3과 13명으로 축소했다.

<표 28> 제주특별자치도지원위원회 조직개편 전·후 비교

	종전(3국 6과 23명)	현행(1국 3과 13명)
기구	·3국(총괄기획관, 분권 재정관, 산업진흥관) ·6과(영어 교육도시, 총괄성과, 자치분권, 재정 분권, 프로젝트 1, 프로젝트 2)	·1국(제주특별자치도 정책관) ·3과(총괄기획, 분권 재정, 산업진흥)
정원	·고위공무원 4명(사무처장 1, 국장 3) ·과장급 6명(3·4급 1, 4급 5) ·사무관 13명	·고위공무원 1명(국장급) ·과장급 3명(3.4급 1, 4급 2) ·사무관 9명

* 기구 축소개편(2009.12.29)에 따라 국정운영2실장이 사무처장 겸직
* 제주에서 파견한 비별도 정원(5명) : 도 3, 교육청 1, JDC 1

자료: 제주특별자치도 의회(2016) 재인용.

제주지원위원회 사무기구는 한시적 조직으로 2~3년 단위로 연장되고 있다. 한시적인 조직은 조직의 안전성을 위협함으로써 제주지원위원회 활성화에 부정적으로 작용하고 결과적으로 정부의 지방분권 정책과 제주특별자치도의 지방자치 정책 의지가 강해질 수 없다. 6단계 제도개선 시('20.6.11. 시행예정) 2021년 6월 31일까지 존속기간이 2년 연장에 그쳤다.

제주지원회 사무기구를 한시적으로 두는 것은 정부가 출범시킨 또 다른 경제특구인 경제자유구역과 비교했을 때도 형평성에 어긋난다. 경제자유구역위원회[9]의 경우, 위원회를 지원하는 경제자유구역기획단은 존속기한 없이 위원회 의사결정을 위한 사무를 처리하고 있다.

---

9) 「경제자유구역의 지정 및 운영에 관한 특별법」 제25조에 근거함.

정부의 지방분권 정책의 실효성을 높이기 위해서는 제주특별자치도 출범 취지를 상기하고 제주지원위원회 위상 강화를 통해 관련 정책을 추진할 필요가 있다. 이를 위해서는 대통령 소속으로 대통령이 지방분권을 직접 챙기는 방안이 가장 이상적이다. 차선책으로는 현재 제주지원위원회 사무기구를 제주특별자치도 정책관에서 제주특별자치도 지원실로 확대 개편할 필요가 있다. 아울러 제주지원위원회 존속기간을 최소한 제주국제자유도시종합계획 수립 기준인 10년 단위로 연장하여 정책성과와 제주지원위원회 사무기구 존속 필요성을 연계하고 동시에 조직의 안전성과 전문성을 확보할 필요가 있다.

2) 소극적인 중앙정부 지원 의지: 제한적 인사교류 등 정책소통 미흡

중앙정부와 지방정부 간 인사교류는 상호기관 이해 및 원활한 정책추진, 전문성 보완 등 장점을 갖고 있다. 특히 제주로 이관된 제주 특별지방행정기관과 이관 이전의 해당 부처 간의 인사교류는 특별지방행정기관 이관정책 확산·추진을 위해 매우 중요한 의미를 가진다. 인사교류는 중앙정부뿐만 아니라 제주특별자치도의 정책 의지와도 상관이 있다. 제주특별법 제61조에도 국가와 제주특별자치도 간 인사교류 및 파견 특례를 두고 도 소속 공무원 정수의 5% 범위에서 중앙정부와 인사교류를 하도록 장려하고 있다.

하지만 정작 7개 제주 특별지방행정기관 중 관련 부처와 인사교류하는 곳은 해운항만과(옛 제주지방해양수산청)와 고용센터(옛

광주지방노동청 제주지청), 보훈청(옛 제주보훈지청) 세 곳에 불과
하다.

해운항만과의 인사교류 대상 인원은 4명(4급 1, 5급 1, 6급 2)으
로 해양수산부와 주기적으로 인사교류를 실시하고 있다. 제주보훈
청은 국가 보훈청과 제주보훈청장을 비롯한 실무담당자(6~7급)의
인사교류가 이뤄지고 있고, 고용센터는 고용노동부와 인사교류(5
급, 6급)를 실시하고 있다.

선행연구에서 지적하고 있듯이 특별지방행정기관 이관 시 부정
적 기능이었던 신설사무에 대한 시의성 있는 대응·추진, 중앙정부
의 재정지원, 전문성 강화 등을 위해서는 인사교류를 확대실시할
필요가 있다. 특히 국토관리 사무, 중소기업 사무, 환경사무 등 인
사교류를 실시하지 않는 부서는 반드시 인사교류 계획을 수립하고
중앙부처와의 협의를 통해 인사교류를 실시해야 하며, 기존 인사
교류를 하는 부서도 필요에 따라 인사교류 규모를 확대할 필요가
있다.

3) 소극적인 중앙정부 지원 의지: 재정지원 의지 부족

(1) 국가균형발전특별회계 제주계정을 통한 재정지원 미흡

중앙정부가 제주특별자치도에 대한 지방분권 정책 의지를 가늠
할 수 있는 방법은 국가균형발전특별법 제35조의 2에 따른 국가균
형발전특별회계의 제주특별자치도 계정(이하 '제주계정') 규모 추
이를 분석하는 것이다. 제주계정은 중앙정부가 제주특별자치도를

설치하면서 제주특별법상에 행정특례를 명시하고 이를 바탕으로 지역균형발전 정책을 추진할 수 있도록 설계한 재정지원 특례사항이다.

중앙정부의 특별지방행정기관 이관정책 추진 의지의 진정성을 가늠하는 방법은 제주 특별지방행정기관에 대한 국비 지원 내역을 살펴보는 것이다. 제주특별자치도로 이관된 제주 특별지방행정기관의 국비 지원근거는 「국가균형발전 특별법」 제35조의 2 제2항 제2호에 명시되었다. 국가균형발전특별회계 제주특별자치도 계정을 통하여 "제주 특별지방행정기관 이관사무의 수행에 필요한 경비"를 지원하도록 하였다.

제주 특별지방행정기관에 대한 국비지원과 함께 제주계정의 전체규모를 비교·분석하는 것은 중앙정부의 지방분권 정책추진 의지를 종합적으로 살펴볼 수 있다는 데 의미가 있다.

중앙정부는 제주특별자치도를 출범시킨 이후 제주계정을 통한 재정지원 규모를 축소해왔다. 국가균형발전특별회계 규모는 2007년 6조 7,072억 원에서 2019년 10조 5,395억 원으로 지난 13년간 연평균 3.8%로 성장하였다. 반면 제주계정은 2007년 3,476억 원에서 2011년 3,942억 원으로 증가하다가 2019년 3,365억 원으로 그 규모가 감소하였다. 연평균 증감률이 –0.3%이다. 제주계정 예산 규모가 가장 높았던 2011년의 경우도, 전체 국가균형발전특별회계 규모 대비 비중은 4.1%에 불과하여 2007년 비중 5.2% 이후 줄곧 그 비중이 감소하였다.

제주계정을 통한 제주 특별지방행정기관 이관사무 수행에 필요한 경비 규모도 감소하였다. 2007년 1,385억 원에서 2019년 1,273 억 원으로 연평균 -0.7% 수준으로 줄어들었다. 제주계정을 통한 중앙정부의 재정지원 의지는 후퇴하였고 제주 특별지방행정기관과 관련한 예산지원 규모도 대폭 줄어들었다.

<표 29> 국가균형발전특별회계 및 제주계정 규모 추이('07~'19)

(단위: 억 원, %)

구분		2007년	2011년	2015년	2019년	'07~'19	
						합계	연평균 증감률
균특 회계		67,072	96,602	101,022	105,395	1,288,668	3.8%
	제주 계정	3,476	3,942	3,701	3,365	49,702	-0.3%
	비중	5.2%	4.1%	3.7%	3.2%	3.9%	
	제주 특행 규모	1,385	1,841	1,791	1,273	22,309	-0.7%
	비중	39.8%	46.7%	48.4%	37.8%	44.9%	

자료: 제주특별자치도 의회(2019), 내부자료, 재구성.

제주로 이관된 7개 제주 특별지방행정기관은 인건비와 기관 운영을 위한 기본경비는 각각 연평균 6.4%, 4.0% 증가했으나 사업비는 -1.4%로 오히려 감소하였다. 7개 제주 특별지방행정기관에 대한 예산은 2007년 1,385억 원에서 2020년 1,237억 원으로 줄어들었다. 전체 금액 기준으로는 2012년에 가장 규모가 컸으며 예산은 1,869억 원이었다.

제주 특별지방행정기관 예산을 인건비, 기본경비, 사업비로 세분

화해보면, 인건비는 2007년 74억 원에서 2020년 167억 원으로 연평균 6.4%로 증가하였고 기관 운영을 위한 기본경비는 2007년 7억 원에서 2020년 12억 원으로 연평균 4.0% 증가하였다. 반면 사업비는 2007년 1,323억 원에서 2020년 1,101억 원으로 연평균 -1.4% 감소하였다.

제주 특별지방행정기관별로 전체적으로 예산이 줄어든 곳은 가장 규모가 큰 제주지방국토관리청과 제주지방해양수산청이며, 다른 제주 특별지방행정기관들은 예산이 증가한 것이 특징이다. 제주특별자치도가 출범한 이후 연도인 2007년부터 2020년까지 14년 동안 7개 제주 특별지방행정기관에 중앙정부가 지원한 예산총액은 2조 2,423억 원이다. 이 중 제주지방해양수산청이 가장 많은 1조 1,922억 원이며 전체 예산대비 비중이 53.2%에 이른다. 제주지방국토관리청이 9,243억 원으로 전체규모의 41.2%를 차지하고 있다. 광주지방노동청 제주지청은 연평균 증가율 14.2%로 누적 총예산은 전체의 3.4% 규모인 756억 원이다. 제주보훈지청은 연평균 7.2% 증가하여 누적 지원예산 규모가 212억 원으로 전체의 0.9% 비중이다. 제주지방중소기업청은 연평균 5.6%로 누적지원액이 145억 원을 차지하고 있다. 제주지방노동위원회는 연평균 7.2%로 증가한 누적 지원 규모가 121억 원으로 전체의 0.5%이다. 제주환경출장소는 연평균 5.6% 증가한 누적지원액이 18억 원이다.

<표 30> 제주 특별지방행정기관 이관 후 정부 지원예산 현황

(단위: 백만 원, %)

제주 특별지방행정기관 (현재 부서)	구　　분	2007년	2012년	2020년	2007년~2020년		
					합계	비중	연평균 증감률
합　　계	총　　계	138,512	186,934	123,725	2,242,339	100.0	-0.01
	인 건 비	7,455	10,911	16,756	158,758	100.0	6.4%
	기본경비	741	762	1,230	12,249	100.0	4.0%
	사업비	132,316	178,261	110,152	2,108,305	100.0	-1.4%
제주지방 국토관리청 (건설과·도로관리과)	소　　계	57,617	99,957	48,153	924,371	41.2	-1.4%
	인 건 비	2,125	2,738	3,704	41,533	26.2	4.4%
	기본경비	232	178	233	2,693	22.0	0.0%
	사업비	55,260	97,041	44,216	876,745	41.6	-1.7%
제주지방 해양수산청 (해운항만과, 해양수산연구원)	소　　계	76,900	79,862	61,002	1,192,263	53.2	-1.8%
	인 건 비	1,162	1,595	2,316	24,733	15.6	5.4%
	기본경비	89	98	258	1,794	14.6	8.5%
	사업비	75,649	72,569	58,428	1,154,939	54.8	-2.0%
제주지방 중소기업청 (소상공인 기업과)	소　　계	709	944	1,439	14,535	0.6	5.6%
	인 건 비	502	723	1101	11,087	7.0	6.2%
	기본경비	207	221	338	3,448	28.1	3.8%
	사업비	0	0	0	0	0.0	
광주지방 노동청 제주지청 (고용센터)	소　　계	1,715	3,885	9,675	75,652	3.4	14.2%
	인 건 비	336	1,053	2,476	17,314	10.9	16.6%
	기본경비	34	40	59	589	4.8	4.3%
	사업비	1,345	2,792	7,140	57,749	2.7	13.7%
제주지방 노동위원회 (지방노동위원회)	소　　계	484	805	1,188	12,153	0.5	7.2%
	인 건 비	383	565	857	8,567	5.4	6.4%
	기본경비	73	86	95	1,226	10.0	2.0%
	사업비	28	154	236	2,360	0.1	17.8%
제주 환경 출장소 (생활환경과)	소　　계	91	121	185	1,877	0.1	5.6%
	인 건 비	66	91	144	1,429	0.9	6.2%
	기본경비	25	30	41	448	3.7	3.9%
	사업비	0	0	0	0	0.0	
제주보훈지청 (보훈청)	소　　계	996	1,360	2,083	21,273	0.9	5.8%
	인 건 비	881	1,146	1,745	16,707	10.5	5.4%
	기본경비	81	109	206	2,051	16.7	7.4%
	사업비	34	105	132	1,149	0.1	11.0%

자료: 제주특별자치도 내부자료 재구성.

(2) 제주특별자치도 재정 분권을 위한 제도개선 과제에 대한 중앙정부 불수용

중앙정부는 제주특별자치도를 통해 지방분권 정책을 확산시키기 위해 국세의 세목 이양 또는 제주에서 징수되는 국세의 이양 등 행정적·재정적 우대방안을 마련하고 조속히 시행하도록 제주특별법 제4조 제3항에 국가의 책무 사항으로 명시하였다. 이에 근거하여 제주특별자치도는 제주특별법 제도개선 과제에 '권한 이양 소요재원의 제주계정 포함', '제주계정 규모 확대', '국고보조 사업의 보조율 인상' 등을 포함하여 추진하였다. 하지만 중앙정부는 '타 지자체와의 형평성 문제', '중앙정부와 제주도 간 관련 예산 이체를 통해 문제를 해결하면 될 것' 등의 사유로 불수용하였다.

지금까지 4,670건의 제도개선이 이뤄졌고 제4단계까지 이양된 사무에 대한 소요재원 약 200억 원을 제외하고 아직 중앙정부의 예산지원이 이뤄진 바는 없다. 이러한 배경 하에 제주특별자치도는 4단계부터 매 단계에 사무이양 소요재원을 제주계정에 포함할 필요가 있다'라는 필요성에 따라 제도개선을 추진하였으나 중앙정부의 적극적 지원은 미흡하였다. 중앙정부 사무의 이관과 이를 수행하기 위한 재정은 정책패키지 차원에서 추진되어야 하지만, 제주의 경우 중앙정부는 이관은 해주었으나 시의성 있는 재정지원에 소극적인 태도를 보임으로써 제주 특별지방행정기관에 대한 중앙정부의 관심과 지원 의지도 미흡하였다.

제도개선 단계	재정 분권 추진 주요 내용	불수용 사유
4	제주계정 규모 확대, 보통 교부세 법정률 상향, 국고 보조 사업의 보조율 인상	여타 지자체와 형평성 문제 발생 소지
5	권한 이양 소요재원의 제주계정 포함	권한 이양 시 소요되는 재원은 제주 계정 외에도 타 회계·기금으로 지원 가능하여 관계부처가 상세한 검증과 협의를 거친 후 동 논의를 진전시킬 필요 있음
6	권한 이양 소요재원의 제주계정 포함	중앙행정 권한이 이양된다 하더라도 정부 총업무량에 변동이 없기 때문에, 원칙적으로 중앙정부·제주도 간 관련 예산 이체를 통해 소요경비 문제 를 해결하는 것이 타당

자료: 제주특별자치도(2018; 2020) 내부자료 재구성.

2. 제주특별자치도 특별자치 정책

1) 제주특별자치도 추진 의지 미흡: 제주특별법 제도개선 과제발굴 기간 길어져

제주특별자치도의 이관은 제주특별법에 특례를 규정하는 방식으로 추진되어 왔다. 제주특별자치도 출범 이후 총 여섯 차례에 걸쳐 4,572건의 중앙정부 사무를 이관받았는데 시간이 흐를수록 각 단계마다 준비하는 기간이 길어지고 과제 수도 적어지고 있다. 이는 제주특별자치도 특별자치 추진 의지가 약화하고 있다는 해석이 가능하다.

제주특별자치도를 출범시키는 데 적극적이었던 민선 4기(2006년 7월 1일~2010년 6월 31일)에는 제주특별자치도 출범 이후 3년 3개월 만에 1,705건의 제도개선 과제를 의회에 보고하여 이관을 추진하였다. 하지만 민선5기에는 4단계 제도개선 과제를 도의회에 보고한 이후 3년 6개월 동안 준비 기간을 갖고 698건에 대해 도의회 동의를 받았다. 이후 민선 6기가 들어선 후 3년 6개월 동안 6단계 제도개선 과제 35건을 추진하는 데 그쳤다.

<표 32> 각 단계별 제주특별법 제도개선과제 준비 기간

구분	정부공포 과제 수	의회동의		총소요 기간(의회동의~ 공포일)
		동의(보고) 시점	단계별 준비 기간	
1단계	1,062건	-	(특별자치도 출범 '06.07.01. 이후) 8개월	제정
2단계	278건	'07.02.08.(보고)		9개월
3단계	365건	'08.02.21.(보고)	1년	1년 2개월
4단계	2,134건	'09.07.21	1년 5개월	1년 10개월
5단계	698건	'13.03.20	3년 6개월	2년 4개월
6단계	35건	'16.09.09.	3년 6개월	3년 2개월

자료: 제주특별자치도(2018; 2020) 내부자료 재구성.

2) 제주특별자치도 추진 의지: 추가 이관 등 지속적인 추진

제주특별자치도 출범 시 7개 특별지방행정기관 이관 외에 추가로 이관을 추진했는지 파악하는 것은 제주특별자치도의 지방자치 정책 의지를 가늠하는 하나의 기준이 된다. 지속적인 이관을 추진하는 것은 이양된 사무를 활용·추진하는 상황에서 나타나는 절차이기 때문이다.

7개 제주 특별지방행정기관 이관 이후 모든 기관에서 추가로 이관을 위한 제주특별법 제도개선을 추진한 것으로 분석되었다. 구체적인 내용은 각 이관사무 분야별로 기술하였다.

(1) 국토사무 분야

특별자치도 출범 시 제주지방국토관리청이 이관되면서 총 97개 사무가 이양되었다. 주요 이관사무는 '도로개발의 종합계획수립 및 시행에 관한 사항', '하천계획에 관한 사항', '도로보수유지에 관한 종합계획수립 및 시행', '도로포장 공사 시행과 도로유지 보수관리' 등이다.

이후 추가적인 이관은 없었으나 오히려 이관사무의 환원 노력이 있었다. 제주특별자치도 출범 시 이관된 사무 중 일반국도 계획·관리 사무도 포함되면서 2010년 이후 신규사업에 대해서는 국가계획에 반영되지 못하면서 사업추진에 한계가 있었다. 또한 종전의 도내 일반국도(5개 노선·453km)를 지방도로 전환하면서 국비가 아닌 지방비로 부담하면서 재정 건전성에 부정적 영향을 끼쳤다. 이에 5단계 제도개선 추진을 통해 제주특별법을 개정(2015. 7.)하여 옛 국도의 관리예산을 다시 지원받게 되었다.

<표 33> 국토사무 이관 주요 내용

(1단계 제도개선) - 도로개발의 종합계획수립 및 시행에 관한 사항 - 도로 계획 및 기술심사에 관한 사항 - 하천계획에 관한 사항 - 도로보수유지에 관한 종합계획수립 및 시행 - 도로사업의 조사, 연구시험, 측량, 설계시행과 공사 감독 - 도로포장 공사 시행과 도로유지 보수관리 - 교량·터널 등 도로시설물의 유지관리 - 운행제한 차량 단속 및 적발 차량 사법처리 - 건설공사의 품질시험 및 기술지도 - 차량·건설기계의 운영 관리에 관한 사항 - 태풍, 호우, 설해 등 재해대책에 관한 사항 (5단계 제도개선) - 구(舊)국도 도로건설·관리계획에 관한 사항

자료: 제주특별자치도(2018), 제주특별자치도 내부자료, 재구성.

(2) 해양수산사무 분야

제주특별자치도로 이관된 제주지방해양수산청 사무는 122개 사
무이다. 해양사무의 경우는 총 네 차례의 제주특별법 제도개선을
추진할 만큼 지속적인 추진 의지가 있었다고 볼 수 있다. 주요 이
관사무는 제주특별자치도에서 정책 의사결정을 할 수 있는 '항만
(국가 어항) 개발, 무역항 항만시설사용허가 등 항만법 관련 사무',
'항만운송사업 등록 및 하역요금 인가 등 항만운송사업법 관련 사
무 권한 이양', '지방항만에 대한 항만 기본계획 수립 시 장관승인
배제', '항만 운송수수료 결정 기준 이양' 등이다.

<표 34> 해양수산사무 이관 주요 내용

(1단계 제도개선)
- 항만(국가 어항) 개발, 무역항 항만시설사용허가 등 항만법 관련 사무
- 항만운송사업 등록 및 하역요금 인가 등 항만운송사업법 관련 사무 권한 이양
(2단계 제도개선)
- 항만법 및 항만운송사업법 관련 1단계 제도개선 시 누락사무
· 제주특별자치도 항만정책심의회
· 예선운영협의회 구성 및 운영, 항만 운송 관련 사업 등록업무 등
(3단계 제도개선)
- 지방항만에 대한 항만 기본계획 수립 시 장관승인 배제
- 지방항만 지정, 항만시설 신설 또는 개축, 분구의 설정 시 장관승인 배제
- 항만 운송수수료 결정 기준 이양
- 제주특별자치도 관내 항로 내항여객운송사업에 관한 권한 이양
(4단계 제도개선)
- 항만법 관련 8개 사무
- 항만법 및 항만운송사업법 관련 22개 사무

자료: 제주특별자치도(2018), 제주특별자치도 내부자료, 재구성.

(3) 중소기업사무 분야

제주지방중소기업청이 제주특별자치도로 이관된 총 14개 사무가 이관되었다. 중소기업사무의 경우, 제주특별법 제도개선을 총 다섯 차례 추진할 만큼 의지가 있다. 주요 이관사무는 '중소기업의 경영 및 기술지도계획 수립·시행'. '중소기업의 국내·외 시장 개척과 판로거점 지원(국내 유통망 구축 등)' 등이다.

<표 35> 중소기업사무 이관 주요 내용

(1단계 제도개선)
- 이 업종 교류 지원사업(중소기업자 간 정보 및 기술교류 촉진)
- 중소기업의 경영 및 기술지도에 관한 계획 고시
- 중소기업의 경영 및 기술지도계획 수립. 시행
- 여성 기업 제품 공공구매추진
- 여성 기업 제품의 구매계획 수립 시 공공기관장에게 개선 권고
- 지방중소기업 지원업무를 수행하는 기관의 지방조직 지원
(2단계 제도개선)
- 중소기업의 국내·외 시장 개척과 판로거점 지원(국내 유통망 구축 등)
- 공공기관 여성 기업에 불합리한 차별적 관행 제도개선 권고
- 공공기관 장애인 기업 불합리한 차별적 관행 제도개선 권고
- 위탁기업이 위·수탁 거래에 관한 위법행위가 있는 경우, 공정거래위원회 조치요구
- 대기업과 중소기업 간 위·수탁거래 관행 조사
(3단계 제도개선)
- 위·수탁거래 관련 자료 제출요구 및 조사
(4단계 제도개선)
- 장애 경제인 및 장애인 기업 경영 능력 향상 위한 연수지도
(5단계 제도개선)
- 위·수탁기업 간 불공정 거래행위 개선 요구

자료: 제주특별자치도(2018), 제주특별자치도 내부자료, 재구성.

(4) 고용사무 분야

광주지방노동청 제주지청이 제주특별자치도로 이관된 후 지금까지 총 235개가 이양되었다. 지금까지 총 네 차례의 제주특별법 제도개선을 추진하여 제주특별자치도의 정책추진 의지가 있다고 볼 수 있다. '고령자 고용촉진 사업실시권 이양', '근로자의 자율적 직업 능력개발 지원권 이양' 등 중앙정부의 지원시책까지 사무를 이관하였다는 측면에서 제주의 재정부담을 가중할 수 있는 상황이 동시에 발생하였다고 할 수 있다.

<표 36> 고용사무 이관 주요 내용

(1단계 제도개선)
- 취업알선
- 직업 능력개발
- 고용안정
- 실업급여
- 피보험관리
- 근로자의 자율적 직업 능력개발 지원권 이양 등 97건
(2단계 제도개선)
- 직업지도권 이양
- 외국인 근로자 고용 허가 권한 이양
- 직업 능력개발 지도점검 권한 이양 등
(3단계 제도개선)
- 공인노무사 감독을 위한 자료제출 요구권 이양 등 공인노무사 감독에 관한 사항
(4단계 제도개선)
- 직업지도관 지명권, 자격 정지권 이양
- 민간직업상담원의 배치권 이양 등 민간직업 상담원에 관한 사항
- 직업소개사업자 교육훈련 실시권, 행정처분권 등 이양
- 고령자 고용촉진 사업실시권 이양
- 직업 능력개발훈련 및 사업의 대행권 이양 등

자료: 제주특별자치도(2018), 제주특별자치도 내부자료, 재구성.

(5) 노동사무 분야

제주특별자치도로의 제주지방노동위원회 이관을 통해 총 8개 사무가 이양되었다. 주요 이양사무는 '노동쟁의의 조정 및 중재', '부

당해고, 부당노동행위 구제신청 등 판정', '근로조건 위반에 따른
손해배상 청구 등에 관한 승인·인정에 관한 사항' 등이며, 제4, 5
단계 제주특별법 제도개선을 추진했다는 측면에서 제주특별자치도
의 지속적인 정책추진 의지가 있다고 할 수 있다.

<표 37> 노동사무 이관 주요 내용

(1단계 제도개선)
 - 노동쟁의의 조정 및 중재에 관한 사항
 - 부당해고, 부당노동행위 구제신청 등 판정에 관한 사항
 - 노동조합 임시총회 소집권자 지명 등 의결에 관한 사항
 - 근로조건 위반에 따른 손해배상 청구 등에 관한 승인·인정에 관한 사항
 - 근로조건 개선 권고 등에 관한 사항
 - 그 밖에 노동관계 법령에 따라 지방노동위원회가 처리하도록 한 사항
(4단계 제도개선)
 - 노동위원회 조사관 임명의 특례
(5단계 제도개선)
-노동위원장에 대한 도지사 임명권 강화
  (기존) 중앙노동위원장 추천에 따른 도지사 임명→
  (개정) 중앙노동위원장 2명 이상 추천, 도지사 임명

자료: 제주특별자치도(2018), 제주특별자치도 내부자료, 재구성.

(6) 환경사무 분야

제주특별자치도로 이관된 제주환경출장소는 지금까지 62개 사무
가 이양되었다. 주요 이관사무는 '비점오염원 설치 신고 업무', '종
말처리시설 설치·운영하는 자에 대한 지도점검' 등 환경시설에 대
한 관리 감독과 과태료 사무에 관한 사항이다. 제주특별자치도는
세 차례 제주특별법 제도개선을 통해 이관을 추진하였고 대상 사

무가 지방정부 차원에서 제주의 청정 환경을 보전하기 위한 권한
이라는 점에서 의미가 있다.

<표 38> 환경사무 이관 주요 내용

(1단계 제도개선) - 비점오염원 설치 신고 업무 - 종말처리시설 설치·운영하는 자에 대한 지도점검 - 하수종말처리시설에 대한 개선 등 조치 명령 - 지정폐기물 배출 사업자 지도점검 업무 - 폐기물처리시설 설치 업무 - 폐기물처리시설 관리업무 - 폐기물 발생·처리실적 보고 업무 - 이양 권한에 관한 과태료 업무 (3단계 제도개선) - 폐기물처리업 사업계획서 적합 통보 및 허가 업무 - 폐기물처리업자 허가취소 업무 - 폐기물처리업자 과징금 처분 업무 - 폐기물처리업자 등의 방치폐기물 처리 명령 - 폐기물 처리에 대한 조치 명령 - 대집행에 관한 사항 - 허가취소 처분의 청문에 관한 사항 - 산업단지 조성 등에 따른 폐기물처리시설 설치계획 승인 (4단계 제도개선) - 지정폐기물 배출 사업자 처리확인 - 지정폐기물 사업자 지도점검 업무 - 수렵 동물 지정을 위한 서식 야생동물에 대한 조사 업무

자료: 제주특별자치도(2018), 제주특별자치도 내부자료, 재구성.

(7) 보훈사무 분야

제주보훈지청이 제주특별자치도로 이관되면서 283개 사무가 이
양되었다. 주로 보훈 대상 접수 및 등록권, 국가유공자 등에 대한

대부기준 권한, 국가유공자 등에 대한 교육지원 등의 사무이다. 보훈 대상자 입장에서는 기존 중앙정부의 지원 규모에 제주특별자치도에서 추가지원이 가능하다는 점에서는 긍정적이라고 할 수 있다. 이를 위해 제주특별자치도가 두 차례 제주특별법 제도개선을 추진했다는 점에서 이관에 대한 지속적인 추진 의지는 있었다고 볼 수 있다.

<표 39> 보훈사무 이관 주요 내용

(1단계 제도개선)
- 독립유공자 등의 선순위자에 대한 보상금 지급권 및 사망일시금 지급권
- 국가유공자 등의 신상변동 사항 신고 접수권 이양
- 5·18민주유공자 등에 대한 학습보조비 지급 사무 이양
- 고엽제후유의증 환자 등에 대한 수당 지급권 이양
- 참전유공자 등록 사항 변경 신고 접수권 이양
- 특수 임무 수행자 등에 대한 학습보조비 지급권 이양 등
(4단계 제도개선)
- 독립유공자 등의 등록신청 접수권 및 등록결정권 이양
- 국가유공자 등의 등록신청 접수권 및 등록결정권 이양
- 5·18민주유공자 등의 등록신청 접수권 및 등록결정권 이양
- 고엽제후유의증 환자 등의 등록신청에 따른 사실 확인 권한 이양
- 중·장기복무 제대군인지원을 위한 실태조사권 이양
- 참전유공자의 등록결정권 이양
- 특수 임무 수행자 지원 적용대상 등록신청 접수권 및 등록결정권 이양
- 특수 임무 수행자 지원 적용대상 등록결정권 이양 등

자료: 제주특별자치도(2018), 제주특별자치도 내부자료, 재구성.

3) 제주 특별지방행정기관 전문성 강화 노력 미흡:
   조직 운용 분야

제주 특별지방행정기관 이관 후 지속적인 정책 의지를 가늠하는 것은 앞서 살펴본 추가 이관 추진 노력 및 결과도 중요하지만, 정책성과 향상 차원에서 조직 운용 정책도 중요하다.

이와 관련한 평가요인으로써 '이관사무에 대한 기존 지방정부 조직과 통합운영 여부'와 '균형성과평가제도(BSC)' 성과를 제시하고자 한다. 제주특별자치도인 경우 3개 특별지방행정기관이 통합 운영되고 있어서 '이관된 특별지방행정기관을 기존처럼 별도로 운영할 것인지 지방정부의 유사조직과 통합·운영하는 것이 나은지' 판단이 필요하며, 이관사무의 성과를 제고하기 위해서 균형성과평가제도(BSC)에 얼마나 반영하여 운영하고 있는지 분석할 필요가 있다.

(1) 제주특별자치도 조직으로의 통합 현황 및 평가

제주 특별지방행정기관의 경우, 제주지방국토관리청과 제주지방 해양수산청, 제주지방중소기업청, 제주환경출장소가 제주 이관과 동시에 각각 도시건설본부 도로관리단(現 건설과, 도로관리과), 해양수산본부 항만개발정책과(現 해운항만과)와 어업자원과(現 해양수산연구원), 지식산업국 기업지원과(現 소상공인 기업과), 청정환경국 환경정책과(現 생활환경과)로 통합하였다. 나머지 기관은 사업소로 운영되고 있다.

제주특별자치도(2020)에 따르면, 통합운영에 따른 긍정적인 측면은 중소기업 사무인 경우 경영지원 등 국가와 지방의 유사한 중소기업 지원기능의 조정으로 효율적으로 운영할 수 있고, 환경 사무인 경우 지역주민 밀착 행정에 도움이 되는 것으로 나타났다. 부정적인 측면은 중소기업 사무인 경우 중앙공모 사업 시 제주지역 기업의 영세성으로 기준이 충족되지 않아 공모 참여에 어려움이 있고, 환경사무는 업무부담이 가중되는 것으로 나타났다. 또한 해양수산사무의 경우, 이관된 사무가 기존의 사무와 혼합이 되면서 애초 이관사무를 전담했던 이체 인력의 사무분장 범위가 혼재되면서 업무 가중과 이로 인한 전문성 약화문제가 나타났다.

(2) 성과지표

균형성과평가제도(BSC)는 「정부업무평가 기본법」 제18조 등에 따라 지방정부 운영의 능률성·효과성 및 책임성을 향상하는 데 있다. 제주로 이관된 7개 특별지방행정기관의 경우, 이관 목적에 따라 성과지표에 반영하여 운영할 필요가 있다. 이에 이관된 사무 분야별로 부서 고유지표에 성과평가와 연계가 되어 정책효과를 높이고자 하는 의지가 있는지 살펴보는 것은 의미가 있다.

가. 국토사무 분야

이관된 국토사무에 대한 성과지표는 첫해를 제외하고 이관된 사무의 정책성과를 높이기 위한 지표설정보다 '구-국도 확장·포장사업 공정률'과 같은 일상적인 사무이면서 목표달성이 쉬운 지표로 설정하였다.

국토사무 성과지표는 이관 후 첫해인 2007년인 경우 성과목표를 '국도시설 안전 개선'에 두고 고유지표를 교량 시설관리 실적, 사고 잦은 곳 개선 실적을 설정하였으나 목표달성률은 각각 98.68%, 92.01%에 그쳤다. 이후의 성과목표는 '도로망 확충', '건설 경기 활성화', '도시기반시설 확충', '지역균형발전' 등 제주에 필요한 목적으로 설정되었으나, 고유지표는 정책수요자인 주민 입장보다는 공급자 위주의 쉬운 내용으로 구성하였다. 변하지 않는 지표는 '구-국도 확장·포장사업 공정률', '구-국도 대체 우회도로 확장·포장 공정률' 등이다.

이관이 지역 특성을 고려하고 주민만족도 향상 등을 위해 이뤄진 것이라면 '도로개발의 종합계획수립 및 시행', '도로보수유지에 관한 종합계획수립 및 시행', '도로포장 공사 시행과 도로유지 보수관리', '태풍, 호우, 설해 등 재해대책에 관한 사항' 등의 이관사무를 활용하여 성과지표를 지역 특성에 맞게 설정하여 주민만족도를 높이는 방향으로 갈 필요가 있다.

나. 해양수산사무 분야

해양수산사무 성과지표는 초기에는 해양수산 정책성과를 높이기 위한 내용으로 설정되었으나 시간이 갈수록 항만관리와 항만이용자 만족도 등 단순 항만관리 업무를 성과지표로 설정하여 이관 취지에 벗어나는 성과관리를 하고 있다.

제주로 이관된 해양수산사무의 특징은 제주특별자치도 자체적인

해양수산 정책을 추진할 수 있도록 하여, '지방항만에 대한 항만 기본계획 수립 시 장관승인 배제', '지방항만 지정, 항만시설 신설 또는 개축, 분구의 설정 시 장관승인 배제', '항만 운송수수료 결정 기준 이양', '제주특별자치도 관내 항로 내항여객운송사업에 관한 권한 이양' 등을 이관하였다. 이에 이관 초기에는 자체 정책 차원의 성과목표와 이를 뒷받침하기 위한 중앙정부 예산확충을 주요 성과지표로 설정하였다. '07년 무역항 및 연안항 시설 확충', '08년 국제자유도시에 부합되는 항만운영을 위한 제도마련', '국제 크루즈선 유치 및 항만물동량 확보', '10년 항만 인프라 구축을 위한 항만건설예산 확보'등을 성과지표로 설정하였다.

2016년 이후부터 정책추진 의지가 후퇴하고 있는 것으로 판단된다. 2015년 '항만건설(국가 어항 포함) 예산확보율'을 성과지표로 설정한 이후 중앙정부 예산확보율을 성과지표에 포함하지 않았다. 2017년에는 '국제 크루즈 허브 및 제주경제 거점항만으로 개발'을 성과목표로 하고 성과지표인 '가칭 제주해운항만물류공사 설립 준비'가 중앙정부가 불수용한 이후 해양수산사무 정책목표는 항만 관리와 기존 항만건설 추진과 이용자 만족도 등의 성과지표로 정책목표가 대폭 후퇴한 것으로 나타났다.

제주특별자치도 차원의 해양수산 정책을 수립하고 추진할 수 있는 여건을 중앙정부가 제대로 지원하지 않으면서 지방정부의 정책 의지가 후퇴하는 사례로 꼽을 수 있다.

다. 중소기업사무 분야

제주특별자치도 중소기업정책은 제주특별자치도 출범 이후 전반적으로 추진 의지가 떨어지고 있는 것이 특징이다. 성과지표는 정책성과를 정량화해서 달성하겠다는 의미이며, '07년 이후 연도별 성과지표 수를 민선 시기로 구분해보면 민선 6기가 들어서고 2016년 이후 성과지표 수가 4~5개로 줄어들었다.

<표 40> 중소기업사무 분야 BSC 고유지표 수(개)

구분	민선 4기			민선 5기				민선 6기			민선 7기		
	07년	08년	09년	10년	11년	12년	13년	14년	15년	16년	17년	18년	19년
고유 지표 수	9	11	4	6	8	4	8	9	8	4	5	4	4

자료: 제주특별자치도(2020), 내부자료, 재구성.

제주로 이관된 대표적인 사무는 '중소기업의 국내·외 시장 개척과 판로거점 지원(국내 유통망 구축 등)'이다. 이와 관련한 성과지표는 '07년부터 '제주지역 생산제품 매출액 증가율', '제주지역 생산제품 매출액 증가율', '제주형 프랜차이즈 산업 육성', '제주특산품 안정적 판로확충 육성지원' 등의 지표로 구축되어왔다.

하지만 2018년 이후 정책 의지가 후퇴하였다. 2018년 성과지표에는 '기업애로 해소 및 판로지원 확대'로 중복사무를 하나로 지표화하였고, 2019년에는 관련 지표를 설정하지 않았다.

제주지역 인구의 영세성으로 인해 제주방문 관광객 또는 국내외 지역 수요창출 및 판로지원 등에 대한 정책은 지속해서 추진해야 하나 이에 대한 정책 의지가 후퇴하였다. 이는 지역의 특수성을 고려하여 특별지방행정기관 이관사무를 적극적으로 추진하지 않았다고 판단할 수 있다.

라. 고용사무 분야

제주로 이관된 고용사무 성과지표는 초기에는 각종 지원금 지급률과 구직등록자 교육지원과 취업률 등 단순 사무실적 위주로 설정되었다. 이후 2018년 일자리과로 사실상 통합·운영되면서 일자리 정책과 연계되면서 성과지표가 설정된 것이 특징이다. 초기에는 정책성과목표는 취약계층 취업 지원서비스 강화와 직업 능력개발 등에 초점을 맞췄으나 2018년부터는 일자리 창출을 위한 종합정책 속에 이관된 고용사무와 연계하는 것이 특징이다.

마. 노동사무 분야

제주로 이관된 노동사무 성과평가 지표는 2014년부터 행정 편의적인 지표로 변질되고 2018년 이후부터는 정책성과를 유도하는 내용이 아닌 일상적인 업무를 성과지표로 설정하였다. 이관 초기에는 조정성립률, 판정수용률, 화해취하율, 평균 사건처리 일수 등 정량적인 지표설정과 함께 정책고객의 입장에서 성과지표를 설정하였다. 2014년 성과지표부터는 이전과는 달리 노동분쟁의 조정 역량 향상률, 심판사건 평균 처리일수 달성률, 노동위원회 신뢰 제고 노력도 등 문제해결을 통한 성과달성이 아니라 서비스 공급자인 지방노동위원회 입장에서 성과지표를 작성하였다. 2018년 성과지표는 '심판사건의 공정·신속한 처리 및 취약계층 보호 강화', '체계적인 현장 맞춤형 조정서비스 제공'으로 바뀌었으며 이는 정책성과목표인 '공정·신속한 조정·판정을 통한 지역 노사관계 안정'을 뒷받침하는 지표와는 거리가 있다.

바. 환경사무 분야

제주특별자치도로 이관된 환경사무는 제주 차원의 환경관리대책을 마련하여 추진할 수 있는 권한들이 포함되어 있다. 제주로 이관된 이후 첫해의 성과지표도 환경오염종합대책 기본전략 수립률을 성과지표로 설정하였다. 운영 초기에는 폐기물, 음식물쓰레기 재활용률, 폐기물처리시설 가동률 등 환경기초시설 용량을 정기적으로 점검하여 시의성 있는 확충을 추진할 수 있도록 하였다.

하지만 2008년 이후에는 폐기물 재활용률과 폐기물 처리시설 가동률 등 선제적인 환경기초시설 확충을 위한 선행지표가 없어지는 등 환경정책이 대폭 후퇴하였다. 이는 제주 하수종말처리장의 처리용량 초과로 이어지는 계기로 작용했다고 볼 수 있다.

환경사무와 관련하여 수자원을 오염시키는 오염원에 대한 관리지표가 전혀 포함되지 않아서 축산폐수 등 지하수 오염을 가속하는 계기가 되었으며, 환경기초시설 확충을 위한 중앙정부 확보도 성과지표로 설정되지 않았다. 2007년 성과지표 설정 이후 제주로 이관된 사무를 활용하고자 하는 제주특별자치도의 정책 의지가 많이 부족했다고 볼 수 있다.

사. 보훈사무 분야

제주특별자치도 보훈 사무는 제주특별자치도 출범 전 舊 북제주군 자체 사무였던 항일독립운동기념관 사무를 포함하여 크게 항일운동 및 독립운동 선양·교육 사업과 국가유공자 등 보훈대상자에 대한 복지지원 사업으로 구분할 수 있다. 제주보훈청 성과지표는 주로 보훈 대상 복지지원 시책을 성과지표로 설정하였다. 대부지원, 보상금 지급, 복지지원, 가사 간병 서비스 지원실적, 교육지원, 가사 간병 서비스 지원실적, 보훈 가족 취업지원실적, 보훈 가족 대부지원실적이 대부분이며, 제주항일 역사의식 고취 및 호국 선양문화 확산 등 선양사업과 제주 항일기념관 관람객 유치 및 이용자 만족도를 일부 성과지표로 설정하였다.

보훈사무는 기본적으로 예산지원 사무이기 때문에 중앙정부의 지원기준 외에 추가로 지원해야 하는 경우 도비 부담을 해야 하는 구조를 떠안게 된다. 이는 국가가 예우해야 하는 대상을 도민의 재정부담으로 지원해야 하는, 정책지원 대상자와 재정부담 주체가 달라지는 문제가 발생한다. 다만, 중앙정부 기준으로 인정하지 못하는 독립유공자의 경우 제주 차원의 기준마련으로 지원할 수 있고 관련 유적지를 자체적으로 복원·관리할 수 있는 등 긍정적인 측면도 존재한다.

4) 제주 특별지방행정기관 전문성 강화 노력 미흡: 인사·교육훈련 분야

특별지방행정기관 이관을 둘러싼 쟁점 중 하나는 기관의 '전문

성'이다. 특별지방행정기관은 같은 기관 내에서 인사 전보를 하므로 전문성이 어느 정도 유지되는 데 반해 지방정부로 이관 시 사무가 다른 타 부서로의 순환 전보로 인해 전문성이 약화할 수 있다. 전문성은 특별지방행정기관 사무의 이관 여부보다는 소속 직원의 역량과 관계가 있기 때문에 공무원 인사 및 교육훈련 제도를 얼마나 내실 있게 운영하느냐에 따라 전문성을 확보할 수 있다. 이를 위해서 잦은 보직변경 지양, 정기적인 교육훈련 지원, 중앙부처와의 인사교류 등이 필요하다. 결론적으로 제주특별자치도의 적극적인 추진 의지가 부족하다.

공무원은 순환보직인사를 원칙으로 하지만 전문인력 육성을 위해서「지방공무원 임용령」제7조의 3에 따른 전문직위를 지정하여 운영할 수 있다. 도민안전 및 일상생활과 밀접한 직위로서 직무의 연속성과 책임성이 상대적으로 높은 직위, 중요도가 높지만 기피되는 업무로서 전문적인 지식이 필요하고 업무이력 관리가 중요한 직위 대상으로 지정·운영된다. 도 전체적으로는 58개 전문직위, 34명을 지정('20.3월 말 기준)하여 운영하고 있는데, 7개 제주 특별지방행정기관의 경우, 2개 기관(제주지방노동위원회, 보훈청)에 그치고 있다.

7개 특별지방행정기관 중 직원의 전문성 강화를 교육훈련 과정을 마련하여 운용하는 곳은 제주지방노동위원회(現, 지방노동위원회)와 제주보훈지청(現 보훈청) 정도이다. 제주지방노동위원회는 조사관 역량 강화를 위해 노동 분야 전문과정 20시간 의무이수제 운영, 조사관 학습포럼 운영(월 1회), 위원 및 조사관 워크숍 개최

(수시) 등을 실시하고 있다. 보훈청은 중앙부처와 직무향상을 위한 주기적인 워크숍 개최 및 유기적인 체계를 구축하고 있다. 특별지방행정기관 사무의 특수성을 고려하면 타 기관에서도 체계적인 교육훈련 과정을 마련할 필요가 있다.

중앙부처와의 인사교류는 각 기관의 상호 이해도 제고를 바탕으로 정책소통을 원활하게 한다는 측면에서 의미가 있다. 인사교류를 실시하는 기관은 제주지방해양수산청(4명: 4급 1, 5급 1, 6급 2)과 제주보훈지청(2명: 4급 1, 5급 1)이다. 제주특별법 제61조에 따라 공무원 정수의 5% 범위 내에서 국가와 제주특별자치도 간 인사교류 및 파견을 할 수 있는 근거가 있음에도 불구하고 적극적으로 시행하지 않고 있다.

5) 제주 특별지방행정기관 중앙정부 예산절충 노력 미흡: 중앙정부 예산 감소 및 도비 부담 예산증가

7개 특별지방행정기관이 제주특별자치도로 이관된 후 중앙정부의 예산지원은 줄어들었다. 2007년 제주 특별지방행정기관 예산 규모는 1,385억 원으로 전체 국가균형발전특별회계 규모 6조 7,072억 원의 2.06%를 차지했다. 이후 계속해서 그 비중이 줄어들다 2019년 1,273억 원으로 전체 국가균형발전특별회계 10조 5,395억 원의 1.21%에 그쳤다. 중앙정부가 지원한 누적('07~'19) 제주 특별지방행정기관 예산은 2조 2,309억 원으로 누적 국가균형발전특별회계 128조 8,668억 원의 1.73%로 최초 이관된 2007년의 2.06%에 비해 떨어졌다.

<표 41> 국가균형발전특별회계 중 제주 특별지방행정기관 예산 규모('07~'19)

(단위: 억 원, %)

구분		2007년	2011년	2015년	2019년	'07~'19	
						합계	연평균 증감률
균특 회계		67,072	96,602	101,022	105,395	1,288,668	3.8%
	제주 특행 규모	1,385	1,841	1,791	1,273	22,309	-0.7%
	비중	2.06	1.91	1.77	1.21	1.73	

자료: 제주특별자치도의회(2019), 내부자료, 재구성.

제주 특별지방행정기관에 대해 2012년부터 2019년까지의 제주 특별자치도 의회(2019) 자료를 분석해보면 중앙정부 지원예산은 연평균 -3.2% 규모로 감소하고 있는 반면, 도비 부담액은 연평균 8.9% 증가율을 보인다. 예산 규모로 보면 중앙정부 예산은 2012년 1,869억 원에서 '19년 1,273억 원으로 596억이 줄어들었고, 도비 예산은 576억 원이 증가하여 중앙정부 예산 부족분을 도비로 충당하고 있는 것으로 나타났다.

기관별로 분석('12~'19)해보면, 도비 부담은 더욱 늘어난 것으로 나타났다. 연평균 증감률로 분석해보면 정부 예산은 제주지방국토관리청과 제주지방해양수산청 예산증가율이 감소한 것으로 나타났고 타 기관들은 평균 약 3% 증가율에 그친 것으로 나타났다. 제주지방국토관리청의 연평균 예산증감률의 경우, 정부 예산은 7.2% 감소하였고 도비는 16.8% 증가하였다. 정부 예산 592억이 감소한 반면 도비 179억이 증가하였고 도비 부담 비중은 3.2%에서 34.4%로 급증하였다. 제주지방노동위원회의 연평균 예산증감률은 정부 예산 3.1% 증가에 그친 반면 도비증가율은 23.3%에 이른다. 정부 예산 361억 원이 증가하였고 도비도 34억 원이 증가하였으나 도비 부담 비중은 0.4%에서 3.1%로 증가하였다. 제주보훈지청의 연평균 예산증감률은 각각 정부 예산은 3.3% 도비는 12.3% 증가하였다. 정부 예산은 6억 원 증가에 그쳤으나 도비는 81억 원이 증가하였고 도비 부담 비중은 66.5%에서 84.3%로 급증하였다. 제주지방 해양수산청의 연평균 예산증감률은 정부 예산의 경우 0.4% 감소하였고 도비증가율은 33.8%에 이른다. 정부 예산은 39억이 감소한 반면 도비 부담액은 139억 원이 증가하여 도비 부담 비중이 0.5%에서 16.0%로 증가하였다. 광주지방노동청 제주지청의 연평균 예산증감률은 정부 예산은 3.6% 증가에 그쳤으나 도비는 20.6% 증가에 이른다. 정부 예산 20억이 증가하였고 도비는 31억 원이 증가하여 도비 부담 비중은 8.8%에서 37.3%로 증가하였다. 제주지방 중소기업청의 연평균 예산증감률 및 정부예산과 도비증가율은 각각 3.3%, 3.4% 증가했다. 정부 예산은 4억 원 증가에 그쳤으나 도비 부담은 120억 원이 증가하여 도비 부담 비중은 96.3%에서 96.3%로 이미 대부분 도비로 사업을 추진하는 것으로 분석되었다. 제주환경출장소의 연평균 예산증감률은 정부 예산은 3.3% 증가하였고 도비는 10.1% 증가하였다. 정부 예산은 5천만 원 증가에 그쳤으나 도비는 23억 원이 증가하여 도비 부담 비율은 89.8%에서 95.0%로 증가하였다.

<표 42> 제주 특별지방행정기관 예산 현황('12~'19)

(단위: 백만 원, %)

구분		2012	2013	2014	2015	2016
합 계	균특분	186,934	179,750	179,586	179,104	181,591
	제주분	32,253	47,934	62,707	108,950	56,678
	제주 비중	14.7	21.1	25.9	37.8	23.8
제주지방국토 관리청 (건설과·도로 관리과)	균특분	99,957	80,144	86,547	58,700	58,058
	제주분	3,319	3,836	4,012	4,957	8,567
	제주 비중	3.2	4.6	4.4	7.8	12.9
구분		2012	2013	2014	2015	2016
제주지방노동 위원회 (지방노동위원회)	균특분	805	879	929	978	995
	제주분	3	3	15	75	33
	제주 비중	0.4	0.3	1.6	7.1	3.2
제주보훈지청 (보훈청)	균특분	1,360	1,473	1,582	1,704	1,688
	제주분	2,702	3,386	3,664	4,556	5,318
	제주 비중	66.5	69.7	69.8	72.8	75.9
제주지방해양 수산청 (해운항만과, 해양수산연구원)	균특분	79,862	91,012	85,164	112,453	112,224
	제주분	438	8,049	22,451	51,260	3,372
	제주 비중	0.5	8.1	20.9	31.3	2.9
구분		2012	2013	2014	2015	2016
광주지방 노동청 제주지청 (고용센터, 일자리과)	균특분	3,885	5,136	4,190	4,025	7,306
	제주분	375	1,121	1,170	4,109	3,303
	제주 비중	8.8	17.9	21.8	50.5	31.1
제주지방 중소기업청 (소상공인 기업과)	균특분	944	980	1,040	1,102	1,170
	제주분	24,346	29,506	29,882	41,342	34,120
	제주 비중	96.3	96.8	96.6	97.4	96.7
제주환경출장소 (생활환경과)	균특분	121	126	134	142	150
	제주분	1,070	2,034	1,514	2,650	1,965
	제주 비중	89.8	94.2	91.9	94.9	92.9

구분		2017	2018	2019	연평균 증감률	비중	
						'12	'19
합 계	균특분	152,037	121,561	127,316	-3.2	100	100
	제주분	69,343	85,896	89,947	8.9	100	100
	제주 비중	31.3	41.4	41.4			
제주지방국토 관리청 (도로관리과)	균특분	36,244	37,846	40,693	-7.2	53.5	32.0
	제주분	11,003	10,925	21,316	16.8	10.3	23.7
	제주 비중	23.3	22.4	34.4			
제주지방노동 위원회 (지방노동 위원회)	균특분	1,046	1,106	1,166	3.1	0.4	0.9
	제주분	29	48	37	23.3	0.0	0.0
	제주 비중	2.7	4.2	3.1			
제주보훈지청 (보훈청)	균특분	1,788	1,904	2,018	3.3	0.7	1.6
	제주분	7,381	13,064	10,820	12.3	8.4	12.0
	제주 비중	80.5	87.3	84.3			
제주지방 해양수산청 (해운항만과, 해양수산 연구원)	균특분	104,119	71,441	75,908	-0.4	42.7	59.6
	제주분	6,199	15,975	14,418	33.8	1.4	16.0
	제주 비중	5.6	18.3	16.0			
광주지방노동청 제주지청 (고용센터, 일자리과)	균특분	7,439	7,776	5,951	3.6	2.1	4.7
	제주분	3,534	3,534	3,534	20.6	1.2	3.9
	제주 비중	32.2	31.2	37.3			
구분		2017	2018	2019	연평균 증감률	비중	
						'12	'19
제주지방 중소기업청 (소상공인 기업과)	균특분	1,242	1,319	1,401	3.3	0.5	1.1
	제주분	37,370	38,991	36,443	3.4	75.5	40.5
	제주 비중	96.8	96.7	96.3			
제주환경출장소 (생활환경과)	균특분	159	169	179	3.3	0.1	0.1
	제주분	3,827	3,360	3,380	10.1	3.3	3.8
	제주 비중	96.0	95.2	95.0			

자료: 제주특별자치도의회(2019), 내부자료, 재구성.

제주특별자치도로 7개 특별지방행정기관이 이관 당시 같이 이체되는 인력에 대한 인건비와 조직운영을 위한 기본경비, 당시 사업예산을 제외하고는 그 이후에 중앙정부의 예산지원이 사실상 없었다. 이는 정부의 지원 의지가 부족한 측면도 있었지만 제주특별자치도 차원에서도 적극적으로 중앙정부 예산을 확보하기 위한 노력이 부족하였다.

추가로 특별지방행정기관 사무를 이양 받을 경우 제주특별법 제25조 제3항 및 제4항과 제26조에 따라 중앙정부가 행·재정적 지원을 할 수 있는 근거가 있음에도 불구하고 도에서는 적극적으로 중앙정부 예산확충을 위한 노력을 기울이지 않았다. 앞서 살펴본 바와 같이 제주 특별지방행정기관 모든 사무에 대해 제주특별자치도 출범 이후 제주특별법 제도개선을 하였으나, 수반되는 예산을 같이 요구하지는 않았다. 향후 제주특별자치도 출범 이후 추가로 이관된 사무에 대해 수반되는 예산을 분석하여 중앙정부에 요구를 할 필요가 있다.

<표 43> 제주특별법 제25조 및 제26조

제25조(사무의 이관에 따른 조치 등) ③ 제24조에 따라 사무가 이양되는 특별지방행정기관의 소관 중앙행정기관의 장과 관계 중앙행정기관의 장은 제주특별자치도가 그 이양받은 사무를 원활히 수행할 수 있도록 인원을 이동시키는 등 행정적·재정적 지원을 하여야 한다. ④ 중앙행정기관의 장은 제3항에 따른 재정지원을 할 때에는 그 방법 및 규모 등에 관하여 다음 각호의 사항이 포함된 지원계획을 마련하여 지원위원회의 심의를 받아야 한다. 이 경우 지원위원회는 미리 도지사의 의견을 들어야 한다.

1. 이관의 범위 및 내용과 이관되는 단위 사무별 처리절차에 관한 사항
2. 이관사무의 최근 3년간 재원별·단위 사무별 소요비용에 관한 사항
3. 재정지원의 규모·방법·시기와 그 비용의 조달방안에 관한 사항
4. 그 밖에 재정지원과 관련되는 사항

제26조(이양대상 사무 외 특별지방행정기관의 사무의 이관) ① 도지사는 제24조에 따른 이양대상 사무 외의 특별지방행정기관의 사무가 제주특별자치도에서 수행하는 것이 효율적이라고 인정되는 경우에는 해당 특별지방행정기관의 소관 사무의 제주특별자치도 이관에 관하여 심의하여 줄 것을 지원위원회에 요청할 수 있다.
② 지원위원회는 제1항에 따라 요청받은 특별지방행정기관의 사무의 이관에 대하여 관계 중앙행정기관의 의견을 듣고 지원위원회의 심의를 마친 후 그 내용을 공고하여야 한다.

3. 제주 특별지방행정기관 이관 전·후 주요 사무별 평가

1) 주요평가 기준 및 내용

앞서 제주 특별지방행정기관 이관 전·후 평가를 위해 주요 실적, 성과지표, 수치 등 정량적 평가방식으로 기술을 했다면, 이관사무에 대한 정성적인 평가도 필요하다. 이를 위해 기본적으로 양영철(2009)과 한국지방행정연구원(2015)의 선행연구와 제주특별자치도(2011; 2012; 2014; 2016) 및 제주특별자치도 의회(2018; 2020) 내부자료와 예산서('07년~'20년, 본예산 기준)를 참조하였다.

제주 특별지방행정기관 이관 전·후 평가는 (1) 인력 및 예산 현황 (2) 긍정적 측면 (3) 부정적 측면으로 구분하여 기술하였다. 특별지방행정기관 이관 전과 후를 비교함에 있어 이관 후 첫해인 2007년과 최근인 2020년 기관 인원 정원과 특별지방행정기관을

통한 중앙정부 사업예산 규모를 살펴보는 것은 중앙정부와 제주특별자치도의 정책 의지를 가늠해볼 수 있다. 이관 전후 비교를 통한 주요 장단점 비교 또한 연구모형에 따른 제주특별자치도 차원의 정책 의지와 성과를 살펴볼 수 있다.

(1) 인력 및 예산 현황

7개 특별지방행정기관이 제주로 이전되면서 지방비로 부담하는 인력운영비가 증가하였다. 7개 제주 특별지방행정기관 이관 시 총 이관정원은 140명이었다. 13년이 지난 2020년 현재 이관사무에 대한 총 정원은 214명으로 74명이 증가하였다. 74명에 대한 인력운영비가 증가하였지만 중앙정부는 증가한 인력에 대한 예산지원을 하지 않고 있다. 도비 부담액이 많이 늘어난 사무는 고용사무(광주지방노동청 제주지청)로 이관 후 35명이 증가하였다. 다음으로 국토사무(제주지방국토관리청)로 이관 후 28명의 정원이 늘어났다.

제주 특별지방행정기관에 대한 중앙정부 예산은 크게 인건비, 기본경비, 사업예산으로 구분할 수 있다. 이 중 중앙정부의 지원 의지를 가늠해볼 수 있는 예산은 사업예산이다. 2007년 중앙정부가 지원한 전체 사업예산은 1,331억 원이었으며 2020년 사업예산은 1,117억 원으로써 연평균 증감률이 -1.3%로써 지속해서 감소한 것으로 나타났다. 7개 이관사무 중 절대적 비중을 차지하고 있는 것은 국토사무와 해양수산사무 분야이다. 국토사무는 2007년 552억 원에서 2020년 442억 원으로써 연평균 -1.7%로 감소하였다. 해양수산사무는 2007년 756억 원에서 2020년 584억 원으로 연평균 -

2.0% 감소하였다.

모든 행정조직은 인력과 예산으로 운영된다. 7개 특별지방행정기관의 이관 전후의 인력과 예산을 비교해보면 중앙정부의 지원 의지는 매우 소극적임을 확인할 수 있다. 늘어나는 이관사무를 처리하기 위한 인원확대는 불가피하나 중앙정부의 추가적인 인력운영비 지원은 없으며 사업예산은 지속해서 줄여나간다는 것은 중앙정부가 특별지방행정기관 이관정책을 달가워하지 않는다는, '외부효과의 덫'(소진광, 2010)을 증명한다고 볼 수 있다.

한편으로는 제주특별자치도가 중앙정부와의 적극적인 정책소통에 소극적이었다는 해석도 가능하다. 지난 13년간 이관사무 증가에 따른 인력확대 필요성과 사업예산 확충에 대해 중앙정부를 상대로 적극적으로 대응하지 못한 측면도 존재한다.

향후 이관사무 증가에 대한 인력과 사업예산 확대 필요성에 대해 세부적인 분석을 바탕으로 전략을 수립하여 중앙정부와 적극적인 소통에 나서야 한다.

<표 44> 제주 특별지방행정기관별 인원 정원 및 사업예산 증감현황

(단위: 백만 원, 명, %)

기관별	인원 정원			사업예산		
	이관 시 ('07년)	현재 ('20년)	증감	이관 시 ('07년)	현재 ('20년)	연평균 증감률
전체	140	214	74	133,116	111,776	-1.3%
제주지방국토관리청	49	77	28	55,260	44,216	-1.7%
제주지방해양수산청	35	37	2	75,649	58,428	-2.0%
제주지방중소기업청	12	20	8	709	1,439	5.6%
광주지방노동청 제주지청	10	45	35	1,345	7,140	13.7%

기관별	인원 정원			사업예산		
	이관 시 ('07년)	현재 ('20년)	증감	이관 시 ('07년)	현재 ('20년)	연평균 증감률
제주지방노동위원회	9	11	2	28	236	17.8%
제주환경출장소	2	2	0	91	185	5.6%
제주보훈지청	23	22	△1	34	132	11.0%

자료: 제주특별자치도 내부자료 재구성.

(2) 긍정적 측면

특별지방행정기관 이관에 따른 긍정적 측면은 '업무 일원화를 통한 효율성 제고 및 종합행정 실현', '민주성 실현', '맞춤형 행정을 통한 주민편의 증진', '지역 특성 및 도 정책과 연계한 사업추진' 등으로 분류할 수 있다.

'업무 일원화를 통한 효율성 제고 및 종합행정 실현'은 대부분의 특별지방행정기관 이관에 따른 긍정적 효과이다. 특별지방행정기관 이관원칙 중 '보충성의 원칙'으로 사무의 중복이 발생할 때 지방정부가 더 효율적으로 사무를 추진할 수 있다면 이관이 필요하다. 국토사무의 경우, 도로관리체계의 일원화가 가능하며 중소기업사무는 유사·중복사무의 통합이 가능하다. 고용사무도 중앙정부와 지방정부 간의 중복사무로 인한 비효율성을 제거할 수 있었다고 분석되었다.

'민주성 실현'은 '보충성의 원칙'의 연속선상에서 설명될 수 있다. 국토사무에서 구(舊) 국도 유지·관리 사무를 이관해왔으나 지방비 부담이 가중되면서 중앙정부로의 환원을 요구하였다. 이에 대해 중앙정부는 수용하여 관련 예산을 지원해오고 있다. 이러한 사

례는 지방정부 차원에서 이관만을 요구하는 것이 아니라 운영성과
를 통해서 다시 환원이 필요한 경우 중앙정부에 요구할 수 있는 권
리의 개념을 포함한다.

'맞춤형 행정을 통한 주민편의 증진'은 이관사무를 주민의 복리
증진에 초점을 맞춰서 활용하는 부분이다. 관광지 특성에 맞춰서
도로, 표지판 관리의 현지성을 강화하고 항만이용시설과 관련한 세
외수입확대와 관련 사업체의 비용 절감 차원의 정책지원, 주민 밀
착형 고용서비스 발굴·지원 강화, 지역 여건에 맞는 환경기초시설
지도·점검 등을 통해 주민만족도를 제고하는 부분은 긍정적인 측
면이다.

'지역 특성 및 도 정책과 연계한 사업추진'도 긍정적인 측면이다.
해양수산사무인 경우 국가정책과 제주 사면의 특성과 물류와의 연
계, 국제관광지로의 지향 등의 정책과 연계한 항만정책이 대표적이
다. '제주마씸'으로 대표되는 중소기업 사무의 활용 등은 주목할
만한 사례이다.

(3) 부정적 측면

특별지방행정기관 이관에 따른 부정적 측면은 '전문성 약화',
'공공인프라로서의 국가사무 필요성 간과', '예산 부족', '중앙정부
와의 관계 악화', '시의성 있는 중앙정부 신설사무 대응 약화' 등으
로 분류할 수 있다.

특별지방행정기관 이관에 따른 '전문성 약화'는 지방정부가 정책
결정 시 반드시 사전에 고려해야 할 사항이다. 공무원은 2~3년 단

위의 순환 전보 인사제도를 채택하고 있기 때문에 특정 업무를 수행하기 위해 소속되어 있는 특별지방행정기관 직원과의 업무여건은 차이가 날 수밖에 없기 때문이다. '전문성 약화'는 모든 특별지방행정기관에서 나타나는 문제점이기 때문에 전문직위제도, 인사가점 등의 인센티브 운영이나 공모 직위 또는 개방형 직위 지정을 통한 전문성 강화방안을 마련할 필요가 있다.

특별지방행정기관 이관 결정 시 '공공인프라로서의 국가사무 필요성을 간과'하지 않도록 해야 한다. 국토사무 중 도로가 대표적이다. 인구증가 등으로 인한 생활권역 확대로 도로 확충 및 신설 수요가 증가할 경우 중앙정부가 그 비용을 부담하는 것이 타당하다. 제주의 경우, 국제적 관광지이기 때문에 신규 도로 이용객의 다수가 관광객 등 외지인이기 때문에 이들의 방문을 통해 국비 확충의 계기가 되기 때문이다. 향후 도로사무 활용 및 성과제고를 위한 적극적인 방안이 필요하다.

'예산 부족'은 어쩌면 당연한 문제점이다. 참여정부에서 지방분권의 원칙 중 하나를 '선 사무이관 후 비용 등 보완'으로 내세운 이후 제주특별자치도에서도 예산절충보다는 제도개선에 초점을 맞춰온 측면이 있다. 대부분의 특별지방행정기관에서 예산 부족의 문제점이 드러나고 있다. 이관사무는 계속해서 늘어나는 데 이를 뒷받침할 예산이 수반되지 않음으로써 지방비를 부담하여 사무를 집행하는 비중이 더욱 늘어나고 있다.

특별지방행정기관 이관이 '중앙정부와의 관계를 오히려 악화'시킨다는 측면이 있다. 관련 중앙부처와 인사교류를 하지 않는 경우 정책 공감대 형성이 부족하고 예산확충에 어려움을 겪고 있다. 특히 정보시스템 등의 접근 권한이 차단됨으로써 도 차원의 추가 예산부담뿐만 아니라 중앙정부 정책과 연계하는 능력도 떨어지고 있다.

특별지방행정기관 이관은 '시의성 있는 중앙정부 신설사무 대응을 약화'하는 부분이 있다. 중앙정부는 지속적인 법령개정으로 특별지방행정기관 관련 사무를 신설해나갈 때 시의성 있게 제주가 대응할 수 있는 방안이 부족하다. 사무이관 방식이 법령 개별조문별로 특례를 명시하는 열거주의 방식이기 때문에 일반법이 개정되면 제주특별법을 별도로 개정해야 하는 절차를 거쳐야 한다. 시의성이 필요한 고용사무인 경우 제주특별법 개정으로 다른 지역보다 2~3년 늦게 시행되는 측면이 있기 때문에 타법 개정 또는 위임·위탁의 방식으로 중앙정부의 신설사무에 대응할 필요가 있다.

지금까지 제주 특별지방행정기관 이관 전·후 주요평가를 기술했으며 이관사무별 구체적인 사항에 대해서는 계속해서 논의를 이어가고자 한다.

2) 국토관리 사무

(1) 인력 및 예산 현황

제주특별자치도 관점에서 보면 제주지방국토관리청이 이관되면서 인건비 증가와 정부 지원예산이 축소되어 손해를 보고 있다고 할 수 있다. 이관 당시 정원 은 49명이었으나 현재 정원은 공무직을 포함하여 77명으로 28명이 더 늘어났다. 늘어난 인원에 대한 인건비는 지방비로 충당하고 있다. 한편 사업예산은 2007년 552억 원에서 2020년 442억 원으로 줄어들었다. 이는 구-국도 관리예산(약 320억 원)이 2016년도부터 지원이 되는 점을 고려한다면 사실상 정부의 지원 의지가 많이 부족하다.

제주특별자치도 차원에서도 특별지방행정기관 성과제고를 위한 노력이 부족하였다. 중앙정부의 사업예산 규모는 최초 2007년 552억 원에서 2012년 970억 원으로 정점을 찍은 이후 계속해서 예산 규모가 감소하여 2020년 442억 원에 불과하다.

특별지방행정기관 예산이 아닌 중앙부처 직접지원 국비도 감소하였다. 2007년 177억 원에서 2020년 75억 원으로 102억(연평균 증감률 −0.06%)으로 감소하였다. 특별지방행정기관 기본경비도 2007년 1억 346만 원에서 2020년 8,242만 원으로 물가상승 반영은 고사하고 오히려 2100만 원이 감소하였다.

인력운영과 예산증감액만 놓고 보면 적어도 중앙정부(국토교통부) 예산증가율에 준하여 예산지원을 끌어내기 위한 사업 발굴 및 중앙절충을 할 필요가 있다. 아울러 다른 지역 특별지방행정기관의 예산증가율 등을 분석하여 특별지방행정기관 이관으로 인해 불이익을 받지 않는 전략을 수립하고 추진할 필요가 있다.

<표 45> 제주지방국토관리청 이관 전후 인력 및 예산 현황

(단위: 백만 원, %)

	이관 정원	실제 이체 인원	이관 부서	현재 정원 (2019.12.31.)	중앙부처교류
인력 현황	49명	44명 (5급 이상 3, 6급 이하 15, 기능직 26)	건설과	지방직 4	해당 사항 없음
			도로관리과	지방직 37 공무직 36 (*청원경찰 1)	
사업 예산 현황	2007년	2012년(최고)	2020년	연평균 증감률(%)	
	55,260	97,041	44,216	-1.7%	
추가 국비	17,781		7,516	-6.4%	
전체	73,041		51,732	-2.6%	

자료: 제주특별자치도 내부자료 재구성.

(2) 긍정적 측면

국토관리사무의 이관을 통해 도로관리체계의 일원화를 통해 효율성이 제고되었고 도로관리의 지역성·현지성이 강화되었다는 평가이다. 과거 읍면지역 국도는 국토관리청이 관리하고 동 지역 국도와 지방도는 지방자치단체장이 관리하여서 제설작업 등 도로 간 연계관리가 제대로 되지 못한 문제점을 15개 모든 도로(지방도와 구-국도)의 건설 및 관리의 일원화를 통해 해소하였다.

도로관리의 경우도 제주지역 특성과 현지 대응성이 강화되었다. 소형·통합 사설 안내표지판 신설, 도로표지판에 외국어 표기방법 등 제주지역 실정에 맞게 조례를 제정할 수 있었고, 도로, 교각에 대한 보수 시 관광지 주변 및 위험지역 등을 우선순위로 결정·시행함으로써 주민만족도 및 제주 이미지를 제고하는 데 기여했다는 평가다.

구(舊) 국도 유지·관리와 비용과 관련한 이관사무를 환원시킨 점도 긍정적인 측면이다. 기존 일반국도이던 5개 노선에 걸친 453km 구간이 지방도로 전환되면서 2009년까지 지원되어 왔으나 2010년 이후 도로관리를 위한 지방비 부담이 가중되었던 사항을 제5단계 제주특별법 제도개선을 통해 해소하였다.

(3) 부정적 측면

이관사무를 활용하여 제주특별자치도 차원에서 '도로개발의 종합계획수립 및 시행' 등을 통해 종합적인 정책을 추진할 수 있는 분명한 장점이 있음에도 불구하고 '도로'가 갖는 공공인프라 측면에서 재정부담은 갈수록 가중되고 있다.

사무이관으로 제주특별자치도에는 법적인 국도가 없으며, 국가의 도로정책 수립과 시행 대상에서 제주지역이 배제되었다. 제주가 지속적인 인구증가와 생활권역이 확장됨에 따라 도로의 신규수요는 지속해서 늘어나고 있음에도 불구하고 중앙정부의 지원근거가 없는 상황이다.

사무이관 이전 기준으로 보면 도내 항만·공항 및 주요 관광지 등을 연결하는 지방도로가 교통량 증가로 인해 국도승격요건을 갖췄으나 중앙정부 계획에 국도의 신설계획을 포함하는 것은 중앙정부 반대 등으로 어려운 상황이다.

다른 지역에서는 「도로법」상 공항·항만과 연결되는 국도의 지선 및 지정국도 제도를 도입하여 보다 효율적인 국가 간선 도로망 체계를 운영하고 있으나, 제주지역은 이러한 제도를 활용하여 중앙정부에 요청할 수 있는 제도적 근거가 없는 상황이다.

중앙정부가 지원하는 구(舊) 국도 유지·관리 예산운영의 경직성도 문제가 된다. 약 320억 원의 예산('17년 332억 원, '18년 324억 원, '19년 318억 원)을 목적사업에 사용하고 불용 또는 예산절감액에 대해서는 지방도로의 유사사업에 전혀 쓰이지 못하게 하고 있다. 이는 다른 국비 사업이 유사사업에 쓰일 수 있도록 하여 정책성과를 높이고 불용률을 최소화하자는 정책적 취지와 형평성에도 어긋나는 측면이 있다.

(4) 개선 방향

국토사무는 국제적 관광휴양지를 지향하는 국제자유도시 조성과 밀접하게 관련이 있는 국가발전정책영역이기 때문에 중앙정부의 정책과 연계될 필요성이 있다. 이러한 논리로 중앙정부를 상대로 적극적인 정책소통에 나설 필요가 있다.

향후 제주 신항만 건설(정부의 신-남방정책과 연계 등)과 제2공항 추진(동북아시아의 관문으로서의 제주 등) 등 대규모 국책사업 추진이 예정되는 만큼 국도와 관련한 제도적 근거를 마련할 필요가 있다. 추가적인 제도개선사항으로 '도지사가 중앙부처의 장과 협의하여 도로건설 종합계획을 수립하면 중앙부처의 장이 수립하는 도로건설·관리계획으로 본다'라는 규정을 마련할 필요가 있다.

국도가 아니더라도 국가지원 지방도 규정을 활용하여 중앙정부와 적극적으로 소통에 나설 필요가 있다. 당장 구(舊) 국도 유지·관리예산을 절약하여 남는 경우 국가지원 지방도로 예산을 활용할 수 있는 방안이 필요하다.

중앙정부와 소통하기 위해서는 이관 후 실시하고 있지 않은 인사교류를 실시할 필요가 있다. 중앙정부 정책 동향 파악과 제주지역 특성과 정책 동향을 상호 공유하고 공감대를 형성하기 위해서는 인사교류는 필수적이다. 적어도 제도개선과 예산과 관련한 정책결정을 할 수 있는 위치에 있는 서기관(4급) 급의 인사교류가 필요하다.

3) 해양수산사무

(1) 인력 및 예산 현황

제주지방국토관리청처럼 제주지방해양수산청도 제주로 이관 후 인력운영비와 사업예산 규모에 있어 손해를 보고 있다. 이관정원은 35명이나 현재 이관사무를 수행하는 정원은 37명으로써 2명에 대한 인건비를 추가로 부담하고 있다. 중앙정부 지원예산은 2007년 756억 원에서 2015년 최고 규모인 1,115억 원에서 2020년 548억 원으로 줄어들었다.

다만 특별지방행정기관 사업예산이 아닌 중앙부처 직접 국고보조 예산은 98억 원에서 201억 원으로 103억 원 증가하였다. 이는 다른 해양수산 분야에 대한 국고 사업이기 때문에 제주특별자치도에서는 특별지방행정기관과 관련한 국비 사업을 지속해서 발굴하고 요청할 필요가 있다.

<표 46> 제주지방해양수산청 이관 전후 인력 및 예산 현황

(단위: 백만 원, %)

	이관 정원	실제 이체 인원	이관 부서	현재 정원 (2019.12.31.)	중앙부처 교류
인력 현황	35명	35명 (5급 이상 3, 6급 이하 24, 기능 8)	해운 항만과	국가직 4 지방직 29 공무직 2	4급 1 5급 1 6급 2
			해양수산 연구원	지방직 1 공무직 1	

사업 예산 현황	2007년	2015년(최고)	2020년	연평균 증감률(%)	
예산 현황	75,649	111,548	58,428	-2.0%	
추가 국비	9,861		20,195	5.7%	
전체	85,510		78,623	-0.6%	

자료: 제주특별자치도 내부자료 재구성.

(2) 긍정적 측면

해양수산사무 이관은 동북아시아의 관문을 지향하는 제주특별자치도가 사면의 바다 특성과 도내 산업적 특성을 연계하여 해양수산 정책을 추진하고자 하는 정책적 취지가 담겨있다. 항만(국가 어항) 개발, 무역항 항만시설사용허가, 지방항만에 대한 항만 기본계획 수립 시 장관승인 배제, 지방항만 지정, 항만시설 신설 또는 개축, 분구의 설정 시 장관승인 배제, 항만 운송수수료 결정 기준 이양, 제주특별자치도 관내 항로 내항여객운송사업에 관한 권한 등은 제주 차원의 정책 결정을 뒷받침하는 제도적 근거이다.

이와 연계한 정책 방향 차원에서 긍정적인 측면은 국제 크루즈 여객 항만정책을 시도하고 있다는 점이다. 국제적 관광휴양지로서 동북아시아의 관문을 지향하는 제주특별자치도 차원에서 바람직한 정책 방향으로 볼 수 있다. 다만 코로나 19 등 대외 여건변화에 따른 대응방안도 동시에 강구할 필요가 있다.

청정 제주지역의 1차 생산·가공품을 해양수산 정책과 연계하는 시도도 바람직하다. 제주에서는 (가칭)제주해운항만물류공사 설립을 시도한 바 있다. 중앙정부에서 부정적으로 판단하여 중지된 상태이지만 인구증가와 대내외 관광객이 증가하는 상황에서 여객기능과 연계한 도내 물류 정책은 여전히 유효할 수 있다.

해양수산사무 이관으로 항만서비스 기능이 이용자 중심으로 전환되었다. 성산포항 다목적부두, 한림항 어선물양장, 화순항 수산물복합유통센터 등 지역 특성을 살린 항만개발계획을 수립하여 추진하고 있다. 제주항 내 여객이동용 아케이드 설치, 주차장 확장, 여객터미널 환경개선 등 항만시설을 적극적으로 개선할 수 있었다.

해양수산 사업 경쟁력 강화에도 기여하였다. 특히 지역 물가에 영향이 큰 항만요금을 2007년부터 2011년 동안 4년간 동결하여 연간 약 9억 원의 물류비 절감에 기여하였다. 국제 크루즈 여객터미널 이용료는 1,500원에서 3,000원으로 현실화하는 등 제주지역 여건을 고려한 항만요금관리체계를 적용하였다. 어항 구역 확대지정을 통해 한림·서귀포항에 수산물 냉동가공공장을 건립하였고, 성산항에 수산물판매시설을 건립하여 해양수산업 종사자 소득향상에 기여하였다. 무역항 항만시설사용료 수입으로 연간 평균 14억 원의 지방재정 확충에도 기여하였다.

정부 정책소통 차원에서 해운항만과장을 포함하여 4명(4급 1, 5급 1, 6급 2)이 인사교류를 실시하고 있다. 국가 항만계획에 도의 계획과 연계될 수 있도록 하고 업무 전문성 등을 보완하고 있다.

(3) 부정적 측면 및 개선사항

해운항만과의 경우 항만 관리·운영 업무가 이원화되고 있어 원활한 항만 관리 어려움에 있다. 항만시설 관리운영(제주도)과 항만보안(해양수산관리단) 그리고 입·출항 관제(해경) 사무의 연계가 강화될 필요가 있다.

수산기술보급·지도업무가 업무가 수산정책과, 해양수산연구원으로 분산됨으로써 타 지방과의 업무교류가 단절되는 결과를 가져오고 있다. 또한 이와 관련한 전문인력이 애초 11명 이관되었으나 이 중 10명이 어촌지도직에서 일반수산직으로 직렬이 변경되고 이후 퇴직 등으로 인해 어촌지도 업무 기능이 약화한 측면이 있다.

조직운영 측면에서 중앙부처와 인사교류는 이루어지고 있으나, 지방직인 경우 비선호 부서로 인한 잦은 보직 이동으로 업무 전문성과 민원대응성이 떨어지는 결과를 초래하고 있다. 전문성 강화를 위한 인사·조직운영 개선이 필요하다.

해양수산연구원의 경우 이관사무와 전담인력의 불일치로 인해 전문성이 떨어지는 경우가 있다. 해양수산연구원으로 이관된 현장 기술지도 기능 강화, 어업인 요구 증대 및 지도·교육 업무수행, 수산업경영인 육성 등의 사무가 도 차원에서 이관 전담인력 배정

없이 분장됨으로써 전문성 부족이 대두되고 있다.

앞으로 개선해야 할 사항으로는 항만시설 확장에 따른 추가유지
비용, 대규모 항만 개발사업비의 안정적 확보 등 예산문제 해결과
정부가 권한을 가진 해상관제, 해상교통, 선박 안전 및 국제 항해
선박 보안 항로표지 시설·관리 기능을 제외한 사무의 추가적 이
관 등이다. 추가가 필요한 주요 사무는 개항질서, 내항여객운송, 해
양환경, 항만 운송 관련 사업, 국유재산관리, 항만보안, 해운 관련
사무, 선원관리 및 해기사 면허, 선원 근로감독, 선박등록 업무, 도
외 운항 내항 여객선 면허 업무 등이다.

4) 중소기업 사무

(1) 인력 및 예산 현황

제주지방중소기업청 이관 후 인력과 중앙정부 지원예산 규모는
불이익을 받고 있다. 이관 시 정원은 12명이었으나 현재 정원은 20
명으로써 증원된 8명에 대해서는 지방비로 충당하고 있다. 이관 당
시 사업예산은 전혀 지원이 되지 않았고 중앙부처 직접 지원예산
으로써 2020년 34억 원에 불과하다. 적어도 중소기업 정책과 관련
해서 도의 정책 의지뿐만 아니라 중앙정부의 지원 의지가 사실상
없다고 볼 수 있다.

<표 47> 제주지방중소기업청 이관 전후 인력 및 예산 현황

(단위: 백만 원, %)

인력 현황	이관 정원	실제 이체 인원	이관 부서	현재 정원 (2019.12.31.)	중앙부처 교류
	12명	11명 (5급 이상 3, 6급 이하 4, 기능 4)	소상공인 기업과	지방직 18 공무직 2	
사업 예산 현황	2007년		2020년	연평균 증감률(%)	
사업비	0		0		
인건비·기본경비	709		1,439	5.6%	
추가 국비	0		3,417		
전체	709		4,856	16.0%	

자료: 제주특별자치도 내부자료 재구성.

(2) 긍정적 측면

사무이관을 통해 제주의 특성을 활용한 사업·개발 지원이 가능한 점은 긍정적이다. 사업 초기 단계에서 지역기업인들의 의견반영이 가능하고 이를 바탕으로 제주 콩 식품산업 육성사업, 제주특산품 전시판매장 운영지원, 바이오융합센터 운영지원, 지역특화 수출전략제품 기술개발사업 등이 가능했다.

자금, 판로, 기술지원 등 유사·중복되는 사무를 통합함으로써 자금지원 절차 간소화 등 주민 편의성을 높였다. 타 시도에 비해 영세한 기업체 특성상 전국기준을 적용할 경우 지원 대상에서 제외 또는 축소될 수 있으나, 이관 후 23개 맞춤형 지원시책 발굴을 통해 지역적 특성을 반영하였다.

이관 중소기업 사무를 활용한 주요 사례 중 하나인 제주마씸인 경우, 지역 브랜드의 한계를 극복하고 경쟁력을 강화한 대표적인 사례이다. 2005년 5개 업체 20개 품목으로 첫발을 내디딘 후 현재는 99개 업체 682개 품목으로 확대되었고 수도권 14개 유통매장을 갖고 있으며 매출액도 매년 2천억 원이 넘는 규모로 성장하였다.

(3) 부정적 측면 및 개선사항

중소기업 사무가 이관된 후 문제점들이 더욱 두드러졌다는 평가이다. 이관된 대부분의 사무는 국가법령에 근거한 법정 사무가 아니라 매년 정책 방향에 따라 수립되는 시책사업에 해당하기 때문에 중앙정부나 지방정부가 동시에 시행해도 무방한 사업이라는 점이다.

중소기업판로지원 사무인 경우 중앙정부와 지방정부가 같이 추진할 수 있는 사업이나 제주특별법에 이관사무로 명시함으로써 중앙정부의 계획수립에 제주를 배제하고 지원에 소극적인 결과를 초래하였다. 중앙정부로의 환원을 고민할 필요가 있다. 특히 중소기업벤처부 산하기관인 중소벤처기업진흥공단, 중소기업중앙회, 신용보증재단 등의 사무와 예산을 활용할 수 있는 권한이 사라지면서 정책의 총괄 시스템의 한계를 드러냈다.

중소기업 관련 사무는 구조적으로 중복적일 수밖에 없는 현실적인 상황을 고려하지 않은 측면도 있다. 중소기업 지원업무는 중앙정부, 지방정부, 각 중앙정부 산하 공공기관(중소기업진흥공단, 중소기업중앙회, 신용보증재단, 기술신용보증재단, 소상공인시장진흥공단 등)과 제주특별자치도 산하 공공기관(제주경제통상진흥원, 제주신용보증재단 등) 등에서 중복적인 기능을 수행하고 있다. 이는 지역의 특성과 다양한 업체의 특성을 고려했을 때 맞춤형 지원 차원에서 필요하다. 유관기관들과 연계한 협력체계가 오히려 중요한 정책적 이슈일 수 있으나 사무이관을 통해 제주특별자치도의 재정 부담만 가중했다는 부정적 측면이 존재한다.

중소기업 경영 및 기술지도(경영지도사 사업, 경영지도사제도 운영 등) 계획수립의 경우, 제주 차원에서 독자적으로 추진하는 것이 한계가 있다. 이 업종 교류 지원사업 등을 위한 중앙정부의 예산지원은 전무한 상황이다. 창업지원, 판로지원, 여성·장애인 기업 지원사업 등의 국비 지원은 안 되고 있다. 또한, 대-중소기업 상생 협력 관련 공정거래위원회에 대한 조치요구 권한도 제주 실정에 맞지 않는 사무인 측면이 있다.

지방정부의 잦은 순환보직 인사제도로 인한 문제점도 발생한다. 중소기업 상생 정책 이행, 불공정거래행위 개선, 여성 차별적 기업 정책 등과 관련하여 지방자치단체가 제주지역 내 국가 또는 국가 공공기관에 대해 지도하기가 현실적으로 어려운 측면이 있다.

인사·정보교류의 한계로 인한 문제점도 있다. 중기청 내부망(수탁·위탁거래 실태조사시스템) 접근 권한이 없어, 도 자체시스템을 별도로 구축해야 한다.

결국 중소벤처기업부 정책으로부터 배제 현상을 방지하는 방안을 마련하고 '수·위탁기업 불공정거래행위 정기조사 및 공포권', '위탁기업이 공정거래법·하도급법 위반 시 공정위 조치요구권' 등 전국적으로 통일성이 필요한 사무인 경우 환원이 필요하다.

5) 고용사무

(1) 인력 및 예산 현황

취업알선, 직업 능력개발, 고용안정, 실업급여, 피보험관리 등은
국민의 사회 활동을 위한 기본권이라는 차원에서 중앙정부의 영역
이라고 볼 수 있다. 다만, 지방정부 특성이 중앙정부 계획과 연계
되고 반영되는 부분이 오히려 더 중요하다고 볼 수 있다.

광주지방노동청 제주지청이 이관되면서 제주특별자치도 차원
의 고용정책을 새롭게 설계하면서 이관정원 10명 대비 현재 정원
은 45명(시간선택제 14명 별도)에 이른다. 특별지방행정기관을
통한 사업예산은 2007년 13억 원에서 2020년 71억 원에 불과한
상황이다.

<표 48> 광주지방노동청 제주지청 이관 전후 인력 및 예산 현황

(단위: 백만 원, %)

	이관 정원	실제 이체 인원	이관 부서	현재 정원 (2019.12.31.)	중앙부처 교류
인력 현황	10명	3명 (6급 이하 2, 기능 1)	고용센터	국가직 2 지방직 40 공무직 3 (*시간선택 14 별도)	5급 1 6급 1

사업 예산 현황	2007년		2020년	연평균 증감률(%)	
	1,345		7,140	13.7%	
추가 국비	0		17,396		
전체	1,345		24,536	25.0%	

자료: 제주특별자치도 내부자료 재구성.

(2) 긍정적 측면

고용사무가 이관되면서 지역 특성을 반영한 효율적이고 종합적인 고용정책을 수립할 수 있고 추진이 용이한 점은 장점으로 평가된다. 고용센터를 중심으로 도내 대학, 상공회의소, 경제통상진흥원, 테크노파크, 도·행정 시 담당 부서 등 유관기관 및 관련 부서 간 상호 협조가 용이하여 구직자 맞춤형 일자리정책 정보제공 및 대상자 발굴·지원 등 연계가 용이하다. 지역산업 맞춤형 일자리 창출 지원사업, 대학 일자리센터 지원, 일자리 박람회 등 산·학·관 연계를 통한 맞춤형 인력공급 등 제주 일자리정책 수행을 위한 거점으로 활용이 가능하다.

중앙정부와 지방 간 일자리지원사업의 중복 지원 등 비효율성을 없애고, 사각지대를 최소화하는 자체 시책 발굴이 가능하다. 예를 들어, 고용노동부는 청년 구직활동비 지원사업을 졸업 후 2년 이내 미취업청년 대상으로 한다면, 제주특별자치도는 청년 자기계발비 지원사업을 졸업 후 2년 경과한 미취업청년 대상으로 하고 있다.

주민 밀착형 고용서비스 발굴·지원으로 사업 효과성과 주민 편의성을 높였다는 평가이다. 원스톱 취업 지원서비스 제공 차원에서 여성, 노인, 중·장년층, 사회적경제지원센터, 창업 등의 일자리 유관기관이 센터건물에 입주하여 구직자에 대한 정책 수요를 충족시킬 수 있다. 다양한 창구를 통한 도민 의견수렴도 긍정적으로 평가된다. 이관 전에는 국가업무에 대한 심리적인 거리감으로 제안하는 데 있어 한계가 있었으나 이관 후에는 도 홈페이지, 현장방문, 주민 대화, 각종 회의 시 제안이 이뤄지고 정책적으로 수용되고 있다.

지역 실정을 반영하여 고용센터 카카오톡 채널 운영, 찾아가는 일자리 상담센터 운영, 구인·구직 만남의 날 운영 등 다양한 방식의 정책 홍보로 수혜자 발굴 및 확대를 용이하게 한다.

(3) 부정적 측면 및 개선사항

고용변동 상황에 따라 국가 일자리정책 확대에 대한 예산과 인력 확보에 어려움이 존재한다. 중앙정부(고용노동부)는 추경 예산 등을 통해 유연하게 대처 가능하지만 제주특별자치도는 국가균형발전특별회계(제주계정)로 편성되어 중앙정부 부처 직접 보조사업(일반회계, 기금)에 비해 예산확보가 어려운 측면이 있다.

법률개정을 통한 중앙정부 신규사무 추진과 연동되지 못한 제도적 절차상의 문제는 심각하다. 신규사무 필요시 중앙정부는 법률개정을 통해 즉시 다른 지역에 시행을 하지만 제주특별자치도는 제주특별법 개정 후 추진하기 때문에 개정절차에만 2~3년의 시간이 필요하다. 제주특별법에 관련 법률 개정과 연동하여 추진할 수 있는 제도적 장치마련이 시급하다.

추가 신설사무에 대해 제주특별자치도로 이관되지 않는 경우는 광주지방고용노동청에서 수행하고 있어 제주지역에 대한 사업홍보가 미흡하고, 민원인은 광주지방고용노동청에 신청해야 하는 불편을 초래하고 있다. 고용보험 자격관리 업무가 대표적이다. 중앙정부는 근로복지공단에 2017년부터 위탁하고 있는데, 고용보험료 신고 및 납부는 근로복지공단에서 하고 고용보험 근로자 입·퇴사 신고는 고용센터에서 관리하고 있어 민원인의 혼선과 불편을 초래하고 있다.

고용보험 자격관리 업무는 대표적으로 환원이 필요한 사무이다. 이는 제주지역만 고용센터에서 처리하고 있음에 따라 도민 불편이 가중되고 있다. 다른 지역은 전국 공통사무로써 근로복지공단 대표 전화(ARS) 상담으로 일원화 되어있는데 제주특별자치도에서는 별도로 관련 업무를 수행하려다 보니 전담할 인력(현재 5명)이 부족하고, 고용센터 본연의 주요 업무인 취업알선 업무는 1명이 전담(다른 지역 2~3명)하는 실정이다. 근로복지공단과 제주 고용센터 간 시스템 호환이 되지 않는 비효율성도 존재한다. 고용센터에서는 2개의 프로그램을 병행하여 사용(직원 1인당 PC 2대 사용)함에 따라 업무처리의 비효율성을 유발하고 있다.

고용노동부와 정보 공유 등 협력 네트워크가 미흡한 것도 문제점으로 지적되고 있다. 중앙정부는 신규사업 및 각종 사업에 대한 정보 및 노하우, 교육 정보 등을 고용노동부에서 운영하는 내부망(다우리)을 통해 정보를 공유하고 있다. 제주특별자치도는 고용노동부 내부망(다우리) 접근 권한이 없어 사업에 대한 노하우 또는 교육 정보를 공유하지 못하여 고용서비스에 대한 전문성 확보에 어려움을 겪고 있다.

6) 노동위원회 사무

(1) 인력 및 예산 현황

제주지방노동위원회는 이관 후 인력운영비와 사업예산 모두 감소하였다. 이관정원은 9명이었으나 현재 정원은 공무직을 포함하여 11명으로 2명이 증가하였다. 인력운영비는 2007년 4억 5,822만 원에서 2020년 5,025만 원으로 대폭(-89.0%) 떨어졌다. 이는 이관 정원에 대한 최초 인력운영비를 계속해서 받지 못하고 있다는 문제점을 드러내고 있다. 부서운영 기본경비도 대폭 감소하였다. 2007년 2억 6,338만 원에서 2020년 3,429만 원으로 크게(-87.0%) 떨어졌다.

반면 사업예산은 2007년 2천8백만 원에서 2억 3천6백만 원으로 연평균 0.18%로 증가하는 데 그쳐 실질적 예산확대는 없는 것으로 분석되었다.

<표 49> 제주지방노동위원회 이관 전후 인력 및 예산 현황

(단위: 백만 원, %)

	이관 정원	실제 이체 인원	이관 부서	현재 정원 (2019.12.31.)	중앙부 처교류
인력 현황	9명	9명 (5급 이상 3, 6급 이하 24, 기능 8)	제주지방 노동위원회	지방직 10 공무직 1	
사업 예산 현황	2007년		2020년	연평균 증감률(%)	
	28		236	17.8%	
추가 국비					
전체	758		381	-5.2%	

자료: 제주특별자치도 내부자료 재구성.

(2) 긍정적 측면

부당해고 구제신청 등 노동위원회 업무 접근에 대한 도민들의 심리적 부담 이 줄어들면서 민원 해결 접근성이 향상되었다는 평가이다. 국가기관인 노동위원회 업무 접근에 대한 민원인들의 심리적 부담이 많았으나 이관 이후 노동위원회도 제주특별자치도 소속 기관 중 하나라는 인식으로 기관(노동위원회) 이용에 대한 심리적 부담이 상대적으로 완화되고 있다.

정부의 지방분권 확대추진에 대비한 지방공무원의 노동 관련 업무역량이 확대되는 계기가 되었다. 특별지방행정기관 이관 후 노동위원회의 업무와 역할 등에 대한 지방공무원의 관심이 커지고 노동관계의 안정과 발전의 중요성을 인식하는 계기가 되었으며, 지방공무원이 노동위원회에 근무할 기회를 통하여 노동 관련 업무역량이 확대되고 있다.

조사관 등 노동위원회 인력의 탄력적 운영이 가능한 점도 긍정적이다. 노동위원회 정원, 전문가 채용 등 인사관리가 상대적으로 수월하여 현안에 탄력적으로 대응할 수 있다.

(3) 부정적 측면 및 개선사항

제주지방노동위원회 이관 후 가장 문제점으로 지적되는 부분은 전문성 부족이다. 노동 행정업무(조정, 판정, 차별시정 등)는 노동위원회법에 따라 고용노동부 및 중앙노동위원회의 노동정책, 업무추진계획, 업무지침 등에 따라 관련 사건을 처리하게 되어있다. 하지만 노동위원회 소속 직원은 제주특별자치도 인사제도에 따라 운영되다 보니 잦은 순환보직으로 인해 조사관의 전문성을 강화하기 어렵고 중앙정부와의 인사교류까지 실시하지 않으면서 전문성 부재가 중요한 이슈로 등장하였다. 실제로 노동위원회 소속 직원들 중 조사관 5명 중 근무 기간이 10년 이상 경력을 가진 조사관은 2명(1년 이상~2년 미만 2명, 1년 미만 1명)에 불과하다. 일반 직원 6명의 경우도 2년 이상 직원이 1명(1년 미만: 3명, 2년 미만: 2명)에 불과하다.

노동위원회 조사관은 특히 전문성이 중요하다. 조사관의 주요 업무는 노동관계 사건에 대한 실체적 진실을 파악하기 위해 사실 조사, 조사보고서 작성, 조정(심판)위원회 지시사항 수행 등 사건처리 역할 수행한다. 노동 분야 전문직(예, 변호사 또는 공인노무사 등) 채용을 위한 개방형 직위 확대와 전문직위 지정 등 전문성을 강화하기 위해 인사제도로 보완할 필요가 있다.

타 시도의 노동위원회 조사관은 고용노동부 소속 직원(근로감독관 등)과 인사교류를 하면서 노동관계 법령의 법리와 노동시장의 현장경험을 축적하는 등 전문성을 강화하여 노동시장 변화 등에 적극 대응하고 있다.

7) 환경 사무

(1) 인력 및 예산 현황

제주환경출장소 이관을 통한 이관정원 2명이 현재까지 2명의 정원을 유지하고 있다. 2006년 업무 이관 시 8개 사무에 이체 인원 2명이었으나, 이후 11개 추가 사무가 이관되었음에도 인건비와 기본경비 예산은 추가로 지원되지 않고 있다.

<표 50> 제주환경출장소 이관 전후 인력 및 예산 현황

(단위: 백만 원, %)

인력 현황	이관 정원	실제 이체 인원	이관 부서	현재 정원 (2019.12.31.)	중앙부처 교류
	2명	2명 (6급 이하 2)	생활 환경과	지방직 2	
예산 현황	2007년		2020년	연평균 증감률(%)	
사업비	0		0		
인건비 · 기본경비	91		185	5.6%	

자료: 제주특별자치도 내부자료 재구성.

(2) 긍정적 측면

지역 여건에 맞는 환경기초시설 지도·점검 등 이관된 사무를 활용함으로써 지역주민에게 시의성 있는 행정서비스 제공으로 주민편의가 증대되었다. 점검대상 환경기초시설의 경우 이관 전 38개소에서 이관 후 58개소로 증대되었다.

환경사무를 이관하면서 영산강유역환경청의 권한이던 민간부문의 사전환경성 검토의 처리 기간을 40일에서 30일로 단축하고, 민원인의 접근성과 편의성을 높였다. 환경기초시설 지도·점검과 수질검사를 지역 실정에 맞게 실시하여 민원을 사전에 예방하는 효과를 가져왔다.

(3) 부정적 측면 및 개선사항

공공하수 및 소규모 하수처리시설 방류수 수질 초과 시 과태료 부과 등 행정조치를 하게 되어있다. 하지만 「질서위반행위규제법」에 따라 질서 위반행위를 한 행정청이 스스로 과태료를 부과할 수 없는 모순에 처해 있기 때문에 하수처리시설 개선 등 조치 명령의 경우 상위기관(영산강유역환경청)으로 사무 환원이 필요하다.

이관사무 증가에 따른 인건비 확충 등 중앙정부(환경부)와 정책소통을 적극 추진할 필요가 있다. 민간개발사업 사전환경성 검토 협의 업무 및 사후관리업무 증가에 따른 업무부담 가중과 지도점검 대상시설 증대에 따른 업무증가, 민간개발사업 사전환경성 검토 협의 및 사후관리업무 증가 등 행정수요 증가에 따른 예산확충이 필요하다.

8) 보훈 사무

(1) 인력 및 예산 현황

제주보훈지청의 이관정원은 23명이나 현재 정원은 1명이 부족한 22명이다. 보훈청의 이관 전 사업예산은 3천4백만 원에서 2020년 1억 2천2백만 원으로 연평균 증가율이 0.11%로 실질적인 증가는 미미한 수준이다.

기관 기본경비는 감소하였다. 2007년 1억 1,646만 원에서 2020년 5,869만 원으로 대폭 줄어들었다. 다만, 국가균형발전특별회계(제주계정)를 통한 국비가 아니라 중앙부처 국고 직접지원사업을 통해 2020년 4억 5천9백만 원의 예산지원이 이뤄졌다.

<표 51> 제주보훈지청 이관 전후 인력 및 예산 현황

(단위: 백만 원, %)

	이관 정원	실제 이체 인원	이관 부서	현재 정원 (2019.12.31.)	중앙부 처교류
인력 현황	23명	21명 (5급 이상 2, 6급 이하 12, 기능 7)	보훈청	국가직 2 지방직 20	4급 1 5급 1
사업 예산 현황	2007년		2020년	연평균 증감률(%)	
	34		132	11.0%	
추가 국비			459		
전체	34		591	24.6%	

자료: 제주특별자치도 내부자료 재구성.

(2) 긍정적 측면

제주특별자치도 차원에서 보훈 정책에 대한 관심이 높아졌고 국가, 지방 보훈 정책에 대한 신속한 정책수립 및 공유로 국가유공자 신뢰성이 제고되는 계기가 되었다.

전적지 순례 및 80세 이상 참전 명예수당 가산금 지원 등 국가유공자 보훈 수혜를 확대하였다. 도 조례에 의한 독립유공자 의료비 지원 등 보훈대상자 지원을 강화하였다. 주요 행사추진에 있어 자원봉사 등 지방자치단체와 봉사단체와의 협력이 원활해지면서 종합행정 측면의 긍정적 효과가 있었다.

제주 차원의 독립운동 기념사업 및 유공자를 발굴하고 지원할 수 있는 조례 제정을 통해 제주특별자치도 차원의 보훈 정책을 강화하는 계기를 마련하였다. 또한 항일기념관 관련 조례를 개정하여 제주 차원의 보훈사무에 대한 연구 및 교육 기능을 강화하는 정책을 추진하는 계기를 마련하였다.

국가유공자가 고령화되고 홀로 사는 비중이 많아짐에 따라 복지 사각지대 발생문제를 해소하기 위해 읍면동사무소와 민간단체와의 연계를 강화하고 있다. 소득수준 등의 초과로 해당 읍면동에서의 지원이 어려운 경우, 보훈청 차원에서 생활지원금, 생활조정수당, 재가복지서비스, 의료급여 등을 지원하고 있다. 읍면동에서는 보훈청과의 업무협조 체계 구축을 통해 긴급 거주환경 개선, 요양시설 입소 등을 우선으로 지원하고 있다.

(3) 부정적 측면 및 개선사항

문제점으로는 제주특별자치도 주요 사업의 우선순위에 포함되지 않으면서 발생하는 부분으로, 선양기능의 약화, 직원들의 근무 기피로 인한 잦은 인사이동과 업무단절, 전문성 약화 등으로 분석되었다. 이는 보훈 업무의 전문성으로 인해 공무원들이 근무를 기피하면서 보훈대상자의 권익 옹호 기능이 약화하는 결과를 초래하였다.

행정심판기관의 이원화로 유사한 사안에 대한 상이한 행정심판 결과가 발생하여 보훈심사를 환원하는 시행착오도 겪었다. 행정심판기관의 이원화(제주: 제주도행정심판위, 다른 지역: 중앙행정심판위)로 인해 유사한 사안에 대해 상이한 행정심판 결과가 발생하였다. 이후 보훈사무에 대해서는 행정처분의 객관성·신뢰성 확보를 위해 중앙행정심판위원회에서 심리·재결할 수 있도록 제5단계 제도개선을 통해 심사 사무는 환원하였다.

보훈사무가 이관된 후 가장 큰 정책적 이슈는 사무의 전문성을 확보하는 방안이다. 직원의 장기근무 유도를 위해 전문직위제도 등 인사상 인센티브를 제공하는 방안이나 전문가를 영입하는 개방형 직위 지정 등의 조치가 필요하다.

제2절 정부의 「제주특별자치도 성과평가」를 통한 분석

제주특별자치도 출범 후 매해 국무총리실에서 주관한 「제주특별자치도 성과평가」는 제주 특별지방행정기관 이관 이후 중앙정부의 지방분권 정책 의지와 제주특별자치도 특별자치 정책 의지를 살펴보는 데 의미가 있다. 아울러 특별지방행정기관 이관사무 운영 및 활용에 대한 평가결과를 분석하고 이관사무를 이용하는 정책고객을 대상으로 만족도를 분석하고 비교하는 것은 의미가 있다.

2006년 7월 1일 제주특별자치도가 출범 후 정부는 국무총리와 제주특별자치도지사 그리고 제주특별자치도 교육감 간의 '제주특별자치도의 성과목표와 평가에 관한 협약'(이하 "성과평가 협약")을 체결하였다('16.8). 협약에 따른 성과평가 목적은 제주특별자치도의 선진적인 지방분권 실현과 국제자유도시 조성을 위한 대책을 마련하기 위함이다. 이와 관련한 제도적 근거는 제주특별법 제4조 제3항과 제4조 제1항, 제2항이다[10].

국무총리실 주관으로 실시한 「제주특별자치도 성과평가」는 2007년부터 해마다 실시하였다. 성과평가의 큰 골격은 '지방분권 추진 성과', '국제자유도시 조성 성과', '제주특별법 특례사무를 활용한 사회·경제적 성과' 분야에 대한 평가이다.

「제주특별자치도 성과평가」 중 제주 특별지방행정기관과 관련한 성과지표는 '주민만족도', '성과 중심의 조직 운용', '이양된 권한 활용' 등이다. 본 연구에서는 이와 관련한 성과평가 결과를 중심으로 중앙정부 지방분권 정책과 제주특별자치도의 지방자치 정책 의지를 분석하고자 한다.

1. 「제주특별자치도 성과평가」 의의 및 결과 환류 체계 미흡

「제주특별자치도 성과평가」(이하 "제주 성과평가")는 중앙정부의 지방분권 정책과 제주특별자치도 특별자치 정책성과와 직결되는 매우 강력한 정책이다. 제주특별법 제5조에 따라 2006년 8월

---

10) 제5조(제주특별자치도의 책무) ③ 제주특별자치도는 제주특별자치도의 성과목표와 평가에 관하여 국무총리와 협약(자치 경찰과 교육자치에 관한 사항을 포함한다)을 체결하여야 한다. 이 경우 국무총리는 중앙행정기관의 권한 이양과 규제 완화 등의 결과가 제주특별자치도의 발전과 성장에 기여하고 있는지에 대한 평가와 그 평가결과에 따른 제도보완 등에 관하여 미리 관계 중앙행정기관의 장과 협의하여야 한다. 제4조(국가의 책무) ① 국가는 제주특별자치도의 지방자치를 보장하고 국제자유도시를 실현하기 위하여 관련 법령을 지속적으로 정비하는 등 입법·행정 조치를 하여야 한다. ② 국가는 제주특별자치도의 운영목표와 그 목표 달성도에 대한 평가 등을 통하여 제주특별자치도의 선진적인 지방분권의 실현과 국제자유도시의 조성을 위한 방안 및 시책을 마련하여야 한다.

23일 국무총리와 제주특별자치도지사 그리고 제주특별자치도 교육감은 '제주특별자치도 성과목표 및 평가에 관한 협약서'를 체결한다. 협약의 핵심취지는 중앙정부가 출범시킨 제주특별자치도가 지방자치 분권을 선도하는 지역으로 계속해서 역할을 할 수 있도록 하였다.

협약서 제5조(성과목표 및 성과지표의 설정)를 보면, 제주특별자치도지사는 제주 성과평가 결과에 따라 성과목표 및 지표, 평가결과 활용방안 등에 대해 국무조정실장과 사전에 협의 후 국무총리에게 매년 12월 말까지 제출하도록 하였다. 국무총리는 제주도지사의 의견을 관계 중앙행정기관의 장의 의견을 듣고 제주도지사의 동의를 얻은 후 제주특별자치도 지원위원회 심의를 거쳐 확정하도록 하고 있다.

이후 국무조정실장은 제9조(평가결과의 활용)에 따라 성과평가보고서를 토대로 '규제 완화 범위 및 일정의 조정, 중앙정부 권한이양 폭 조정, 국세의 세목 또는 징수액 이양 등 행·재정적 인센티브 부여 방안'을 포함한 성과평가결과 활용계획(안)을 마련하여 지원위원회에 상정해야 한다. 활용계획(안)에는 업무개선계획의 수립, 관련 공무원 업무실적 평가 반영, 관련 제도개선·보완 등을 요청하는 사항을 포함할 수 있다. 만일 협약 개정이 필요할 경우 사전에 관계 중앙행정기관의 장 및 제주특별자치도의 의견을 들은 후 지원위원회 심의를 거쳐 당사자 간 문서에 서명하는 방식으로 추진하도록 되어있다.

제주특별법 제5조 제3항에 따라 제주특별법 개정절차를 바로

거치기보다는 제주 성과평가 결과를 바탕으로 정책성과와 연계하고 필요하다면 협약 개정을 통하여 제주 특별자치를 추진하도록 하였다.

이와 관련하여 제주특별자치도 의회(2020)에 따르면, 제주 성과평가 정책의 위상을 높이고 결과 환류 체계를 보다 강화할 필요가 있다고 지적하고 있다. 제주특별자치도 차원에서도 제주 성과평가 결과에 따른 활용계획 수립·추진 등 환류 정책이 추진되지 않고 있다.

<그림 5> 제주특별자치도 성과평가 결과 활용 추진체계도

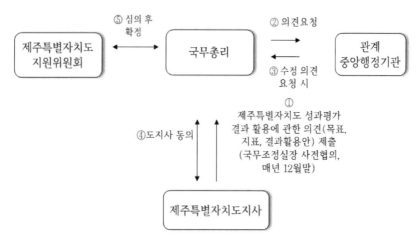

자료: 국무총리·제주특별자치도(2006.8.23.), 제주특별자치도 성과목표 및 평가에 관한 협약서 중 제5조(성과목표 및 성과지표의 설정) 도식화.

2. 「제주특별자치도 성과평가」 성과목표 및 지표 관리 미흡

2006년 8월 3일 중앙정부와 제주특별자치도가 맺은 협약서 상의 성과지표는 62개였으나 2018년에는 49개로 대폭 축소되었다. 협약서 상의 지표는 3개 부문 54개 지표로 종합부문(단기 2건, 중기 7건), 자치분권 부문(단기 8건, 중기 13건), 국제자유도시 부문(단기 7건, 중기 17건)으로 구성되었다. 2018년에는 선진적인 지방분권 실현(19개), 경쟁력 있는 국제자유도시 조성(15개), 사람과 자연이 함께하는 청정 제주 구현(15개)으로 구성되었다.

<표 52> 제주특별자치도 성과평가 지표 수

연도	07년	08년	09년	10년	11년	12년	13년	14년	15년	16년	17년	18년
지표 수	62	52	55	49	51	53	39	42	45	43	46	49

자료: 제주특별자치도 의회(2020), 내부자료.

성과지표 축소뿐만 아니라 시간이 지나면서 목표달성이 쉬운 지표로 전환되어 제주 성과평가 취지에 어긋나는 결과를 가져오게 되었다. 제주특별자치도로 이관된 환경사무 분야의 경우, 제주 성과평가 지표에서 제외되면서 특별지방행정기관 이관에 따른 정책효과를 제대로 내지 못하게 되는 결과를 초래하였다. 2006년에 체결한 성과평가 협약서상의 환경 분야 성과지표는 '지하수 수질 기준 초과율', '생태계 보전실적', '폐기물 발생량 및 재활용률'로 설정하였으나 2009년과 2010년에 걸쳐 이들 지표를 모두 삭제하고

'환경교육 추진실적', '사후관리 대상 사업장 점검실적', '위임조례 제·개정 실적' 등 목적달성이 쉬운 지표로 대체되었다.

　최근에 인구증가로 인해 하수처리장 처리용량 초과 문제, 상하수도 역류문제 등은 결과적으로 특별자치도 출범 시 성과지표로 관리되었던 수자원 및 폐기물 분야 지표가 계속 유지되었다면 제주로 이관된 환경사무 분야와 연계하여 사전에 해결할 수 있었을 것이라고 판단된다.

<표 53> 제주특별자치도 성과평가 지표 중 환경 분야 지표삭제·추가 현황

연도	환경 분야 지표		
	지하수 수질 기준 초과율	생태계 보전실적	폐기물 발생량 및 재활용률
'06년	· 기초조사율 · 감시망 구축률 · 대체수자원개발률 · 폐공 복구	· 자연자원감소율 · 보호지역지정 관리 · 국립공원복원 · 보호 동식물지정	· 폐기물 발생량 · 재활용률
'07년	존재	존재	존재
'08년	존재	존재	· 지표추가 - 클린하우스 설치실적
'09년	· 지표삭제 - 대체수자원개발률 · 추가: 빗물이용시설 지원사업, 위임조례 제·개정 실적	· 지표삭제: 생태계 보전실적 · 지표 대체: 청정 환경보전·관리 특례 활용 실적 - 환경교육 추진실적 - 사후관리 대상 사업장 점검실적 - 위임조례 제·개정 실적	· 지표추가 - 조례 제·개정 실적
'10년	최초지표 삭제	대체 지표 사용	최초지표 삭제

자료: 제주특별자치도 의회(2020), 내부자료, 재구성.

3. 제주 특별지방행정기관 정책목표 및 평가지표 현황과 특징

제주 특별지방행정기관에 대한 성과평가는 기관이용자 대상 주민만족도 조사와 이관사무 중 일부 특정 사무추진 실적을 성과지표로 설정하여 이뤄지고 있다. 2006년부터 2011년까지 성과목표를 '중앙정부와 새로운 협조체계구축'에 두고 '이관된 특별행정기관 업무의 조기정착'과 '이양된 권한의 효율적 활용'을 성과지표로 설정하였다. 이는 이관사무에 대한 후속 조치로 관련 조례 제·개정 등 제도 정비에 목적이 있었다고 볼 수 있다.

2012년부터는 '경쟁력 있는 국제자유도시 조성'과 '사람과 자연이 함께하는 청정 제주 구현'이라는 정책목표 하에 각 제주 특별지방행정기관 사무 특성을 고려하여 세부성과지표를 설정하였다. 2013년부터는 기존의 '성과목표-성과지표-세부성과지표' 체계를 '성과목표-세부성과지표'로 단순화하였다. 제주 특별지방행정기관 사무 중 일부만을 세부성과지표로 설정하면서 정책목표와의 연관성이 느슨해지고 세부성과지표 성격도 정책성과보다는 단순 실적 중심의 성격으로 변화되었다.

특별지방행정기관 이관정책 목적 중 하나가 지역 특성을 고려하여 주민의 복리 증진에 기여하고 지역발전에 이바지할 수 있도록 해야 하는 점을 고려한다면, 제주 성과평가 세부지표도 이관사무를 활용한 정책목표로 설정할 필요가 있다.

지금까지 제주 성과평가에서 설정된 제주 특별지방행정기관과 관련한 세부성과지표를 살펴보면 19개 세부성과지표가 77회에 걸쳐 사용되었다. 제주 특별지방행정기관에 사용한 공통지표는 '특별행정기관에 대한 고객 만족', '고객이 체감하는 서비스 향상도', '이관된 특별지방행정기관 특례활용 실적(조례 제·개정 등)', '제주특별법 권한 이양을 활용한 규제개선 실적', '제주특별법 제도개선 실적'이다. 사무 분야별로 세부성과지표 개수를 살펴보면 중소기업사무는 5개이며, 환경사무가 3개, 국토사무 2개, 노동사무 1개, 고용사무 1개, 해양수산사무 1개, 보훈사무 1개이다.

제주 특별지방행정기관 이관사무에 대한 세부성과지표는 사무별로 차이가 크게 나며 각 기관별 이관사무를 대표하는 지표가 아니라 단위사업 실적 중심의 지표로 설정되었다. 이는 제주 특별지방행정기관의 정책성과를 높이기 위한 제주특별자치도와 중앙정부의 고민이 부족했음을 보여준다. 제주특별자치도와 제주 특별지방행정기관의 정책목표 연계와 이를 달성하기 위한 세부성과지표를 설정하고 평가했다면, 중앙정부와 제주특별자치도 간의 성과평가 협약에 따라 중앙정부를 향해 재정적·제도적 지원요구를 합법적으로 할 수 있었기 때문이다.

<표 54> 「제주특별자치도 성과평가」 중 제주 특별지방행정기관 세부성과지표

「제주특별자치도 성과평가」 세부성과지표	사용횟수	사무
전체(19)	77	7개 사무
특별행정기관에 대한 고객만족도	13	공통
고객이 체감하는 서비스 향상도	4	
이관된 특별지방행정기관 특례활용 실적 (조례 제·개정 등)	11	

「제주특별자치도 성과평가」 세부성과지표	사용횟수	사무
제주특별법 권한 이양을 활용한 규제개선 실적	6	
제주특별법 제도개선 실적	5	
구직자 취업 활성화 추진 실적 (취업률 증가율 등)	5	
수출증가 추진실적	5	중소기업사무
중소기업 인력육성 및 기술지원 실적	4	
중소기업 기술지원 실적	2	
중소기업 맞춤형 인력육성 실적	2	
환경영향평가 제도 운영 내실화 추진실적	4	
내실 있는 환경영향평가 사후관리제도 운영실적	2	환경사무
생활폐기물 처분시설 기반 구축 실적	1	
구-일반국도 사업추진율	2	국토사무
도로유지보수 추진실적	1	
노동쟁의 심판제도 운영 내실화 추진실적	5	노동사무
보훈 가족 보훈·보상·복지 추진실적	3	보훈사무
항만건설사업 목표달성률	1	해양수산사무
취업알선 취업률	1	고용사무

4. 제주 특별지방행정기관 주요 평가결과

제주 성과평가에서 제주 특별지방행정기관 평가는 2008년까지 중앙정부 권한 이양에 따른 조례 제·개정 실적과 연계하여 평가하였다. 특별지방행정기관 이관에 따라 제·개정해야 할 조례가 제대로 추진되었는지 여부가 평가의 영역이었다. 이관 초기임을 고려하더라도 이관된 제주 특별지방행정기관을 통해 제주발전에 어떤 기여를 하게 할 것인지를 염두에 둔 지표에 대한 고민이 부족한 측면이 있다.

2009년 이후 이관된 특별지방행정기관 특례활용 실적 등 기관별 사무를 세부성과지표로 설정하였지만 세부사업 중심으로 제시되어 제주특별자치도의 정책 방향과 기관 차원의 정책이 연계되는 데는 한계가 있었다. 다만, 2015년부터 정책목표에 해당하는 제주 특별지방행정기관별 여러 사업을 묶어 성과지표를 구축한 것은 이전과는 진전되어 운영되고 있다고 볼 수 있다. 그런데도 제주 특별지방행정기관 성과를 평가하는 데는 한계를 갖고 있다.

제주 성과평가에서 제주 특별지방행정기관 평가는 기관이 수행하는 행정서비스 이용자를 대상으로 한 주민만족도 조사를 최초연도부터 통해 이뤄진 것이 특징이다. 연례적으로 행정서비스 이용자를 대상으로 만족도를 조사하여 그 결과에 따른 정책적 시사점을 도출하는 것은 의미가 있으나 이관 기관이 도 조직으로 통합 운영되어 특정 서비스 이용객을 한정하기 어려운 측면 등 대상 주민이 축소되는 한계가 있다. 이 또한 제주 특별지방행정기관 평가를 심층적으로 들여다보기에는 한계를 갖고 있다.

이러한 한계에도 불구하고 제주 성과평가에서 제주 특별지방행정기관과 관련한 평가결과를 살펴보는 것은 제주 특별지방행정기관 사례가 성공적으로 자리 잡을 수 있는 정책방안을 도출하고 타 시도에도 의미 있는 정책적 시사점을 제공해줄 수 있기 때문이다.

제주 성과평가에서 특별지방행정기관 평가와 관련한 사항은 1) 이양 권한을 활용한 조례 제·개정 및 규제개선, 제도개선 실적, 2) 특별지방행정기관 이관에 따른 성과평가, 3) 특별지방행정기관 만족도 조사 등이다.

1) 이양 권한을 활용한 조례 제·개정 및 규제개선, 제도개선 실적

특별지방행정기관 이관 후 성과를 제고하기 위해서는 '이관 후 조례 제·개정 등 기반 조성'과 이를 바탕으로 '해당 지방정부의 지역발전과 도민 복리 증진을 위한 정책과 연계한 시책 발굴 및 추진', 이를 통한 '추가적인 제도개선 추진' 등이 필요하다.

이러한 측면에서 성과목표 차원에서 그 틀을 견지했다고 볼 수 있다. 2011년까지 성과목표를 '중앙정부와 새로운 협조체계구축'으로 설정하여 '이양된 권한의 효율적 활용'으로 성과지표를 설정하고 세부성과지표를 '확대된 권한을 활용한 조례 제·개정 및 관리 실적'을 제시하였다. 2012년부터는 제주특별자치도 핵심정책을 성과목표를 설정하여 이양사무가 이를 뒷받침하도록 실적을 제시하고 있다. 이 과정에 도민 생활 및 경제활동에 영향을 끼치는 행정절차 규제 완화와 환경, 위생, 안전분야 등 사회적 규제강화 분야로 구분하여 규제개선 실적을 성과지표로 제시하고 있다. 아울러 제주특별법 제도개선 실적을 성과지표로 제시하고 있다.

평가의 체계를 논리적으로 구축하고 성과평가를 실시하였지만 정책성과 제고를 위한 성과지표 설정에는 한계를 드러냈다. 조례로 위임받은 특례규정을 바탕으로 실제 이양사무를 활용한 실적 등 사무이양 전과 차별화된 성과를 성과지표로 제시하는 데는 한계가 있다. 단순히 이양사무의 근거인 조례 제·개정 실적을 성과지표로 삼은 것은 1차원적인 접근방식이라 할 수 있다.

2013년부터는 이양사무에 대한 조례 제·개정 실적을 규제개선 실적에 포함하여 성과지표를 설정하였다. 이는 이양사무 활용을 단순히 규제개선 여부에 초점을 맞춤으로써 산업 육성 등 공공이 주도하는 정책영역의 변화와 성과를 측정할 수 있는 기회를 차단하는 결과를 가져왔다. 이양사무 활용실적과 규제개선을 구분하여 평가할 필요가 있다.

제주특별법 제도개선 실적은 건수 중심과 추진절차 및 소요기간 등 형식적인 측면의 평가지표로 측정하였다. 정책 분야별로 또는 특별지방행정기관을 포함한 이관사무별로 성과지표를 세분화할 필요가 있다. 현재의 성과지표는 도 차원의 제주특별법 제도개선의 중요성에도 불구하고 전담부서만 신경 쓰고 일선 부서에서는 아무도 관심 갖지 않게 되어있는 구조로 되어있다.

2013년부터 성과체계를 너무 단순화한 것도 제주 성과평가에 대한 관심을 저조하게 만드는 계기가 된다. 2012년까지 '성과목표-성과지표-세부성과지표' 체계에서 2013년 이후부터는 '성과목표-성과지표'로 단순화하였다. 이는 성과 예산제, 균형성과평가제도(BSC) 등 평가체계와 연동할 수 있는 표준화 평가 틀임을 간과한 측면이 있다. 보통 성과예산구조와 평가체계는 '성과목표(실·국)-성과지표(과)-세부성과지표(팀)'로 구성이 되어 조직체계와 정책 및 성과지표가 연계되는 구조이다. 예를 들어 2012년 성과목표가 '선진자치 분권 실현'이며 성과지표는 '이양된 권한의 효율적 활용'과 '이관된 특별행정기관 업무의 조기정착'이며 이를 달성할 세부성과지표는 '확대 권한을 활용한 조례 제·개정 및 관리 실적'과 특별지방행정기관별 주요 사업 실적이다. 반면 2015년 성과목표는 '선진적인 지방분권 실현'이나 이를 실현할 성과지표는 '구·일반국도 사업추진율', '내실 있는 환경영향평가 사후관리제도 운영', '구직자 취업률 증가율', '중소기업 맞춤형 인력육성 및 기술지원 실적'으로 제시되어 있어서 이들 성과지표가 성과목표와 직접적인 연계를 갖는다거나 성과지표 달성이 정책목표를 충분히 달성할 수 있다는 데에는 한계가 있다. 성과평가 체계를 이전의 '성과목표-성과지표-세부성과지표' 구조로 환원시킬 필요가 있으며, 성과목표 및 지표 구성도 예산의 성과계획서와 균형성과평가제도(BSC)와 연계할 수 있도록 통일시킬 수 있도록 할 필요가 있다. 이러한 취지는 제주특별자치도 성과목표 및 평가에 관한 협약서 제12조(기존 정부 업무평가 업무와의 관계)에 잘 드러나 있다. 제주 성과평가에 있어「정부업무평가기본법」상의 결과를 최대한 활용하여 각 평가 간 연계성을 높이고 궁극적으로 이 협약에 의한 성과평가체제로 조속히 일원화하는 방안을 적극 강구하도록 하고 있다. 이러한 평가 간 연계를 통해 도 전 부서가 제주 성과평가를 쉽게 인식하고 관심을 가질 수 있도록 하여 궁극적으로 제주특별법 제도개선 및 조례 제·개정 등 자치분권 노력이 지속화될 수 있다.

2) 특별지방행정기관 이관에 따른 성과평가

(1) 평가체계 및 지표 현황

제주 성과평가체계는 일관성과 통일성을 갖추기보다는 시기마다 달리 분절적으로 구성이 되어있어 추이 분석을 하는 데 어려움이 있다.

제주 특별지방행정기관별 성과를 본격적으로 평가한 시기는 2009년부터이다. 그 이전까지는 이관에 따른 조례 정비실적이 평가지표였다. 정책 성과목표 차원으로 살펴보면 2010년까지 '이관된 특별행정기관서비스 품질개선'에 초점이 맞춰져 있었고, 2013년까지는 '실질적 자치분권 정착' 차원이었으며, 2014년에는 평가지표가 없었다. 2015년부터는 제주특별자치도 전략목표를 뒷받침하는 정책적 수단으로써 평가되었다. '선진적인 지방분권 실현' 차원에서 '특별지방행정기관 고객만족도'를 설정하였고, '경쟁력 있는 국제자유도시 조성'을 위해서 '중소기업 맞춤형 인력육성 실적' 및 '중소기업 기술지원 실적' 등 중소기업사무를, '사람과 자연이 함께하는 청정 제주 구현'을 위해 '구직자 취업 활성화 추진실적' 등 고용사무와 '노동쟁의 심판사건의 화해·취하율 제고 실적' 등 노동사무, '환경영향평가 제도 운영 내실화 추진실적' 등 환경사무를 성과지표로 설정하였다. 이전과는 진전된 평가지표 체계임에도 불구하고 특정 이관사무 중심으로 성과지표가 나열된 점, 국토 및 보훈 그리고 해양수산사무가 포함되지 않음으로써 여전히 쉬운 지표 중심으로 구성이 되어있다.

제주 성과평가 지표도 일관된 기준이 없고 시기별로 지표가 삽입 또는 삭제가 되어 제주특별자치도 출범 이후 제주 특별지방행정기관 성과평가를 분석하는 데 한계가 있다. 이는 제주특별자치에 대한 행정당국의 정책적 고민이 부족했음을 보여주는 단적인 사례라고 볼 수 있다.

2009년부터 2012년까지 '이관된 특별행정 기관업무 조기정착'이라는 성과지표에 따라 세부성과지표를 '이관된 특별지방행정기관 특례활용 실적'으로 설정하였다. 2009년에는 노동사무가 빠진 6개 특별지방행정기관 사무만 포함되었다. '이관된 일반국도 도로건설 실적'(국토사무), '항만건설사업 달성률'(해양수산사무), '환경기초시설 지도점검 이행률'(환경사무), '국가유공자 및 보훈 급여금 증가율'(보훈사무), '취업알선 취업률'(고용사무)이 성과지표로 설정되었다.

2010년과 2011년에는 노동사무와 보훈사무가 제외된 4개 특별지방행정기관 사무만 포함되었다. '이관된 일반국도 도로건설 실적'(국토사무), '항만건설사업 달성률'(해양수산사무), '환경기초시설 지도점검 이행률'(환경사무), '취업알선 취업률'(고용사무)이 지표로 설정되었다.

2012년에는 7개 제주 특별지방행정기관 사무가 모두 반영되었다. 세부성과지표는 '구-일반국도 사업추진율'(국토사무), '도로유지보수 추진실적'(국토사무), '내실 있는 환경영향평가 사후관리제도 운영실적'(환경사무), '항만건설사업 목표달성률'(해양수산사무), '취업알선 취업률'(고용사무), '중소기업 맞춤형 인력육성 실적'(중소기업사무), '노동쟁의 심판사건 화해·취하율'(노동사무), '보훈가족 취업지원실적'(보훈사무)이다.

2013년에는 정책 성과목표는 '실질적 자치분권 정착'으로 바뀌고 세부성과지표는 해양수산·노동·보훈사무를 제외한 4개 사무만 제시되었다. 구체적 지표는 '구-일반국도 사업추진율'(국토사무),

'내실 있는 환경영향평가 사후관리제도 운영실적'(환경사무), '구직자 취업률 증가율'(고용사무), '중소기업 맞춤형 인력육성 실적'(중소기업사무)이다.

2014년에는 특별지방행정기관 고객만족도 조사 외에는 제주 특별지방행정기관 평가지표가 없었다.

2015년과 2016년에는 국토·해양수산·보훈사무가 제외된 4개 사무만 평가지표로 설정되었다. '다변화를 통한 안정적인('15년)/경쟁력 있는('16년) 국제자유도시 조성' 정책목표를 뒷받침하기 위한 지표로 중소기업 사무가 제시되었다. 주요 지표는 '수출증가 추진실적', '중소기업 맞춤형 인력육성실적'과 '중소기업 기술지원 실적'이다. '사람과 자연이 함께하는 청정 제주 구현' 정책목표를 위해서 고용사무인 '구직자 취업 활성화 추진실적', 노동사무인 '노동쟁의 심판사건의 화해·취하율 제고 실적', 환경사무인 '환경영향평가 제도 운영 내실화 추진실적'이 지표로 설정되었다.

2017년과 2018년에는 국토·해양수산사무가 제외된 5개 사무만 평가지표로 사용되었다. '경쟁력 있는 국제자유도시 조성' 정책목표를 위해 중소기업사무인 '수출증가 추진실적', '중소기업 인력육성 및 기술지원 실적' 성과지표를 설정하였다. '사람과 자연이 함께하는 청정 제주 구현' 정책목표를 위해 고용사무인 '구직자 취업 활성화 추진실적'과 노동사무인 '노동쟁의 심판제도 운영 내실화 추진실적', 보훈 사무인 '보훈 가족 보훈·보상·복지 추진실적', 환경사무인 '환경영향평가 제도 운영 내실화 추진실적'과 '생활폐기물 처분시설 기반 구축 실적'('18년) 성과지표로 설정하였다.

(2) 제주 특별지방행정기관 이관사무별 성과평가 주요 특징

특별지방행정기관 이관사무를 활용하여 제주지역발전과 주민 복리 증진을 위해 적극적으로 정책을 추진하고 있는지를 판단하기 위해 특별지방행정기관 주요 이관사무와 제주 성과평가 지표 그리고 균형성과평가(BSC) 지표를 비교하는 것은 의미가 있다. 해당 시기에 정책 방향 및 목표와 이를 뒷받침하기 위한 지표를 통해 제주특별자치도의 정책 의지를 살펴볼 수 있기 때문이다.

분석 편의상 이관사무별로 구분하여 설명하고자 한다. 이관된 특별지방행정기관이 제주특별자치도 조직과 통합운영되면서 부서명칭이 변경되는 등 해석의 혼란을 해소하기 위해서 이관사무별로 구분하여 명시하고자 한다.

가. 국토사무 분야

이관된 국토사무의 주요 특징은 국제자유도시 조성과 도민의 안전 강화와 민원대응 신속성 등을 확보할 수 있다는 데 있다. 국제자유도시 조성을 위한 도로개발과 하천과 관련한 종합계획 관리권한, 운행제한 차량 단속 및 적발 차량 사법처리 및 태풍, 호우, 설해 등 안전 강화, 도민 민원대응성 강화를 위한 도로보수유지, 교량·터널 등 도로시설물 유지관리 등 권한을 이관 받아왔다.

이렇듯 이관된 국토사무 활용을 통해 정책성과를 높이기 위한 지표로 '국제자유도시 조성', '도민의 안전 강화', '민원대응성 강화'로 제시할 수 있다.

제주 성과지표와 균형성과평가(BSC) 지표는 이관사무의 특성과

는 거리가 멀었고 제주특별자치도 정책과 연계하는 고민이 부족하였다.

제주 성과지표의 정책목표는 '이관된 특별행정기관 업무의 조기 정착'이라는 가장 낮은 정책 차원에서 설정이 되었다. 성과지표는 '구-일반국도 사업추진율'을 설정하여 이관 이전에도 추진하고 있는 사업을 지표에 포함하였다. 정책목표와의 연관성도 사실상 없다고 볼 수 있다. 국토사무가 제주 성과평가 지표에 포함된 시기는 5년('09년~'13년)에 불과하다.

제주 성과평가 보고서에서도 성과지표가 정책목표 달성하는 데 부적합하고 지역 현안 해결과 연계한 지표설정을 제안할 정도로 제주특별자치도의 이관된 국토사무를 활용하고자 하는 정책 의지는 매우 부족하였다.

담당 부서의 균형성과평가(BSC) 지표도 일관된 정책 방향을 잡지 못하고 성과지표도 쉬운 내용으로 설정하고 있다. 13년('07년~'19년) 동안 정책목표는 7가지로 자주 바뀌었지만 성과지표는 구-국도(대체 우회도로/일반국도) 확장·포장사업 공정률 등 3개에 불과하다. 정책목표가 일관되지 못하고 자주 바뀌더라도 성과지표는 가장 기본적인 단순 사무 예산집행 및 관리 실적으로 고정이 되어있다.

앞으로 이관된 국토사무 성과를 높이기 위해서는 '국제자유도시 조성', '도민의 안전 강화', '민원대응성 강화'와 이와 관련한 사업을 연계하여 성과지표를 구축해야 한다. 이에 대한 평가를 통해 성과가 미진한 부분에 대해 중앙정부를 상대로 예산, 제도개선 등 지원을 요청할 수 있으며 특별지방행정기관 이관정책의 지속성을 담보할 수 있다.

<표 55> 이관 국토사무에 따른 성과지표(제주 성과평가, BSC) 현황

국토사무 이관 주요 내용	제주 성과평가 지표	BSC
(1단계 제도개선) - 도로개발의 종합계획수립 및 시행에 관한 사항 - 도로 계획 및 기술심사에 관한 사항 - 하천계획에 관한 사항 - 도로보수유지에 관한 종합계획 수립 및 시행 - 도로사업의 조사, 연구시험, 측량, 설계시행과 공사 감독 - 도로포장 공사 시행과 도로유지 보수관리 - 교량·터널 등 도로시설물의 유지관리 - 운행제한 차량 단속 및 적발 차량 사법처리 - 건설공사의 품질시험 및 기술지도 - 차량·건설기계의 운영 관리에 관한 사항 - 태풍, 호우, 설해 등 재해대책에 관한 사항 (5단계 제도개선) - 구(舊)국도 도로건설·관리계획에 관한 사항	○적용 기간: ・'09년~'13년 ○정책목표 ・이관된 특별행정기관 업무의 조기정착 ○주요 성과지표 ・구일반국도 사업추진율 ○주요 지적사항 ・신규사업 및 현안 중심으로 목표 설정해야 ・성과지표가 정책목표 달성하는 데 부적합 ・주민편익 지표추가 ・쉬운 목표설정 지양 ・친환경적 포장 등 제주형 사업 필요	○적용 기간: ・'07년~'19년 ○정책목표 ・도로망 확충 ・국도시설 안전 개선 ・행정서비스 만족도 제고 ・건설 경기 활성화 ・도시기반시설 확충 ・지역균형발전 도모 ・공정하고 안전한 건설문화 구현 ○주요 성과지표 ・교량 시설관리실적 ・사고 잦은 곳 개선 실적 ・구-국도(대체 우회도로/일반국도) 확장·포장사업 공정률

나. 해양수산사무 분야

제주는 사면이 바다인 섬 지역으로서 동북아시아 관문으로서 국제자유도시를 지향하고 있다. 해양수산사무 이관은 이를 뒷받침할 수 있도록 제주지역의 특성을 살려 국가 해양정책과 연계하는 정책적 방향을 담고 있다.

이관한 해양수산사무의 주요 특징은 항만(국가 어항) 개발, 무역항 항만시설사용허가 등 '해양 네트워크 기반 조성'과 항만운송사업 등록 등 '해양교통·운송 관리', 자체 항만 기본계획 수립 등 '해양산업 연계 항만 관리체계' 등으로 분류할 수 있다.

이들 특징을 제주 성과평가 지표로 설정하여 평가결과를 바탕으로 중앙정부의 지원을 끌어낼 필요가 있었다. 하지만 제주 성과평가 상 정책목표는 '이관된 특별행정기관 업무의 조기정착'에 그쳤고 성과지표는 '항만건설사업 달성률' 하나였으며 성과평가에 반영된 기간은 5년('09년~'13년)에 불과했다. 제주 성과평가 결과를 바탕으로 도지사가 국무총리에게 지원(제도개선, 예산 등)을 요청할 수 있음에도 불구하고 이러한 정책적 취지를 살리지 못하여 2014년부터 평가지표에서 삭제되었다.

균형성과평가(BSC) 지표는 제주 성과평가와 달리 시간이 갈수록 해양수산사무 이관 정책적 취지에 부합하는 내용으로 구축이 된 것이 특징이다. 이관 초창기에는 무역항 시설 확충, 국가 어항 개발 지속 추진, 국제자유도시에 부합되는 항만운영을 위한 제도마련 등 이관사무 단위 중심의 정책목표로 설정되었다. 최근의 정책목표는 국제 크루즈 허브 및 제주경제 거점항만으로 개발, 동북아 거점 항만물류 기반 구축 등으로 제시되었다. 세부지표 중 제주지역 특성을 고려한 정책은 '제주해운항만물류공사 설립 준비 등'이다. 비록 지방공사 설립 승인 권한을 가진 중앙정부(행정안전부)가

불승인했으나 정부의 신-남방정책과 연계하여, 동북아시아의 관문을 지향하고 우리나라의 청정 농수산물 주요 산지인 제주특별자치도에서 유통과 연계한 해양수송 정책방안으로는 여전히 유효한 정책이라고 판단된다.

해양수산사무의 성과를 높이기 위해서는 균형성과평가(BSC) 지표와 연계하여 국가발전과 제주산업육성 정책과 연계하여 제주 성과평가 지표를 개선할 필요가 있다.

<표 56> 이관 해양수산사무에 따른 성과지표(제주 성과평가, BSC) 현황

해양수산사무 이관 주요 내용	제주 성과평가 지표	BSC
(1단계 제도개선) - 항만(국가 어항) 개발, 무역항 항만시설사용허가 등 항만법 관련 사무 - 항만운송사업 등록 및 하역요금 인가 등 항만운송사업법 관련 사무 권한 이양 (2단계 제도개선) - 항만법 및 항만운송사업법 관련 1단계 제도개선 시 누락사무 · 제주특별자치도항만정책심의회 · 예선운영협의회 구성 및 운영, 항만 운송 관련 사업 등록업무 등 (3단계 제도개선) - 지방항만에 대한 항만 기본계획 수립 시 장관승인 배제 - 지방항만 지정, 항만시설 신설 또는 개축, 분구의 설정 시 장관승인 배제	○적용 기간: · '09년~'13년 ○정책목표 · 이관된 특별행정기관 업무의 조기정착 ○주요 성과지표 · 항만건설사업 달성률 ○주요 지적사항 · 신규사업 및 현안 중심으로 목표 설정해야 · 성과지표가 정책목표 달성하는 데 부적합 · 쉬운 목표설정 지양	○적용 기간: · '07년~'19년 ○정책목표 · 무역항 시설 확충 · 국가 어항개발 지속 추진 · 국제자유도시에 부합되는 항만운영을 위한 제도마련 · 국제 크루즈선 유치 및 항만물동량 확보 · 국가 항만 및 어항 기본계획의 수립 반영 · 항만 인프라 구축을 위한 항만건설예산 확보 · 국제 크루즈 허브 및 제주경제 거점항만으로 개발 · 동북아 거점 항만물류 기반 구축

해양수산사무 이관 주요 내용	제주 성과평가 지표	BSC
- 항만 운송수수료 결정 기준 이양 - 제주특별자치도 관내 항로 내항 여객운송사업에 관한 권한 이양 (4단계 제도개선) - 항만법 관련 8개 사무 - 항만법 및 항만운송사업법 관련 22개 사무		○주요 성과지표 ・항만 기본계획 및 재 개발 기본계획 수요반 영 추진 ・항만 및 국가 어항 건 설 예산확보율 ・국제 크루즈선 유치 실적 및 항만물동량 목표달성률 ・국가사무 이관 및 항 만운영제도 제정률 ・가칭 제주해운항만물 류공사 설립 준비 등

다. 중소기업사무 분야

이관된 중소기업 사무의 주요 특징은 도내 중소기업육성, 제품 수출 및 판로개척 지원, 대기업과 중소기업(상인) 상생 정책, 여성 기업, 장애인 기업 등 상대적으로 경쟁력이 취약한 계층에 대한 배려정책 등을 지방정부 차원에서 추진할 수 있도록 하였다.

제주 성과평가 상 정책목표는 '실질적 자치분권 정착', '경쟁력 있는 국제자유도시 조성'으로 설정되었으나 이를 뒷받침하는 성과 지표는 5개년('13년, '15년~'18년) 적용에 불과하고 '중소기업 맞춤 형 인력육성 및 기술지원 실적', '수출증가 추진실적'으로 단편적이 다. '경쟁력 있는 국제자유도시 조성' 정책목표를 달성하기에는 한 계가 있다. 평가 결과보고서에서 지적하듯이 달성하기 쉬운 목표를 지양하고 대기업과 중소기업 상생 정책이 필요하며, 중앙정부 정책 에 연계되어 지원될 수 있도록 하는 장치가 필요하며, 외국인 근로 자 관리체계가 필요하다.

균형성과평가(BSC) 지표는 이관사무 특성을 살려 정책목표와 성과지표를 설정했다고 볼 수 있다. 다만, 정책목표와 성과지표가 중장기적으로 일관되게 설정되지 못함으로 인해 정책성과를 극대화하는 데 한계를 갖는 측면이 있다. 구체적인 정책목표는 '제주지역 생산제품 판매지원 및 매출증가', '지역산업 해외 마케팅 강화', '중소기업이 역동적으로 성장할 수 있는 기업환경조성', '중소기업 육성, 수출지원 및 해외 통상확대' 등이며, 특징적인 정책과 지표는 '제주 공동상표 제주마씸 인증 증가율', '수출 애로 상담 실적 및 해외 마케팅 참여기업 수출증가율' 등이다.

이관사무를 활용한 정책성과를 높이기 위해서는 제주 성과평가 목표와 지표를 중장기 관점의 정책을 반영하여 특별지방행정기관 이관 이후의 성과관리체계로써 중앙정부와 소통하는 계기를 마련할 필요가 있다.

<표 57> 이관 중소기업사무에 따른 성과지표(제주 성과평가, BSC) 현황

중소기업사무 이관 주요 내용	제주 성과평가 지표	BSC
(1단계 제도개선) - 이 업종 교류 지원사업(중소기업자 간 정보 및 기술교류 촉진) - 중소기업의 경영 및 기술지도에 관한 계획 고시 - 중소기업의 경영 및 기술지도계획 수립. 시행 - 여성 기업제품 공공구매추진 - 여성 기업제품의 구매계획 수립 시 공공기관장에게 개선 권고 - 지방 중소기업지원 업무를 수행하는 기관의 지방조직 지원	○적용 기간: • '13년, '15년~'18년 ○정책목표 • 실질적 자치분권 정착 • 경쟁력 있는 국제자유도시 조성 ○주요 성과지표 • 중소기업 맞춤형 인력육성 및 기술지원 실적 • 수출증가 추진실적	○적용 기간: • '07년~'19년 ○정책목표 • 제주지역 생산제품 판매지원 및 매출증가 • 지역산업 해외 마케팅 강화 • 중소기업이 역동적으로 성장할 수 있는 기업환경조성 • 중소기업육성, 수출지원 및 해외 통상확대

중소기업사무 이관 주요 내용	제주 성과평가 지표	BSC
(2단계 제도개선) - 중소기업의 국내·외 시장 개척과 판로거점 지원(국내 유통망 구축 등) - 공공기관 여성 기업에 불합리한 차별적 관행 제도개선 권고 - 공공기관 장애인 기업 불합리한 차별적 관행 제도개선 권고 - 위탁기업이 위·수탁 거래에 관한 위법행위가 있는 경우, 공정거래위원회 조치요구 - 대기업과 중소기업 간 위·수탁거래 관행 조사 (3단계 제도개선) - 위·수탁거래 관련 자료 제출 요구 및 조사 (4단계 제도개선) - 장애 경제인 및 장애인 기업 경영 능력 향상 위한 연수지도 (5단계 제도개선) - 위·수탁기업 간 불공정 거래행위 개선 요구	○주요 지적사항 ・쉬운 목표설정 지양 ・사후관리체계 필요 ・대기업과 중소기업 상생 정책 필요 ・중앙정부 지침반영 노력 필요 ・외국인 근로자 관리체계 필요	・제주형 강소기업 육성 및 중소기업 경영 안정화 등 ○주요 성과지표 ・대외무역 수출액 ・제주지역 생산제품 매출액 증가율 ・제주 공동상표 제주마씸 인증 증가율 ・제주특산품 안정적 판로확충 육성지원 ・수출 애로 상담 실적 및 해외 마케팅 참여 기업 수출증가율 등

라. 고용사무 분야

이관된 고용사무는 중소기업 사무와 연계되어 있다고 볼 수 있다. 중소기업육성 등 산업 육성 정책과 대응한 취업교육과 고용시장 확대와 연계한 교육프로그램 개발 등이 필요하기 때문이다. 아울러 상담 등을 통해 제주 고용시장의 변화를 파악하여 신규사업을 발굴하고 취업 지원을 할 수 있다는 데 의미가 있다.

이관된 고용사무의 특징은 제주의 특성에 맞춰 취업알선, 직업 능력개발 등 '지역 맞춤형 교육과정 운영', 인적교류 등 국제자유도시 조성 취지에 맞게 '외국인 근로자 관련 정책수립', '직업상담원 전문성 강화' 등의 정책취지를 내포하고 있다.

제주 성과평가에는 고용사무 지표가 9년('09년~'13년, '15년~'18년) 동안 상대적으로 장기간 적용되었다. 정책목표는 첫 시행기('09년~'13년)에는 이관된 특별행정기관 업무의 조기정착에 맞춰져 있고, 최근('15년~'18년)에는 사람과 자연이 함께하는 청정 제주 구현에 맞춰져 있다. 반면 성과지표는 '취업알선 취업률', '구직자 취업률 증가율', '구직자 취업 활성화 추진실적'으로 단순화되었다. 성과평가는 중소기업육성 및 산업 육성 정책과 연계하여 정책목표와 성과지표를 재구조화할 필요가 있으며, 외국인 근로자 관리체계도 구축할 필요가 있다.

균형성과평가(BSC) 지표는 일자리 창출과 기회 확대에 초점을 맞추고 있다. '신성장산업 육성을 통한 양질의 일자리 창출 강화', '더 많은, 더 나은 일자리 기회 제공' 등의 정책목표를 설정하고 '구직자 취업알선 취업률', '혁신적이고 기업가적인 청년 취업·창업 인재양성' 등의 지표를 설정하고 있다.

균형성과평가(BSC) 지표는 이관사무의 취지를 어느 정도 반영하고 있다고 볼 수 있으나 중소기업육성 정책 등 제주특별자치도 차원의 정책과 연계한 보다 적극적인 정책을 추진할 필요가 있다. 이를 제주 성과평가 지표에 포함하여 중앙정부의 적극적인 지원을 끌어낼 수 있는 계기로 삼을 필요가 있다.

<표 58> 이관 고용사무에 따른 성과지표(제주 성과평가, BSC) 현황

고용사무 이관 주요 내용	제주 성과평가 지표	BSC
(1단계 제도개선) - 취업알선 - 직업 능력개발 - 고용안정 - 실업급여 - 피보험관리 - 근로자의 자율적 직업 능력개발 지원권 이양 등 97건 (2단계 제도개선) - 직업지도권 이양 - 외국인 근로자 고용 허가 권한 이양 - 직업 능력개발 지도점검 권한 이양 등 (3단계 제도개선) - 공인노무사 감독을 위한 자료제출 요구권 이양 등 공인노무사 감독에 관한 사항 (4단계 제도개선) - 직업지도관 지명권, 자격 정지권 이양 - 민간직업상담원의 배치권 이양 등 민간직업 상담원에 관한 사항 - 직업소개사업자 교육훈련 실시권, 행정처분권 등 이양 - 고령자 고용촉진 사업실시권 이양 - 직업 능력개발훈련 및 사업의 대행권 이양 등	○적용 기간: ・'09년~'13년 　'15년~'18년 ○정책목표 ・이관된 특별행정기관 업무의 조기정착 ・실질적 자치분권 정착 ・사람과 자연이 함께하는 청정 제주 구현 ○주요 성과지표 ・취업알선 취업률 ・구직자 취업률 증가율 ・구직자 취업 활성화 추진 실적 ○주요 지적사항 ・쉬운 목표설정 지양 ・사후관리체계 필요 ・외국인 근로자 관리체계 필요 ・상담원 고용안정 및 전문성 강화 필요	○적용 기간: ・'07년~'19년 ○정책목표 ・일자리 창출 ・취약계층 취업 지원 서비스 기능 강화 ・신성장산업 육성을 통한 양질의 일지리 창출 강화 ・다양한 프로그램 운영으로 신속한 취업 지원 ・더 많은, 더 나은 일자리 기회 제공 등 ○주요 성과지표 ・실업자직업훈련 취업률 ・기업체 인턴 고용보조금 지원목표 달성도 ・외국인 근로자 고용 증감률 ・구직자 취업알선 취업률 ・공공취업 지원 및 청년 취업 진로 서비스 제공 ・혁신적이고 기업가적인 청년 취업창업 인재양성 등

마. 노동사무 분야

노동사무 이관은 제주지역 산업특성을 고려한 제주형 노사관계 모델을 구축하여 운영하는 데 있다. 노동쟁의의 조정 및 중재, 부당해고, 부당노동행위 구제신청 등 판정, 근로조건 개선 권고 등 사건 발생 대응성 및 자율성을 높이고 노동위원회 조사관 임명의 특례 등을 활용한 전문성을 높이는 데 있다. 노동위원장도 중앙노동위원장이 2명 추천하여 도지사가 임명하고 있어 정책 의사결정의 책임성도 높이는 구조를 가지고 있다.

제주 성과평가 지표에서 노동사무 지표 적용은 5년('12년, '15년~'18년)에 그칠 정도로 도 차원의 정책추진 의지가 미흡하였다. 2015년부터 정책목표를 '사람과 자연이 함께하는 청정 제주 구현'에 두고 성과지표를 '노동쟁의 심판사건 화해·취하율', '노동쟁의 심판제도 운영 내실화 추진실적'에 두고 있다. 이의 개선을 위해 달성하기 쉬운 지표설정을 지양하고 전문성 강화를 위해 중앙노동위 평가와 연계를 시도할 필요가 있다. 국제자유도시를 지향하는 만큼 외국인 근로자 관리체계 필요하다.

균형성과평가(BSC) 지표도 사건이 발생한 이후 문제해결 관점의 정책목표와 성과지표를 설정하고 있다. 그동안의 주요 정책목표는 노사분쟁 조정 및 해결 기능 강화, 공정·신속한 조정·판정을 통한 지역 노사관계 안정 등으로 두고 있다. 이를 뒷받침하는 지표로는 화해취하율, 초심유지율, 심판사건 평균 처리일수, 심판사건 처리의 전문성 제고 및 취약계층 보호 강화 등을 설정하고 있다.

노사관계의 문제는 사건 발생 후 조정 및 해결 관점의 정책성과

제고도 중요하지만 예방적 차원의 정책적 접근도 중요하다. 그동안의 중요한 사례 등을 바탕으로 기업과 근로자들에게 교육지원이 필요하다. 고용사무와 중소기업사무 등과 연계하여 예산 지원조건으로 제주지방노동위원회에서 개설한 관련 교육과정을 사전 또는 사후에 이수하도록 할 필요가 있다.

<표 59> 이관 노동사무에 따른 성과지표(제주 성과평가, BSC) 현황

노동사무 이관 주요 내용	제주 성과평가 지표	BSC
(1단계 제도개선) - 노동쟁의의 조정 및 중재에 관한 사항 - 부당해고, 부당노동행위 구제신청 등 판정에 관한 사항 - 노동조합 임시총회 소집권자 지명 등 의결에 관한 사항 - 근로조건 위반에 따른 손해배상 청구 등에 관한 승인·인정에 관한 사항 - 근로조건 개선 권고 등에 관한 사항 - 그 밖에 노동관계 법령에 따라 지방노동위원회가 처리하도록 한 사항	○적용 기간: · '12년, '15년~'18년 ○정책목표 · 이관된 특별행정기관 업무의 조기정착 · 사람과 자연이 함께하는 청정 제주 구현 ○주요 성과지표 · 노동쟁의 심판사건 화해·취하율 · 노동쟁의 심판제도 운영 내실화 추진실적	○적용 기간: · '07년~'19년 ○정책목표 · 노사분쟁 조정 및 해결 기능 강화 · 신속·공정한 노사문제 해결 · 행정서비스 만족도 제고 · 노사분쟁 해결지원 및 질 높은 조정서비스 제공 · 공정·신속한 조정·판정을 통한 지역 노사관계 안정
(4단계 제도개선) - 노동위원회 조사관 임명의 특례 (5단계 제도개선) - 노동위원장에 대한 도지사 임명권 강화 · (기존) 중앙노동위원장 추천에 따른 도지사 임명→ · (개정) 중앙노동위원장 2명 이상 추천, 도지사 임명	○주요 지적사항 · 쉬운 목표설정 지양 · 질적 지표 추가(심판사건 처리 기간, 판정수용률 등) · 중앙노동위 평가 연계 · 외국인 근로자 관리체계 필요 · 전문성 강화 필요	○주요 성과지표 · 조정성립률 · 판정수용률 · 평균 사건 처리일수 · 화해취하율 · 초심유지율 · 심판사건 평균 처리일수 · 심판사건처리의 전문성 제고 및 취약계층 보호 강화 등

바. 환경사무 분야

환경사무 이관은 섬 지역이라는 특성과 국제교류 등 국제자유도시를 조성하는 과정에서 오염원 관리, 폐기물 처리 등 환경기초시설 설치·관리, 지도 감독 등 제주 차원의 환경관리 정책을 수립하고 추진할 수 있게 하는 취지로 추진되었다.

환경사무 관련 정책적 이슈는 크게 인구증가 등에 대비한 '예방적 차원'과 계획수립에 따른 '추진실적' 그리고 '사후관리' 차원으로 구분할 수 있다.

제주 성과평가 지표는 '사후관리' 측면에서만 설정되었고 쉬운 지표로 구축되었다. 이관사무 활용에 대해 성과와 한계를 중앙정부와 제대로 공유하지 못하는 결과를 초래하였다.

성과평가 지표는 2014년을 제외하고 모두 적용되었으며 정책목표는 '이관된 특별지방행정기관 업무의 조기정착', '실질적 자치분권 정착', '사람과 자연이 함께하는 청정 제주 구현'으로 설정되었다. 반면 성과지표는 '환경기초시설 지도점검 이행률', '내실 있는 환경영향평가 사후관리제도 운영실적', '생활폐기물 처분시설 기반 구축 실적' 등 쉬운 지표로 설정되었다.

제주 성과평가 결과보고서에서도 지적하고 있듯이 거시적 환경영향평가 특례활용 등 환경정책 전반 차원에서 성과목표와 지표체계를 구축할 필요가 있다. 사후관리 차원에서도 위반사업장 이행률 제고 등 실효성 있는 지표를 구축해야 한다.

균형성과평가(BSC) 지표의 경우, 최근 정책목표가 '생활환경 관리 종합체계 구축으로 도민의 삶의 질 향상'으로 이관 환경사무를 활용한 종합적인 정책 방향을 지향하는 것은 의미가 있다. 성과지표도 '제주형 환경영향평가제 운영실적', '축산악취 저감을 통한 생활환경 피해 최소화' 등 이전보다 진전된 지표를 사용하고 있다. 그런데도 '생활환경 관리 종합체계 구축'이라는 정책목표에 따른 성과지표로는 부족한 면이 있다.

이관된 환경사무를 활용하여 성과 있는 제주형 생활환경 관리 종합대책을 추진하기 위해서는 국무조정실과 협의하여 제주 성과평가 지표를 구축할 필요가 있다. 도두 하수처리장이 예타 면제 사업으로 선정('19.1.29)되었듯이 최근 10년간 약 10만 명의 인구증가에 대처할 수 있는 지표가 제주 성과평가 지표로 구축되어 있었다면 보다 선제적으로 정부와의 협의를 통해 대응할 수 있기 때문이다.

<표 60> 이관 환경사무에 따른 성과지표(제주 성과평가, BSC) 현황

환경사무 이관 주요 내용	제주 성과평가 지표	BSC
(1단계 제도개선) - 비점오염원 설치 신고 업무 - 종말처리시설 설치·운영하는 자에 대한 지도점검 - 하수종말처리시설에 대한 개선 등 조치 명령 - 지정폐기물 배출 사업자 지도점검 업무 - 폐기물처리시설 설치 업무 - 폐기물처리시설 관리업무 - 폐기물 발생·처리실적 보고 업무 - 이양 권한에 관한 과태료 업무	○적용 기간: ·'09년~'13년, '15년~'18년 ○정책목표 ·이관된 특별행정기관 업무의 조기정착 ·실질적 자치분권 정착 ·사람과 자연이 함께하는 청정 제주 구현 ○주요 성과지표 ·환경기초시설 지도점검 이행률	○적용 기간: ·'07년~'19년 ○정책목표 ·오염원의 효율적 관리 ·자원순환형 도시조성 ·폐기물의 효율적 관리 ·환경오염 사전 예방 관리 ·쾌적한 생활환경 조성 ·생활환경 관리 종합체계 구축으로 도민의 삶의 질 향상

환경사무 이관 주요 내용	제주 성과평가 지표	BSC
(3단계 제도개선) - 폐기물처리업 사업계획서 적합 통보 및 허가 업무 - 폐기물처리업자 허가취소 업무 - 폐기물처리업자 과징금 처분 업무 - 폐기물처리업자 등의 방치폐기물 처리 명령 - 폐기물 처리에 대한 조치 명령 - 대집행에 관한 사항 - 허가취소 처분의 청문에 관한 사항 - 산업단지 조성 등에 따른 폐기물처리시설 설치계획 승인 (4단계 제도개선) - 지정폐기물 배출 사업자 처리 확인 - 지정폐기물 사업자 지도점검 업무 - 수렵 동물 지정을 위한 서식 야생동물에 대한 조사 업무	• 내실 있는 환경영향평가 사후관리제도 운영실적 • 생활폐기물 처분시설 기반 구축 실적 ○주요 지적사항 • 거시적 환경영향평가 특례 활용 • 쉬운 목표설정 지양 • 위반사업장 이행률 제고 등	○주요 성과지표 • 환경오염물질 배출시설 지도점검 실적 • 폐기물/음식물쓰레기 재활용률 • 폐기물처리시설 가동률 • 환경오염종합대책 기본 전략 수립률 • 주민 1인당 재활용품 분리수거율 • 제주형 환경영향평가제 운영실적 • 축산악취 저감을 통한 생활환경 피해 최소화 등

사. 보훈사무 분야

보훈사무 이관은 보훈급여 등 보훈 복지 전달체계를 효율화하고 제주특별자치도 정책과 연계하여 보훈 정책을 활성화하고 국가보훈 대상자에 대한 복지를 강화하는 취지가 담겨있다. 국가 보훈대상자 선정에 있어서도 보훈심사 권한을 제외하고 등록신청 및 등록결정권을 이양 받아왔기 때문에 제주형 선정기준을 마련하여 중앙정부에 선정을 요청할 수도 있다. 이는 제주 근대사에 기여한 국가유공자를 발굴함으로써 제주도민들에게 자존감을 높이고 제주 정체성을 확립하는 데도 기여할 수 있다.

제주 성과평가와 균형성과평가(BSC)는 이관한 보훈사무의 정책적 특징을 고려하지 못한 측면이 크다. 제주 성과평가 지표는 이관 전의 법령 사무의 추진실적을 지표로 포함하였다. '국가유공자 및 보훈 급여금 증가율', '보훈 가족 취업지원실적', '보훈 가족 보훈·보상·복지 추진실적'이 지표로 설정되었다. 보훈 가족 취업지원과 관련해서는 취업 관련 부서와 기관과의 연계를 통해 실적을 높일 필요가 있다. 균형성과평가(BSC) 지표도 보훈 가족 복지지원 강화에만 정책적 초점이 맞춰져 있다. '가사 간병 서비스 지원실적 명예 보훈 및 맞춤형 복지증진(취업 및 교육지원)' 등의 지표가 대표적이다.

이관 보훈사무를 활용한 정책 방향은 제주의 정체성을 확립하고 후세들이 기억할 수 있는 방향으로 추진할 필요가 있다. 대상자는 시간이 지날수록 그 수와 복지지원 사업 범위가 줄어들 수밖에 없다. 향후 줄어드는 예산과 사무영역을 보훈대상자 등록신청 접수권 및 등록결정권과 연계하여 정책을 설계할 필요가 있다.

<표 61> 이관 보훈사무에 따른 성과지표(제주 성과평가, BSC) 현황

환경사무 이관 주요 내용	제주 성과평가 지표	BSC
(1단계 제도개선) - 독립유공자 등의 선순위자에 대한 보상금 지급권 및 사망일시금 지급권 - 국가유공자 등의 신상변동 사항 신고 접수권 이양 - 5·18민주유공자 등에 대한 학습보조비 지급 사무 이양	○적용 기간: ·'09년, '12년, '17년~'18년 ○정책목표 ·이관된 특별행정기관 업무의 조기정착 ·실질적 자치분권 정착	○적용 기간: ·'07년~'19년 ○정책목표 ·보훈 가족 대부지원체계 강화 ·보훈 가족 복지지원 강화 ·보훈 문화 확산 ·기념관 이용 활성화

환경사무 이관 주요 내용	제주 성과평가 지표	BSC
- 고엽제후유의증 환자 등에 대한 수당 지급권 이양 - 참전유공자 등록 사항 변경 신고 접수권 이양 - 특수 임무 수행자 등에 대한 학습보조비 지급권 이양 등 (4단계 제도개선) - 독립유공자 등의 등록신청 접수권 및 등록결정권 이양 - 국가유공자 등의 등록신청 접수권 및 등록결정권 이양 - 5·18민주유공자 등의 등록신청 접수권 및 등록결정권 이양 - 고엽제후유의증 환자 등의 등록신청에 따른 사실 확인 권한 이양 - 중·장기복무 제대군인지원을 위한 실태조사권 이양 - 참전유공자의 등록결정권 이양 - 특수 임무 수행자 지원 적용 대상 등록신청 접수권 및 등록결정권 이양 - 특수 임무 수행자 지원 적용 대상 등록결정권 이양 등	·사람과 자연이 함께하는 청정 제주 구현 ○주요 성과지표 ·국가유공자 및 보훈 급여금 증가율 ·보훈 가족 취업지원실적 ·보훈 가족 보훈·보상·복지 추진실적 ○주요 지적사항 ·보훈급여 등 법령 사무보다는 실행부서 노력달성 목표 제시 필요 ·일자리 질 고려한 지표 개선 ·취업처와 직종 다변화 필요 ·업무 전문성 강화 위한 인사교류 촉진 ·항일기념과 기능 강화 필요 등	·제주 항일항쟁 역사의식 고취로 호국 선양 문화 확산 ·명예 보훈 및 맞춤형 복지 증진(취업 및 교육지원) ○주요 성과지표 ·보훈 가족 대부지원 목표 달성률 ·보훈 가족 의료 급여증발 급률 ·보훈 가족 취업 지원율 ·보훈 가족 여가활동(건강·문화교실 등) 지원실적 ·재가복지서비스 지원 ·항일기념관 관람객 유치 목표달성률 ·가사 간병 서비스 지원실적 명예 보훈 및 맞춤형 복지증진(취업 및 교육지원) 등

3) 특별지방행정기관 주민만족도 조사

특별지방행정기관에 대한 주민만족도는 특별지방행정기관 이관에 따른 현지성과 주민 대응성이 얼마나 높아졌는지 파악하는 데 의미가 있다. 특별지방행정기관의 이관사무 활용 등 적극적 사무추진을 하고 있는지 주민들의 인식도를 파악함으로써 어느 정도 가늠할 수 있다.

제주 특별지방행정기관에 대한 주민만족도 조사는 기관 행정 서비스 이용자들의 특수성으로 인해 본 연구 과정에 새롭게 실시하는 것은 한계가 있다. 대신 2007년부터 실시한 제주 성과평가 중 주민만족도 조사결과 내용을 정성적으로 분석하는 방법을 택하였다.

제주 성과평가는 2007년부터 2018년도까지 총 12년간의 조사결과가 축적되어 있기 때문에 추이 분석 등 보다 의미 있는 해석이 가능하다. 본 연구에서는 조사개요를 살펴보고 설문항목으로 사용한 주요 사항과 그 결과를 정리하여 해석을 시도하였다.

(1) 조사개요 및 주요 특징

제주 특별지방행정기관 주민만족도 조사는 특별지방행정기관별 만족도 차이에 초점을 두기보다는 7개 기관 전반적인 주민 인식에 관한 사항을 측정하고자 하였다. 조사 대상은 제주 특별지방행정기관 이용자 대상으로 표본을 추출하였다.

설문대상과 관련하여 주민만족도 조사 표본추출은 시간이 갈수록 대표성이 약화되어 주민 의견을 파악하고자 하는 적극적인 의지가 부족하였다. 주민만족도 조사 초반('07~'08)에는 기관별 표본 수 50명을 추출하여 기관 간 형평성을 맞추려 하였다. 중반('09~'15)에는 기관별 표본추출방식이 아니라 7개 기관을 전체로 하여 표본을 선정하였다. 표본 규모도 2014년 최저 250명에서 최대 402명으로 일관된 기준 적용을 하지 못하였다. 최근('16~'18)에는 이관 후 통합된 기관을 제외한 3개 특별지방행정기관(보훈청, 노동위, 고용센터)을 대상으로 표본을 추출하였다. 이 경우도 최소 100명에서 최대 120명으로 표본 규모에 일관성이 없었다.

주민만족도 조사 대상이 7개 기관에서 3개 기관으로 축소된 점, 표본 규모가 일관성을 유지 못하는 점 등을 고려했을 때 제주특별자치도의 제주 특별지방행정기관에 대한 주민만족도 조사에 대해서 '그 결과를 적극적으로 활용하겠다'라는 의지가 부족한 것으로 평가할 수 있다.

<표 62> 제주 성과평가 결과 중 특별지방행정기관 주민만족도 조사개요

연도	조사개요	연도	조사개요
'07	・대상기관: 7개 기관 ・표본 수: 350명 (기관별 표본 수 50명)	'13	・대상기관: 7개 기관 ・표본 수: 402명(기관별 표본 수 명시 안 함, 분석대상 353명)
'08	・대상기관: 7개 기관 ・표본 수: 350명 (기관별 표본 수 50명)	'14	・대상기관: 7개 기관 ・표본 수: 250명(분석대상 237명)
'09	・대상기관: 7개 기관 ・표본 수: 350명(기관별 표본 수 명시 안 함, 분석 330명)	'15	・대상기관: 7개 기관 ・표본 수: 268명
'10	・대상기관: 7개 기관 ・표본 수: 300명(기관별 표본 수 명시 안 함, 분석 283명)	'16	・대상기관: 3개 기관(보훈청, 노동위, 고용센터) ・표본 수: 100명
'11	・대상기관: 이관된 특별행정기관 ・표본 수: 고객목록 중 일정인원 추출	'17	・대상기관: 3개 기관(보훈청, 노동위, 고용센터) ・표본 수: 120명
'12	・대상기관: 7개 기관 ・표본 수: 402명(기관별 표본 수 명시 안 함, 분석대상 353명)	'18	・대상기관: 3개 기관(보훈청, 노동위, 고용센터) ・표본 수: 120명

자료: 제주 성과평가 결과 재구성.

(2) 설문항목

특별지방행정기관 설문조사는 일관성과 체계성이 부족하였다. 조사 첫해부터 지금까지 특별지방행정기관 설문척도는 총 21개가 사용되었다. 이 중 조사 첫해부터 계속해서 사용된 설문척도는 5개에 불과하다. '특별행정기관 기능의 이관 및 운영 인지 정도', '직원 친절도 개선도 및 만족도', '행정서비스 전반 개선도 및 만족도' 등이다.

일회성에 그친 설문척도도 6개가 된다. '관련 정책의 정보제공 등 지원서비스 개선도 및 만족도', '도 행정과의 연계성 개선도 및 만족도', '민원서비스 처리를 위한 기관방문 수월성 개선도 및 만족도' 등이다.

유사 설문척도가 사용된 경우도 있다. '민원서비스 처리시간 단축('07~'13)과 '민원서비스 처리절차 간소화('07~'14)'는 내용상으로 큰 차이가 없으며 실제 조사결과도 별다른 차이가 없는 것으로 나타났다.

설문척도도 중간에 바뀌면서 연속성 있는 추이 분석에 한계를 드러낸 측면이 있다. 주민만족도 설문지를 구성하면서 리커트 척도를 2007년부터 2016년까지 7점 척도를 쓰다가 2017년부터 5점 척도를 사용하였다. 2007년부터 사용한 설문척도의 경우 통일된 기준으로 해석하는 데 한계가 있다.

애초 취지대로 주민만족도를 통하여 정책성과를 제고할 수 있도록 유도하는 데 있어 설문체계에 한계가 있다. 그런데도 특별지방행정기관 이용주민들의 만족도 조사결과를 통해 특별지방행정기관을 바라보는 인식과 그로 인한 이관 후 특별지방행정기관의 정책 추진 의지를 가늠해 볼 수 있는 측면이 있다.

의미 있는 주민만족도 조사결과는 '특별지방행정기관 이관 사실에 대한 인지도와 긍정적 인식도', '민원서비스 관련 개선도 및 만족도', '행정서비스 전반에 대한 개선도 및 만족도', '우선으로 개선되어야 할 특별지방행정기관 서비스' 등이다.

<표 63> 제주 성과평가 결과 중 특별지방행정기관 주민만족도 설문척도

차원	척도	사용횟수	사용연도
관련 정책의 정보제공 등 지원서비스	개선도	1	'07
	만족도	1	'07
도 행정과의 연계성	개선도	1	'07
	만족도	1	'07
민원서비스 처리를 위한 기관방문 수월성	개선도	1	'07
	만족도	1	'07
민원서비스 처리시간 단축	개선도	7	'07~'13
	만족도	7	'07~'13
민원서비스 처리절차 간소화	개선도	8	'07~'14
	만족도	8	'07~'14
민원서비스 처리 과정의 공정성	개선도	7	'07~'13
	만족도	7	'07~'13
직원 친절도	개선도	12	'07~'18
	만족도	12	'07~'18
행정서비스 전반	개선도	12	'07~'18
	만족도	12	'07~'18
특별행정기관 기능의 이관 및 운영 인지 정도		12	'07~'18
시급히 개선되어야 할 특별지방행정기관 서비스		6	'08~'13
민원실 환경	개선도	11	'08~'18
	만족도	11	'08~'18
기능의 이관에 대한 긍정적 인식 정도		5	'14~'18

자료: 제주 성과평가 결과 재구성.

(3) 주요 조사결과

가. 특별행정기관 기능의 이관 및 운영 인지 정도('07~'18)

특별지방행정기관 차원에서 행정서비스를 이용하는 주민들이 중앙정부 소속에서 제주특별자치도로 이관했다는 사실을 인지하는 것은 중요하다. 이관 후에 주민만족도가 높아졌다고 판단하면 추가적인 사무이양에 탄력을 받거나 중앙정부와 타 지방정부에서도 특별지방행정기관 이관에 대해 긍정적으로 받아들여질 가능성이 높기 때문이다.

조사결과 특별지방행정기관을 이용하는 주민들은 방문기관이 제주로 이관했는지에 대해 의미 있게 인지하지 못하는 것으로 나타났다. 인지하고 있는 수준은 7점 척도인 경우 5점 이상, 5점 척도인 경우 4점 이상 결과가 나와야 하나 한 번도 그 수준에 도달한 적이 없었다.

오히려 인지도가 하락하는 것으로 나타났다. 2016년의 경우 이전의 2015년 4.82점보다 하락한 4.24점으로 나타났고 2018년은 3.1점으로 전년도인 2017년 3.31점보다 떨어진 것으로 나타났다.

제주 특별지방행정기관 차원에서 인지도를 높이고 적극적인 행정서비스를 지원하기 위한 노력이 부족하였다는 것을 알 수 있다. 제주 특별지방행정기관별 사무실 또는 민원실에 주민들이 알아볼 수 있는 홍보시설을 설치할 필요가 있다. 아울러 각종 안내문에도 이관과 관련한 다양한 내용을 홍보할 필요가 있다.

<그림 6> 특별행정기관 기능의 이관 및 운영 인지 정도

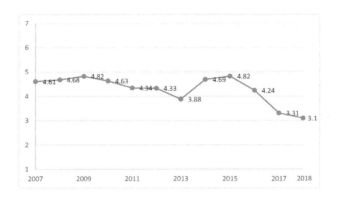

*'17년부터 5점 척도로 바뀌었으며, '17년 3.31점, '18년 3.10점임.

나. 기능의 이관에 대한 긍정적 인식도('14~'18)

특별지방행정기관 이관 후에 대한 긍정적 인식에 대한 판단은 '특별지방행정기관 이관 사실 인지도'보다 높으면 의미가 있다고 볼 수 있다. 이러한 경우는 2016년부터 나타나고 있다. 2016년 긍정적 인식도는 4.62점으로 이관 인지도 4.24점보다 높았으며, 2017년도는 긍정적 인식도 3.62점, 이관 인지도 3.31점으로, 2018년도는 긍정적 인식도 3.83점, 이관 인지도 3.1점으로 나타났다.

2016년부터 특별지방행정기관 이관에 대한 긍정적 인식도가 좋아지고 있다고 볼 수 있으나 유의미한 수준(7점 척도인 경우 5점 이상, 5점 척도인 경우 4점 이상)에는 도달하지 못하였다.

앞으로 제주 특별지방행정기관별로 정책고객 주민들을 대상으로 보다 적극적인 행정서비스를 제공할 필요가 있다.

<그림 7> 특별지방행정기관 기능의 이관에 대한 긍정적 인식도

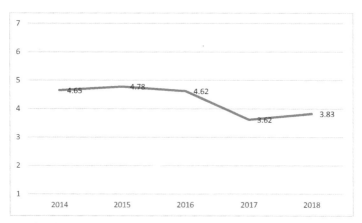

*'17년부터 5점 척도로 바뀌었으며, '17년 3.62점, '18년 3.83점임.

다. 민원서비스 처리시간 단축 개선도 및 만족도('07~'13)

특별지방행정기관에서의 민원서비스 처리시간을 단축하는 것은 행정서비스의 현지성과 대응성을 높이는 차원에서 특별지방행정기관 이관의 명분이 될 수 있다.

조사결과 민원서비스 처리시간이 단축되었다는 유의미한 결과가 나타나지 않았다. 2013년도까지 조사결과이긴 하지만 7점 척도 중 5점을 넘는 조사결과가 나오질 않았다.

조사결과를 개선하기 위해 제주 특별지방행정기관별 업무 매뉴얼 개선 등 적극적인 정책적 개선 노력을 기울이기보다는 설문척도를 2014년도 조사부터 사용하지 않는 조치를 취하였다.

민원서비스 처리시간 단축 등 주민들의 행정 편의성을 높일 수 있는 방안을 마련할 필요가 있다.

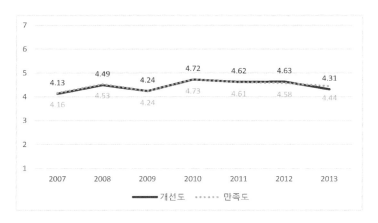

<그림 8> 민원서비스 처리시간 단축 개선도 및 만족도

라. 민원실 환경개선도 및 만족도('08~'18)

민원실은 기관 이용주민들이 대면하여 행정서비스를 이용하는 곳으로 기관 이미지를 제고하는 데 민원실 환경을 개선하는 것은 의미가 있다. 조사결과 기관 이용주민들은 다른 기관 민원실과 큰 차이를 느끼지 못하는 것으로 나타났다. 다만, 2014년부터 2016년까지 만족도 점수가 7점 만점 중 5점을 넘는 것으로 나타나 의미 있는 성과가 있던 시기가 있었다. 하지만 2017년과 2018년에는 5점 만점에서 4점을 넘지 않아 주민만족도가 '보통' 수준에 머물렀다.

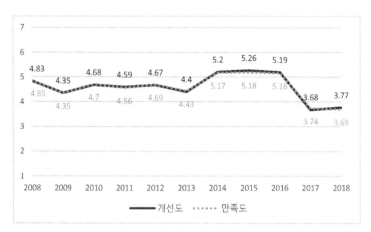

*개선도:'17년부터 5점 척도로 바뀌었으며, '17년 3.68점, '18년 3.77점임.
**만족도:'17년부터 5점 척도로 바뀌었으며, '17년 3.74점, '18년 3.69점임.

마. 직원 친절도 개선도 및 만족도('15~'18)

특별지방행정기관 이용주민들에 대한 직원 친절도는 전문성과도 관련이 있다. 전문성을 갖춘 직원은 고객 응대에 한층 여유가 있으며, 주민들 입장에서는 기관 이용에 큰 불편함이 없기 때문이다.

조사결과 추이를 보면 2014년부터 2016년까지 만족도가 높은 것으로 나타났다. 7점 만점 중에 5점을 넘겼다. 이후 2017년과 2018년에는 5점 만점 중 4점을 넘지 못하여 만족도가 떨어진 것으로 나타났다.

앞으로 직원 친절도에 대한 주민만족도를 높이려면 업무 매뉴얼 숙지와 사례 관리 등을 위한 워크숍 및 자체 교육과정을 개설할 필요가 있다.

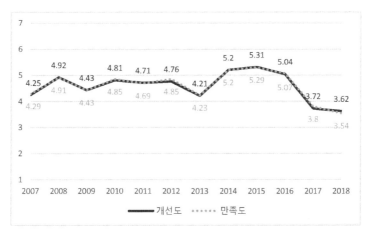

<그림 10> 직원 친절도

*개선도:'17년부터 5점 척도로 바뀌었으며, '17년 3.72점, '18년 3.62점임.
*만족도:'17년부터 5점 척도로 바뀌었으며, '17년 3.8점, '18년 3.54점임.

바. 행정서비스 전반 개선도 및 만족도('07~'18)

행정서비스 전반 만족도는 보통 만족도 조사에서 사용하는 척도로 앞서 응답한 내용을 종합한 전반적인 사항에 대한 만족도이다.

전반 만족도가 높았던 시기는 2014년과 2015년으로 7점 만점 중에 5점 이상 결과가 나왔다. 하지만 2017년과 2018년에는 5점 만점 중에 4점 미만에 그쳐 의미 있는 만족도 결과가 나타나지 않았다.

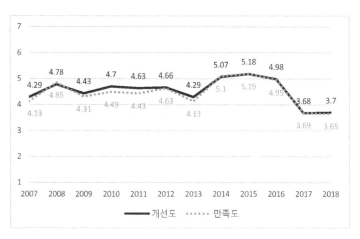

<그림 11> 행정서비스 전반적 개선도 및 만족도

*개선도: 17년부터 5점 척도로 바뀌었으며, '17년 3.68점, '18년 3.7점임.
*'17년부터 5점 척도로 바뀌었으며, '17년 3.69점, '18년 3.65점임.

사. 시급히 개선되어야 할 특별지방행정기관 서비스

전반적인 주민만족도를 높이기 위해서는 민원서비스 처리 기간 단축 등 절차 간소화를 우선 추진해야 한다고 응답하였다. 다음으로 민원실 환경과 고객에 대한 직원 친절도를 꼽았다.

지역주민에 대한 행정서비스 대응성과 신속성 제고를 위해 특별지방행정기관 이관이 필요하다. 즉, 직접 특별지방행정기관을 이용하는 주민 관점에서 보면 민원서비스가 쉽고 신속하게 처리되어야 만족도가 높아지고 이관의 의미가 있는 것이다.

2008년 조사 이래로 특별지방행정기관 서비스 이용주민들은 일관되게 민원서비스 처리 기간 단축 등 절차 간소화를 약 50% 비율로 꼽고 있다. 지역주민들은 일관되게 민원서비스 처리 편의성을 높여달라고 요구를 하고 있음에도 불구하고 특별지방행정기관 차원에서 적극적인 고민을 하지 않고 있다고 볼 수 있다.

앞으로 기관별 민원처리와 관련한 매뉴얼을 타 기관과의 비교 등을 통해 새롭게 구성하고 직원들의 전문성을 높일 수 있는 자체 연수프로그램을 마련할 필요가 있다.

<표 64> 시급히 개선되어야 할 특별지방행정기관 행정서비스

연도	조사결과	
'08	· 민원서비스처리 절차 간소화(28.9) · 민원서비스처리 기간 단축(27.1) · 민원서비스처리 과정의 공정성(19.7)	· 고객에 대한 응대 태도(17.4) · 민원실 환경(6.2)
'09	· 민원서비스처리 절차 간소화(28.4) · 민원서비스처리 기간 단축(20.5) · 민원서비스처리 과정의 공정성(17.8)	· 고객에 대한 응대 태도(18.4) · 민원실 환경(13) · 기타(1.9)
'10	· 민원서비스처리 절차 간소화(29.6) · 민원서비스처리 기간 단축(20.0) · 민원서비스처리 과정의 공정성(21.8)	· 고객에 대한 응대 태도(17.4) · 민원실 환경(9.7) · 기타(1.5)
'11	· 민원서비스처리 절차 간소화(27.2) · 민원서비스처리 기간 단축(18.7) · 민원서비스처리 과정의 공정성(22.2)	· 고객에 대한 응대 태도(16.7) · 민원실 환경(10.9) · 기타(4.3)
'12	· 민원서비스처리 절차 간소화(28.3) · 민원서비스처리 기간 단축(23.2) · 민원서비스처리 과정의 공정성(20.2)	· 고객에 대한 응대 태도(15.2) · 민원실 환경(11.0) · 기타(2.1)
'13	· 민원서비스처리 절차 간소화(28.3) · 민원서비스처리 기간 단축(23.2) · 민원서비스처리 과정의 공정성(20.2)	· 고객에 대한 응대 태도(15.2) · 민원실 환경(11.0) · 기타(2.1)
'14	· 민원서비스처리 기간 단축 등 절차 간소화(51.3) · 민원실 환경(20.3)	· 고객에 대한 친절도(19.8) · 기타(8.6)
'15	· 민원서비스처리 기간 단축 등 절차 간소화(53.2) · 민원실 환경(18.4)	· 고객에 대한 친절도(13.6) · 기타(14.8)
'16	· 민원서비스처리 기간 단축 등 절차	· 고객에 대한 친절도(26.5)

연도	조사결과	
	간소화(41.6) · 민원실 환경(23.9)	· 기타(8.0)
'17	· 민원서비스처리 기간 단축 등 절차 간소화(45.4) · 민원실 환경(25.9)	· 고객에 대한 친절도(18.5) · 기타(10.2)

5. 정책적 시사점

제주 성과평가 제도를 통해 살펴본 제주 특별지방행정기관 성과
제고는 중앙정부의 적극적 태도 이전에 제주특별자치도의 정책 의
지가 무엇보다 중요하다. '제주특별자치도 성과목표 및 평가에 관
한 협약' 내용에 따라 국무총리는 제도개선 등의 조치를 취하게 되
어있기 때문이다.

제주로 이관된 특별지방행정기관에 대한 제주특별자치도의 정책
적 관심과 성과를 높이기 위한 정책 의지는 매우 낮다고 볼 수 있
다. 제주 성과평가지표가 최초인 '07년 62개에서 '18년 49개로 축
소되었다. 이 과정에 7개 특별지방행정기관 사무에 관한 지표설정
은 제각각으로 분석되었다. 각 특별지방행정기관별 사무가 지표로
설정된 경우는 국토사무 2개, 해양수산사무 1개, 중소기업사무가 5
개, 고용사무 1개, 노동사무 1개, 환경사무는 3개에 불과하였고 집
행실적 등 이관 전에도 수행했던 사무실적을 지표로 설정하고 있
었다.

제주 성과평가 지표상 제주 특별지방행정기관 관련 정책목표와
지표는 매우 소극적으로 설정이 되어있다. 오히려 균형성과평가

(BSC) 지표가 이관사무의 적극적 활용 의지가 상대적으로 높게 설정되어 있는 것이 특징이다.

이러한 이유는 업무 담당자들이 제주 성과평가 제도에 대한 인식이 부족하고 업무부담을 주는 또 다른 평가제도라는 인식이 강하다. 즉, '모든 평가가 그러하듯이 평가결과가 나쁘면 막연히 제주특별자치도에 불이익이 떨어질 것이다'라고 생각하는 것이다. 본 연구를 진행하면서 업무담당 공무원들을 인터뷰해 보면 '제주특별자치도의 성과목표와 평가에 관한 협약' 사실을 모르고 있거나 알더라도 협약서의 구체적인 의미를 대부분 모르고 있었다.

평가를 주관하는 국무조정실에서도 협약체결이 된 지 15년이 지나면서 담당자의 교체와 대부분 지방정부와 중앙부처에서 파견을 보낸 공무원들로 구성이 되면서 제주특별자치도 정책에 대한 이해도가 부족한 측면도 있다.

이러한 행태는 특별지방행정기관을 이용하는 주민만족도 결과가 '보통' 수준에서 벗어나지 못한 결과로 이어지고 있다. 특별지방행정기관 이관에 대한 인지도가 낮고 직원들은 친절하지 않으며 민원서비스 처리절차 간소화를 일관되게 요구하고 있다. 특별지방행정기관 이관 후 전문성 강화 등 사후관리에 대한 정책 의지가 부족하다는 반증이다.

제주 특별지방행정기관 성과를 높이고 이 과정에 필요하다면 중앙정부의 예산지원과 제도개선 협조를 끌어내기 위해서는 제주 성과평가 제도를 적극적으로 활용할 필요가 있다.

제주특별자치도 성과목표 및 평가에 관한 협약서 제5조(성과목표 및 성과지표의 설정)를 활용하여 중앙정부와 적극적으로 소통해야 한다. 도지사는 성과평가 결과가 끝나면 정책목표와 지표, 결과 활용안 등 '제주 성과평가 활용에 관한 의견'을 마련하여 국무조정실장과 매년 12월 말까지 사전에 협의하도록 하였다. 이에 대해 관계부처는 수정 의견을 제시할 수 있지만 제주특별자치도지사가 동의하지 않으면 안 된다. 아울러 제주특별자치도지사는 필요한 경우 제주특별자치도지원위원회 회의에 안건을 부칠 수 있다. 제주특별자치도가 보다 중앙정부를 상대로 보다 적극적으로 소통해야 하는 이유이다.

제3절 설문조사 분석

1. 설문조사 실시 배경 및 의미

설문조사는 본 연구의 '제주특별자치도 특별지방행정기관 이관 평가 분석의 틀'에 따라 앞서 기술된 제주 특별지방행정기관 이관 전·후 분석 및 평가와 관련한 사항을 실증하고 자료로써 확인하기 어려운 사항에 대해 설문조사를 통해 확인하기 위함에 있다. 아울러 정책평가요인인 독립변수들이 정책성과 요인인 종속변수에 끼치는 영향을 분석함으로써 정책추진의 우선순위를 도출하는 등 전략적 정책 방향을 제안하는 데 그 의의가 있다.

이를 확인하기 위해 본 연구에서의 설문조사 대상은 2006년 7월

1일 제주 특별지방행정기관으로 이관될 때 근무했었던 공무원을 대상으로 삼았다. 특별지방행정기관 이관 전·후를 경험한 유일한 직원들이기 때문에 자신의 경험을 바탕으로 상대적으로 구체적이고 객관적으로 설문에 응답할 것이라 판단했다. 다만, 특별지방행정기관 이관 후 근무했었던 직원을 제외함으로써 인식의 차이를 비교·평가하는 데는 한계를 가질 수 있다. 하지만 본 연구가 특별지방행정기관 이관 영향을 파악하는 데 목적이 있기 때문에 우선 특별지방행정기관 이관정책이 수립되는 과정과 이관 후 상황을 동시에 경험한 직원을 대상으로 연구하는 것이 필요하다고 판단하였다. 이관 후 제주 특별지방행정기관에서 근무했던 대상을 상대로 연구하는 것은 향후 과제로 남기고자 한다.

2. 조사설계

1) 평가지표 선정 및 변수 측정

설문조사를 위한 척도는 본 연구의 분석의 틀에 맞춰 구성하였다. 이는 분석의 틀에 대해 설문조사를 바탕으로 검증하며 요인분석 등을 통해 보다 실효성 있는 모델을 도출하고 정책대안을 제시하는 데 있기 때문이다.

앞서 특별지방행정기관 이관과 관련한 선행연구의 주제를 유형화해보면 크게 네 가지인 '이관원칙과 기준', '효율적·효과적인 특별지방행정기관 이관 추진전략', '특별지방행정기관 이관 후 추진정책평가', '특별지방행정기관 이관 후 운영성과 평가'로 분류되었다.

이들 네 가지 유형의 평가 기준은 행위 주체를 중앙정부 차원, 제주특별자치도 차원, 제주 특별지방행정기관 이해관계자(소속 직원)로 구분할 수 있으며, 평가 기준은 '이관원칙과 기준' 범주 내에 포함된다.

이관원칙과 기준에 포함되는 요인은 '보충성의 원칙'(소진광, 2002; 2005; 2007; 2010, 안영훈, 2006; 양영철, 2009; 권오성, 2012; 김윤권, 2012; 하혜영, 2016), '차별화의 경제 등 재정여건'(소진광, 2002; 2005; 2007; 2010, 권오성, 2012; 하혜영, 2016) '사무중복·책임성' (소진광, 2002; 2005; 2007; 2010, 양영철, 2009; 권오성, 2012; 하혜영, 2016), 접근 편의성, 주민편의 극대화 등 '주민자치 연계성'(소진광, 2002; 2005; 2007; 2010; 지방이양추진위원회, 2003), 이해당사자들 참여, 사전협의 등 '거버넌스 용이성'(소진광, 2002; 2005; 2007; 2010; 안영훈, 2006), 포괄위임(권오성, 2012; 하혜영, 2016), 지방정부 수용 의사 등 '자율성'(김윤권, 2012; 하혜영, 2016), 지역특수성 (제주연구원, 2004) 등이다.

평가요인을 선정함에 있어 앞선 제4장에서 논의되었던 역대 정부 및 제주 특별지방행정기관 이관정책 비교분석을 통해 확인된, '정권 차원의 의지', '중앙정부(부처) 의지'를 포함하였으며, 제주특별법 제23조(이관 기준 등)에 따른 우선 이관 기준 및 원칙을 포함하였다. '해당 사무가 주민의 편의를 위한 것이고 현지에서 수행하여야 하는 사무', '지역경제발전 또는 지역주민의 삶의 질에 영향을 미치는 사무', '제주특별자치도의 행정상·재정상 여건 및 능력 고려', '특별지방행정기관의 이관에 대한 제주특별자치도의 입장 고려', '이관사무와 관련되는 모든 사무의 동시 이관' 등이다.

중앙정부의 지방분권 정책 차원에서 독립변수는 '제주특별자치도 행정여건 및 능력 고려도', '제주도민 공감대 고려도', '제주지역 특수성 부합도', '보충성 원칙', '주민 복리 증진 기여', '중앙정부 추진 의지', '이관 방식' 등으로 설정하였다.

제주특별자치도 특별자치 정책 의지 차원에서 독립변수는 '제주특별자치도 추진 의지', '이관 조치', '전문성 강화', '이관사무 활용' 등이다. 정책이해관계자 공감대 형성 차원에서는 '특별지방행정기관 이관 사전공감대' 등으로 설정하였다. 공통적인 종속변수로는 제주 특별지방행정기관 이관을 통한 '지역발전 기여도', '주민 삶의 질 향상 도움도', '주민만족도', '중앙정부 지원 의지', '특별지방행정기관 이관정책 지지도', '특별지방행정기관 이관 후 정책성과', '도 조직으로의 통합 지지도' 등으로 설정하였다.

제주 특별지방행정기관 이관 당시 중앙정부 지방분권 정책 및 정책이해관계자 측면에서 '이관원칙과 기준'을 평가하고, 이관 후 제주특별자치도 특별자치 의지를 평가하고자 하였다. 아울러 제주 특별지방행정기관 이관 후 기관 운영평가를 실시함으로써 '이관원칙과 기준'의 취지와 목적이 얼마나 달성되고 있는지 평가하고 이에 따른 개선방안을 도출하고자 하였다.

종속변수 설문척도는 정책성과를 제고하는 요인들을 배치하였다. 특별지방행정기관 이관 목적에 따라 '지역발전 기여도', '주민 삶의 질 향상 기여도', '주민만족도'를 평가하고자 하였다. 이관 후 여전히 정책성과와 연결되는 '중앙정부 지원 의지', 이관한 기관 구성원들의 '여전히 특별지방행정기관 이관정책 지지도', 이관 후 '도 조직으로 통합운영에 대한 지지도', '전반적인 이관 후 정책성과 만족도' 등으로 설정하였다.

설문조사를 실시하기 위해 앞서 기술한 독립변수와 종속변수와 관련한 평가와 측정 문항은 다음의 <표 65>와 같다.

<표 65> 설문조사 평가지표 및 측정 문항

주체별	독립변수	측정 문항
중앙정부의 지방분권 정책	제주특별자치도 행정 여건 및 능력 고려도	특별지방행정기관 이관 시 제주특별자치도 행정여건(특별자치도 등) 고려도
		특별지방행정기관 이관 시 제주특별자치도 재정여건을 고려도
		특별지방행정기관 이관 시 제주특별자치도 운영능력을 고려도
	제주도민 공감대 고려도	특별지방행정기관 이관 시 도민사회 공감대 고려도
		특별지방행정기관 이관 시 제주특별자치도 입장 고려도
	제주지역 특수성 부합도	특별지방행정기관 (사무) 이관 시 제주지역 특수성 반영도
		특별지방행정기관 (사무) 이관 시 제주지역 비전달성 기여도
	보충성 원칙	정부보다는 제주에서 이관사무 의사결정·추진 효율성
	주민 복리 증진 기여	특별지방행정기관 이관사무의 제주경제 발전 기여도
		특별지방행정기관 이관사무의 지역주민 삶의 질 기여도

주체별	독립변수	측정 문항
중앙정부의 지방분권 정책	중앙정부 추진 의지	특별지방행정기관 (사무) 이관에 대한 중 앙정부 추진 의지
	제주특별자치도 추진 의지	특별지방행정기관 (사무) 이관을 위한 제 주특별자치도 추진 의지
	이관 방식	제주특별자치도와 중복사무 중복성
		특별지방행정기관 이관사무의 포괄적 이양
		특별지방행정기관 이관사무의 단계적 이양
제주특별 자치도 특별자치 정책 의지	제주특별자치도 추진 의지	지속적인 제도개선 노력(문40)
		중앙정부 예산절충 노력
		자체예산 지원 적극성
		특별지방행정기관 정원 확대
		특별지방행정기관 재정확충
	이관 조치	(제주특별법 상) 생활환경 개선 등 행·재 정지원
		(제주특별법 상) 특별지방행정기관 출 신 직원 근평 불이익 배제
	전문성 강화	전문성 등 기관 특성 반영 인사
		직원 전문성 강화 훈련 지원
	이관사무 활용	이관사무 활용도
정책이해 관계자 공감대 형성	특별지방행정기관 이관 사전 공감대	특별지방행정기관 이관 시 구성원 의견 수렴
		특별지방행정기관 이관 시 내용상으로 사 전검토 충분성
		정권 차원의 특행 이관 추진

종속변수	설문척도
지역발전 기여도	(제주특별법 상) 이관사무의 지역발전기 여도
주민 삶의 질 향상 기여도	(제주특별법 상) 이관사무의 주민 삶의 질 향상 기여도
주민만족도	적극적인 행정 대응성
	대 도민 행정서비스 접근성(주민 편의성)
	대 도민 행정서비스 주민만족도

종속변수	설문척도
중앙정부 지원 의지	제주특별자치도와의 정책소통 적극성
	제주특별자치도에 대한 재정지원 적극성
특별지방행정기관 이관정책지지	제주 특별지방행정기관 이관 필요성
	다른 지역의 특별지방행정기관 요구 지지
	제주특별자치도 출범 이전으로 돌아갔을 때 이관 지지 여부
특별지방행정기관 이관 후 정책성과	특별지방행정기관 이관 후 정책성과
도 조직으로의 통합 지지도	특별지방행정기관의 도 조직으로의 통합 행정 효율성 기여
	특별지방행정기관의 도 조직으로의 통합 지지도

2) 자료수집 및 분석방법

본 연구의 설문조사 제주특별자치도 출범 시 이관된 7개 제주 특별지방행정기관에 근무했던 직원을 대상으로 하였다. 제주 특별지방행정기관 이관 전·후를 근무한 경험을 바탕으로 평가를 해줄 수 있기 때문이다.

제주 특별지방행정기관으로 소속이 변경된 이관정원은 142명이었으나 실제 이관한 인원은 125명(5급 이상 13명, 6급 이하 63명, 기능직 49명)에 불과하였다. 각 기관별 이관 인원 현황은 <표 66>과 같다. 현재까지 해당 제주 특별지방행정기관에 근무하고 있는 인원은 17명에 불과하여 당시 근무자에게 연락을 취하기가 쉽지 않았다. 이에 제주특별자치도청 인사부서에 요청하여 연구취지를 설명하고 이관 인원에 대한 현황과 연락처를 제공받았다.

설문 기간은 2020년 4월 6일부터 25일까지 20일간 실시하였다.

설문조사 대상자가 각 기관에 산재하고 있어 사전에 전화로 양해를 구하고 방문, 우편 등의 방법으로 실시하였고 응답자는 자기기입식 방법으로 설문에 응하였다.

설문은 전체 대상 125명 중에 47명이 응하였다. 2006년 이후 퇴직하거나 중앙부처로 전출한 인원이 많았고 운전원 등 기능직 출신 직원들의 응답 거부도 많았다. 구체적인 사유를 살펴보면, 57명은 명예·정년퇴직, 중앙부처로 전출 및 파견 등으로 연락이 원활하지 않았으며 이 중 정년퇴직한 4명이 설문에 응하였다. 전체 기능직 49명에서 현직에 있는 19명 중 당시 정책 결정에 대한 사항을 잘 모르기 때문에 설문 응답을 거부한 인원은 13명이고 6명이 응답에 응하였다. 나머지 일반직 출신으로 지금까지 근무하고 있는 49명을 대상으로 설문을 요청하여 37명이 설문에 응답하였다.

<표 66> 제주 특별지방행정기관 모집단 현황

기관별	이관 인원				
	계	일반직		기능직	
		5급 이상	6급 이하	인원	비중
	125	13	63	49	39.2
제주지방국토관리청	44	3	15	26	59.1
제주지방해양수산청	35	3	24	8	22.9
제주지방중소기업청	11	3	4	4	36.4
제주지방노동위원회	9	2	4	3	33.3
제주지방노동사무소	3		2	1	33.3
제주환경출장소	2		2		
제주보훈지청	21	2	12	7	33.3

자료: 제주특별자치도(2020) 내부자료, 재구성.

3) 설문척도의 타당성 및 신뢰도 검증

선행연구를 바탕으로 설문조사를 위하여 예비적으로 13개 독립변수와 30개 설문척도를 선정하였고, 7개 종속변수로는 13개 설문척도를 선정하였고, 수집된 자료를 토대로 요인분석의 사용 적합성과 설문척도의 신뢰도를 확인하였다. 여기서 요인분석의 사용 적합성[11]은 Bartlett의 구형성 검증과 KMO(Kaiser-Meyer-Olkin) 표본적합도(Measure of Sampling Adequacy) 검증으로 파악하였다.

중앙정부의 지방분권 정책 차원과 정책이해관계자의 공감대 차원의 독립변수 설문척도는 타당(Bartlett의 통계량 405.238, 유의수준이 $p<0.000$, KMO 표본 적합도 0.629)한 것으로 나타났다. 제주특별자치도 특별자치 정책 차원의 독립변수 설문척도도 타당(Bartlett의 통계량 341.689, 유의수준이 $p<0.000$, KMO 표본 적합도 0.602)한 것으로 나타났다. 종속변수의 설문척도 또한 타당(Bartlett의 통계량 498.779, 유의수준이 $p<0.000$, KMO 표본 적합도 0.768)한 것으로 분석되었다.

설문척도를 대상으로 신뢰도 분석[12]을 실시한 결과 설문척도가 타당하다는 것을 확인하였다. 중앙정부 지방분권 정책 차원의 독립

---

11) Bartlett의 구형성 검증은 요인분석에 사용할 변수들의 상관행렬이 단위행렬(identity matrix)인지 아닌지, 즉 변수들이 서로 독립적인지 파악하는 가장 편리한 방법이며, KMO의 해석기준은 '0.5 이하-요인분석 실행 불가', '0.5 이상-이상적이지 못함', '0.6 이상-중간', '0.7 이상-약간 좋음', '0.9 이상-아주 이상 적임' 등이다(김계수, 2004).
12) 신뢰도란 동일한 대상을 반복적으로 측정할 때 측정 도구가 오차 없이 같은 결과를 가져올 수 있는 정도를 의미하며, 가장 널리 사용되고 있는 신뢰도 계수(Cronbach's)를 이용하여 척도의 신뢰성을 분석하였다.

변수 8개에 따른 설문척도 18개의 신뢰도 계수(Cronbach's Alpha)는 0.822로 분석되었다. 제주특별자치도 특별자치 정책 차원의 독립변수 4개에 따른 설문척도 12개의 신뢰도 계수(Cronbach's Alpha)는 0.825로 나타났다. 종속변수 7개에 따른 설문척도 13개의 신뢰도 계수(Cronbach's Alpha)는 0.932로 나타나 모든 설문척도가 타당하게 구성되어 있음을 확인했다.

3. 분석결과

1) 응답자 특성 및 기술통계

'제주 특별지방행정기관 성과평가 및 개선방안 마련을 위한 설문조사' 결과 총 47명이 설문에 응답하였다. 현재 직급이 5급 이하인 응답자는 48.9%(23명), 5급 이상 42.6%(20명), 퇴직자는 8.5%(4명)로 나타났다. 직렬별로는 일반직 87.2%(41명), 사무운영직 12.8%(6명)로 당시 정책여건을 잘 알 수 있는 일반직 중심으로 설문조사를 집중하였다. 제주특별자치도로 이관 후 근무 기간은 10년 이상이 61.7%(29명)로 가장 많았고 5년 미만도 19.1%(9명)나 됐다. 이관 당시 근무했던 기관은 제주지방국토관리청과 제주지방해양수산청이 각각 29.8%로 가장 많았다. 이는 이관 인원이 가장 많은 기관에 비례하여 응답자 수도 많은 것으로 이해할 수 있다.

(단위: 명, %)

구분		빈도	비율	구분		빈도	비율
직급	5급 이하	23	48.9	사무이관당시근무기관	제주지방국토관리청	14	29.8
	5급 이상	20	42.6		제주지방해양수산청	14	29.8
	퇴직	4	8.5		제주지방중소기업청	4	8.5
직렬	일반직	41	87.2		제주보훈지청	7	14.9
	사무운영 (舊 기능직)	6	12.8		제주환경출장소	1	2.1
근무기간	5년 미만	9	19.1		광주지방노동청 제주지청	1	2.1
	5-9년	9	19.1		제주지방노동위원회	6	12.8
	10-14년	24	51.1	전체		47	100.0
	15년 이상	5	10.6				

2) 평가요인별 기술통계

중앙정부의 지방분권 정책 차원에서 5점 만점 중 평균 3.0점보다 높게 나타난 측정 문항 결과를 바탕으로 보면, 설문응답자들은 특별지방행정기관 이관 시 당시 제주도의 정책 의지가 높았고 이관 방식은 포괄적 위임방식으로 추진되었으며 '제주특별자치도 설치'라는 제주의 행정여건과 제주특별자치도 입장을 고려하여 추진되었다고 인식하였다. 제주 특별지방행정기관 이관은 제주도민의 삶의 질 향상과 제주발전에 긍정적인 영향을 미치는 사무라고 평가하였다. 5점 만점 중 평균(3.0점)보다 높게 나타난 측정 문항은 제주특별자치도 행정여건(3.02점), 제주특별자치도 입장 고려(3.32점), 제주경제 발전 기여도(3.13점), 지역주민 삶의 질 기여도(3.26점), 제주특별자치도 추진 의지(4.21점), 특별지방행정기관 이관사무의 포괄적 이관(3.37점), 특별지방행정기관 이관사무의 단계적 이관(3.02점) 등으로 나타났다.

제주 특별지방행정기관 이관 후 제주특별자치도의 특별자치 정책 차원에서는 지속적인 제도개선과 정부 예산확충을 위해 노력을 했지만 그 성과는 미미했고 기관 전문성 강화와 이관사무 활용 등 이관 후 정책 의지는 미흡한 것으로 평가되었다. 5점 만점 중 평균(3.0점)보다 높게 나타난 측정 문항은 도의 지속적 제도개선 노력(3.28점), 도의 지속적 정부 예산절충(3.36점) 등이다.

제주 특별지방행정기관 이관 추진 시 정책이해 관계자 공감대 형성 차원에서는 정권 차원에서 적극적으로 추진되었으며 구성원에 대한 의견수렴과 사전에 법적 타당성, 제주특별자치도 실익 등 내용상으로 충분히 검토되지는 못했던 것으로 평가하였다. 5점 만점 중 평균(3.0점)보다 높게 나타난 측정 문항은 정권 차원의 추진(3.98점)으로 나타났다.

종속변수로 설정한 설문척도인 경우 도민들의 행정서비스 접근성을 높이는 데 기여했고 도 조직으로 통합 운영하는 조직운영은 어느 정도 성과가 있는 것으로 평가되었다. 5점 만점 중 평균(3.0점)보다 높게 나타난 측정 문항은 도민의 행정서비스 접근성(3.13점), 도 조직 통합 도움도(3.0점)로 나타났다.

<表 68> 설문조사 평가지표 및 측정 문항

주체별	독립변수	측정 문항	긍정적 13)	보통	부정적 14)	평균
중앙 정부의 지방분권 정책	제주특별자치 도 행정 여건 및 능력 고려도	제주특별자치도 행정여건	42.6	17.0	40.4	3.02
		제주특별자치도 재정여건	21.3	27.7	51.1	2.64
		제주특별자치도 운영능력	21.3	23.4	55.3	2.51
	제주도민 공감대 고려도	도민사회 의견수렴	14.9	23.4	61.7	2.40
		제주특별자치도 입장 고려	46.8	23.4	29.8	3.32
	제주지역 특수성 부합도	제주지역 특수성 반영도	21.3	19.1	59.6	2.51
		제주지역 비전달성기여도	25.5	34.0	40.4	2.74
	보충성 원칙	제주에서 이관사무 의사결정·추진 효율성	17.0	17.0	66.0	2.15
	주민 복리 증진 기여	제주경제 발전 기여도	44.7	21.3	34.0	3.13
		지역주민 삶의 질 기여도	48.9	21.3	29.8	3.26
	중앙정부 추진 의지	중앙정부 추진 의지	27.7	25.5	46.8	2.72
	제주특별자치 도 추진 의지	제주특별자치도 추진 의지	83.0	14.9	2.1	4.21
	이관 방식	제주특별자치도와 사무 중복성	14.9	10.6	74.5	2.04
		특별지방행정기관 이관사무의 포괄적 이관	56.5	10.9	32.6	3.37
		특별지방행정기관 이관사무의 단계적 이관	45.7	19.6	34.8	3.02
제주특별 자치도 특별자치 정책 의지	제주특별자치 도 추진 의지	도의 지속적 제도개선 노력	44.7	34.0	21.3	3.28
		도의 지속적 정부 예산절충	48.9	36.2	14.9	3.36
		도 자체예산 지원 적극성	17.0	57.4	25.5	2.94
		다른 지역 특별지방 행정기관보다 인원 증가	4.3	37.0	58.7	2.33
		공무원 정원 증가	10.9	39.1	50.0	2.50
		다른 지역 특별지방 행정기관보다 재정 증가	6.5	52.2	41.3	2.57
		재정 충분 증가	8.7	56.5	34.8	2.61

13) '매우 그러함' + '그러한 편'의 비율.
14) '전혀 아님' + '그렇지 않은 편'의 비율.

주체별	독립변수	측정 문항	긍정적 15)	보통	부정적 16)	평균
제주특별 자치도 특별자치 정책 의지	이관 조치	이관 조치-생활환경 지원	2.1	21.3	76.6	1.89
		이관 조치-인사 형평성	14.9	29.8	55.3	2.40
	정책이해 관계자와의 공감대 형성 지원	전문성 등 기관 특성 반영 인사	4.3	27.7	68.1	2.13
		직원 전문성 강화 훈련 지원	10.6	29.8	59.6	2.26
	이관사무 활용	이관사무 활용도	19.1	36.2	44.7	2.64
정책이해 관계자 공감대 형성	특별지방행정 기관 이관 사전 공감대	구성원 의견수렴	6.4	31.9	61.7	2.19
		사전검토 충분성	17.4	26.1	56.5	2.41
		정권 차원의 추진	74.5	14.9	10.6	3.98

종속변수	설문척도				
지역발전 기여도	이관사무의 제주발전 기여도	23.4	38.3	38.3	2.72
주민 삶의 질 향상 도움	이관사무의 주민 삶의 질 향상 기여도	25.5	40.4	34.0	2.79
주민만족도	도민 행정서비스 적극성 변화	36.2	31.9	31.9	2.98
	도민의 행정 접근성	40.4	34.0	25.5	3.13
	행정서비스 주민만족도	29.8	42.6	27.7	2.94
중앙정부 지원 의지	정부 정책소통 원활	14.9	34.0	51.1	2.51
	정부재정지원 적극	6.4	38.3	55.3	2.36
특별지방행정기관 이관정책지지	전반적 특별지방행정기관 이전 필요성	19.6	26.1	54.3	2.57
	타 지방 특별지방행정기관 이관 지지	21.7	17.4	60.9	2.39
	과거로 돌아간다면 제주 이전 지지	19.1	10.6	70.2	2.30
특별지방행정기관 이관 후 정책성과	이관 후 정책성과 향상도	19.1	36.2	44.7	2.64
효율적 조직 운용	도 조직 통합 도움도	37.5	32.5	30.0	3.00
	도 조직 통합 지지	25.0	17.5	57.5	2.45

---

15) '매우 그러함' + '그러한 편'의 비율.
16) '전혀 아님' + '그렇지 않은 편'의 비율.

3) 독립성(Chi-Square) 검정

분류형 변수인 '직급', '이전 당시 소속 특별지방행정기관', '이전 특별지방행정기관에서의 근무 기간'과 설문척도 간의 독립성 검정은 설문조사 결과에 대한 보다 상세한 해석을 하는 데 의미가 있다.

통계분석의 효율성을 위해 코딩변경을 시도하였다. 우선 설문응답자 중 퇴직자 4명을 5급 이상으로 조정하였다. 설문응답자 중 퇴직자 4명은 퇴직 당시 직급이 5급 이상이었다. 이전 당시 소속 특별지방행정기관 중 빈도수가 낮은 제주환경출장소(1), 광주지방노동청 제주지청(1)은 제주지방노동위원회(6)와 제주지방중소기업청(4)과 함께 기업·고용·노동·환경청(12)으로 조정하였다. 이관한 제주 특별지방행정기관에서의 근무 기간은 '5년 미만', '5년 이상-10년 미만', '10년 이상'으로 조정하였다.

통계적으로 유의미한 결과를 중심으로 살펴보면, 직급별로는 5급 이하에서 제주 특별지방행정기관 이관 시 도민 의견수렴에 상대적으로 적극적이었고 이관 방식과 관련해서는 합의된 사항부터 단계적으로 이관하였다고 인식하고 있었다. 이는 5급 이하 하위직 공무원의 경우, 제주 특별지방행정기관 이관 과정에서 도민 의견 수렴과정을 어느 정도 거쳤고 이에 따라 합의된 사항부터 단계적으로 이행했다고 인식하는 것으로 나타났다.

<표 69> 분류형 변수(직급별) 교차분석

변수	직급	부정적	보통	긍정적	χ^2 (P값)
도민 의견수렴	5급 이하	47.8%	26.1%	26.1%	5.333 (.069*)
	5급 이상	75.0%	20.8%	4.2%	
사무의 단계적 이관	5급 이하	22.7%	13.6%	63.6%	5.507 (.064*)
	5급 이상	45.8%	25.0%	29.2%	

* $p<.10$, ** $p<.05$, *** $p<.01$

제주 특별지방행정기관별로 보면, '제주특별자치도 재정 및 운영 능력 여건을 고려'하고, '이관 시 법적 타당성, 제주특별자치도 실익 등 내용상으로 충분한 사전검토'한 기관은 제주지방해양수산청으로 분석되었다. '정부 정책소통 원활'과 '정부 재정지원 적극성' 또한 상대적으로 높았다. 이는 제주지방해양수산청이 균형성과평가제도(BSC)에 정부 예산 확보(항만 및 국가 어항 건설 예산확보율)를 명시하여 운영하였고, 해양수산부와의 인사교류(해운항만과 4명: 4급 1, 5급 1, 6급 2)를 지속해서 해왔던 것이 영향을 끼친 것으로 해석된다. 다만 인사교류를 해왔던 제주보훈지청(3명: 보훈청장 4급, 6급 1, 7급 1)은 보훈사무가 국가 기준에 따라 적용하기 때문에 재정확충 및 제도개선의 한계가 있을 수 있다. 고용센터의 경우는 실무담당자(2명: 5급 1, 6급 1) 수준의 인사교류로 중앙정부 절충에는 한계가 있을 수밖에 없다.

이관 방식과 관련하여 모든 사무를 동시에 이관했다고 생각하는 곳은 제주지방국토관리청 소속 직원들이었다. 실제로 국토사무의 제주특별법 제도개선이 추가로 이뤄진 경우는 없었다.

'다른 지역 특별지방행정기관보다 재정이 증가'하고 '도 자체예산 지원이 적극적'인 기관은 제주보훈청이었다. 실제로 2012년부터 2019년까지 연평균 예산증가율(예산 규모)을 보면 도비가 12.3%(81억 원 증가)로 국비 3.3%(6억 원 증가)의 4배에 이른다. 이는 「제주특별자치도 보훈 예우수당 지원 조례」 개정을 통해 보훈 예우수당(월 4만 원), 사망위로금(15만 원), 현충수당(10만 원, 연 1회) 등 각종 수당을 도비로 지원해왔던 측면이 작용하였다. 지방정부 차원에서 각종 수당을 재정 여건에 따라 추가로 지원할 수도 있지만, 재정 형편이 좋지 않은 지방정부에서는 추가 수당을 지급할 수 없는 경우에는 국가유공자에 대한 처우가 지역적으로 차별적용을 받게 되는 결과를 가져온다. 이에 대한 정책적 논의가 필요하다고 판단된다.

<표 70> 분류형 변수(원소속 근무기관별) 교차분석

변수	원 소속	부정적	보통	긍정적	χ^2 (P값)
제주특별자치도 재정여건 고려	제주지방국토관리청	57.1%	28.6%	14.3%	14.392 (.026)**
	제주지방해양수산청	35.7%	14.3%	50.0%	
	제주보훈지청	28.6%	57.1%	14.3%	
	기업·고용·노동·환경청	75.0%	25.0%		
제주특별자치도 운영능력 고려	제주지방국토관리청	64.3%	28.6%	7.1%	16.859 (.010)**
	제주지방해양수산청	35.7%	14.3%	50.0%	
	제주보훈지청	28.6%	57.1%	14.3%	
	기업·고용·노동·환경청	83.3%	8.3%	8.3%	
모든 사무 동시 이관	제주지방국토관리청	7.1%	21.4%	71.4%	13.667 (.010)**
	제주지방해양수산청	64.3%	7.1%	28.6%	
	제주보훈지청	33.3%	16.7%	50.0%	
	기업·고용·노동·환경청	25.0%		75.0%	

변수	원 소속	부정적	보통	긍정적	χ^2 (P값)
충분한 사전검토	제주지방국토관리청	64.3%	28.6%	7.1%	11.836 (.066)**
	제주지방해양수산청	28.6%	42.9%	28.6%	
	제주보훈지청	42.9%	28.6%	28.6%	
	기업·고용·노동·환경청	90.9%		9.1%	
정부 정책소통 원활	제주지방국토관리청	64.3%	35.7%		13.986 (.030)**
	제주지방해양수산청	14.3%	50.0%	35.7%	
	제주보훈지청	71.4%	14.3%	14.3%	
	기업·고용·노동·환경청	66.7%	25.0%	8.3%	
정부 재정지원 적극성	제주지방국토관리청	71.4%	28.6%		16.700 (.010)**
	제주지방해양수산청	14.3%	64.3%	21.4%	
	제주보훈지청	71.4%	28.6%		
	기업·고용·노동·환경청	75.0%	25.0%		
도 자체예산 지원 적극성	제주지방국토관리청	28.6%	64.3%	7.1%	12.053 (.061)**
	제주지방해양수산청	14.3%	71.4%	14.3%	
	제주보훈지청	14.3%	28.6%	57.1%	
	기업·고용·노동·환경청	41.7%	50.0%	8.3%	
다른 지역 특별지방 행정기관 보다 재정 증가	제주지방국토관리청	78.6%	21.4%		18.047 (.006)**
	제주지방해양수산청	21.4%	71.4%	7.1%	
	제주보훈지청	14.3%	57.1%	28.6%	
	기업·고용·노동·환경청	36.4%	63.6%		

* $p<.10$, ** $p<.05$, *** $p<.01$

　　제주로 이관된 후 제주 특별지방행정기관에 근무한 기간별로 살펴보면, 이관 후 10년 이상부터는 조직의 활력이 떨어져 왔던 것으로 해석된다. '이관사무의 활용도'와 '도 조직으로의 통합운영 도움도'는 10년 미만 근무 직원들이 상대적으로 높다고 판단하고 있었다. 이는 균형성과평가제도(BSC)와 「제주특별자치도 성과평가」 지

표와 연계되는 기간과 유사한 것으로써 정책성과 관점의 조직운영
이 중요함을 시사하고 있다고 볼 수 있다.

특히 주민만족도를 뒷받침하는 '도민 행정서비스 적극성', '도
민의 행정 접근성', '행정서비스 주민만족도' 또한 10년 이상 근
무자들에게는 부정적으로 인식되고 있었다. 이는 「제주특별자치
도 성과평가」 지표 중 '특별행정기관에 대한 고객만족도'가 있으
나, 도 조직으로 통합된 부서는 제외하였고 균형성과평가제도
(BSC) 상의 모든 부서의 공통지표였던 '전화친절도'가 2017년부
터 제외된 것이 영향을 끼친 것으로 판단된다. 적어도 제주 특별
지방행정기관 주민만족도를 높이기 위해서는 이관사무와 통합된
부서의 행정서비스를 이용하는 이용주민에 대해 이관사무 이용
여부를 확인하여 만족도 조사를 할 수 있도록 조사방법을 개선할
필요가 있다.

<표 71> 분류형 변수(근무 기간별) 교차분석

변수	근무 기간	부정적	보통	긍정적	x^2 (P값)
보충성 원칙	5년 미만	55.6%		44.4%	8.634 (.071)*
	5년 이상-10년 미만	66.7%	11.1%	22.2%	
	10년 이상	69.0%	24.1%	6.9%	
모든 사무 동시 이관	5년 미만	11.1%	33.3%	55.6%	8.921 (.063)*
	5년 이상-10년 미만	22.2%		77.8%	
	10년 이상	42.9%	7.1%	50.0%	
이관사무 활용	5년 미만	33.3%	33.3%	33.3%	8.140 (.087)*
	5년 이상-10년 미만	11.1%	66.7%	22.2%	
	10년 이상	58.6%	27.6%	13.8%	

변수	근무 기간	부정적	보통	긍정적	χ^2 (P값)
도 조직 통합 도움도	5년 미만	14.3%	57.1%	28.6%	11.299 (.023)**
	5년 이상-10년 미만		14.3%	85.7%	
	10년 이상	42.3%	30.8%	26.9%	
도민 행정서비스 적극성	5년 미만	11.1%	33.3%	55.6%	10.175 (.038)**
	5년 이상-10년 미만		44.4%	55.6%	
	10년 이상	48.3%	27.6%	24.1%	
도민의 행정 접근성	5년 미만	11.1%	22.2%	66.7%	8.659 (.070)*
	5년 이상-10년 미만		44.4%	55.6%	
	10년 이상	37.9%	34.5%	27.6%	
행정서비스 주민만족도	5년 미만	11.1%	44.4%	44.4%	7.969 (.093)*
	5년 이상-10년 미만		55.6%	44.4%	
	10년 이상	41.4%	37.9%	20.7%	

* $p<.10$, ** $p<.05$, *** $p<.01$

4) 독립 및 종속변수별 요인분석

요인분석은 주성분추출방법(principal component factoring)[17]을 사용하여 요인 모형을 추정하였고, 요인 점수들 간의 높은 상관관계 즉, 다중공선성 문제를 방지하기 위해 직각 회전방식의 하나인 VARIMAX 방법을 이용하여 요인들을 회전시켰다. 그리고 자료를 대표하는 요인들의 수를 결정하기 위해 특정 요인이 설명해 주는 총 분산을 의미하는 고유치(eigen value)를 검토하였으며, 여기에서 고유치가 1 이상인 요인만을 추출하였다.

---

17) 요인 수 및 정보손실의 최소화, 변수들 간의 구조를 확인하는 데 주로 사용된다 (김계수, 2004).

(1) 중앙정부의 지방분권 정책 차원의 독립변수에 대한 요인
    분석 및 변수조정

가. 요인분석

선행연구를 통해 제주 특별지방행정기관 이관원칙과 기준을 9개
요인 18개 설문척도로 구성하여 설문조사를 실시한 결과, 제주특별
자치도 출범 시 특별지방행정기관 이관에 영향을 끼친 요인은 크
게 여섯 가지로 유형화되었다. 애초 정책이해관계자였던 특별지방
행정기관 소속 직원들에 대한 사전공감대(구성원 의견수렴, 사전에
충분한 검토, 정권 차원의 정책 의지)는 중앙정부의 지방분권 정책
차원에서 추진해야 할 사항으로 분석되었다. 특별지방행정기관 이
관원칙과 기준 중 '특별지방행정기관 이관을 위한 제주특별자치도
추진 의지'는 중앙정부가 정책 의사결정 하는 데 의미 있는 요인으
로 작용하지 않는 것으로 분석된 것이 특징이다.

중앙정부가 제주특별자치도 출범 시 특별지방행정기관 이관 추
진에 영향을 끼쳤다고 생각하는 여섯 개 요인은 ① 제주특별자치
도 특수성, ② 보충성의 원칙, ③ 주민 복리 증진 기여, ④ 정권 차
원 의지, ⑤ 중앙정부 추진 의지, ⑥ 중앙정부와 제주특별자치도
간의 사무 중복성이다.

<표 72> 중앙정부의 지방분권 정책 차원의 독립변수에 대한 요인분석 결과

측정 문항	요인						공통 분산[18)
	1	2	3	4	5	6	
제주 비전달성 기여도	.830	.113	-.176	.128	.142	-.175	.80
제주지역 특수성 반영도	.810	.315	.015	-.043	-.222	.103	.82
제주특별자치도 입장 고려도	.787	-.111	.324	.205	.052	-.020	.78
제주특별자치도 행정여건	.628	.242	.228	-.002	-.076	.403	.67
제주특별자치도 재정여건	.589	.393	.213	-.357	.200	.262	.78
제주도민 의견수렴	.588	.288	.254	-.174	.172	-.167	.58
제주특별자치도 운영능력	.551	.384	.285	-.371	.275	.096	.76
사무의 단계적 이관	.031	.824	.153	.085	.030	.149	.73
사전검토 충분성	.359	.757	.023	-.154	-.018	-.209	.77
보충성 원칙	.475	.663	.167	-.030	-.217	.054	.74
제주경제발전 기여도	.076	.132	.936	.009	-.045	.092	.91
주민 삶의 질 향상 기여도	.215	.118	.898	-.011	.107	.120	.89
정권 차원 정책 의지	.015	.093	.172	.788	.186	.037	.70
모든 사무 동시 이관	-.005	-.163	-.160	.634	-.141	.1900	.51
제주특별자치도 추진 의지	.145	.094	-.065	.091	-.745	-.364	.73
중앙정부 추진 의지	.273	-.037	.013	.444	.698	-.081	.77
구성원 의견수렴	.111	.500	-.012	-.227	.517	-.278	.66
특별지방행정기관-도 중복사무	.021	-.010	.146	.174	.116	.831	.76

‘제주특별자치도 특수성’과 관련해서는 설문에 응답한 제주특별
자치도 출범 시 이관된 직원들이 중앙정부 입장에서는 제주 비전
달성 도움도. 제주지역 특수성 반영, 제주특별자치도 입장 고려, 제
주특별자치도 행정여건, 제주특별자치도 재정 여건, 제주도민 의견
수렴, 제주특별자치도 운영능력 등을 하나의 요인으로 인식하는 것
으로 분석되었기 때문에 이를 포괄하는 용어를 사용하였다.

‘보충성의 원칙’ 요인은 사무의 단계적 이관, 사전에 충분한 검
토, 보충성 원칙 등을 하나의 요인으로 분석되었기에 사용하였다.
이와 관련한 해석을 한다면 특별지방행정기관 이관 전에 법적 타
당성, 제주특별자치도 실익 등 내용상으로 충분히 검토하여 제주
특별자치도에서 의사결정하고 추진하는 것이 더 효율적·효과적
인 사무를 단계적으로 이관이 필요하다고 판단하고 있다고 할 수
있다.

‘주민 복리 증진 기여도’는 애초 설문구성안대로 제주경제발전
기여도와 주민 삶의 질 향상 기여가 하나의 요인으로 묶이는 것으로
분석되었다.

‘정권 차원의 정책 의지’는 모든 사무의 동시 이관 설문척도와
같은 요인으로 묶였다. 즉, 응답자들은 당시 참여정부 차원에서 정

---

18) 공통분산(communality)은 총 분산 중에서 요인이 설명하는 분산비율을 의미하
며 사회과학에서는 공통분산 값이 총 분산의 60% 정도를 설명하는 요인까지를
선정한다(김계수, 2004). 본 연구에서는 대부분의 변수가 0.6을 넘고 있으나 ‘제
주도민 의견 수렴(0.58)’과 ‘모든 사무 동시 이관(0.51)’은 0.6에 미치지 못하고
있다. 하지만 두 설문척도는 선행연구에서 일반적으로 언급되는 요인이며, 설문
대상이 중앙정부 산하 특별지방행정기관 소속이어서 제주의 자세한 상황을 인
지하지 못할 수 있다는 점 등이 반영된 결과로 판단되기 때문에 요인에 포함하
고자 함

책이 추진되었으며 특별지방행정기관을 이전하는, 즉 모든 사무를 동시에 이관하는 것으로 인식하였다.

'중앙정부 추진 의지'는 중앙부처 차원에서 구성원들의 의견을 수렴하는 내용을 포함하는 것으로 이해할 수 있다.

'중앙정부와 제주특별자치도 간의 사무 중복성'은 별도로 영향을 끼치는 요인으로 인식되었다.

나. 변수조정

중앙정부의 지방분권 정책 차원에서 제주 특별지방행정기관 이관원칙과 기준에 대한 9개 요인 18개 설문척도에 대한 요인분석 결과 6개 요인으로 묶였으며, '제주특별자치도 추진 의지'는 6개 요인에 묶이지 않는 것으로 나타났다. 요인분석 후 독립변수 요인에 포함되는 설문척도들은 <표 73>과 같다.

기존의 설문구성안과 달리 요인분석 후 6개 요인에 포함되지 않는 설문척도는 '제주특별자치도 추진 의지'이다. 이는 설문조사 대상이 제주특별자치도 출범 당시 이관 인원이 특별지방행정기관 소속 직원에 한정했기 때문에 당시 제주의 상황을 구체적으로 인지하지 못한 결과로 나타났다고 볼 수 있다. 이후 회귀분석을 통한 분석모형에 대한 검증을 통해 그 의미를 다시 살펴보고자 한다.

<표 73> 중앙정부의 지방분권 정책 차원의 독립변수에
대한 요인분석 후 변수조정

독립변수	측정 문항		독립변수	측정 문항
①제주특별자치도 행정여건 및 능력 고려도	제주특별자치도 행정여건		①제주특별자 치도 특수성	제주지역 비전 달성 기여도
	제주특별자치도 재정여건			제주지역 특수성 반영도
	제주특별자치도 운영능력			제주특별자치도 입장 고려
②제주도민 공감 대 고려도	도민사회 의견수렴			제주특별자치도 행정 여건
	제주특별자치도 입장 고려			제주특별자치도 재정 여건
③제주지역 특수 성 부합도	제주지역 특수성 반영도			도민사회 의견수렴
	제주지역 비전달성 기여도			제주특별자치도 운영 능력
④보충성 원칙	제주에서 이관사무 의사결정·추진 효율성	요 인 분 석 후 ▶	②보충성의 원칙	특별지방행정기관 이관 사무의 단계적 이관
⑤주민 복리 증진 기여	제주경제 발전 기여도			내용상으로 사전검토 충분성
	지역주민 삶의 질 기여도			제주에서 이관사무의 의 사결정·추진 효율성
⑥중앙정부 추진 의지	중앙정부 추진 의지		③주민 복리 증진 기여	제주경제 발전 기여도
				지역주민 삶의 질 기여도
⑦제주특별자치도 추진 의지	제주특별자치도 추진 의지		④정권 차원의 의지	정권 차원의 추진
⑧이관 방식	제주특별자치도와 중 복사무 중복성			모든 사무의 포괄적 이관
	특별지방행정기관 이 관사무의 포괄적 이관		⑤중앙정부 추진 의지	중앙정부 추진 의지
	특별지방행정기관 이 관사무의 단계적 이관			구성원 의견수렴
⑨정책이해관계자 공감대 형성	구성원 의견수렴		⑥중앙정부와 제주특별자 치도 간 사 무 중복성	제주특별자치도와 사무 중복성
	사전검토 충분성			
	정권 차원의 추진		요인에서 제외	제주특별자치도 추진 의지

(2) 제주특별자치도 특별자치 정책 차원의 독립변수에 대한
   요인분석 및 변수조정

가. 요인분석

선행연구를 통해 특별지방행정기관 이관 후 독립변수는 4개이며
이에 따른 12개 설문척도로 구성된 설문조사를 실시한 결과 3개의
요인으로 분류가 되었다. 각 요인의 특성을 고려하여 각 요인을 ①
이관사무(제주 특별지방행정기관) 활용기반지원, ② 정책이해관계
자와의 공감대 형성 지원, ③ 제주특별자치도의 지속적인 정책추진
의지 관심으로 명명할 수 있다.

'이관사무 활용기반지원'은 다른 지역 특별지방행정기관보다 인
원 증가, 재정 충분 증가, 공무원 정원 증가, 다른 지역 특별지방행
정기관보다 재정 증가, 이관사무 활용 등 측정 문항이 포함된다.
이는 이관된 사무를 활용하기 위해서는 인력과 재정의 지원이 뒷
받침되어야 한다고 해석할 수 있다.

'정책이해관계자와의 공감대 형성 지원'은 전문성 등 기관 특성
을 반영한 인사, 교육훈련 지원, 이관 인원에 따른 생활환경 지원
및 인사 형평성의 문항을 포함한다. '기관의 전문성'은 특별지방행
정기관 이관을 둘러싼 찬반 주장의 주요 쟁점 사항이기도 하다. 제
주 특별지방행정기관에 대해서도 여전히 전문성 강화가 중요함을
시사하고 있다.

'제주특별자치도의 지속적인 정책추진'은 도의 지속적 제도개선,
도 자체예산 지원 적극성, 도의 지속적 정부 예산절충 등의 측정
문항이 포함된다. 즉, 특별지방행정기관 이관이 되더라도 지방정부

에서는 지속적인 제도개선과 정부 예산확충뿐만 아니라 도비의 적극적인 지원도 중요함을 시하고 있다.

<표 74> 제주특별자치도 특별자치의 독립변수에 대한 요인분석 결과

측정 문항	요인			공통 분산[19]
	1	2	3	
다른 지역 특별지방행정기관 보다 인원 증가	.879	.096	-.029	.783
재정 충분 증가	.831	.189	-.069	.731
공무원 정원 증가	.810	.253	-.019	.721
다른 지역 특별지방행정기관 보다 재정 증가	.733	-.067	.287	.624
이관사무 활용	.484	.483	.313	.566
전문성 인사	.202	.860	.182	.813
이관 조치-생활환경	-.090	.849	-.130	.747
교육훈련 지원	.333	.790	.129	.752
이관 조치-인사 형평성	.164	.582	.473	.589
도의 지속적 제도개선 노력	-.064	-.037	.905	.825
도 자체예산 지원 적극성	.078	.039	.803	.653
도의 지속적 정부 예산절충	.076	.344	.736	.667

나. 변수조정

이관된 제주 특별지방행정기관 성과향상 등을 고려한 4개 독립변수와 12개 설문척도에 대한 요인분석결과 3개의 요인으로 분류되었고, 이에 따라 각 요인에 따른 측정 문항은 <표 75>와 같이 조

---

19) 공통분산(communality)의 경우, 총 분산의 60% 이하 측정 문항은 '이관사무 활용'(.556), '이관 조치-인사 형평성'(.589)으로 해당 요인을 명확히 설명하는 척도로는 미흡한 면이 있으나 이관 후 제주특별자치도 특별자치를 분석하는 주요한 변수이기 때문에 해당 요인에 포함하고자 한다.

정되었다.

<표 75> 제주특별자치 차원의 독립변수에 대한 요인분석 후 변수조정

독립변수	측정 문항		독립변수	측정 문항
①제주특별자치도 추진 의지	도의 지속적 제도개선 노력	요인분석후 ▶	①이관사무 활용기반지원	다른 지역 특별지방행정기관 보다 인원 증가
	도의 지속적 정부 예산절충			재정 충분 증가
	도 자체예산 지원 적극성			공무원 정원 증가
	다른 지역 특별지방행정기관 보다 인원 증가			다른 지역 특별지방행정기관 보다 재정 증가
	공무원 정원 증가			이관사무 활용도
	다른 지역 특별지방행정기관 보다 재정 증가		②정책이해관계자 와의 공감대 형성 지원	전문성 등 기관 특성 반영 인사
	재정 충분 증가			이관 조치 -생활환경 지원
②이관 조치	이관 조치 -생활환경 지원			직원 전문성 강화 훈련 지원
	이관 조치-인사 형평성			이관 조치-인사 형평성
③전문성 강화	전문성 등 기관 특성 반영 인사		③제주특별자치도 의 지속적인 정책추진 의지	도의 지속적 제도개선 노력
	직원 전문성 강화 훈련 지원			도 자체예산 지원 적극성
④이관사무 활용	이관사무 활용도			도의 지속적 정부 예산절충

(3) 종속변수에 대한 요인분석 및 변수조정

가. 요인분석

선행연구에 따라 7개 종속변수 13개 설문척도를 설정하여 수집된 자료를 바탕으로 요인분석을 실시한 결과 3개의 요인으로 분류되었다. 각 요인의 특성을 종합하여 ① 제주 지역발전 기여도 ② 제주 특별지방행정기관 정책성과, ③ 중앙정부 적극적 지원으로 명명하였다.

<표 76> 종속변수에 대한 요인분석 결과

측정 문항	성분			공통 분산[20)
	1	2	3	
이관사무의 주민 삶의 질 향상 기여도	.836	.346	.164	.845
이관사무의 제주발전 기여도	.823	.337	.232	.844
도 조직 통합 지지	.761	.379	.136	.742
도 조직 통합 도움도	.753	.363	-.150	.721
타 지방 특별지방행정기관 이관 지지	.692	.241	.140	.556
과거로 돌아간다면 제주 이전 지지	.646	.134	.090	.444
전반적 특별지방행정기관 이전 필요성	.634	.380	.323	.651
도민 행정서비스 적극성 변화	.325	.931	.075	.977
행정서비스 주민만족도	.336	.913	.047	.949
도민의 행정 접근성	.407	.877	.085	.942
이관 후 정책성과 향상도	.604	.644	.186	.814
정부재정지원 적극	.117	.047	.922	.866
정부 정책소통 원활	.163	.093	.914	.870

나. 변수조정

이관된 제주 특별지방행정기관 성과향상 등을 고려한 7개 독립변수와 13개 설문척도에 대한 요인분석결과과 3개의 요인으로 분류되었고, 이에 따라 각 요인에 따른 측정 문항을 종합하여 종속변수를 ① 제주 지역발전 기여도, ② 제주 특별지방행정기관 정책성과, ③ 중앙정부 적극적 지원으로 명명하였다. 구체적인 내용은 <표 77>과 같이 조정되었다.

<표 77> 종속변수에 대한 요인분석 후 변수조정

종속변수	측정 문항		종속변수	측정 문항
①지역발전 기여도	이관사무의 제주발전 기여도	요인분석후 ▶	①제주 지역발전 기여도	이관사무의 주민 삶의 질 향상 기여도
②주민 삶의 질 향상 도움	이관사무의 주민 삶의 질 향상 기여도			이관사무의 제주발전 기여도
③주민 만족도	도민 행정서비스 적극성 변화			도 조직 통합 지지
	도민의 행정 접근성			도 조직 통합 도움도
	행정서비스 주민만족도			타 지방 특별지방행정기관 이관 지지
④중앙정부 지원 의지	정부 정책소통 원활			과거로 돌아간다면 제주 이전 지지
	정부재정지원 적극			전반적 특별지방행정기관 이전 필요성
⑤특별지방행정기관 이관 정책지지	전반적 특별지방행정기관 이전 필요성		②제주 특별지방행정기관 정책성과	도민 행정서비스 적극성 변화
	타 지방 특별지방행정기관 이관 지지			행정서비스 주민만족도

20) 공통분산(communality)은 총 분산의 60% 미만 설문척도는 '타 지방 특별지방행정기관 이관 지지'(.556), '과거로 돌아간다면 제주 이전 지지'(.444) 항목이나 이후 회귀분석을 통한 모형의 실증분석을 실시하여 모형 적합 타당성을 검토하고자 한다.

종속변수	측정 문항	요인분석 후	종속변수	측정 문항
⑤특별지방행정기관 이관 정책지지	과거로 돌아간다면 제주 이전 지지		②제주 특별지방행정기관 정책성과	도민의 행정 접근성
⑥특별지방행정기관 이관 후 정책성과	이관 후 정책성과 향상도			이관 후 정책성과 향상도
⑦효율적 조직 운용	도 조직 통합 도움도	▶	③중앙정부 적극적 지원	정부재정지원 적극
	도 조직 통합 지지			정부 정책소통 원활

5) 분석모형에 대한 검증: 회귀분석 결과

앞서 정책추진 주체별 독립변수와 종속변수에 대한 요인분석을 바탕으로 분석모형에 대한 설명력을 높이기 위해 변수조정을 하였다. 이를 바탕으로 제주 특별지방행정기관 이관이 종속변수로 설정한 '제주지역발전 기여도'와 '제주 특별지방행정기관 정책성과' 그리고 '중앙정부의 적극적 지원에 영향을 주는 요인'을 밝혀내기 위하여 다중회귀분석을 실시하였다.

회귀분석은 크게 세 가지 차원으로 진행하였다. 각각의 종속변수에 영향을 끼친 변수의 설명력을 다중공선성 최소화 등을 통해 높이기 위해 중앙정부와 제주특별자치도 차원으로 구분하여 회귀분석을 실시하였고, 마지막으로 모든 독립변수를 포함하여 회귀분석을 실시하였다.

첫 번째는 제주 특별지방행정기관 이관 시 중앙정부의 지방분권 정책추진과정의 '이관원칙과 기준'이 현재의 종속변수에 얼마나 영향을 끼쳤는지 살펴볼 것이다. 이를 통해 특별지방행정기관 이관 시 중앙정부가 취해야 할 전략적 정책 방향을 도출할 수 있을 것이다.

두 번째는 제주 특별지방행정기관 이관 후 제주특별자치도 특별 자치 차원에서 종속변수에 영향을 끼치는 요인과 영향의 범위를 분석할 것이다. 특별지방행정기관 이관 준비 및 추진과정 등 정책 추진과정도 중요하지만 이관 후 정책성과를 높이기 위한 사후관리 차원도 중요하기 때문이다. 이의 분석을 통해 특별지방행정기관 이관을 마주하는 지방정부가 취할 수 있는 정책적 입장과 방향을 제시할 수 있을 것이다.

마지막으로 제주 특별지방행정기관 이관정책추진과정과 이후의 사후관리 차원을 동시에 독립변수로 설정하여 종속변수에 영향을 끼치는 요인을 도출할 것이다. 이는 정책학적 측면에서 '정책대상', '정책목표', '정책성과' 등 정책의 생애 주기적 관점에서 통합적으로 접근한다는 데 의미가 있으며, 중앙정부가 특별지방행정기관 이관정책을 추진하는 데 정책적인 시사점을 제공할 수 있을 것이다.

회귀분석을 실시하기 전에 회귀식의 가정들을 살펴보았고 회귀분석을 실시하는데 별다른 문제가 없다고 판단하였다. 회귀식 가정인 다중공선성(Multicollinearity)[21]을 확인하기 위하여 공차 한계(Tolerance)와 분산확대지수(VIF)를 살펴보았고 잔차의 독립성에 대해 Durbin-Watson[22] 테스트를 실시하였다. 정규

---

21) 독립변수 간 상관관계가 존재하는 것을 의미하며 다중공선성 존재를 알아보기 위해 공차 한계(Tolerance)를 이용하였다. T=1- R^2 이며 최댓값은 1이며 다중 공선성이 낮을수록 T 값이 높게 나타남. VIF(Variance Inflation Factor)는 분산 확대 지수로 공차 한계의 역수이다.

22) 더빈-왓슨(DW) 통계량은 데이터들의 1차 자기 상관을 판정하는 도구로 사용되

분포성(Normality)[23] 분석을 위해 회귀표준화 잔차와 빈도 간의 그래프를 통해 확인하였고 선형성(Linearity)[24]은 회귀표준화 잔차의 정규 P-P 도표를 통해 확인하였다. 마지막으로 등-분산성(Homoscedasticity)[25]을 확인하기 위해 독립변수와 종속변수 간의 편 회귀 도표를 통해 판단하였다.

(1) 회귀분석 1. 중앙정부의 지방분권 정책 차원 분석

모든 종속변수(제주지역 발전 기여도, 제주 특별지방행정기관 정책성과, 중앙정부 적극적 지원)에 유의미한 영향을 끼치는 중앙정부 차원의 독립변수는 '보충성의 원칙'으로 분석되었다. '보충성의 원칙'은 특별지방행정기관 이관을 위해 중앙정부를 설득할 수 있는 중요한 논리임을 확인할 수 있다. 즉, 특별지방행정기관 이관 시 법적 타당성, 제주특별자치도 실익, 제주특별자치도 특수성(비전 기여도, 지역 특수성, 행·재정 여건, 도민 의견수렴, 운영능력 등) 등 내용상으로 사전에 충분히 검토하여야 하고, 정부보다는 제주에

며 가설검정에 쓰이는 통계량이 아니기 때문에, 검정 통계량이나 p 값 등이 없어 정확한 기준이 아직 나와 있지 않다. 보통 그 값은 0~4 사이(0 : 양의 자기 상관, 2 : 독립적, 4 : 음의 자기 상관)에 존재하는데 보통 1.3~2.7 사이에 DW 값이 존재하면 독립적으로 판단한다.

23) 다변량 통계분석의 가장 기본적인 가정이며 가장 이상적인 모양은 종 모양의 대칭분포로서 자료의 평균, 최빈값, 중앙값이 모두 같으면서, 분포의 한 가운데에 위치한다.

24) 변수 사이의 관계 정도 또는 상관 정도이다. 즉, 독립변수 값에 따라 종속변수의 값이 일정하게 선형적으로 변하는 경우를 일컫는다.

25) 독립변수에 대한 종속변수 값들이 정규분포를 이루고 정규분포의 분산이 모두 일정한 것을 의미한다. 즉, 독립변수의 값이 변함에 따라 종속변수가 변하는 데 있어 종속변수가 독립변수와 같은 분산을 보이면서 변해야 한다.

서 의사결정하고 추진하는 것이 더 효율적·효과적인 사무를 중심으로 합의된 사항부터 단계적으로 이관할 필요가 있다.

본 연구에서의 보충성의 원칙은 선행연구와 요인분석을 바탕으로 정책수립단계와 정책 의사결정 하는 단계까지 적용하는 개념으로 설명할 수 있다. 중앙정부 차원에서는 지방정부가 추진하는 것이 더 효율적·효과적인 사무를 특별지방행정기관 소속 직원들과의 공감대를 바탕으로 발굴하여 합의된 사항부터 단계적으로 추진하는 것이 '특별지방행정기관 이관정책성과'를 높일 수 있는 전략 방향으로 도출되었다.

각 종속변수와 중앙정부 차원의 독립변수 간의 회귀분석 결과는 아래의 모형1, 2, 3과 같다. 모형 1은 종속변수를 '제주지역발전 기여도'로 설정하였고, 모형의 설명력은 22.6%로 분석되었다. 총 여섯 개의 독립변수 중 통계적으로 유의미한 변수는 보충성의 원칙과 제주특별자치도 특수성으로 나타났고 각 변수의 설명력을 나타내는 비표준화 계수는 보충성의 원칙(0.401)이 제주특별자치도 특수성(0.363)보다 높게 나타났다. 종속변수가 '제주 특별지방행정기관 정책성과'인 모형 2의 설명력은 12.6%이며, 의미 있는 독립변수는 '보충성의 원칙'으로 나타났다. 모형 3은 종속변수가 '중앙정부의 적극적 지원'으로 모형의 설명력은 15.1%이며 '보충성의 원칙'이 의미 있는 변수로 분석되었다.

<표 78> 회귀분석 결과 : 중앙정부의 지방분권 정책 차원 분석

모형	종속변수	독립변수	비표준화 계수		표준화 계수	t	유의 확률	공선성 통계량	
			B	표준 오차	베타			공차 한계	VIF
1#	제주지역 발전 기여도	(상수)	.051	.151					
		보충성의 원칙	.401	.155	.385	2.589	.014**	.999	1.001
		제주특별자치도 특수성	.363	.160	.338	2.272	.030**	.999	1.001
	모형 1. $\widehat{Y}$= 0.051 + 0.401(보충성의 원칙) + 0.363(제주특별자치도 특수성)								
2##	제주 특별지방 행정기관 정책성과	(상수)	.015	.165					
		보충성의 원칙	.302	.166	.289	1.820	.079*	.988	1.012
	모형 2. $\widehat{Y}$= 0.015 + 0.302(보충성의 원칙)								
3###	중앙정부 적극적 지원	(상수)	.033	.157					
		보충성의 원칙	.434	.161	.419	2.688	.011**	1.000	1.000
	모형 3. $\widehat{Y}$= 0.033 + 0.434(보충성의 원칙)								

* p<.10   ** p<.05   *** p<.01

\# R^2=.270, 수정된 R^2=.226, F값=6.103, 유의확률= .006

\#\# R^2=.276, 수정된 R^2=.126, F값=1.843, 유의확률= .125

\#\#\# R^2=.175, 수정된 R^2=.151, F값=7.225, 유의확률= .011

(2) 회귀분석 2. 제주특별자치도 특별자치

   정책 차원 분석(독립변수)

   모든 종속변수(제주지역 발전 기여도, 제주 특별지방행정기관 정책성과, 중앙정부 적극적 지원)에 유의미한 영향을 끼치는 제주특별자치도 차원의 3개의 독립변수는 '정책이해관계자와의 공감대 형성 지원', '이관사무 활용기반지원', '제주특별자치도의 지속적인 정책추진 의지' 모두가 영향을 끼치는 것으로 분석되었다.

제주지역 발전 기여도를 높이기 위해서는 '정책이해관계자와의 공감대 형성 지원' 시책과 '이관사무 활용기반지원' 정책을 추진해야 한다. 교육훈련 지원, 기관 특성 반영한 인사 등 직원들의 전문성 강화를 위한 시책이 이관사무 활용, 인력 및 재정지원 등 이관사무 활용기반지원사항보다 더 중요하게 나타난 것은 특기할 만한 사항이다. 즉, 각 변수의 설명력을 나타내는 비표준화 계수가 이관사무 활용기반지원(0.307)보다 직원 전문성 강화(0.456)가 높게 나타나고 있어, 공무원들은 행·재정지원에 앞서 전문가가 되어야 한다고 스스로 평가를 하는 것이다.

제주 특별지방행정기관 정책성과를 높이기 위해서는 '제주특별자치도의 지속적인 정책추진'과 '직원 전문성 강화'를 추진해야 하는 것으로 분석되었다. 도민에 대한 행정 적극성 변화 및 행정서비스 접근성 강화, 주민만족도 제고, 정책성과 향상 등 '제주 특별지방행정기관 정책성과'를 높이기 위해서는 중앙정부를 향한 제주특별자치도의 지속적인 제주특별법 제도개선 노력과 정부 예산절충 추진 그리고 도의 자체예산 지원에 대한 적극성도 필요한 정책 방향으로 도출되었다. 아울러 직원들의 전문성 강화 시책을 추진해야 할 필요가 있다.

중앙정부의 적극적 지원을 끌어내기 위해서는 '이관사무 활용기반지원' 시책을 추진해야 하는 것으로 분석되었다. 즉, 정부 정책소통 강화와 정부의 적극적 재정지원 등을 설득하기 위해서는 이관

사무 활용도와 인력·재정확충 등을 높여야 한다. 이는 제주지방해양수산청이 모범적인 사례라고 할 수 있다. 이관사무 활용도를 높이기 위해 성과지표와 연동시키면서 정책 의사결정 권한이 있는 서기관급인 해운항만과장을 중앙정부 인사교류 직위로 지정하여 국비확보를 위한 소통 채널로 활용하고 있다. 타 기관들도 인사교류 직위를 높이거나 새롭게 지정하는 노력이 필요한 이유이다.

각 종속변수와 제주특별자치도 차원의 독립변수 간의 회기분석 결과는 아래의 모형 1, 2, 3과 같다. 모형 1은 종속변수를 '제주지역발전 기여도'로 설정하였고, 모형의 설명력은 23.6%로 분석되었다. 총 세 개의 독립변수 중 통계적으로 유의미한 변수는 정책이해관계자와의 공감대 형성 지원과 이관사무 활용기반지원으로 나타났고 각 변수의 설명력을 나타내는 비표준화 계수는 정책이해관계자와의 공감대 형성 지원(0.456)이 이관사무 활용기반지원(0.307)보다 높게 나타났다. 종속변수가 '제주 특별지방행정기관 정책성과'인 모형 2의 설명력은 20.6%이며, 의미 있는 독립변수는 제주특별자치도 지속적인 정책추진과 직원 전문성 강화로 나타났다. 각 변수의 설명력을 나타내는 비표준화 계수는 제주특별자치도 지속적인 정책추진(0.345)이 직원 전문성 강화(0.338)보다 높게 나타났다.

모형 3은 종속변수가 '중앙정부의 적극적 지원'으로 모형의 설명력은 11.1%이며 이관사무 활용기반지원'이 의미 있는 변수로 분석되었다.

<표 79> 회귀분석 결과 : 제주특별자치도 특별자치 정책 차원 분석

모형	종속변수	독립변수	비표준화 계수		표준화 계수	t	유의 확률	공선성 통계량	
			B	표준 오차	베타			공차 한계	VIF
1#	제주지역 발전 기여도	(상수)	-.024	.144					
		직원 전문성 강화	.456	.151	.442	3.025	.005	.992	1.008
		이관사무 활용기반지원	.307	.136	.331	2.263	.030	.992	1.008

모형 1. $\widehat{Y}=-0.024+0.456$(정책이해관계자와의 공감대 형성 지원) $+0.307$(이관사무 활용기반 지원)

모형	종속변수	독립변수	비표준화 계수		표준화 계수	t	유의 확률	공선성 통계량	
2##	제주 특별지방 행정기관 정책성과	(상수)	.023	.149					
		제주특별자치도 지속적인 정책추진	.345	.166	.315	2.072	.046	.954	1.048
		직원 전문성 강화	.338	.157	.326	2.144	.039	.954	1.048

모형 2. $\widehat{Y}=0.023+0.345$(제주자치도의 지속적인 정책추진 의지) $+0.338$(정책이해관계자와의 공감대 형성 지원)

모형	종속변수	독립변수	비표준화 계수		표준화 계수	t	유의 확률	공선성 통계량	
3###	중앙정부 적극적 지원	(상수)	-.016	.157					
		이관사무 활용기반지원	.344	.147	.368	2.340	.025	1.000	1.000

모형 3. $\widehat{Y}=-0.016+0.344$(이관사무 활용기반 지원)

* p<.10   ** p<.05   *** p<.01

\# R^2=.279, 수정된 R^2=.236, F값=6.573, 유의확률= .004

\#\# R^2=.250, 수정된 R^2=.206, F값=5.658, 유의확률= .008

\#\#\# R^2=.131, 수정된 R^2=.111, F값=5.474, 유의확률= .025

(3) 회귀분석 3. 제주 특별지방행정기관 이관 영향(통합) 분석

본 연구의 주제인 특별지방행정기관 이관의 영향을 파악하기 위하여 중앙정부 차원의 독립변수(6개)와 제주특별자치도 차원의 독

립변수(3개)를 다 같이 분석모형에 포함하여 각각의 종속변수(제주지역 발전 기여도, 제주 특별지방행정기관 정책성과, 중앙정부 적극적 지원)에 미치는 영향을 파악하였다.

제1 모형의 종속변수인 제주지역발전 기여도에 통계적으로 유의미한 영향을 주는 독립변수와 설명력(비표준화 계수)은 '이관사무 활용기반지원'(0616), '직원 전문성 강화'(.506), '정부·제주 사무 중복성'(.500), '정권 차원의 의지'(.258)이며, 모형 설명력은 46.9%로 높게 나타났다.

제주 특별지방행정기관 이관이 제주지역발전에 기여하기 위해서는 제주특별자치도에서는 이관사무 활용기반지원과 직원 전문성 강화를 추진해야 하며, 중앙정부에서는 중앙정부와 제주특별자치도 간의 중복사무에 대해 정권 차원에서 의지를 갖고 추진해야 하는 것으로 분석되었다. 앞서 중앙정부 차원의 독립변수 회귀식에서 유의미한 독립변수였던 보충성의 원칙과 제주특별자치도 특수성은 통합모형에서는 유의미한 변수로 도출되지 않았다. 이는 특별지방행정기관 이관 추진 당사자인 중앙정부와 제주특별자치도 간의 상호작용에서 의미 있는 변수가 상호합의 가능 영역에 있는 사무의 중복성과 이들 사무를 이관시킬 정권 차원의 의지가 더 중요하다는 해석이 가능하다.

향후 중앙정부가 특별지방행정기관 이관을 추진할 때 내부적으로는 사전에 보충성의 원칙과 지방정부의 지역적 특수성을 검토하되 발굴된 과제는 중복사무를 중심으로 정권 차원의 의지로 진행할 필요가 있다.

제2 모형의 종속변수인 제주 특별지방행정기관 정책성과를 높이기 위한 독립변수와 설명력(비표준화 계수)은 '직원 전문성 강화'(.441), '제주특별자치도의 지속적인 정책추진 의지'(.377), '중앙정부 추진 의지'(.415)로 분석했으며, 설명력은 35.8%로 나타났다. 앞서 중앙정부 차원의 독립변수 회귀식에서 유의미했던 보충성의 원칙은 통합모형에서 유의미하진 않았고 중앙정부 추진 의지가 의미가 있는 독립변수로 도출되었다.

제주 특별지방행정기관의 정책성과를 높이기 위해서는 직원 전문성 강화와 제주특별자치도의 지속적인 정책추진 그리고 중앙정부의 추진 의지가 중요하다. 특별지방행정기관 이관으로써 해당 정책이 종결한 것이 아니라 제주특별자치도의 지속적인 노력도 중요하지만 중앙정부 차원에서도 애초 이관사무의 정책성과 제고를 위해 구성원들의 의견수렴 등을 바탕으로 지속해서 정책을 추진하는 것이 필요하다.

중앙정부는 특별지방행정기관 사무를 이관하는 것으로써 종결하는 것이 아니라 이관 후 사후관리 정책이 마련되어야 함을 시사하고 있다. 이관 후 정기적으로 이관사무 활용도 등을 점검하여 추가 이관 사항, 재정지원 사항 등 추가 과제가 도출되면 구성원들의 공감대 형성과 해당 지방정부와 협의를 통해 후속 조치를 추진할 필요가 있다.

제3 모형의 종속변수인 중앙정부의 적극적 지원을 끌어내기 위해서는 '보충성의 원칙'이 중요한 것으로 분석되었고, 모형 설명력은 14.5%로 나타났다.

중앙정부의 적극적 지원을 끌어내기 위해서 제주특별자치도는 이관사무에 대한 법적 타당성, 제주특별자치도 실익 등 내용상으로 사전에 충분히 검토하여 정부보다 제주에서 의사결정하고 추진하는 것이 더 효율적·효과적인 사무에 대해 합의된 부분부터 단계적으로 이관을 요구할 필요가 있다.

중앙정부 차원에서도 포괄적 이관만을 주장하거나 강요할 필요는 없을 것 같다. 이는 선행연구, 제주특별법 제23조 제2항 제3호 등에서 이관 시 이관사무와 관련되는 모든 사무를 동시에 이관해야 한다는 원칙과는 조금 소극적으로 비칠 수 있다. 하지만 이는 당장 특별지방행정기관 전체를 이관하는 것은 지양할 필요가 있다는 의미로 보는 것이 타당하다. 선행연구에서 보듯이 특별지방행정기관의 조직이기주의를 극복하고 지방분권을 효율적으로 달성하기 위한 현실적 대안이란 측면에서 의미가 있다. 그렇다고 단계적 이관이 세부사업 단위의 좁은 영역의 사무일 필요가 없다. 그 필요성이 인정된다면 정책 단위 이관도 가능할 것이다.

<표 80> 회귀분석 결과 : 제주 특별지방행정기관 이관 영향(통합) 분석

모형	종속변수	독립변수	비표준화 계수		표준화 계수	t	유의 확률	공선성 통계량	
			B	표준 오차	베타			공차 한계	VIF
1#	제주지역 발전 기여도	(상수)	-.059	.128					
		이관사무 활용기반 지원	.616	.139	.659	4.428	.000***	.705	1.418
		직원 전문성 강화	.506	.133	.485	3.817	.001***	.966	1.035

모형	종속변수	독립변수	비표준화 계수		표준화 계수	t	유의확률	공선성 통계량	
			B	표준오차	베타			공차한계	VIF
1#	제주지역 발전 기여도	정부·제주 사무 중복성	.500	.140	.513	3.569	.001***	.756	1.323
		정권 차원 의지	.258	.126	.269	2.053	.049*	.908	1.101
	모형 1. $\widehat{Y}=-0.059+0.616$(이관사무 활용기반 지원)$+0.506$(직원전문성 강화) $+0.500$(정부·제주사무 중복성)$+0.258$(정권차원 의지)								
2##	제주특별지방행정기관 정책성과	(상수)	-.026	.141					
		직원전문성 강화	.441	.150	.419	2.933	.006**	.924	1.082
		제주특별자치도 지속적인 정책추진 의지	.377	.155	.341	2.431	.021**	.959	1.043
		중앙정부 추진 의지	.415	.148	.394	2.805	.009**	.956	1.045
	모형 2. $\widehat{Y}=-0.026+0.441$(직원전문성 강화) $+0.377$(제주자치도 지속적인 정책추진 의지)$+0.415$(중앙정부추진 의지)								
3###	중앙정부 적극적 지원	(상수)	.033	.162					
		보충성의 원칙	.434	.167	.413	2.602	.014**	1.000	1.000
	모형 3. $\widehat{Y}=0.033+0.434$(보충성의 원칙)								

* $p<.10$ ** $p<.05$ *** $p<.01$

\# $R^2=.532$, 수정된 $R^2=.469$, F값=8.509, 유의확률= .000

\#\# $R^2=.415$, 수정된 $R^2=.358$, F값=7.332, 유의확률= .001

\#\#\# $R^2=.170$, 수정된 $R^2=.145$, F값=6.769, 유의확률= .014

제4절 정책적 함의

특별지방행정기관 이관 영향을 파악하기 위해서 제주 특별지방행정기관을 대상으로 이관 전·후의 정책 내용 및 성과를 살펴보았다. 특별지방행정기관의 이전은 제주가 사실상 유일한 사례 지역이기에 중앙정부와 제주특별자치도의 특별지방행정기관 이관을 위한 지속적인 정책추진에 의미가 있다.

본 연구의 목적을 달성하기 위해 선행연구와 제주특별법 등의 내용을 고려하여 독립변수와 종속변수를 설정하였다. 기존 연구와 다른 점은 정책추진 주체별로 독립변수를 설정한 것이다. 특별지방행정기관 이관을 둘러싼 핵심이해관계자인 중앙정부와 특별지방행정기관 소속 직원 그리고 제주특별자치도의 견해가 다르기 때문이다.

제주 특별지방행정기관 이관 전·후 분석을 위해 크게 문헌연구와 설문조사를 병행하여 실시하였다. 문헌연구를 통해 중앙정부는 제주특별자치도가 요구했던 제주특별법 제도개선 과제 수용에 소극적인 것으로 분석되었다. 아울러 국비지원과 인사교류 등 정책소통이 미흡하여 참여정부가 적극적으로 추진했던 제주 특별지방행정기관 이관정책이 정권이 바뀌면서 소극적 행태를 보인 것이다. 제주특별자치도의 특별자치 정책으로써 이관된 제주 특별지방행정기관에 대한 정책성과를 높이기 위한 노력은 미흡하였다. 추가 이관을 위한 지속적인 노력은 기울였으나 전문성 강화를 위한 조직운용, 인사제도 및 교육훈련제도 운용은 미흡하였다. 또한 중앙정부 예산절충을 위해 제주특별법에 있는 제도적 근거를 활용한 성과 있는 노력을 하지 못했다. 설문조사는 이러한 문헌연구를 통해 확인된 내용을 증명하였다. 설문조사는 제주 특별지방행정기관 이관 전·후를 모두 경험한 공무원을 대상으로 앞서 평가에 대한 논의 내용을 검증하는 데 의미가 있으며, 성공적 이관정책을 추진하기 위한 전략을 도출하는 데 의미가 있다. 이를 위해 독립변수 및 종속변수별 요인분석을 실시하여 독립변수와 종속변수를 재구조화함으로써 모형의 설명력을 높이고자 하였다. 중앙정부의 지방분권정책 차원의 독립변수는 애초 9개에서 요인분석 후 6개로 묶였으며, 제주특별자치도 특별자치의 독립변수는 4개에서 3개로 묶였다. 종속변수는 7개에서 3개로 묶였다. 요인분석결과 특별지방행정기관 소속 직원의 입장은 중앙정부의 의사결정 과정에 포함되는 요인으로 분석되었다. 중앙정부는 정책 의사결정 과정에 있어서 의미 있는 변수로 작용하였고, 제주특별자치도는 이관 후 정책성과를 높이기 위한 전문성 강화 등 다양한 노력을 기울여야 하는 것으로 나타났다.

아울러 앞서 제2절에서 논의되었던 여러 가지 문제점들을 극복할 수 있는 정책적 방향이 도출되었다. 중앙정부는 제주특별법 제도개선 과제에 소극적이었는데, 이는 지방정부인 제주특별자치도가 '보충성의 원칙'에 입각하여 중앙정부보다 정책을 더 효율적·효과적으로 추진할 수 있다는 판단에 따라 이관을 요청하였으나 중앙정부는 수용에 소극적이었다. 이에 따라 중앙정부와 제주특별자치도 간의 인사교류 등 정책소통이 미흡하였고 중앙정부의 개정

지원 의지가 미흡하였다.

설문조사 결과는 이의 문제를 해결할 수 있는 정책적 실마리를 제공해주고 있다. 제주 특별지방행정기관이 제주발전 기여도 제고 및 정책성과 향상 그리고 중앙정부의 적극적 지원을 유도하기 위해서는 '보충성의 원칙'에 충실할 필요가 있다. 즉, 기존 방식대로 지방정부가 중앙정부를 향해 일방적으로 이관을 요구하기 보다는 이관사무에 대한 법적 타당성, 제주특별자치도 실익 등 내용싱으로 사진에 충분히 검토하여 제주에서 의사결정하고 추진하는 것이 더 효율적·효과적인 사무에 대해 합의된 부분부터 단계적으로 이관을 요구하는 것이 현실적이다.

제주특별자치도의 경우도 추가 이관 등 제주특별법 제도개선을 위한 지속적인 노력은 있었던 것으로 분석되고 있으나 이관 후 조직 및 정책이해관계자와의 공감대 형성 지원, 중앙정부 예산확충 노력 등 사후관리 정책이 미흡한 것으로 나타났다. 설문조사 결과도 이러한 문제점 극복이 필요하다고 분석되었다. 제주지역 발전과 제주 특별지방행정기관 정책성과를 높이기 위해서는 이관사무 활용 등 이관사무 활용기반지원과 정책이해관계자와의 공감대 형성 지원, 제주특별자치도의 지속적인 정책추진 의지가 뒤따라야 하는 것으로 분석되었다.

중앙정부에서도 이관이 예정된 특별지방행정기관과 해당 지방정부가 갈등하거나 이관을 추진하는 중앙정부 부처와 이관 정부 부처 간의 불필요한 갈등을 일으킬 필요는 없다. 중앙정부가 이관과 관련 있는 중앙부처와 특별지방행정기관의 인력과 예산을 다른 형태로 활용할 수 있도록 하는 조치를 하면 된다. 사무가 이관된다고 해당 부처 또는 특별지방행정기관의 인력과 재정이 의무적으로 수반될 필요는 없다. 현재 문재인 정부가 추진하는 재정 분권 차원에서 지방정부로 이관에 소요되는 인력과 재정을 구체적으로 산정하여 국가균형발전특별회계에 계상하거나 보통교부세 산정방식의 가중치 부여를 통해 보통교부세에 계상하는 방안이 있을 수 있다. 이관을 통해 인력과 예산이 빠져나가는 특별지방행정기관에 대해 향후 신규 정원 배정과 신규사무를 국책사업 및 국가사업과 연동시키는 조치를 취하는 방안이 있을 수 있다. 즉, 특별지방행정기관 이관정책이 '제로섬'이 아니라 모두에게 도움이 되는 '포지티브 정책'이 되는 패러다임으로 전환할 필요가 있다.

제6장 특별지방행정기관
지방이관 전략 제안

제1절 특별지방행정기관 지방이관 모델 도출 논의 개요

특별지방행정기관 존치 여부는 학계와 정부의 오랜 논쟁거리이자 정책적 딜레마였다. 본 연구에서는 이분법적인 접근 논리를 지양하고 합리적인 대안을 모색해보기 위해서 특별지방행정기관의 본질적 목적을 우선 규명하고자 하였다.

특별지방행정기관 존치 여부에 대한 판단을 내리기 위해서는 특별지방행정기관의 존재 이유와 목적에 대한 논증이 필요하다. 현재 제도적 근거에 따른 특별지방행정기관의 목적은 「정부조직법」 상 "국가 행정사무의 체계적이고 능률적인 수행을 위하여"라고 명시되어 있다. 여기에 「헌법」 전문 중 '대한민국의 의무'와 제69조의 '대통령 의무사항'에 따라 중앙정부 조직 중 하나인 특별지방행정기관도 국민의 복리 증진을 위해 존재한다.

국민의 복리 증진을 위해 존재하는 특별지방행정기관은 행정 이념적으로 민주주의와 지방자치 정신에 닿아있다. 국민은 민주주의 기본원리이자 목적이며 지방자치는 '국민의 자기결정권'이 본질이기 때문이다.

특별지방행정기관이 지방자치 정신에 닿아있지만 지방정부의 사무와 특별지방행정기관 사무가 중복될 경우 지방자치와 '구역', '자치권'의 충돌문제가 도출된다. 바로 이 지점에서 특별지방행정기관 존치 여부 논쟁이 발생한다. 이 부분에는 크게 두 가지 정책적 경우의 수가 발생한다. 첫째는 지방자치제도가 부활하기 전에 이미 특별지방행정기관이 존재했는지 여부이다. 둘째는 이미 지방정부 사무영역인데 중앙정부에서 특별지방행정기관을 설치하는 경우이다. 첫째 상황의 경우에는 특별지방행정기관 자체 이관 또는 일부 사무를 이관하는 정책적 이슈가 발생한다. 두 번째는 특별지방행정기관 신설 시 해당 지방정부와의 관계를 어떻게 설정하느냐의 문제가 대두된다. 결국 특별지방행정기관 이관 문제는 하나의 일관된 기준을 가지고 단일한 형태로 결론을 내릴 수 있는 사항이 아닌 것으로 논증할 수 있다.

이의 문제를 해결하기 위해서는 민주주의와 지방자치의 실천력으로써 지방분권이 필요하다. 국민(주민) 스스로 삶의 질을 높일 수 있도록 국민(주민)의 자기결정권을 기본적으로 존중하면서 외국과의 경쟁 등 국가 단위의 정책 효율성·효과성을 동시에 해결하는 개념으로 '차별화의 경제'와 '차이의 정치', '보충성의 원칙'을 제시하였다.

지역이 가진 특성과 고유의 잠재력을 활용할 수 있는 '차별화의 이점'을 극대화하여 개인과 지역의 선택폭을 넓히는 다양화를 확대하여 규모의 경제까지 이를 수 있다. 이 과정에 보충성의 원칙은 지방분권의 단계별 전략을 제시해주는 개념이다. 보충성의 원칙은 지역주민과 가장 가까운 지방정부가 지역의 문제를 해결할 수 있어야 하며, 필요하다면 중앙정부를 대상으로 지원을 요청하는 권리까지 포함한다. 보충성(subsidiarity) 용어는 라틴어 subsidium에서 유래한 것으로 help 또는 support의 뜻을 내포하고 있다. 즉, 지역의 문제는 지역주민들이 해결할 수 있도록 해야 하며, 이를 해결하기 위한 모든 공적인 사무는 지역주민 입장에서 가장 가까운 지방정부가 추진할 수 있도록 해야 한다. 이 과정에 사무의 범위와 성격, 효율성과 경제성 등을 고려했을 때 여전히 지역주민과 가장 가까운 지방정부가 추진하는 것이 합리적이라면 중앙정부를 상대로 이와 관련한 지원과 도움을 요청할 수 있다. 바로 이 지점이 특별지방행정기관 이관정책이 당위성을 갖는다.

보충성의 원칙은 중앙정부가 국방, 외교 등 외국을 상대로 한 명확한 국가사무를 제외하고는 기본적으로 지방정부 사무로 간주하고 의사결정을 추진하는 것이 합리적이다. 다만, 지역의 특성 및 지방정부의 행·재정적 여건 등을 고려했을 때 특별지방행정기관 전체를 이관할지, 일부 사무의 이관 등 단계적으로 추진하는 것이 합리적인지에 대해서는 중앙정부와 지방정부 간의 협의 및 합의의 영역으로 남겨질 수는 있다. 분명한 것은 중앙정부 지원에도 불구하고 지방정부가 수행하기 곤란한 경우에는 특별지방행정기관 사무를 존치하는 것이 보충성의 원칙에 부합한다는 것이다.

특별지방행정기관 이관에 대한 판단은 결국, 정책의 목적인 '국민(주민)의 복리 증진에 어떤 방식이 보다 기여하느냐'를 그 중심에 놓고 판단해야 한다. 이를 위한 정책적 수단은 '민주주의-지방자치-지방분권'에 얼마나 부합하느냐를 분석하는 과정으로 해결할 수 있다. 이를 위해 먼저 검토한 것은 역대 정부 국정 운영 철학과 지방분권 정책 의지와 성과를 살펴보았다. 이는 '민주주의-지방자치-지방분권'에 대한 의지와 성과를 가늠할 수 있다. 앞선 논의를 통하여 살펴보았듯이 특별지방행정기관 이관정책은 정부의 지방분권 정책의 일환으로 추진되어 왔다. 역대 정부 국정 운영 방향의 공통점은 국가경쟁력 강화를 위해 중앙정부와 지방정부가 역할을 나눠서 정책의 효율성과 효과성을 담보할 필요가 있다는 것이다. 다만, 차별화의 경제 및 차이의 정치, 보충성의 원칙 등 체계적인 지방분권 차원의 전략은 부족한 측면이 있었다.

정부의 지방분권 정책의 성공을 담보하는 주요한 요인은 대통령의 의지와 이에 대한 실효성과 구속력을 담보할 수 있는 추진체계와 밀접히 관련이 있다. 정부에서 이양사무를 확정한 후 최종 이양률은 참여정부의 실적이 97.0%(이양확정 902건)로 가장 높았고 박근혜 정부에서는 이양사무가 118건 확정은 되었지만 대통령 보고를 하지 못하여 이양실적이 없었다. 특별지방행정기관 이관정책도 지방분권 정책의 연장선상에서 추진되어 정비실적도 참여정부가 △2,012건으로 가장 실적이 좋았다.

다음으로 살펴본 것은 '민주주의-지방자치-지방분권'을 실현하는 정책학적 요인을 살펴보았다. 특별지방행정기관 이관과 관련한 선행연구는 크게 네 가지 유형으로 분류하였는데, 이관정책설계 시 '원칙과 기준', 이관정책추진 시 '추진전략', 이관 후 '추진정책평가', 이관 후 '운영성과 평가' 유형이다. 이는 '정책의제설정 및 수립-정책추진과정-정책추진 결과 및 성과'라는 정책의 생애주기 개념과 어느 정도 들어맞는다. 본 연구의 주제인 '특별지방행정기관 이관 영향'을 파악하기 위해서는 정책의 특정 단계가 아닌 정책의 통합적 관점으로 접근할 필요가 있다. 따라서 주민의 복리 증진 등 특별지방행정기관 이관정책효과 극대화(종속변수)를 위해 이의 영향을 끼치는 요인들(독립변수)을 선행연구에서의 각 유형별 요인들을 참고하여 도출하였다.

본 연구의 목적을 달성하기 위해서는 제주 특별지방행정기관을 면밀히 분석하는 것은 매우 의미가 있으며, 제주특별자치도 사례에서 도출된 요인들도 본 연구의 분석의 틀에 포함했다. 국가의 지방분권 정책 차원에서 특별지방행정기관 이관정책이 가장 잘 구현되고 있는 곳은 제주특별자치도이다. 특별지방행정기관 사무의 이관 기준, 이관에 따른 조치, 이양대상 사무 외 특별지방행정기관의 사무의 이관, 특별지방행정기관의 설치 금지 등 제주특별법 제2장 제3절에 5개 조문(제23조~제27조) 12개 항에 걸쳐 명시되어 있다. 반면 지방분권법에는 1개 조문(제12조) 4개 항에 국한되어 명시되어 있다.

제주특별자치도 출범 후 15년이 지나도록 중앙정부는 전국적으로 특별지방행정기관 이관정책을 제대로 확산시키지 못하고 있다. 2006년 7월 1일 7개 특별지방행정기관이 이전하면서 제주특별자치도의 특별자치 분야로 다뤄졌으나 15년이 다 되도록 전국적으로 적용되는 일반자치로 전환되지 못하고 있는 실정이다. 특별지방행정기관 이관정책이 전국적으로 확산하지 못하는 이유를 제주특별자치도 사례분석을 통해 파악하는 것이 중앙정부의 특별지방행정기관 이관정책이 이전보다 한 걸음 더 나아갈 수 있는 계기가 될 수 있다.

특별지방행정기관 이관에 미치는 영향을 파악하기 위해 연구 분석의 틀을 설정하였다. 특별지방행정기관 이관정책효과 극대화 측면을 종속변수로 삼았고 이에 영향을 줄 수 있는 독립변수를 중앙정부, 제주특별자치도, 제주 특별지방행정기관 직원인 정책 이해관계자 등 정책추진 주체별로 설정하였다. 그리고 평가대상 기간을 제주 특별지방행정기관 이관 전·후 시기와 이관 후 시기로 구분하여 접근하였다. 이는 '정책의제설정 및 수립-정책추진과정-정책추진 결과 및 성과' 등 정책단계별로 영향요인을 도출하기 위함이다.

이의 세부적인 분석을 위해 제주특별법 추진체계 및 제도개선사항, 중앙정부의 불수용 과제 분석, 인사·재정·조직 운용 분석, 이관사무별 장·단점 분석,「제주특별자치도 성과평가」결과 분석 등 정성적인 분석과 제주 특별지방행정기관 이전 시 같이 이관된 공무원을 대상으로 한 설문조사 등 정량적인 분석을 동시에 진행하였다.

설문조사는 제주 특별지방행정기관 이관 전·후를 경험한 공무원을 대상으로 조사를 함으로써 정성적으로 분석했던 내용에 대해 검증하는 데 의미가 있다. 선행연구에서는 언급되었지만 자료로써 검증이 어려운 사항에 대해서는 보충적 해석이 가능하다는 점 그리고 특별지방행정기관 이관에 영향을 주는 요인에 대한 우선순위 설정 등 추진전략을 도출하는 데도 의미가 있었다.

이러한 논의들을 바탕으로 다음 절에서는 성공적인 특별지방행정기관 이관정책을 추진하기 위한 '특별지방행정기관 지방이관 전략' 도출에 대해 논의하고자 한다.

제2절 특별지방행정기관 지방이관 전략 도출

1. 특별지방행정기관 지방이관 전략

특별지방행정기관 지방이관에 영향을 끼치는 우선순위 요인을 도출하기 위하여 설문조사 결과를 바탕으로 요인분석을 실시하였다. 우선 선행연구를 바탕으로 특별지방행정기관 이관 영향과 관련 있는 독립변수 13개와 이에 따른 설문척도 30개 그리고 7개 종속변수와 이에 따른 13개 설문척도를 설정한 바 있다. 요인분석결과 13개 독립변수가 9개 독립변수로 조정되었으며, 종속변수는 7개에서 3개로 조정되었다. 요인분석 이후 회귀분석을 실시하여 통계적으로 유의미한 변수를 도출하였다.

특별지방행정기관 지방이관 전략을 도출하기 위해서 정책단계를 각 단계마다 추진해야 하는 정책전략으로 설정하고 요인분석 결과로 도출된 우선순위 변수를 각 정책단계마다 우선으로 추진해야 할 정책으로 배치하였다. 각 정책 차원과 연계되는 정책적 이슈를 조합한 모형이 <표 79>이다. 특별지방행정기관 이관정책을 추진하기 위한 전략으로써 총 5단계를 제시하였고 각 단계는 생애 주기적 정책과정과 연계시켜 11개 정책 방향과 23개 정책과제를 도출하였다.

제1단계 '지방분권 정책의제설정' 정책단계에서는 정권 차원의 의지가 중요하다. 이를 실현할 정책과제는 국정과제와 지방분권 정책에 반영시키는 것이다.

제2단계 '특별지방행정기관 이관정책과제 수립' 정책단계에서는 특별지방행정기관 이관정책수립과 특별지방행정기관 이관정책 기준을 마련하는 것이 중요하다. 특별지방행정기관 이관과 관련한 종합계획이 필요하다. 이에 따라 이관사무를 발굴하는 데 있어 보충성의 원칙과 지역 특수성을 고려해야 한다. 보충성의 원칙은 구체적인 이관 기준과 관련 내용의 충분한 사전검토, 이관 방식을 어떻게 추진할 것인지가 중요한 과제로 도출되었다. 지역 특수성과 관련해서는 구체적인 이관원칙이 필요하며, 특별지방행정기관 신설기준, 지방정부 비전달성 부합도 및 주민 의견수렴 등이 중요한 정책과제로 도출되었다.

제3단계 '정책추진 과정'은 중앙정부 추진 의지와 정책이해관계자와의 공감대 형성 및 지원이 필요한 것으로 분석되었다. 제3단계는 특별지방행정기관 이관정책이 지속가능성을 담보하기 위해서는 매우 중요한 단계이다. 중앙정부 추진 의지는 특별지방행정기관 소속 구성원의 의견수렴과 관련 중앙부처 차원의 추진 의지가 중요한 것으로 나타났다. 정책이해관계자와의 공감대 형성 및 지원도 중요한 요인이었는데 이관에 따른 행·재정적 지원, 인사상 불이익 배제 등이 중요했고 계속해서 직원 전문성을 강화해 줄 수 있는 조치가 필요한 것으로 나타났다.

제4단계 '정책추진 사후관리'도 매우 중요한 단계이다. 큰 틀의 정책 방향은 이관사무 활용기반지원과 지방정부의 지속적인 정책추진 의지가 중요하다. 특별지방행정기관 이관 이후 다른 지역에 비해 인력·재정지원이 떨어지지 않아야 하며, 이관사무의 활용도 중요한 것으로 분석되었다. 지방정부 차원의 지속적인 정책추진 의지도 중요한데 관련 법령 개정요구, 국비 확충 노력 그리고 지방정부 차원의 예산지원 적극성도 중요한 정책과제로 도출되었다.

제5단계 '정책추진 성과관리' 정책단계는 특별지방행정기관 이관정책의 성공을 가늠하고 지속성을 담보하는 데 중요한 전략적 과제이다. 아무리 사무를 이관하고 인력과 재정을 지원하더라도 지역주민이 체감하지 못하고 지역발전에 기여하는 성과를 가시적으로 제시하지 못한다면 특별지방행정기관 이관정책이 탄력을 받기는 어렵기 때문이다. 정책추진 성과와 관련되는 정책 방향은 지역발전 기여도, 특별지방행정기관 정책성과, 중앙정부의 적극적 지원이다. 요인분석 결과 지역발전 기여도는 주민 삶의 질 향상 기여도와 지역발전 기여도를 동일한 요인으로 분석되었기 때문에 하나의 정책으로 제시하였다. 평가지표 설정 시에는 다른 차원이기 때문에 분리해서 적용할 필요가 있다. 지역발전 기여도와 함께 묶인 요인은 이관사무의 효과적 통합운영 성과이다. 이양사무 추진체계와 관련 있는 사항으로 이관사무를 기존 지방정부 조직과 통합 또는 분리해서 추진할지도 중요한 이슈였다.

특별지방행정기관 정책성과와 관련해서는 이관사무에 대한 행정
서비스 주민만족도(응대성, 현지성 포함)가 중요한 정책과제이다.
이관 후 정책성과 향상도도 중요한 정책과제로 나타나 평가지표
구축과 정책성과 점검은 중요한 과제로 도출되었다. 지속해서 중앙
정부가 적극적인 지원을 하는 것도 이관정책추진에 중요한 요인이
다. 중앙정부의 적극적인 재정지원을 끌어내는 것이 중요하며 이를
위해서 중앙정부와 고위직 인사교류 등 정책소통의 적극성이 필요
한 것으로 분석되었다.

<표 81> **특별지방행정기관 지방이관 전략**

(추진단계) 정책단계	정책 방향		정책적 과제
(제1단계) 지방분권 정책의제설정	국정과제·지방분권 정책		지방분권 정책
(제2단계) 특별지방 행정기관 이관정책과제 수립	특별지방행정기관 이관정책수립		특별지방행정기관 이관정책수립
	특별지방 행정기관 이관정책 기준	①보충성의 원칙	이관 기준
			내용의 충분한 사전 검토 (정책 의지)
			이관 방식(단계 또는 일괄)
		②지역 특수성	이관원칙
			특별지방행정기관 신설
			지방정부 비전달성 부합, 주민 의견수렴
(제3단계) 정책추진 과정	중앙정부 추진 의지		구성원 의견수렴
			중앙정부 추진 의지
	정책이해관계자와의 공감대 형성 및 지원		이관에 따른 조치
			이관 후 전문성 강화

(추진단계) 정책단계	정책 방향	정책적 과제
(제4단계) 정책추진 사후관리	이관사무 활용기반지원	인원·재정지원
		이관사무 활용도
	지방정부의 지속적인 정책추진 의지	지방정부의 법령 제도개선 요구
		지방정부의 중앙정부 예산절충
		지방정부 차원의 예산지원 적극성
(제5단계) 정책추진 성과관리	지역발전 기여도	이관사무의 주민 삶의 질 및 지역발전 기여도
		이관사무의 효과적 통합운영 성과
	특별지방행정기관 정책성과	행정서비스 주민만족도 (응대성, 현지성 포함)
		이관 후 정책성과 향상도
	중앙정부의 적극적 지원	중앙정부 재정지원 적극성
		중앙정부 정책소통 적극성

2. 특별지방행정기관 지방이관 전략에 따른 정책추진 주체별 정책수단

특별지방행정기관 지방이관정책은 지방분권 정책의 일환으로 추진되어 왔기 때문에 단체자치 차원에서 중앙정부와 지방정부 간의 견해 차이가 존재한다. 지방정부 중에서도 제주특별자치도는 특별지방행정기관 차원의 이전이 유일한 지역이자 적용 법률도 지방분권법이 아닌 제주특별법에 따라 관련 정책을 추진해왔다. 따라서 특별지방행정기관 이관 모델을 중앙정부, 지방정부, 제주특별자치도인 정책추진 주체별로 구분하여 적용하였다. 특별지방행정기관 이관정책을 각각의 입장에서 추진할 수 있기 때문이다. 또한 정책 추진 주체가 정책수단으로 활용할 수 있는 제도적 근거가 상이하기 때문에 이러한 사항들을 함께 제시하여 각 추진 주체가 차별적으로 정책옵션을 적용하여 정책의 실효성을 담보할 수 있도록 하였다.

제주특별자치도 사례분석을 통하여 일반화를 시도하는 측면이 있지만 특별지방행정기관 이관정책이 행정영역이라는 점에서 선행연구에서 제시한 범주 내에 대부분 포함된다는 점, 제주특별법에 따른 제주 특별지방행정기관 이관정책이 지방분권법에 따른 정책보다 훨씬 구체적이면서도 체계적으로 추진되어 왔다는 점들을 함께 고려한다면 중앙정부와 타 지방정부에서도 충분히 활용할 수 있다고 판단된다.

본 절에서는 각 정책추진 단계별에 따른 정책추진 주체별 시사점을 간략히 도출하고 구체적인 정책방안 등에 관해서는 다음의 '정책제언' 절에서 제시하고자 한다. 제1단계 '지방분권 정책 의제 설정' 단계에서는 정권 차원의 정책 의지가 중요하다. 문재인 정부인 경우 국정과제에 이를 반영시키고 정부 부처 평가와 연계하고 있으나 지방정부와 제주특별자치도에서는 이러한 노력이 미흡한 상황이다. 제주특별자치도인 경우, 경제자유구역 등 경제특구를 두고 있는 지방정부를 제외하고는, 국제자유도시의 효율적 조성을 위한 행정 특례지역이기 때문에 다른 지역과의 차별성·특수성이 존재하며 이를 제대로 활용할 필요가 있다.

제2단계 '특별지방행정기관 이관정책과제 수립' 단계에서 보면 제주특별자치도는 제주특별법에 따라 자체 계획을 수립하여 제주특별자치도 지원위원회에 심의요청을 하여 관련 중앙정부 부처와 협의를 끌어낼 수 있는 권한이 있다. 하지만 타 지방정부인 경우 중앙정부가 수립하는 자치분권종합계획에 의견을 개진하는 정도에 불과하다. 지방정부가 스스로 의사결정 할 수 있는 제도적 기반 마련이 필요하다. 특별지방행정기관 이관정책 기준 중 '보충성의 원칙' 적용이 필요한데, 우선 이관 기준과 관련해서는 지방정부 차원의 기준이 없으며, 내용의 충분한 사전검토를 위한 지방정부의 권한이 없다. 반면 제주특별자치도는 제주특별법에 별도로 명시되어 있고 지방분권법보다 구체적이다. 이관 방식도 지방정부와 관련한 규정이 없는 상황이며, 제주특별자치도인 경우 이양, 위임, 위탁의 세 가지 방식으로 명시되어 있다.

또 하나의 특별지방행정기관 이관정책 기준인 '지역 특수성'과 관련하여 이관원칙은 제주특별법에만 명시되어 있고 특별지방행정기관 신설 시 제주특별자치도는 원칙적으로 불가하며 필요시 도의회 동의 후 도지사 협의를 할 경우 설치가 가능하다. 하지만 다른 지방정부는 이러한 권한이 없다.

회귀분석에 의미 있는 요인이었던 '지방정부 비전달성 부합도', '주민 의견수렴'과 관련해서는 모든 주체에 제도적 근거가 없었다. 특별지방행정기관 이관 목적이 주민 복리 증진과 지역발전에 기여하는 것을 상기한다면 개선이 필요한 부분이다.

제3단계 '정책추진 과정' 정책단계에서 중앙정부 추진 의지와 정책이해관계자와의 공감대 형성 및 지원이 중요하다. 중앙정부 추진 의지와 관련하여 특별지방행정기관 구성원 의견수렴 사항이 제도적으로 뒷받침되어 있지 않았고 중앙정부 추진 의지를 불러일으킬 수 있는 권한이 지방정부에는 주어지지 않았다. 제주특별자치도는 제주특별자치도 지원위원회 심의요청을 통하여 중앙정부의 반응을 끌어낼 수 있는 권한이 있다.

정책이해관계자와의 공감대 형성 및 지원에 필요한 이관에 따른 조치의 경우 대부분 기관 운영 관점의 행·재정적 지원사항을 명시하였으며 특별지방행정기관 소속 직원에 대한 인센티브가 미흡하다. 제주특별자치도가 인사 형평성 및 생활환경 지원근거를 마련하였지만 구체성과 인센티브 수준에서 보완해야 할 필요가 있다. 이관 후 전문성 강화와 관련해서는 제도적으로 뒷받침되어 있지 않다.

제4단계 '정책추진 사후관리' 정책단계에서 '이관사무 활용기반 지원'과 관련해서는 지방정부 차원에서 요구할 수 있는 권한이 없으며, 중앙정부도 이관 후 성과점검에 따른 지원근거가 없는 상황이다. 제주특별자치도는 제주특별법에 따라 그 권한이 명시되어 있다. 이관사무 활용도도 중요한 정책과제이지만, 지방정부 입장에서는 이관사무에 대해 어떠한 사후관리 의무가 없다. '지방정부의 지속적인 정책추진 의지'도 중요한 정책 방향이다. 이과 관련하여 '지방정부의 법령 제도개선 요구' 권한은 타 지방정부는 없고 정부의 자치분권종합계획에 의견을 개진하는 정도이다. 제주특별자치도는 법률안 의견 제출 권한이 보장되어 있다. '지방정부의 중앙정부 예산절충' 정책과제에서 지방정부는 요구 근거가 없으며 중앙정부 차원에서도 자치분권종합계획 점검·평가에 따라 권고하는 수준에 그치고 있다. 제주특별자치도는 국가균형발전특별법에 따른 국가균형발전특별회계 제주계정을 통해 예산을 요구할 수 있는 권한이 명시되어 있다. 지방정부 차원의 예산지원 적극성'과 관련해서는 중앙정부에서 특별지방행정기관 이관정책성과와 연동하는 재정 인센티브가 없으며 지방 소비세율 인상 등 재정 분권 차원에서 추진되고 있다. 지방정부와 제주특별자치도도 자체예산으로 지원하게 되는 구조이다.

제5단계 '정책추진 성과관리' 정책단계에서 '지역발전 기여도' 정책 방향에서는 '이관사무의 주민 삶의 질 향상 및 지역발전 기여도'를 점검하고 평가하는 명확한 제도적 근거는 없다. 제주특별자치도의 경우 제주 성과평가를 통해 일부 측정을 해오고 있다. '이관사무의 효과적 통합운영 성과'와 관련해서 이관사무의 지방정부 사무와의 통합운영은 지방정부의 자치조직권 재량범위에 있는 것으로 이를 측정하는 기준은 없다. 그런데도 특별지방행정기관 이관을 결정하는 과정에 소속 공무원 등 이해관계자들의 입장에서는 중요한 이슈가 된다. '특별지방행정기관 정책성과'와 관련해서도 '행정서비스 주민만족도'에 대한 명확한 규정이 없으며 제주특별자치도인 경우 제주 성과평가 지표에 반영되어 실시하고 있다. 특별지방행정기관 이관정책성과를 점검하는 데 의미 있는 지표이기 때문에 제도적 근거로 반영할 필요가 있다. '이관 후 정책성과 향상도'는 제도적으로 명확한 근거가 없다. 제주특별자치도는 제주 성과평가를 통해 진행하고 있으나 일관되고 통일된 정책성과 기준이 미흡하여 이를 개선할 필요가 있다. '정부의 적극적 지원' 정책 방향과 관련해서는 '중앙정부 재정지원 적극성'을 끌어낼 수 있는 관련 근거가 없다. 제주특별자치도는 제주 성과평가 결과를 바탕으로 요구할 수 있는 권리가 있으나 중앙정부와 타 지방정부는 그 근거가 없다. '중앙정부 정책소통 적극성' 정책과제와 관련해서는 제주특별자치도가 제주 성과평가, 인사교류 특례 등을 통해 추진근거가 마련되어 있다면 중앙정부와 지방정부는 명확한 근거가 없다. 이에 대한 개선이 필요하다.

<표 82> 특별지방행정기관 이관 모델에 따른 정책추진 주체별 정책수단

추진단계	정책단계	정책 추진 주체	정책 방향	주요 제도적 정책수단
제1단계	지방 분권 정책 의제설정	중앙정부	지방분권 정책	・국정과제 설정 - 정부업무평가 기본법에 따른 국정 과제 연계 ・지방분권법 - 자치분권종합계획 - 행정・재정 진단평가 - 지방자치단체장 등의 협의체 활성화 - 자치분권위원회
		지방정부		・지방분권법 - 자치분권종합계획 의견 개진(주민 협의회) - 행정서비스 질 제고 추진 - 지방재정 확충 및 건전성 강화 ・정부업무평가법 - 국정과제 및 도정과제 연계
		제주 특별 자치도		・제주특별법 - 특별자치도: 경제특구인 국제자유도 시의 효율적 조성 위한 행정특례 구역 - 중앙행정기관 권한 단계적 이양계획 - 제주지원위원회

추진단계	정책단계	정책 추진 주체	정책 방향	주요 제도적 정책수단
제2단계	특별지방 행정기관 이관정책 과제 수립			**특별지방행정기관 이관정책수립**
		중앙정부	특별지방 행정기관 이관정책 수립	・지방분권법 - 특별지방행정기관 정비 등 - 지방세 비율 확대
		지방정부		관련 권한 없으며 자치분권종합계획에 포 함하여 의견 개진
		제주 특별 자치도		・제주특별법 - 자체수립 - 제주지원위원회*
				특별지방행정기관 이관정책 기준 ① 보충성의 원칙
		중앙정부	이관 기준	・지방분권법 - 지방정부가 수행하는 것이 더 효율적 사무
		지방정부		권한 없음
		제주특별 자치도		・제주특별법 - 주민편의 및 현지 수행해야 하는 사무
		중앙정부	내용의 충분한 사전 검토 (정책 의지)	・지방분권법 - 법적 조치 마련 - 행・재정적 지원 병행
		지방정부		권한 없음
		제주특별 자치도		・제주특별법 - 제주지원위원회에 심의요청
		중앙정부	이관 방식 (단계 또는 일괄)	・지방분권법 - 포괄적・일괄적 이관
		지방정부		근거 없음
		제주특별 자치도		・제주특별법 - 관련 사무 동시 이관 - 이양・위임 또는 위탁
				특별지방행정기관 이관정책 기준 ② 지역 특수성
		중앙정부	이관원칙	근거 없음
		지방정부		
		제주특별 자치도		・제주특별법 - 행・재정적 여건 및 능력 고려 - 주민 의견수렴 등 제주특별자치도 입장 고려
		중앙정부	특별지방 행정기관 신설	・지방분권법 - 지방정부 유사・중복기능 배제 (*강제조항 없음)
		지방정부		권한 없음
		제주특별 자치도		・제주특별법 - 신설 원칙적 금지, 필요시 도지사는 도의 회 동의 후 협의 후 설치 가능

추진단계	정책단계	정책 추진 주체	정책 방향	주요 제도적 정책수단
제2단계	특별지방 행정기관 이관정책 과제 수립	중앙정부	지방정부 비전달성 부합	근거 없음
		지방정부		
		제주특별 자치도		
제3단계	정책 추진 과정	**중앙정부 추진 의지**		
		중앙정부	구성원 의견수렴	관련 규정 없음
		지방정부		
		제주특별 자치도		
		중앙정부	중앙정부 추진 의지 확보	• 지방분권법 - 중앙부처의 법령개정 조치 후 결과를 자치분권위원회에 통보
		지방정부		근거 없음
		제주특별 자치도		• 제주특별법 - 중앙정부의 행·재정지원 시 사전 도지사 의견 청취 후 제주지원위원회 심의 (이관 단위 사무별 처리절차, 최근 3년간 재원별·단위 사무별 소요비용, 재정지원 규모·방법·시기, 비용 조달방안 등)
		정책이해관계자와의 공감대 형성 및 지원		
		중앙정부	이관에 따른 조치	• 지방분권법 - 법적 조치 마련 - 행·재정적 지원 병행
		지방정부		• 지방분권법 - 기구·인력의 효율적인 배치 및 예산 조정 조치 등
		제주특별 자치도		• 제주특별법 - 이관에 따른 조치(인사 형평성, 생활환경 지원)
		중앙정부	이관 후 전문성 강화	근거 없음
		지방정부		
		제주특별 자치도		
제4단계	정책 추진 사후 관리	**이관사무 활용기반지원**		
		중앙정부	인원·재정지원	• 이관 후 성과점검에 따른 지원근거 없음 • 재정 분권 차원 - 지방소비세비율인상 등
		지방정부		요구 권한 없음
		제주특별 자치도		• 제주특별법 - 제주 성과평가, 성과평가 협약서

추진단계	정책단계	정책 추진 주체	정책 방향	주요 제도적 정책수단
제4단계	정책 추진 사후 관리	중앙정부	이관사무 활용도	· 지방분권법 - 자치분권위원회가 자치분권계획 추진상 황 점검·평가 후 부처 및 지방정부에 권고
		지방정부		권한 없음
		제주특별 자치도		· 제주특별법 - 제주 성과평가, 성과평가 협약서
		지방정부의 지속적인 정책추진 의지		
		중앙정부	지방정부 의 법령 제도개선 요구	· 지방분권법 - 자치분권종합계획 의견반영 - 법률안 개정요구 권한 없음
		지방정부		
		제주특별 자치도		· 제주특별법 - 법률안 의견 제출권 보장
		중앙정부	지방 정부의 중앙정부 예산절충	· 지방분권법 - 자치분권종합계획 점검·평가에 따른 권 고(강제조항 없음)
		지방정부		· 지방분권법 - 요구 근거 없으며 자체 세입확충 등 당위 규정만 있음
		제주특별 자치도		· 국가균형발전법 - 제주계정 통해 요구 가능
		중앙정부	지방정부 차원의 예산지원 적극성	· 중앙정부 국비 지원은 재량의 범위 (성과연동 인센티브 없음) · 재정 분권 차원 · 지방소비세세율인상 등 전국 동일 적용
		지방정부		· 자체예산 지원
		제주특별 자치도		
		지역발전 기여도		
제5단계	정책 추진 성과 관리	중앙정부	이관사무 의 주민 삶의 질 향상 및 지역발전 기여도	· 지방분권법 - 자치분권종합계획 연계 가능
		지방정부		· 명확한 규정 없음 · 정부업무평가법 - 도정과제 연계 가능
		제주특별 자치도		· 제주특별법 - 제주 성과평가 등
		중앙정부	이관사무 의 효과적 통합운영 성과	· 지방분권법 - 자치분권종합계획 연계 가능
		지방정부		명확한 규정 없음
		제주특별 자치도		· 제주특별법 - 제주 성과평가 등

추진단계	정책단계	정책 추진 주체	정책 방향	주요 제도적 정책수단
제5단계	정책 추진 성과 관리	\multicolumn{3}{c}{특별지방행정기관 정책성과}		
		중앙정부	행정 서비스 주민 만족도 (응대성, 현지성 포함)	·지방분권법 - 자치분권종합계획 연계 가능
		지방정부		·명확한 규정 없음 ·정부업무평가법 - 도정과제 연계 가능
		제주특별 자치도		·제주특별법 - 제주 성과평가 등
		중앙정부	이관 후 정책성과 향상도	·지방분권법 - 자치분권종합계획 연계 가능
		지방정부		·명확한 규정 없음 ·정부업무평가법 - 도정과제 연계 가능
		제주특별 자치도		·제주특별법 - 제주 성과평가 등
		\multicolumn{3}{c}{중앙정부의 적극적 지원}		
		중앙정부	중앙정부 재정지원 적극성	·지방분권법 - 자치분권종합계획 연계 가능
		지방정부		·명확한 규정 없음
		제주특별 자치도		·제주특별법 - 제주 성과평가 등
		중앙정부	중앙정부 정책소통 적극성	·지방분권법 - 자치분권종합계획 연계 가능
		지방정부		·명확한 규정 없음
		제주특별 자치도		·제주특별법 - 제주 성과평가, 인사교류 특례 등

자료: 선행연구와 연구결과를 바탕으로 필자가 작성하였음.

제7장 정책제언 및 결론

제1절 정책제언

　정책제언은 본 연구의 목적인 특별지방행정기관 이관정책을 성공적으로 확산하는 방안에 초점을 맞추고자 한다. 특별지방행정기관이 정부조직의 하나로써 국민(주민)의 복리 증진에 기여해야 하는 목적이 '민주주의-지방자치-지방분권' 정신에 닿아있기 때문에 특별지방행정기관 이관은 기본적으로 필요한 정책이다. 다만, 차별화의 경제, 차이의 정치, 보충성의 원칙 등으로 인해 이관전략과 대상 범위 및 방식이 달라질 수 있다.

　본 연구에서 정책제언은 민주주의 실천력으로써의 지방분권 차원에서 특별지방행정기관의 개념과 목적을 명확히 규정하고 특별지방행정기관 이관 모델에서 도출된 총 5단계 정책단계에 따른 11개 정책 방향과 23개 정책과제에 대해서 정책추진 주체인 중앙정부, 지방정부, 제주특별자치도 차원에서 정책의 실효성을 담보할 수 있는 방안을 제시할 것이다.

　이를 통해 중앙정부와 지방정부, 제주특별자치도가 공동 또는 연계해야 할 정책을 마련하고 각 주체별로 개선하고 준비해야 할 정책과제를 도출할 수 있을 것이다. 본 연구의 정책제안을 통해 특별지방행정기관 이관정책추진이 한층 더 탄력을 받게 되고 더 나아가 지방분권 정책이 보다 진전될 수 있는 계기가 되기를 희망한다.

1. 민주주의 실천력으로써 지방분권 당위성에 따른 제도개선

1) '특별지방행정기관 목적 및 정의' 개념 재정립

본 연구에서 특별지방행정기관의 정의를 '특별지방행정기관은 국민의 복리 증진을 위하여 국가 차원에서 필요한 사무를 특정한 중앙행정기관에 소속되어, 당해 관할구역 내에서 시행되는 소속 중앙행정기관의 권한에 속하는 행정사무를 지역주민 등 지역 여건을 고려하여 관장하는 국가의 지방행정기관이다'로 정리하였다.

정의 개념에 따르면 특별지방행정기관이 민주주의와 지방자치의 목적인 국민(주민) 삶의 질 향상을 실현하는 것이 본연의 의무이다. 이를 위해서 주민의 입장과 지역의 여건을 고려한 지방분권 차원의 정책 의사결정이 이뤄져야 함을 내포하고 있다.

본 연구의 특별지방행정기관 정의에 따르면 관련 법령을 개정할 필요가 있다. 「정부조직법」 제1조(목적) 또는 「행정기관의 조직과 정원에 관한 통칙」 제2조 제2호(특별지방행정기관)를 개정해야 한다. 현행 법령의 내용은 중앙정부가 지방정부에 대한 일방적이고 하향적인 입장을 드러내고 있다. '국가행정 사무의 체계적이고 능률적인 수행'을 위해서 필요한 경우 특별지방행정기관 설치를 할

수 있도록 하고 있다. 반면 제주특별자치도로 이관된 특별지방행정
기관은 「제주특별법」 제1조(목적)에 따라 '도민의 복리 증진과 국
가발전에 이바지'하도록 되어있다. 비록 조문의 추상성으로 인해
제주 특별지방행정기관과 직접적인 연관성과 상관관계가 떨어질
수 있다고 볼 수 있으나 한 기관의 비전과 정책목표의 방향성을 결
정한다는 차원에서 매우 중요한 사항이다. 이에 따라 관련 법령을
개정하는 제도개선은 다음의 <표 83>과 같이 추진할 필요가 있다.

<표 83> '특별지방행정기관 목적 및 정의' 개념 제도개선안

법령	현행	제도개선안
정부조직법	제1조(목적) 이 법은 국가행정 사무의 체계적이고 능률적인 수행을 위하여 국가 행정기관의 설치·조직과 직무 범위의 대강을 <u>정함</u>을 목적으로 한다.	제1조(목적) 이 법은 국가행정 사무의 체계적이고 능률적인 수행을 위하여 국가 행정기관의 설치·조직과 직무 범위의 대강을 <u>정함으로써 국민의 복리 증진에 기여함</u>을 목적으로 한다.
행정기관의 조직과 정원에 관한 통칙	제2조(정의) 이 영에서 사용되는 용어의 정의는 다음과 같다. 2. "특별지방행정기관"이라 함은 <u>특정한 중앙행정기관에 소속되어, 당해 관할구역 내에서 시행되는 소속 중앙행정기관의 권한에 속하는 행정사무를 관장하는</u> 국가의 지방행정기관을 말한다.	제2조(정의) 이 영에서 사용되는 용어의 정의는 다음과 같다. 2. "특별지방행정기관"이라 함은 <u>국민의 복리 증진을 위하여 국가 차원에서 필요한 사무를 특정한 중앙행정기관</u>에 소속되어, 당해 관할구역 내에서 시행되는 소속 중앙행정기관의 권한에 속하는 행정사무를 <u>지역주민 등 지역 여건을 고려하여 관장하는</u> 국가의 지방행정기관을 말한다.

2) '보충성의 원칙' 개념 명확화

앞서 민주주의와 지방자치 목적으로써 국민(주민) 삶의 질 향상을 특별지방행정기관 설치 및 운영목적에 반영시켰다면, 이에 대한 실천력으로써의 지방분권을 이론적으로 뒷받침하는 '보충성의 원칙'의 개념을 법률에 명확히 반영할 필요가 있다. 「지방분권법」에는 보충성의 원칙(제9조 사무 배분의 원칙)개념이 명시되어 있다. 본 연구에서 논의를 한 바와 같이 '국가와 지방자치단체 간 또는 지방자치단체 상호 간의 사무를 주민의 편익증진, 집행의 효과 등을 고려하여 서로 중복되지 아니하도록 배분하여야 한다.'라는 조문에서 '주민의 편익증진, 집행의 효과'가 병기됨으로써 그 개념이 서로 상충하고 있다. 때에 따라 중앙정부가 '집행의 효과'를 강조할 경우 중앙집권의 논리를 정당화할 수 있기 때문이다. 이를 '주민의 편익증진'을 가장 우선하는 원칙으로 변경할 필요가 있다.

보충성의 개념 중 하나는 지역 문제해결을 위한 자기결정권을 행사하기 위해 주민(지방정부)이 중앙정부에 도움을 요청하면 중앙정부가 지원해야 하는 권리의 개념을 포함하고 있다. 사무배분 시 주민의 편익증진을 우선 고려하되 필요한 경우 지방정부의 요청으로 중앙정부가 지원할 수 있도록 노력해야 하는 사항을 포함할 필요가 있다.

「지방분권법」 제9조 제2항의 조문도 제도개선이 필요하다. 국가가 사무를 배분할 경우 '지역주민 생활과 밀접한 관련이 있는 사무'를 기초자치단체에 우선 배분하도록 되어있다. 하지만 국가사무도 지역주민 생활과 밀접한 관련이 있기 때문에 보다 명확하게 개선할 필요가 있다. '지역주민 생활과 밀접한 관련이 있는 사무'를 '지역주민과 가장 가까운 지방자치단체'로 사무를 배분하도록 할 필요가 있다. 이와 관련한 제도개선은 다음의 <표 84>와 같이 추진할 필요가 있다.

<표 84> '보충성의 개념' 명확화를 위한 제도개선안

법령	현행	제도개선안
지방분권법	제9조(사무 배분의 원칙) ① 국가는 지방자치단체가 행정을 종합적·자율적으로 수행할 수 있도록 국가와 지방자치단체 간 또는 지방자치단체 상호 간의 사무를 주민의 편익증진, 집행의 효과 등을 고려하여 서로 중복되지 아니하도록 배분하여야 한다. <후단 신설>	제9조(사무 배분의 원칙) ① 국가는 지방자치단체가 행정을 종합적·자율적으로 수행할 수 있도록 국가와 지방자치단체 간 또는 지방자치단체 상호 간의 사무를 주민의 편익증진을 우선 고려하고 이후 집행의 효과 등을 고려하여 서로 중복되지 아니하도록 배분하여야 한다. 이 경우 지방자치단체는 사무를 추진함에 있어 국가를 상대로 행·재정적 지원을 요청할 수 있으며 국가는 이에 따르도록 노력해야 한다.
	② 국가는 제1항에 따라 사무를 배분하는 경우 지역주민 생활과 밀접한 관련이 있는 사무는 원칙적으로 시·군 및 자치구(이하 "시·군·구"라 한다)의 사무로, 시·군·구가 처리하기 어려운 사무는 특별시·광역시·특별자치시·도 및 특별자치	② 국가는 제1항에 따라 사무는 지역주민과 가장 가까운 지방자치단체로 배분하는 것을 원칙으로 한다. 지역주민 생활과 밀접한 관련이 있는 사무가 국가와 지방자치단체가 중복되는 경우 원칙적으로 시·군 및 자치구(이하 "시·군·구"라 한다)의 사무로, 시·군·구가 처리하기 어려운 사무는 특별시·광역시

법령	현행	제도개선안
지방분권법	도(이하 "시·도"라 한다)의 사무로, 시·도가 처리하기 어려운 사무는 국가의 사무로 각각 배분하여야 한다.	·특별자치시·도 및 특별자치도(이하 "시·도"라 한다)의 사무로, 시·도가 처리하기 어려운 사무는 국가의 사무로 각각 배분하여야 한다.

2. 제1단계(지방분권 정책의제설정): 특별지방행정기관 이관의 국정과제 및 지방분권 정책으로의 의제화

특별지방행정기관 이관정책을 전국으로 확산시키기 위해서는 역대 정부의 추진전략을 참고할 필요가 있다. 특별지방행정기관 이관26)이 국정과제로 채택한다는 것은 대통령의 정책추진 의지를 대내외에 공식화한 것으로 의미가 있다. 또한 지방분권 정책 차원에서 의제화 한다는 것은 제도적으로 정책을 뒷받침하고 중앙정부의 정책추진 의지의 지속가능성을 확보하는 중요한 계기이자 동력이 되는 것을 의미한다.

'지방분권'과 '특별지방행정기관 이관' 정책이 국정과제로 등장하고 관련 법률인 「지방분권특별법」이 제정되고 시행된 시기는 참여정부이다. 이전 정부인 국민의 정부에서는 특별지방행정기관 이관정책이 중앙정부 사무의 지방 이양 차원에서 다뤄질 뿐이었다.

---

26) 「지방분권특별법」('04.01.16, 제정·시행) 제정 시 '특별지방행정기관 정비' 용어가 처음 등장하여 지금까지 사용되고 있음에도 불구하고 역대 정부마다 특별지방행정기관 이관에 대한 정책과제 명칭이 다르게 제시되었다. 참여정부와 이명박 정부에서는 '특별지방행정기관 기능조정', 박근혜 정부와 문재인 정부에서는 '특별지방행정기관 정비'로 제시되었다. 본 연구에서는 특별지방행정기관 이관으로 논의를 지속하고자 한다.

참여정부에서는 「제주특별법」 제정('06.02.21, 시행: '06.07.01.)을 통해 제12장(제140조~제151조)에 근거를 마련하여 특별자치 차원에서 7개 특별지방행정기관을 이관시킨다.

참여정부 이후 이명박 정부는 「지방분권 촉진에 관한 특별법」으로의 개정을 통해 지방분권촉진의 목적이 국민의 삶의 질 제고에 있음을 명시하였다. 민주주의와 지방자치 실천력으로서의 지방분권의 목적을 분명히 했다는 점에서 의미가 있다.

박근혜 정부는 기존의 「지방행정 체제개편에 관한 특별법」을 「지방분권 및 지방행정 체제개편에 관한 특별법」으로 통합 개정하면서 지방분권 추진체계를 일원화하였으며, 문재인 정부에서는 주민 직접 참여를 확대하고 주관부처에 실무지원단을 설치하는 등 정책의 실효성과 상향식 의사결정을 의도하고 있다.

이렇듯 중앙정부가 시간을 거듭할수록 실효성을 높이는 지방분권 정책 추진체계가 강화되고 있는 것처럼 판단되나 특별지방행정기관 이관정책과 관련해서는 별다른 성과를 내지 못하고 있다. 특별지방행정기관 이관정책성과를 제고하기 위해서는 중앙정부의 지방분권 정책의제설정이 국민(주민)의 삶의 질 향상을 위한 상향식 정책 의사결정 방식으로의 전환과 지방정부와의 정책연계를 강화할 필요가 있다. 이에 대해 중앙정부와 제주특별자치도 그리고 지방정부 차원에서 개선방안을 제시하고자 한다.

1) 중앙정부 차원

중앙정부의 지방분권 정책에는 보충성의 원칙이 배제되어 있다. 즉, 중앙정부 중심의 지방분권 정책을 수립하고 지방정부는 이에 부응하고 행·재정적 책임성과 효율성을 높이는 등의 개선조치를 위한 근거를 마련해야 한다. 기본적으로 주민과 지방정부가 주도하는 지방분권 정책이 아니라 수동적으로 중앙정부 결정을 따라야 하게끔 되어있다. 중앙정부의 지방분권 정책과제가 국정과제로 반영되고 「정부업무평가 기본법」에 따라 각 부처의 업무로 추진되는 체계는 바람직한 부분이 있다.

지방분권 정책은 지방정부 단위에서 추진된다. '차별화의 이점' 등을 고려하여 지방정부가 주민들의 요구와 공감대 등을 바탕으로 실현된다. 중앙정부 차원에서는 국민과 지방정부의 의견을 수렴하는 정도에 그치는 것이 아니라 주민과 지방정부가 해당 지역의 여건 등을 고려하여 적극적으로 정책을 제안하고 실행할 수 있도록 상향식 지방분권 정책체계를 마련할 필요가 있다. 이를 위해서는 중앙정부의 종합계획수립 시 지방정부의 적극적인 의견 개진을 위한 정책통로를 우선 개설할 필요가 있다. 「지방분권법」 제5조 제1항에 '지방정부의 의견수렴 방식'을 '중앙정부와 지방정부 간의 협약 등의 방식'으로 개선할 필요가 있다. 제2항의 자치분권종합계획에 포함할 사항으로 '지방정부와의 협약사항 등 지방정부의 여건에 따라 우선 추진할 수 있는 과제에 관한 사항'을 추가할 필요가 있다.

지방정부가 지방분권 정책에 적극적으로 참여해야 할 의무를 부여하는 방안도 필요하다. 「지방분권법」 제3조 제2항에 따라 국가가 추진하는 자치분권 정책에 지방정부는 의무적으로 따르게 되어있는데, 이를 '국가가 추진하는 자치분권 정책에 지방정부는 적극적으로 의견 개진 등을 통해 부응'하도록 하고, '지방정부의 개선조치에 대해 중앙정부가 적극 지원해야 한다'라고 명시할 필요가 있다.

2) 제주특별자치도 차원

2006년 7월 1일 제주특별자치도가 출범하면서 국가의 발전과 연계시키면서 지방자치의 목적과 이를 실현할 지방분권 정책이 제도상에 어느 정도 잘 반영되어 있다. 「제주특별법」 제1조(목적)를 보면, 특별자치의 목적은 '도민의 복리 증진과 국가발전에 이바지 함'이다. 정책목표의 지향점은 '경제와 환경이 조화를 이루는 환경친화적인 국제자유도시 조성'이다. 정책목표를 실현할 수단으로 지방분권을 보장하는 데 '차별화의 이점'과 '다양화의 이점'을 극대화하도록 하였다. 즉, '제주도의 지역적·역사적·인문적 특성을 살리고', '창의성과 다양성을 바탕으로 고도의 자치권이 보장'되도록 하였다.

지방분권 정책이 실효성을 갖도록 하기 위한 방안으로 제주특별자치도에 법률안 의견 제출 권한을 부여하였다. 「제주특별법」 제19조에 따라 도지사가 제주특별자치도와 관련한 법률개정 필요시 도의회 재적의원 2/3 이상 동의를 받아 제주지원위원회에 의견을 제출할 수 있도록 하였다. 중앙정부는 2개월 이내에 타당성 검토를 끝내고 7일 이내에 제주지원위원회에 통보하도록 하였다.

중앙정부 차원의 지방분권 정책수립과 지원할 수 있는 방안도 설계되어 있다. 「제주특별법」 제20조에 따라 제주지원위원회는 '외교, 국방, 사법 등의 국가존립사무를 제외한 사무에 대하여 제주특별자치도의 지역 여건, 역량 및 재정 능력 등을 고려하여 단계별로 제주특별자치도에 이양하기 위한 계획(이하 "이양계획"이라고 한다)'을 수립하도록 하였다.

제주특별자치도가 타 지방정부와 차별화된 지방분권 정책체계를 갖고 있지만 보완해야 할 사항들도 있다. 제주 이양계획에는 제주특별자치도 입장이 빠져 있다. 즉, 이양계획에 제주의 여건을 반영한 사항을 요청할 수 있는 권한과 이양계획이 수립되면 관련 부처에서 이양계획에 따라 정책을 추진할 수 있도록 해야 할 필요가 있다. 제주특별자치도에 법률안 의견 제출 권한이 부여받기는 하였으나 「제주특별법」에서 조문을 달리하여 구분하였듯이 법률개정이 아닌 중앙정부 사무이양에 관한 사항은 다른 차원이다. 이의 개선을 위해서는 「제주특별법」 제20조 제4항을 신설할 필요가 있다. "중앙정부와 도지사는 제3항에 따른 이양계획을 추진해야 한다"를 명시할 필요가 있다. 아울러 제2항에 "이전 단계의 이양계획 추진성과에 관한 사항"을 명시하여 이양계획 수립 및 추진이 지속 가능하게 이뤄지게 할 필요가 있다.

이양계획에 제주특별자치도 입장이 포함되게 할 필요도 있다. 제주특별자치도는 국무총리와의 성과협약에 따라 매년 제주 성과평가를 하고 있고 그 결과에 대한 활용계획 등의 의견을 제주지원위원회와 협의하도록 하고 있다. 이러한 사항을 이양계획과 연계·반영하여 추진하게 할 필요가 있다. 즉, 「제주특별법」 제20조 제2항에 "제주특별자치도 성과평가 결과에 따른 중앙정부 사무이양 등에 관한 사항"이 포함될 필요가 있다.

3) 지방정부 차원

지방분권 정책이 지역 단위에서 확산하기 위해서는 주민과 지방정부가 주도하는 자치분권계획이 수립되고 추진되어야 하며 이 과정에 중앙정부의 적극적인 지원이 필요하다. 현재 국가의 자치분권종합계획에는 지방정부가 제출한 사항이 포함되어 있지 않다. 이의 개선을 위해 제주지원회의 추진체계를 반영할 필요가 있다. 「지방분권법」 제5조 제2항에 "지방정부와의 협약에 따라 제출된 지방정부의 자치분권계획에 관한 사항"을 포함할 필요가 있다.

지방정부 차원에서 지방분권 정책을 활성화하기 위해서는 차별화의 경제와 보충성의 원칙을 강화할 필요가 있다. 이를 위해서 '지방정부 간의 협의체'를 활성화할 필요가 있다. 협의체의 의견이 국정에 반영되는 부분이 명확해야 각 지방정부에서도 적극적으로 지역 차별화의 이점을 극대화하고 다양화의 이점을 확대하여 규모의 경제를 통해 지역발전을 도모하려고 하기 때문이다. 이를 위해서도 「지방분권법」 제5조 제2항에 "지방정부 협의체가 제출한 의견에 관한 사항"을 포함할 필요가 있다.

지방정부의 법률안 의견 제출 권한을 부여하는 것도 지방분권 정책을 활성화하는 데 의미가 있다. "지역의 문제를 스스로 해결할 수 있다"라는 정책적 신호를 준다면 지방정부에서는 다양한 학습과 공론의 장이 생겨나면서 지방자치를 학습하는 계기가 마련될 것이다. 제주특별자치도 사례에서 보듯이 지방정부의 의견이 전부 수용되기는 어렵지만 이 과정에 중앙정부는 지역을 이해하게 되고 지방정부는 자치역량을 향상하게 된다. 중앙정부와 지방정부가 '일'을 통해 성장하고 지방자치가 발전하고 성숙한다. 지방정부에 법률안 제출권을 부여하는 것은 지방분권을 앞당기는 촉매제가 될 것이다.

3. 제2단계(정책수립): 특별지방행정기관 이관정책수립

특별지방행정기관 이관정책을 국정과제와 지방분권 정책에 반영하여 중앙정부와 지방정부 간의 정책연계 체계를 구축한 이후 특별지방행정기관 이관과 관련한 구체적인 정책을 수립할 필요가 있다. 특별지방행정기관 이관은 지방분권 정책의 일환으로써 이의 실효성을 담보하기 위한 기준으로 ① 보충성의 원칙 ② 지역 특수성을 동시에 고려할 필요가 있다. 보충성의 원칙과 관련한 정책 방향은 '특별지방행정기관 이관 기준', '내용의 충분한 사전검토', '단계 또는 일괄 이관 방식' 등을 고려해야 한다. 지역 특수성은 차별화의 경제와 관련이 있는 기준으로 '이관원칙', '특별지

방행정기관 신설', '지방정부 비전달성 부합', '주민 의견수렴'
등을 정책 방향으로써 고려해야 한다.

1) 특별지방행정기관 이관정책수립

(1) 중앙정부 차원

중앙정부는 특별지방행정기관 이관정책을 자치분권과 구분하여
접근하고 있다. 「지방분권법」 제12조에는 "특별지방행정기관 수행
사무 중 지방정부 수행이 더 효율적인 사무는 지방정부가 맡도록
하고, 특별지방행정기관 신설 시 그 기능이 지방정부 기능과 유사
하거나 중복되지 않아야 한다"라고 선언적으로 명시되어 있다. 반
면에 자치분권종합계획에는 특별지방행정기관과 관련한 사항을 별
도 사항으로 명시하지 않고 있다. 중앙정부가 특별지방행정기관 이
관정책 의지를 드러내기 위해서는 자치분권종합계획에 특별지방행
정기관 이관에 관한 사항을 명시해야 한다. 즉, 「지방분권법」 제5
조 제2항 제2호에 "제12조 제1항에 따른 특별지방행정기관 정비를
포함한다."라고 개정할 필요가 있다.

지방정부로의 특별지방행정기관 이관을 원활히 하기 위해서는
중앙정부와 지방정부에서 그에 상응하는 행·재정적 지원시책을
마련하고 지원해야 한다. 현재 중앙정부는 특별지방행정기관 이관
등 미시적 정책별 재정지원방안보다는 지방분권과 연계한 포괄적
인 재정 분권 차원으로 접근하고 있다. 자치분권종합계획(2018)에
따르면 '중앙권한의 기능 중심 포괄 이양' 차원에서 (가칭) 지방 이

양 비용평가위원회 등 설치·운영을 검토하겠다고 밝히고 있다. 자치분권 시행계획(2019)에서도 재정 분권 차원에서 국세·지방세 구조개선, 지방세목 신설 등 지방세수 확충, 국고 보조사업 개편, 지방교부세율 조정 등을 추진하고 있다.

포괄적인 지방세수 확충 전략과 재정 분권 정책은 지방분권을 심화시킬 수는 있을지 몰라도 특별지방행정기관 이관과 관련하여 중앙정부와 지방정부 모두 정책적 관심을 제고하는 데 한계가 있다. 지방정부 차원에서 특별지방행정기관 이관을 하지 않아도 지방세수가 늘어나는 데 비용이 수반되는 기관 이관을 반기는 데 소극적일 수 있다. 지방정부가 소극적인데 중앙정부가 자발적으로 이관 정책을 추진하는 데는 한계가 있다.

중앙정부의 재정 분권 정책 차원에서 특별지방행정기관 이관과 연계되는 항목을 신설할 필요가 있다. 또한 보통교부세를 활용한 차등지원방식도 고민할 필요가 있다. 기준재정수요액에 특별지방행정기관 이관에 따른 소요비용을 반영하는 방식이 있을 수 있다. 그렇지 않다면 제주특별자치도 경우와 같이 「국가균형발전특별법」에 따른 균형발전특별회계에 관련 계정을 마련할 필요가 있다. 보통교부세를 활용한다면 '보충성의 원칙'에 가까운 개념이며 국가균형발전특별회계를 이용한다면 '차별화의 이점'에 가까운 정책이다.

참여정부에서 「지방분권법」이 처음 제정될 2004년부터 17년이 지난 지금까지 특별지방행정기관 조문은 변화 없이 그대로 유지되고 있다. 반면 같은 참여정부 시기인 2006년에 제정된 「제주특별법」에는 특별지방행정기관 이관에 따른 행·재정적 지원 조치, 특별지방행정기관 이관만을 염두에 둔 재정지원체계 등이 담겨있다. 제주특별자치도의 정책성과를 떠나서 제주특별자치도 설치 이후 「지방분권법」이 제도적으로 업데이트가 되지 않았다는 것은 중앙정부의 추진 의지가 미흡했다고밖에 볼 수 없다. 적어도 제주특별자치도 수준으로 개선할 필요가 있다.

(2) 제주특별자치도 차원

전국에서 유일하게 7개 특별지방행정기관 차원으로 이관된 유일한 지역으로 「제주특별법」에 조문이 상대적으로 잘 마련되어 있다. 제주특별자치도에서는 특별지방행정기관과 관련한 정책을 수립하여 중앙정부와 협의를 할 수 있는 근거가 마련되어 있다. "특별지방행정기관의 이관과 그에 따른 조치에 관한 사항"(제17조 제1항 제6호)을 중앙부처 장관들이 위원으로 참여하는 제주지원위원회 심의사항으로 다룰 수 있게 되어있다. 특별지방행정기관 이관에 따른 조치(제25조)도 명시되어 있다. 이관 시 조치사항은 '기관 이관에 따라 지방공무원으로 임용 시 종전 직급 상응 직급으로 임용', '전환 공무원에게 행정적·재정적 지원 및 생활환경 개선 등 지원 가능' 등이다. 이관 후 지원사항도 명시되어 있다. '이관 기관의 소관 중앙행정기관의 장과 관계 중앙행정기관의 장은 이양받은 사무를 원활히 수행 가능하도록 행정적·재정적 의무적 지원' 등을 하도록 되어있다. 이에 따른 행·재정적 지원계획에 대한 구체적인 기준을 마련하여 도지사 의견을 미리 듣고 제주지원위원회 심의를 받도록 하고 있다. '이관의 범위 및 내용과 이관되는 단위 사무별 처리절차에 관한 사항’, ‘이관사무의 최근 3년간 재원별·단위 사무별 소요비용에 관한 사항’, ‘재정지원의 규모·방법·시기와 그 비용의 조달방안에 관한 사항’ 등이다.

기존 이관된 특별지방행정기관 사무 외의 특별지방행정기관 이관을 요청하는 권한과 절차도 마련되어 있다(제26조). 다른 특별지방행정기관 사무가 제주특별자치도가 수행하는 것이 효율적이라 인정되는 경우에는 이관을 심의해줄 것을 제주지원위원회에 요청할 수 있다. 이 경우 제주지원위원회가 관련 중앙부처 의견을 듣고 심의를 마친 후 그 내용을 공고하도록 하고 있다.

「제주특별법」제도개선에서는 불수용 되었지만 특별지방행정기관 이관 후 중앙정부 차원의 사무가 신설될 경우 자동으로 연계될 수 있는 법적 장치가 필요하다. 재정적 관점의 지속적인 지원도 필요하지만 주민 복리 증진을 위한 실천력으로써 지방분권 차원에서 보면 관련 사무 및 권한의 확장도 매우 중요하기 때문이다.

(3) 지방정부 차원

타 지방정부에서는 제주특별자치도의 제도적 근거를 벤치마킹할 필요가 있다. 지방정부 차원의 계획을 중앙정부와 협의할 수 있는 장치를 마련해야 한다. “특별지방행정기관의 이관과 그에 따른 조치에 관한 사항”을 자치분권종합계획에 마련할 필요가 있다. 지방정부와 중앙정부가 소통하기 위해서는 자치분권위원회를 제주지원위원회 기능과 유사하게 운영할 필요가 있다. 자치분권종합계획에서 다룰 수 있는 사항을 구체화하여 지방정부에서 제안된 의견을 관계부처와 협의하는 절차를 마련하여 지속 가능한 실행력을 담보할 필요가 있다.

특별지방행정기관 이관에 대한 절차 및 지원방안도 마련할 필요가 있다. 특별지방행정기관 이관에 따른 조치로 같이 이관하는 직원에 대한 인사 불이익 배제 및 행·재정적 지원이 필요하다. 이관 후 특별지방행정기관이 활성화될 수 있도록 중앙정부의 행·재정적 지원근거가 마련될 필요가 있다.

2) 특별지방행정기관 이관정책 기준: ① 보충성의 원칙

특별지방행정기관 이관정책을 수립하는 과정에 이관 기준 설정은 중요하다. 국민(주민)과 지방정부가 지역의 문제를 스스로 해결하는 데 필요한 권한이 가장 가까운 곳에 있어야 하며, 필요하다면 중앙정부를 대상으로 지원을 요청할 수 있어야 한다. 이러한 일련의 과정을 보충성의 원칙으로 해소할 수 있으며, 이를 뒷받침할 수 있는 정책과정이 '특별지방행정기관 이관 기준', '내용의 충분한 사전검토', '단계 또는 일괄 이관 방식'이다.

(1) 특별지방행정기관 이관 기준

가. 중앙정부 차원

중앙정부의 특별지방행정기관 이관정책이 유의미한 성과를 거두지 못한 배경에는 여러 가지 요인이 있지만 중앙정부와 지방정부가 공감하는 명확한 이관 기준이 없고 그나마 제도적 근거 내용은 추상적이다. 「지방분권법」 제10조(특별지방행정기관의 정비 등) 제1항 전단에는 "국가는 특별지방행정기관이 수행하고 있는 사무 중 지방자치단체가 수행하는 것이 더 효율적인 사무는 지방자치단체가 담당하도록 하여야 하며"라고 명시하고 있다. 특별지방행정기관 존치 여부에 대한 선행연구를 살펴보았듯이 특별지방행정기관 존치 필요성의 주요한 논거가 전국단위로 사무를 처리할 수 있는 '효율성'을 강조하고 있어서 지방정부가 더 효율적으로 추진할 수 있는 사무가 어떤 사무인지, 실제 가능한 것인지 등에 대해 판단하기가 쉽지 않다.

'보충성의 원칙'은 주민들의 자기 결정을 위해 주민에게 가장 가까운 정부가 공적책무(Public responsibilities)를 집행하는 개념을 갖고 있다. 이러한 내용이 「지방분권법」 제10조 제1항 전단 조문에 포함할 필요가 있다. 즉, "국가는 특별지방행정기관이 수행하고 있는 사무 중 주민에게 가까운 지방자치단체가 담당하도록 하여야 하며"로 개정할 필요가 있다. 기존의 '효율적으로 추진할 수 있는 사무'를 구체적으로 명시할 필요가 있다. '해당 사무가 주민의 편의를 위한 것이고 현지에서 수행하는 것이 더 효율적인 사무', '지역경제발전 또는 지역주민의 삶의 질에 영향을 미치는 사무 중 현지에서 수행하는 것이 더 능률적인 사무', '특별지방행정기관과 지방정부 사무가 중복되는 경우 지방정부가 수행하는 것이 능률적인 경우' 등으로 보완할 필요가 있다.

「지방분권법」이 2004년 1월에 처음 제정된 이후 특별지방행정기관 관련 조문이 17년 동안 변화를 주지 않는 상황에서 유독 특별지방행정기관 이관정책성과만을 기대하는 것은 합리적인 방식이 아니다. 대부분의 정책성과의 시작은 제도화에서부터 시작되기 때문이다. 이와 관련한 제도개선은 다음의 <표 85>와 같다.

<표 85> '보충성의 원칙-이관 기준' 제도개선안

「지방분권법」 현행	「지방분권법」 제도개선안
제12조(특별지방행정기관의 정비 등) ① 국가는 「정부조직법」 제3조에 따른 특별지방행정기관이 수행하고 있는 사무 중 지방자치단체가 수행하는 것이 더 효율적인 사무는 지방자치단체가 담당하도록 하여야 하며, 새로운 특별지방행정기관을 설치하고자 하는 때에는 그 기능이 지방자치단체가 수행하고 있는 기능과 유사하거나 중복되지 아니하도록 하여야 한다. <후단 신설>	제12조(특별지방행정기관의 정비 등) ① --------------------------------------- --- --- 주민에게 가까운 지방자치단체가 수행하는 --- 하여야 --- --- --- ----------. 이 경우 다음 각호의 사무를 우선으로 이관하여야 한다.
<신　설>	1. 해당 사무가 주민의 편의를 위한 것이고 현지에서 수행하는 것이 더 효율적인 사무인 경우
<신　설>	2. 지역경제발전 또는 지역주민의 삶의 질에 영향을 미치는 사무 중 현지에서 수행하는 것이 더 능률적인 사무인 경우
<신　설>	3. 특별지방행정기관과 지방자치단체 사무가 중복되는 경우 지방자치단체가 수행하는 것이 능률적인 경우
<신　설>	② 새로운 특별지방행정기관을 설치하고자 하는 때에는 그 기능이 지방자치단체가 수행하고 있는 기능과 유사하거나 중복되지 아니하도록 하여야 한다.
② ~ ④ (생　략)	③ ~ ⑤ (현행 제2항부터 제4항까지와 같음)

나. 제주특별자치도 차원

제주특별자치도의 경우 이관 기준은 「제주특별법」 제23조(이관 기준 등) 제1항에 명시되어 있다. '1. 해당 사무가 주민의 편의를 위한 것이고 현지에서 수행하여야 하는 사무일 것', '2. 지역경제발전 또는 지역주민의 삶의 질에 영향을 미치는 사무일 것'의 경우 우선으로 이관할 것을 명시하고 있다.

본 연구에서의 설문조사 결과를 살펴보면 중앙정부와 지방정부의 시각차가 존재함을 유추할 수 있다. 설문조사 결과를 살펴보면 중앙정부 차원에서는 '지역경제발전 기여도(긍정적 44.7%, 부정적 34.0%)'와 '지역주민의 삶의 질 기여도(긍정적 48.9%, 부정적 29.8%)'를 고려하여 이관하였다고 응답하고 있다. 반면 특별지방행정기관 이관 후 성과와 관련한 '이관사무의 제주발전 기여도(긍정적 23.4%, 부정적 38.3%'와 '이관사무의 주민 삶의 질 향상 기여도(긍정적 25.5%, 부정적 34.0%)는 부정적 인식이 상대적으로 높게 나타났다.

제주특별자치도 차원에서는 특별지방행정기관 이관 기준을 보다 구체적으로 명시하여 이관을 둘러싼 중앙정부와 제주특별자치도 간의 구체적인 논의를 유도할 계기를 마련할 필요가 있다. 현재의 이관 기준은 「지방분권법」 규정보다 구체적이긴 하나 제도적으로 보완할 필요가 있다. 보완할 사항은 앞서 밝힌 사항처럼 '해당 사무가 주민의 편의를 위한 것이고 현지에서 수행하는 것이 더 효율적인 사무인 경우', '지역경제발전 또는 지역주민의 삶의 질에 영향을 미치는 사무 중 현지에서 수행하는 것이 더 능률적인 사무인 경우', '특별지방행정기관과 지방자치단체 사무가 중복되는 경우 지방자치단체가 수행하는 것이 능률적인 경우'로 제도개선 할 필요가 있다.

다. 지방정부 차원

이관 기준과 관련한 지방정부 차원에서는 중앙정부와 상호 공감대가 형성이 되어야 한다. 타 지방정부는 현재 「지방분권법」 제12조 제1항에 따라 특별지방행정기관 이관을 고민해야 하는 상황이다. 앞서 「지방분권법」 제12조 제도개선 사항에 따른 이관 기준을 적용하여 정책을 추진할 필요가 있다.

(2) 내용의 충분한 사전검토

가. 중앙정부 차원

특별지방행정기관 이관정책이 지속해서 추진되기 위해서는 정책 주요 이해당사자인 중앙정부와 지방정부 간의 충분한 공감대가 형성되어야 한다. 이를 위해서는 특별지방행정기관 이관을 요청하는 중앙정부 또는 지방정부가 사전에 협의할 수 있는 제도적 장치가 필요하다. 이와 관련한 내용은 제주특별자치도 사례를 참고할 필요가 있다. 제주특별자치도는 중앙정부(국무총리)와의 협약을 통해 평가지표를 설정하고 매년 제주 성과평가 결과에 따라 활용계획을 국무조정실과 협의를 통해 제시하고 있다. 이 과정에 관련 정부 부처의 의견을 듣도록 함으로써 제주특별자치도와 중앙부처 간의 제도적인 소통 채널이 상시로 구축이 되어있다. 중앙정부와 지방정부

간에 서로 자료를 요청할 수 있게 하여 심도 있는 검토와 논의를 할 수 있는 장치를 마련할 필요가 있다. 이와 관련해서도 「제주특별법」 제21조(자료의 제출 등)에 구체적으로 명시되어 있다. 「지방분권법」에도 이를 준용하여 명시할 필요가 있다.

나. 제주특별자치도 차원

제주특별자치도는 중앙정부와 특별지방행정기관 이관정책에 대해 항상 논의하고 추진할 수 있는 길이 열려있음에도 불구하고 그 권한을 제대로 활용하지 못한 측면이 크다. 지금까지 제주특별법 제도개선을 총 여섯 차례 이뤄지는 동안 7개 특별지방행정기관 이관 후 추가로 사무를 이관 또는 환원한 경우는 최대 다섯 차례에 불과하다. 국토사무 2회(1단계, 5단계), 해양수산사무 4회(1, 2, 3, 4단계), 중소기업사무 5회(1, 2, 3, 4, 5단계), 고용사무 4회(1, 2, 3, 4단계), 노동사무 3회(1, 4, 5단계), 환경사무 3회(1, 3, 4단계), 보훈사무 2회(1, 4단계) 등이다. 사무는 추가로 이관을 하였으나 사무 추진에 따른 사업예산은 2007년 1,323억 원에서 2020년 1,101억 원으로 오히려 감소한 것으로 나타났다. 이는 사전에 비용 추계 등 충분한 사전검토와 이관 이후에도 중앙정부와 적극적인 협의를 하지 못한 것으로 해석할 수 있다. 설문조사 결과에서도 이관 당시 공무원들은 충분한 사전검토가 부족했던 것으로 인식하고 있었다. 다만, 제주지방해양수산청 소속이었던 공무원들은 충분하지는 않지만 상대적으로 충분한 검토를 한 것으로 분석되었다. 구체적인 결과를 보면 제주지방국토관리청은 긍정적 7.1%, 부정적 64.3%,

제주지방해양수산청은 긍정적 28.6%, 28.6%, 제주보훈지청은 긍정적 28.6%, 부정적 42.9%, 기업·고용·노동·환경청은 긍정적 9.1%, 부정적 90.9%로 나타났다.

중앙정부와 지방정부가 충분한 교감이 없는 경우 중앙정부의 지원 의지가 미흡하다는 것을 설문조사 결과를 통해 유추해볼 수 있다. 이와 관련한 대안은「지방분권법」상의 자치분권종합계획 및 시행계획 그리고 이행상황에 대한 점검 및 평가 등의 수단을 도입할 필요가 있다. 현재는 중앙정부만이 지원 주체이자 지원 시기와 방법 등이 명시되어 있지 않아서 중앙정부가 추진하지 않을 경우 중앙정부의 지원을 끌어낼 제도적 근거가 없다.「제주특별법」제25조(사무의 이관에 따른 조치) 제3항 및 제4항은 특별지방행정기관 이관에 따른 중앙정부의 행·재정적 지원의무와 기준을 두었고 이 과정에 미리 도지사의 의견을 두도록 하였다. 하지만 제주특별자치도가 중앙정부와의 논의를 시작하게 할 규정은 없다. 다만 국무총리실과 제주특별자치도 간의 성과협약서에 따라 중앙정부에 의견을 제시하고 협의하게 되어있으나 관련 내용은 제주특별법에 반영되어 있지 않다.

제도개선 방안으로「제주특별법」제25조 제5항을 신설하여 특별지방행정기관 정책성과 제고를 위해 중앙정부에 대한 제주특별자치도의 협의 권한을 신설할 필요가 있다. 즉, "특별지방행정기관 이관에 따른 조치사항 등을 제5조 제3항에 따른 제주특별자치도 성과평가와 연계하여 매년 특별지방행정기관 이관 및 조치계획을 수립하고 추진하여야 한다."라고 명시할 필요가 있다.

다. 지방정부 차원

타 지방정부에서는 제주특별자치도 사례와 같이 사무의 이관에 따른 조치 및 평가를 통해 계획을 수립하고 추진할 수 있도록 「지방분권법」에 반영할 필요가 있다. 앞서 제안된 자치분권 종합계획에 "특별지방행정기관의 이관과 그에 따른 조치에 관한 사항"을 다룰 수 있도록 하여 자치분권위원회가 계획을 수립하고 시행할 수 있도록 할 필요가 있다.

(3) 단계 또는 일괄 이관 방식

특별지방행정기관 이관 방식과 관련해서는 중앙정부, 제주특별자치도, 지방정부의 정책추진 주체별로 구분하지 않고 기술하고자 한다. 이관 방식은 제주특별자치도 사례가 상대적으로 모범적이기 때문에 이를 중심으로 중앙정부와 지방정부에 시사하는 점을 제시하고자 한다.

특별지방행정기관의 이관 기준마련과 중앙정부와 지방정부 간의 충분한 사전검토·협의가 끝나면 이관 방식에 대한 정책 의사결정이 필요하다. 선행연구에서 사무 배분의 방식을 주로 포괄적·일괄적으로 해야 한다는 내용이 주를 이루고 있다. 「지방분권법」에서도 "자치분권 정책을 수행하기 위한 법적 조치를 마련하는 때에는 포괄적·일괄적으로 하여야 한다"(제3조 제1항 후단), "국가는 권한 및 사무를 지방자치단체에 포괄적·일괄적으로 이양하기 위하여 필요한 법적 조치를 마련하여야 한다."(제11조 제2항)라고 명시하고 있다. 사무 배분의 원칙에서도 "사무를 자기의 책임하에 종합적으로 처리할 수 있도록 관련 사무를 포괄적으로 배분하여야 한다.”(제9조 제3항)라고 반영되어 있다.

본 연구에서는 무조건적인 특별지방행정기관 이관을 지양하고 국민(주민) 복리 증진에 기여할 수 있는 차별화의 이점을 극대화하는 방안으로 추진할 필요성이 있음을 제안한 바 있다. 이와 관련하여 제주로 이관한 특별지방행정기관 소속 공무원 대상으로 한 설문조사결과는 의미 있는 정책 방향을 시사하고 있다. 주요 설문조사 결과를 보면 제주지방해양수산청을 제외하고 모든 특별지방행정기관은 모든 사무를 동시에 이관한 것으로 인식하고 있었다. 모든 사무를 동시에 이관했다고 인식한 비율은 제주지방해양수산청은 28.6%이며, 제주지방국토관리청 71.4%, 제주보훈지청 50.0%, 기업·고용·노동·환경청 75.0%로 나타났다. 요인분석 결과 보충성의 원칙은 ‘사무의 단계적 이관’이 하위요인으로 분석되었고 ‘사무의 포괄적 이관’은 정권 차원의 의지의 하위요인으로 분석되었다. 이에 대한 해석을 가능하게 하는 것은 사무의 단계적 사무에 긍정적(63.6%)인 공무원은 5급 미만 실무 직원이었으며 부정적(45.8%)인 공무원은 관리자급인 5급 이상 공무원이었다. 조사결과 이관사무를 다루는 실무자는 꼭 필요한 사무 중심으로 단계적으로 이관을 추진하는 것이 보다 현실적이라고 판단하고 있다. 이러한 인식은 「제주특별법」에 반영되어 있다. 제23조 제2항 제3호는 제주의 차별화의 이점 극대화에 부합할 경우 “이관사무와 관련되는 모든 사무를 동시 이관할 것”이라는 조건부 이관을 명시하고 있다. 제26조(이양대상 사무 외 특별지방행정기관의 사무의 이관)는 기존의 7개 특별지방행정기관 이관 이후에도 언제라도 사무의 추가 이관이 필요하기 때문에 사무 단위 이관에 대한 절차를 명시하고 있다.

중앙정부 차원에서는 특별지방행정기관 이관 방식과 관련하여 명시적인 제도적인 사항이 없는 상황이다. 「지방분권법」에는 사무 배분 원칙에 있어 포괄적 이양을 규정하고 있을 뿐 특별지방행정기관 이관과 관련한 구체적인 이관 방식이 제시되지 않은 상황이다. 다만, 특별지방행정기관 이관 시 사무배분 원칙에 따라 포괄적·일괄적 이관을 해야 하는 것으로 중앙정부와 지방정부는 해석할 수 있다. 특별지방행정기관의 일괄 이관은 중앙정부와 지방정부 모두 부담스러운 정책 결정이다. 중앙정부에서는 조직이 축소될 뿐만 아니라 이관 기준, 충분한 사전검토 등이 없는 상황에서 일괄 이관을 결정할 수 없기 때문이다. 지방정부에서도 지방비 부담뿐만 아니라 시범사업 형태의 어떤 사전조치도 없이 일괄 이관을 결정하기에는 부담이 따른다. 제주특별자치도 사례는 특별지방행정기관 사무의 이관 방식을 이양, 위임 또는 위탁의 방식을 명시하고 있다. 타 지방정부에서는 일괄이양 이전에 지방정부가 꼭 필요한 사무의 경우 위임 또는 위탁의 방식으로 시범사업을 우선 추진해봄으로써 특별지방행정기관 이관에 대한 심도 있고 중장기적인 관점에서 의사결정을 할 수 있을 것이다.

3) 특별지방행정기관 이관정책 기준: ② 지역 특수성

특별지방행정기관 이관정책수립 기준은 보충성의 원칙과 함께 지역 특수성을 반영하는 것이 필요하다. 이는 지방분권을 실현하는 차원에서 지역의 차별화의 이점을 극대화하는 등 차별화의 경제를 실현하여 주민의 복리 증진에 기여하기 위함이기 때문이다. 지역의 특수성은 '이관원칙', '특별지방행정기관 신설', '지방정부 비전달성 부합', '주민 의견수렴' 능의 정책과정으로 반영될 수 있다.

(1) 이관원칙

이관원칙은 중앙정부와 지방정부 모두에게 적용되어야 하는 사항이다. 이와 관련하여 제주특별자치도 사례를 바탕으로 「지방분권법」에 반영할 필요가 있다. 이에 정책추진 주체별로 구분하지 않고 전반적으로 기술하고자 한다.

특별지방행정기관 이관원칙은 주민의 삶의 질을 위해 차별화의 이점을 극대화하는 내용으로 마련되어야 한다. 「지방분권법」에는 특별지방행정기관 이관원칙에 대한 근거가 마련되어 있지 않다. 이의 개선방안으로 제주특별자치도 사례를 참고할 필요가 있다. 「제주특별법」 제23조(이관 기준 등) 제2항에는 이관원칙을 "1. 제주특별자치도의 행정상·재정상 여건 및 능력을 고려할 것", "2. 특별지방행정기관의 이관에 대한 제주특별자치도의 입장을 고려할 것"으로 명시되어 있다.

제주특별자치도 사례는 엄밀한 의미에서 '차별화의 이점-다양화의 이점-규모의 경제'로 이어지는 차별화의 경제적 차원으로 나아가지는 못하였다. 특별지방행정기관 이관을 행정과 재정적 측면에서만 고려하였고 이관에 대한 제주특별자치도의 입장만을 고려하도록 하였기 때문이다. 제주특별자치도는 차별화의 이점을 극대화하기 위한 방안으로 "지역의 지역적·역사적·인문적 특성을 고려할 것"을 추가할 필요가 있다. 차별화의 이점을 정책적으로 고려하게 하는 것은 특별지방행정기관 이관에 대한 타당성을 보다 강화하는 계기가 된다. 이와 관련한 설문조사 결과는 시사하는 바가 있다. 특별지방행정기관 이관 시 행정여건이 고려된 측면(고려 42.6%, 비고려 40.4%)이 크고 재정 여건(고려 21.3%, 비고려 51.1%)과 운영능력(고려 21.3%, 비고려 55.3%)은 크게 고려되지 않은 것으로 나타난 것이 특징이다. 이는 특별자치도 출범이라는 행정여건에 따라 특별지방행정기관 이관정책이 우선 추진된 것으로 해석할 수 있다. 즉, 지방정부에서는 지역발전과 주민 복리 증진을 위한 정책 차원에서 특별지방행정기관 이관과 연계했을 때 중앙정부를 상대로 설득력과 협상력을 높일 수 있다. 중앙정부도 특별지방행정기관 이관정책성과를 높이기 위해서는 「지방분권법」에 제주특별자치도 사례를 명시하여 중앙정부와 지방정부가 특별지방행정기관 이관을 추진할 때 상호원칙으로 적용하게 할 필요가 있다.

(2) 특별지방행정기관 신설

차별화의 경제를 실현하기 위해서는 특별지방행정기관 신설 여부를 해당 지역 지방정부가 판단하고 결정할 수 있도록 제도를 설계할 필요가 있다. 지역 특성을 활용한 정책을 수립하고 추진하는 과정에서 이미 설치되어 있는 특별지방행정기관과의 이관·협력 등도 중요한 이슈이지만 특별지방행정기관 설치로 지방정부와 불필요한 갈등을 조장할 필요가 없기 때문이다. 이와 관련한 사항은 정책추진 주체가 전체적으로 맞물려야 하는 사항이기 때문에 정책 추진별로 구분하지 않고 전반적으로 기술하고자 한다.

특별지방행정기관 이관정책을 추진하면서도 신설이 필요하거나 대통령령에 따라 기관 신설 절차의 간소화 등으로 남설이 되는 경우가 있다. 이에 대한 구체적이고 명확한 규정이 필요하다. 특별지방행정기관 설치는 대통령령인 「행정기관의 조직과 정원에 관한 통칙」 제18조에 명시되어 있다. 설치 요건을 '중앙행정기관 업무의 지역적 분담', '업무 전문성과 특수성', '지방정부 위임 처리에 적합하지 않은 경우'로 중앙정부 입장에서 우선순위를 설정하였다. 다만, '지역적인 특수성, 행정수요, 다른 기관과의 관계 및 적정한 관할구역 등을 감안'하도록 하였다. 특별법인 「지방분권법」 제12조에는 '지방정부 수행기능의 유사·중복성 금지'를 명시하고 있다. 이를 판단할 수 있는 절차와 기준을 별도로 두지 않으면서 결과적으로 선언적 의미에 그치고 있다.

지역발전과 주민 복리 증진을 위한 지방정부의 자기 결정 권한 측면에서 특별지방행정기관 신설은 엄격히 다뤄질 필요가 있다. 이에 대한 좋은 사례는 제주특별자치도의 경우이다. 「제주특별법」 제 27조에는 특별지방행정기관 설치 금지에 관한 사항을 명시하고 있다. 원칙적으로 제주특별자치도에 특별지방행정기관을 새로 설치할 수 없다. 중앙정부에서 설치가 필요한 경우 도지사는 사전에 도의회 동의를 받아 중앙정부와 협의를 한 경우에 둘 수 있게 하였다. 지방정부 차원에서 집행기관과 의결기관 간의 견제와 균형원리를 적용하여 특별지방행정기관 남설을 막고자 하는 취지이다. 특별법인 「지방분권법」에 제주 사례와 같이 특별지방행정기관 설치 요건을 반영할 필요가 있다. 이를 통해 중앙정부가 특별지방행정기관 남설을 지양하는 제도적 근거를 마련할 필요가 있다.

(3) 지방정부 비전달성 부합도

특별지방행정기관 이관정책 기준 중 지역 특수성을 고려할 때 '지방정부 비전달성 부합도'는 설문조사를 통한 요인분석 결과 유의미(총 분산 중 80% 설명) 한 정책과제로 도출되었다. 차별화의 이점 등 지역 특수성을 고려하는 데 있어 지역발전과 주민 복리 증진을 위한 지방정부의 비전과 연계될 필요가 있다. 특별지방행정기관 이관을 결정할 때 이러한 측면을 고려할 필요가 있다는 것이다.

제주특별자치도의 경우는 7개 특별지방행정기관 이관이 제주지역 비전달성에 부합하지 않는 것으로 인식하고 있다. 설문조사 결과 특별지방행정기관 이관은 제주지역 비전달성에 기여한다는 응답은 25.5%에 불과하고 부정적인 응답은 40.4%에 이르렀다. 이러한 결과는 두 가지 해석이 가능하다. 실제로 특별지방행정기관 이관이 제주국제자유도시 조성이라는 비전에 부합하지 않았을 경우와 비전에는 부합하였는데 제대로 활용하지 못한 경우이다. 앞서 제5장 제2절에서 제주 특별지방행정기관 이관 전·후 분석 및 평가와 제3절의 정부의「제주특별자치도 성과평가」를 통한 분석을 통해서 후자인 특별지방행정기관 이관 후 제대로 활용하지 못한 측면이 크다고 볼 수 있다.

「지방분권법」과「제주특별법」에 특별지방행정기관 이관정책 기준으로 '지방정부 비전달성에 부합하는 경우'를 포함할 필요가 있다.

4. 제3단계(정책추진 과정): 정책추진과정의 정치적·전문적 합리성 확보

1) 중앙정부 추진 의지 확보

(1) 특별지방행정기관 소속 구성원 의견수렴

특별지방행정기관과 소관 중앙부처 소속 직원들의 사전공감대는 매우 중요하다. 아무리 정권 차원에서 특별지방행정기관 이관정책을 강행하더라도 해당 정권 이후에서 정책의 일관성과 연속성을 유지하기 위해서는 기관 소속 직원들의 공감대가 중요하기 때문이다. 본 연구의 설문조사 결과 특별지방행정기관 이관 시 구성원의 의견수렴에 대해 부정적인 의견은 61.7%에 달했다. 특별지방행정기관 이관 후 중앙정부의 지원이 미흡했던 배경으로 분석할 수 있다. 또한 제주특별자치도에서도 적극적으로 중앙정부와 소통하는데 어려움을 겪었던 배경이기도 하다. 특별지방행정기관 소속 구성원의 사전공감대를 형성하는 규정은 관련 법률에 명시되어 있지는 않다. 다만 관계 중앙행정기관의 장과 협의하도록 규정하고 있기 때문에 기관 대표와 협의하도록 하고 있다.

그런데도 특별지방행정기관 구성원의 의견수렴 절차는 중요하기 때문에 「지방분권법」에 따른 자치분권종합계획 상 '주요 추진과제 및 추진방법'에 '지침 또는 규정'으로 관련 내용을 명시할 필요가 있다.

(2) 중앙정부 추진 의지 확보

특별지방행정기관을 관장하는 정부 부처가 다양하기 때문에 통일되고 일관된 특별지방행정기관 이관정책을 추진하는 것은 매우 중요하다. 이의 역할을 하는 것이 「지방분권법」에 따른 대통령 소속 자치분권위원회이다. 자치분권위원회는 지방자치 분권과 지방행정 체제개편에 관한 사항 등 정책 의사결정 범위가 매우 폭이 넓어서 특별지방행정기관 이관정책까지 면밀히 살피기에는 어려움이 있을 수 있다. 특별지방행정기관 이관정책 추진과 관련 있는 중앙부처에 대한 협의와 공감대 형성을 위한 역할을 지방정부를 통해 할 수 있도록 장치를 마련할 필요가 있다. 현재는 자치분권위원회가 '정책수립-추진-이행상황 점검-사후관리' 등 정책의 모든 과정을 하도록 되어있어 사실상 정책프로세스 관리에 그칠 공산이 크다. 「지방분권법」에 따라 특별지방행정기관 이관정책을 추진할 경우 자치분권위원회가 관계부처와의 협의와 지방정부의 의견을 수렴하여 정책 의사결정을 하도록 되어있다. 정책성과를 제고하기 위해서 정기적으로 대통령에게 보고하도록 하며(제48조), 중앙정부와 지방정부의 추진상황을 점검·평가하여 국무회의 심의를 거쳐 대통령에게 보고하도록 하고 있으며 실적이 미흡하면 필요한 조치를 권고하고 그 처리결과를 자치분권위원회에 통보하도록 하고 있다(제49조).

제주특별자치도의 제주 성과평가 사례를 통해 중앙정부 추진 의지를 확보할 필요가 있다. 제주특별자치도와 중앙정부(국무총리)는 협약을 통해 매년 제주 성과평가를 실시하고 있다. 그 결과에 따라 성과평가결과에 관한 의견(목표지표, 결과 활용안 등)을 국무조정실과 매년 12월 말까지 사전협의를 하고 국무총리에게 제출한다. 이후 국무총리는 관계 중앙부처 의견을 요청하고 수정 의견 요청 시 도지사 동의를 바탕으로 제주지원위원회 심의를 거친다.

자치분권위원회에서도 이러한 제주특별자치도 프로세스를 도입할 필요가 있다. 자치분권종합계획에 특별지방행정기관 이관과 관련한 사항을 포함하고 지방정부와의 협약을 통해서 해당 지역의 비전과 특수성을 고려하여 협약을 체결한다. 협약내용에는 정책목표 및 성과지표를 포함하되 특별지방행정기관 이관과 관련한 내용을 포함하도록 한다. 정기적인 성과평가 결과에 따라 지방정부는 활용방안을 사전에 자치분권기획단과 협의하여 관련 정부 부처의 의견을 듣고 지방정부가 동의하면 자치분권위원회 심의 등 정책 의사결정을 추진할 필요가 있다. 정부 부처 의견을 듣는 과정에 지방정부와 해당 중앙부처와 적극적으로 협의를 하게 된다면 충분한 공감대 형성으로 정책추진의 탄력성을 확보할 수 있다.

2) 정책이해관계자와의 공감대 형성 및 지원

특별지방행정기관 이관정책이 지속성을 갖기 위해서는 구성원 및 중앙정부와의 사전공감대 형성이 중요하다. 이뿐만이 아니라 이관에 따른 구성원들에 대한 충분한 인센티브 제공과 이관 후 전문성 강화도 중요한 정책적 이슈이다.

(1) 이관에 따른 조치

정부조직을 조정하거나 인원 소속을 변경시키는 일은 결과적으로 성과를 내기 어려운 작업이다. 정책성과가 분명히 드러나거나 성과가 발현되는 데 적지 않은 시간이 걸리기 때문에 특별지방행정기관 이관정책을 지지하는 우호적 여론보다 반대하는 이해관계자의 부정적 여론이 더 비등한 이유이다. 중앙정부 차원에서도 이관에 따른 제도적 지원시책은 상징적인 선에 머물러 있다. 「지방분권법」 제11조(권한 이양 및 사무 구분 체계의 정비 등) 제2항 및 제3항에 따르면 국가는 "권한 및 사무를 지방자치단체에 포괄적·일괄적으로 이양하기 위하여 필요한 법적 조치를 마련해야" 하며, "지방자치단체에 이양한 권한 및 사무가 원활히 처리될 수 있도록 행정적·재정적 지원을 병행하여야 한다."라고 명시되어 있다. 이는 특별지방행정기관을 포함한 중앙정부 사무를 포함한 것으로써 엄밀히 얘기하면 특별지방행정기관과 관련한 구체적인 지원시책 내용은 없다.

지방정부에는 자부담 차원에서 의무사항만을 규정하고 있다. 「지방분권법」 제11조 제4항에 "지방자치단체는 이양받은 권한 및 사무를 원활히 처리할 수 있도록 기구·인력의 효율적인 배치 및 예산 조정 등 필요한 조치를 하여야 한다."라고 명시되어 있다. 지방정부가 자발적으로 특별지방행정기관 이관정책을 수립하고 추진하는 데 구조적으로 동기부여가 되지 않는 상황이다. 그나마 제주특별자치도에는 인사와 행·재정적 지원 그리고 생활환경 개선을 할 수 있도록 되어있다. 「제주특별법」 제25조(사무의 이관에 따른 조치 등) 제1항 및 제2항에 명시되어 있다. "특별지방행정기관의 사무이관에 따라 신분이 전환되는 공무원을 지방공무원으로 임용할 때에는 종전 직급에 상응하는 직급으로 임용"하여야 하며, "신분 전환된 공무원을 대상으로 행정적·재정적 지원 및 생활환경의 개선 등에 관한 지원"을 할 수 있게 하였다. 설문조사 결과 실제 신분이 전환된 공무원들은 지원시책을 체감하지 못하였다고 응답하였다. 행정적·재정적 지원 및 생활환경의 개선에 대해서는 부정적인 의견이 76.6%에 달했고 긍정적 의견은 2.1%에 불과했다. 인사 형평성과 관련해서도 부정적 의견이 55.3%로 긍정적 의견 14.9% 보다 높게 나타났다.

제주특별자치도의 경우 지원시책을 강화할 필요가 있다. 신분이 전환되는 공무원에게는 일정 기간의 호봉을 추가로 인정해줘서 승진 시기가 도래한 공무원에 대해서는 이관과 동시에 승진할 수 있도록 하고 승진은 되지 않더라도 급여 수준이 높아질 수 있도록 설계할 필요가 있다. 신분 전환된 공무원에게는 '행정적·재정적 지원 및 생활환경의 개선'지원을 의무화할 필요가 있다. 소속이 전환되면서 제주지역에 거주하게 되는 직원들을 위해 사전 여론 수렴을 거쳐 필요한 사항을 지원해줄 필요가 있다. 이러한 사항들에 대해서「지방분권법」에 '사무의 이관에 따른 조치사항'으로 조문을 구성하여 반영할 필요가 있다. 특별지방행정기관을 요구하고 이관을 받아들이는 지방정부에서 따뜻하게 한 식구로 인식하고 받아들일 수 있는 장치는 반드시 필요하다.

(2) 이관 후 전문성 강화

'기관의 전문성'은 특별지방행정기관 존치 근거 중 하나이다. 유사업무를 오랫동안 담당해오는 조직운영의 구조적 관점이 반영된 결과이다. 이러한 전문성은 기본적인 사무 처리에는 필요한 소양이지만 변화하는 행정여건에 대응하거나 특별지방행정기관이 속한 지방정부의 비전달성과 연계하는 새로운 영역의 업무에 대응하기에는 한계가 있다.

본 연구에서도 살펴보았듯이 특별지방행정기관 이관 후에도 전문성 확보는 주요한 이슈였다. 우리나라 공직사회가 순환보직 인사제도를 채택하고 있기 때문에 한 기관 또는 담당 사무를 오랫동안 담당하기엔 구조적으로 불가능하다. 그런데도 이관 후에 전문성을 강화하는 방안을 강구해야 하며 현행 인사제도로도 가능한 측면이 있다. 전문 직위제도는 전문성을 요하거나 업무의 연속성을 위해

장기근무가 필요한 직위에 대해 전문직위를 지정하는 제도이다. 7개 특별지방행정기관과 관련한 전문직위 지정은 없는 상황이다. 유관 전문교육기관 또는 자체 교육과정을 마련하여 지속해서 전문성을 키워야 한다. 특별지방행정기관 관련 중앙정부나 유관기관에서 시행하는 있는 교육과정에 참여하거나 오래 근무한 전문성 있는 동료를 중심으로 자체 교육과정을 운영하는 방안이 있다. 즉시 업무 전문성을 발휘할 수 있는 전문가를 영입하여 담당 사무를 추진할 수 있는 개방형 직위도 가능하다. 제주노동위원회 등 전문성과 실무경험을 바탕으로 한 직위가 대표적이다. 내부 공무원 중에 관심과 의지를 가지고 해당 업무를 추진하고자 하는 이를 위해 직위 공모제를 시행할 필요가 있다. 특별지방행정기관 구성원들의 의견을 수렴하여 해당 직위를 지정하여 운영할 수 있다.

위와 같은 내용을 고려하여 「지방분권법」 「제주특별법」에 특별지방행정기관 이관 조치에 따른 사항으로 "이관한 특별지방행정기관 전문성 강화를 위한 시책을 마련하고 추진해야 한다"라는 내용을 반영시킬 필요가 있다.

5. 제4단계(정책추진 사후관리): 이관 후 지방정부의 지속적 정책 의지 확보

특별지방행정기관이 이관된 후 지방정부 차원의 사후관리가 중요하다. 이관된 특별지방행정기관이 지역발전과 주민의 삶의 질을 높이는 데 어느 정도 기여하고 있다는 것이 명확해야 관련 정책이 탄력을 받을 수 있다. 지방정부 차원에서는 지방분권 차원에서 추가로 사무이관 및 중앙정부의 재정지원으로까지 이어지게 하는 명분과 계기가 된다는 차원에서 의미가 있다.

1) 이관사무 활용기반지원

(1) 인원·재정지원

특별지방행정기관 지방이관 후 소속 직원들이 다른 지역과 비교하여 인원과 재정지원에 불이익을 받는다고 인식하지 않도록 할 필요가 있다. 이는 다른 지역 특별지방행정기관 및 상위 중앙부처 관계자들 사이에 이관 후 부정적 인식이 확산하지 않도록 하는 데 의미가 있기 때문이다.

설문조사 결과 특별지방행정기관 지방이관 후 공무원들은 인원과 재정 차원에서 불이익을 받는 것으로 나타났다. '다른 지역 특별지방행정기관보다 인원이 증가했다'라고 생각하는 비율은 4.3%에 불과하고 58.7%가 부정적으로 생각하였다. '다른 지역 특별지방행정기관보다 재정이 증가했다'라고 생각하는 비율도 6.5%에 불과하였고 부정적 의견은 41.3%에 달했다.

실제 제주특별자치도로 이관된 7개 특별지방행정기관에 대한 인원·재정지원 규모는 감소하였다. 7개 제주 특별지방행정기관 이관 당시 정원은 140명에서 현재 74명이 늘어난 214명이다. 증원된 74명에 대해서는 중앙정부가 아닌 도비로 충당하고 있다. 중앙정부가 지원하는 사업예산과 관련해서는 이관 당시인 2007년에는 1,331억 원에서 2020년 1,117억 원으로 연평균 △1.3%로 감소하였다. 재정 신장률을 고려하면 사실상 중앙정부 재정지원 규모는 줄어들었다. 반면 도비 지원 규모는 증가하였다. 2012년 323억 원에서 2019년 899억 원으로 연평균 증가율 8.9%로 증가하였다. 이는 제주특별법 제25조 제3항 및 제4항에 따라 중앙정부가 이관 특별지방행정기관 에 대해 행·재정적 지원을 하여야 하는 규정을 중앙정부가 충실 히 이행하지 않은 측면이 있다. 이의 실행을 위해 제주특별자치도 가 중앙정부를 상대로 협의하는 적극성 또한 부족했던 측면이 있 다. 타 지방정부 차원에서는 제주특별법에 있는 조항을 지방분권법 에도 반영하여 특별지방행정기관 지방이관에 따른 중앙정부의 지 원근거를 마련할 필요가 있다.

다만 제주 특별지방행정기관의 인원 및 재정 규모 및 증가율이 다른 지역 특별지방행정기관과 어떻게 다른지에 대한 논의의 여지 는 있다. 이와 관련하여 자료접근의 한계로 분석을 시도하지는 못 하였다. 이에 대해 향후 과제로 제시하고자 한다.

(2) 이관사무 활용도

이관된 특별지방행정기관 사무가 지역발전과 주민 복리 증진에 제대로 활용되는 것은 중요한 정책적 이슈이다. 이를 위해서는 정 기적으로 이관사무가 애초 취지에 맞게 제대로 활용되고 있는지 점검하고 환류할 수 있는 장치가 필요하다.

이와 관련한 제도적 근거는 마련되어 있지 않은 상황이다. 다만, 제주특별자치도의 경우 제주 성과평가 지표로 '확대된 권한을 활용한 조례 제·개정 및 관리 실적'이 2007년부터 2013년까지 설정되어 관리되어 왔다. 평가결과는 주로 우수 및 양호로 나타나고 있으나 다양한 개선방안들이 제시되었다. 이양 권한 관리카드 제도 등 체계적인 점검시스템 구축 및 공개, 주민 정책 체감도 향상을 위한 적극적인 홍보전략 운영, 조례 건수 목표치보다 파급효과를 고려한 조례 활용 평가 등이 제시되었다. 이후에는 '제주특별법 제도개선 실적', '제주특별법 사무이양을 활용한 규제개선 실적' 등으로 평가지표로 전환되어 이관사무 활용에 대한 목표가 완화되었다.

설문조사 결과에서도 이관사무 활용도가 낮은 것으로 나타났다. 전·현직 특별지방행정기관 소속 공무원들은 이관사무 활용도에 대해 긍정적인 의견(19.1%)보다 부정적 의견(44.7%)이 더 높았다. 이는 제주특별자치도의 정책적 방향 및 목표와 연계하여 이관사무를 활용하는 정책적 시도가 부족했음을 알 수 있다. 다만, 구체적으로 이관사무에 대한 조례 제·개정사항과 이를 바탕으로 한 구체적 분석은 향후 과제로 제시하고자 한다.

이관사무에 대한 활용을 체계적으로 점검하고 추진하기 위해서는 제주특별법과 지방분권법에 관련 조항을 명시할 필요가 있다. 지방분권법에는 자치분권계획에 특별지방행정기관 이관사무 활용과 관련한 점검 및 평가에 관한 사항을 포함할 필요가 있다. 제주특별자치도 사례와 같이 해당 지방정부와 협약체결을 하여 해당 지역의 여건에 맞는 지표구축 및 평가체계를 마련하여 특별지방행정기관 이관사무 활용도를 극대화하는 계기를 마련할 필요가 있다.

아울러 지방정부 차원에서도 조례 제정을 통해 이관사무 활용에 대한 점검 및 정책평가 등을 실시할 수 있도록 하고 정보시스템을 구축하여 담당 직원 전보와 상관없이 체계적으로 관리하게 할 필요가 있다.

2) 지방정부의 지속적인 정책추진 의지

특별지방행정기관 이관정책의 지속가능성을 확보하기 위해서는 이관 후 해당 지방정부의 지속적인 정책추진 의지기 중요하다. 이를 통해 보충성의 원칙 또는 차별화의 경제 활성화 차원에서 추가 사무이관에 대한 명분이 축적될 수 있다. 더 나아가 특별지방행정기관 관련 사무뿐만 아니라 지방분권 차원의 폭넓은 사무이관을 주장할 수 있는 단계까지 나아갈 수 있다. 지방정부 정책추진 의지를 가늠할 수 있는 부분은 '법령 제도개선 요구'. '중앙정부 예산절충', '지방정부 차원의 예산지원 적극성'으로 판단할 수 있다.

(1) 지방정부의 법령 제도개선 요구

지방분권 차원에서 특별지방행정기관 이관정책이 지속가능성을 확보하기 위해서는 지방정부가 지속적인 관심과 정책추진 의지를 독려할 수 있는 제도적 기반이 필요하다. 이 중 관련 법령에 대한 제도개선을 요구할 수 있는 권한은 매우 의미가 있다. 특별지방행정기관이 이관된 이후 여러 가지 제도적 보완이 필요한 사항이 나타났을 때 제도적 한계로 지방정부가 할 수 있는 부분이 많지 않다면 특별지방행정기관은 또 하나의 행정기구에 지나지 않을 것이기 때문이다.

지방정부가 법령에 대한 제도개선을 요구할 수 있는 제도적 근거는 제주특별법이 유일하다. 지방분권법은 전반적으로 하향식 의사결정 및 정책추진을 하도록 설계되어 있어서 지방정부 차원의 효과적인 상향식 의사결정은 사실상 불가능하다.

제주특별자치도는 제주특별법 제19조에 따라 제주특별자치도와 관련한 법률개정이 필요한 경우 도의회 재적의원 2/3 이상 동의를 받아 제주지원위원회에 의견을 제출할 수 있다. 제주특별자치도에서는 7개 특별지방행정기관 이관 후에도 제도개선을 통해 추가로 사무를 이관 받거나 환원하였다. 국토사무는 한 차례(5단계 제도개선), 해양수산사무는 세 차례(2·3·4단계 제도개선), 중소기업사무는 네 차례(2·3·4·5단계 제도개선), 고용사무는 세 차례(2·3·4단계 제도개선), 노동사무는 두 차례(4·5단계 제도개선), 환경사무는 두 차례(3·4단계 제도개선), 보훈 사무는 한 차례(4단계 제도개선) 이뤄졌다. 이러한 제주특별자치도의 제도개선 노력에 대해 공무원들도 긍정적으로 평가하고 있다. 특별지방행정기관 이관 후 '제주특별자치도의 지속적인 제도개선 노력'에 대해 긍정적인 응답은 44.7%로 나타났고 부정적 의견은 21.3%였다.

중앙정부도 제주특별자치도의 사례를 통해 지방정부에 법령개정 의견 제출권을 부여할 필요가 있다. 특별지방행정기관과 관련한 법률뿐만 아니라 시행령과 관련해서도 의견을 제출할 수 있도록 범위를 넓혀줄 필요가 있다. 이와 관련한 방식은 크게 세 가지 차원으로 접근할 수 있다. 우선 자치분권위원회가 해당 지방정부와의 협약체결을 통해서 성과평가에 따라 개선이 필요한 사항을 건의받아서 관련 제도를 정비하는 방안이다. 개별 지방정부와의 협약을 통해 지역의 특수성을 고려할 수 있는 장점이 있으나 모든 지방정부마다 협약체결을 통해 추진하는 것은 자치분권위원회가 업무가 많아져 효율적으로 대응하는 데 어려움을 겪을 수 있다. 다음으로 지방분권법 제5조 제2항에 따른 "지방정부 협의체가 제출한 의견에 관한 사항"을 활용하는 방안이다. 지방정부 간 공통적인 사항에 대한 의견을 제출하는 데는 효율적이지만 개별 지방정부의 특수성이 충분히 반영되는 데 한계가 있고 지방정부 협의체에서 공동의 의견을 모으는 데 비효율적일 수 있다. 마지막으로 지방정부가 직접 법령안 개정 의견을 제출하는 방식이다. 제주특별자치도 사례처럼 자치분권위원회가 지방정부의 의견을 수렴하여 해당 중앙부처 의견을 조율하고 자치분권종합계획에 반영·추진하는 역할을 수행할 수 있다.

(2) 지방정부의 중앙정부 예산절충

특별지방행정기관 이관 후 지방정부가 지속해서 중앙정부 예산을 확충하기 위한 노력을 기울이기 위해서는 '중앙정부가 재정지원을 해야 한다'라는 제도적 근거가 우선 필요하다. 이와 관련한 제도적 근거는 제주특별자치도에만 존재한다. 제주특별법 제25조 제3항 및 제4항에 따라 '사무가 이양되는 특별지방행정기관의 소관 중앙행정기관의 장과 관계 중앙행정기관의 장은 제주특별자치도가 이양받은 사무를 원활히 수행할 수 있도록 인원을 이동시키는 등

행정적·재정적 지원을 하여야 한다'라고 명시하고 있다. 재정지원 방법 및 규모에 대해서도 구체적으로 명시하고 있다. 이러한 근거를 바탕으로 제주특별자치도는 중앙정부 예산절충을 위해 적극적으로 노력하였는지에 대해서는 특별지방행정기관 소속이었던 공무원들은 긍정적으로 평가하고 있다. 설문조사 결과 특별지방행정기관 이관 후 '제주특별자치도의 지속적인 중앙정부 예산절충 노력'에 대해 긍정적 의견은 48.9%로 나타났고 부정적 의견은 14.9%였다.

중앙정부는 지방분권 정책과 연계된 재정지원 정책 방향을 지방소비세율 인상 등 국세와 지방세 구조를 변화시켜 지방정부가 포괄적으로 확충된 자주 재원인 지방 세입을 통해 정책을 추진하도록 하고 있다. 지방분권이 지방이양일괄법 등 중앙정부 사무의 포괄적·동시적인 이관에 따른 조치로 이해할 수 있는 부분이다. 그런데도 특별지방행정기관 지방이관은 전국 동시적으로 이뤄질 수 있지만 개별 지방정부 차원에서도 이뤄질 수 있기 때문에 지방분권법 제12조(특별지방행정기관의 정비 등)에 행·재정 지원근거를 마련할 필요가 있다.

제주특별자치도가 중앙정부의 '지방분권 시범 도'로서의 정책적 취지를 떠올려본다면 지방분권법에도 이와 관련한 조항을 반영하여 특별지방행정기관 지방이관정책이 전국으로 확산시킬 계기를 마련할 필요가 있다.

(3) 지방정부 차원의 예산지원 적극성

특별지방행정기관 지방이관에 대해 지방정부가 소극적인 이유 중 하나는 지방비 부담이 커진다는 것이다. 이관된 특별지방행정기관 소관 중앙부처가 지원에 소극적이면 늘어나는 행정수요에 대응하기 위한 추가 예산을 지방비로 채울 수밖에 없는 '인질 효과'가 나타난다. 제주특별자치도의 지방비 규모 증가 사례는 지방정부 차원에서 정책 의사결정을 위한 고민을 깊게 만들 수 있다. 7개 제주 특별지방행정기관 예산은 2007년 1,385억 원에서 2020년 1,237억 원으로 연평균 △0.01%로 감소하였다. 세부적으로 인건비와 기본경비는 증가하였으나 사업예산은 감소하였다. 인건비는 2007년 74억 원에서 2020년 167억 원으로 연평균 6.4%로 증가하였고, 기본경비는 7억 원에서 2020년 12억 원으로 연평균 4.0%로 증가하였다. 반면 사업예산은 2007년 1,323억 원에서 2020년 1,101억 원으로 기본경비 증가율에도 못 미치는 연평균 △1.4%로 감소하였다. 제주특별자치도가 중앙정부를 상대로 한 예산확충 노력이 부족한 결과일 수도 있다고 판단할 수 있으나 설문조사 결과 공무원들은 그렇지 않다고 생각하였다.

이관된 특별지방행정기관에 대한 지방정부의 추가적인 예산지원은 인질 효과에 따른 '매몰 비용'이라는 차원보다 정책적 '투자비용'이라는 인식의 전환이 필요하다. 일정 부분 지방비 추가부담이 불가피한 측면이 있겠지만 중앙정부를 상대로 이관된 사무를 활용하여 지역발전을 위한 보다 적극적인 정책설계 및 추진을 위하여 중앙정부 지원이 불가피함을 전략적으로 강조할 필요가 있다. 예를 들어 해양수산사무의 경우 중앙정부의 '신-남방 정책'과 연계한 크루즈산업 육성 정책, 우리나라 주요 작물인 월동채소의 안정적인 제공과 고속도로가 없는 섬 지역이라는 차별화의 이점과 연계한 '해운항만물류공사'를 추진할 수 있다.

6. 제5단계 추진전략: 특별지방행정기관 지방이관정책성과 극대화 및 환류

특별지방행정기관 지방이관정책이 지속해서 추진되기 위해서는 이관 후 지방정부의 정책적 관심도 중요하지만 정책성과를 내는 부분도 중요하다. 정책성과가 명확해야 관련 정책이 계속 추진될 수 있기 때문이다. 특별지방행정기관 이관 후 중앙정부와 지방정부 그리고 내부 구성원 모두가 불만족하다면 더 이상 관련 정책을 추진하는 데 한계에 부딪힐 것이기 때문이다. 민주주의와 지방자치 실천력으로써의 지방분권을 위한 하나의 정책수단인 특별지방행정기관 정책이 순항해야 하는 이유이다. 특별지방행정기관 지방이관 정책이 지속가능성을 확보하기 위해서는 지역발전에 어느 정도 기여할 수 있어야 하며, 주민만족도 향상 등 이관 후 정책성과 향상이 이루어져야 한다. 이를 바탕으로 중앙정부의 지속적인 지원 의지를 어느 정도 끌어낼 수 있을 것이다.

1) 지역발전 기여도

(1) 이관사무의 주민 삶의 질 향상 및 지역발전 기여도

특별지방행정기관 이관이 주민 삶의 질을 높이고 지역발전에 기여하고 있는 지 정량적으로 분석하고 판단하기에는 쉽지 않다. 정책 분야의 다양성과 정책의 생애 주기적 기간을 고려하면 정책 체감이 쉽지 않은 측면이 있다. 그런데도 이관사무에 대한 정책성과를 구체적으로 내기 위한 방안이 필요하다.

제주특별자치도의 사례는 타 지방정부로 확산시킬 수 있는 대안이 될 수 있다. 우선 특별지방행정기관 이관 기준을 제주특별법 제1항 제2호에 따라 '지역경제발전 또는 지역주민의 삶의 질에 영향을 미치는 사무일 것'으로 두고 있다. 하지만 이관사무가 이관 목적에 얼마나 부합하는지 평가 및 환류 등에 대한 명시적 조항은 없는 상황이다. 다만, 제주 성과평가를 통해 성과지표로써 관리하고 있다. 앞선 논의결과 모든 특별지방행정기관 이관사무에 대해 다루지 않았고 쉬운 지표설정 등 운영 내실화가 미흡하였다. 이러한 내용은 설문조사 결과에서도 나타났다. 제주 특별지방행정기관 소속 전·현직 공무원들은 이관사무가 주민 삶의 질 향상과 제주지역 발전에 긍정적인 영향을 끼치는 사무였으나 실제 기여도는 낮다고 생각하는 것으로 나타났다. 설문조사 결과 '이관사무가 제주경제 발전에 긍정적인 영향을 끼치는 사무'라고 응답한 비율은 44.7%였으나 '실제로 기여하고 있다'라고 생각하는 비율은 23.4%에 그쳐 인식의 차이가 21.3%로 나타났다. '이관사무가 지역주민 삶의 질 향상에 긍정적인 영향을 끼치는 사무'라고 응답한 비율은 48.9%이지만 기여도는 25.5%에 불과하여 인식의 차이가 23.4%로 나타났다. 제주 성과평가 지표에 제주특별법 제1항 제2호에 따른 지역경제발전 또는 지역주민의 삶의 질 향상을 위해 각 특별지방행정기관별 지표를 구축할 필요가 있다.

중앙정부의 특별지방행정기관 이관정책에 대한 성과를 높이기 위해서는 우선 지방분권법 제12조(특별지방행정기관의 정비 등)에 제주특별법 제1항 제2호의 내용과 같이 이관 기준을 마련할 필요가 있다. 그리고 지방분권법 상의 자치분권종합계획에 관련 내용을 포함하여 사무이관 후 구체적인 성과를 점검할 필요가 있다.

지방정부 차원에서는 제주특별자치도 사례처럼 협약을 통해 평가근거를 마련할 수도 있으며 자체 균형성과평가제도(BSC)와 연계한 평가지표로 활용할 수 있다. 이를 통해 지역의 여건을 고려하여 기존 정책과의 연계 또는 의미 있는 새로운 정책설계·추진과 도민 홍보 노력 등을 지속해서 추진할 필요가 있다.

(2) 이관사무의 효과적 통합운영 성과

특별지방행정기관 지방이관 후 운영방식도 중요한 정책적 이슈이다. 이관 후 지방정부의 기존 조직과 통합적으로 운영되거나 이관 전처럼 별도의 기관으로 운영될 수도 있기 때문이다. 제주특별자치도의 경우는 제주지방국토관리청과 제주지방해양수산청, 제주지방중소기업청, 제주환경출장소가 이관과 동시에 도 조직과 통합되었다. 통합운영의 긍정적인 측면은 종합행정으로써 상승효과가 있으며 주민 입장에서 사무를 능동적으로 추진하는 계기가 된다. 반면 부정적인 측면은 소관 중앙부처와의 교류 및 예산확충 필요성을 느끼는 기회가 줄어들며 기존 사무와 명확한 사무분장의 어려움으로 인해 이관 후 사후관리가 쉽지 않은 측면이 있다.

설문조사 결과의 경우 특별지방행정기관을 경험한 공무원들은 통합운영의 필요성은 인정(도 조직 통합 도움도: 긍정적 37.5%, 부정적 30.0%)하면서도 조직을 통합하는 데는 지지하지 않는 것(도 조직 통합 시지도: 긍정적 25.0%, 부정적 57.5%)으로 응답하였다. 이러한 인식에는 특별지방행정기관 목적에 따라 기존 지방정부 조직과의 통합 필요성은 인정하지만 지방정부의 정책적 관심과 추진 의지 등 사후 및 성과관리가 제대로 이뤄지지 않기 때문에 통합운영뿐만 아니라 이관정책을 지지하지 않는 것으로 해석할 수 있다. 설문조사 결과 '특별지방행정기관 이관정책지지'와 관련한 응답 결과를 보면 이를 확인할 수 있다. '전반적 특별지방행정기관 이전 필요성'에 대해 긍정적 응답은 19.6%에 그치고 부정적 응답은 54.3%로 나타났다. '타 지방정부의 특별지방행정기관 이관을 지지하겠느냐'에 대해 긍정적 응답은 21.7%, 부정적 응답은 60.9%로 나타났다. '과거로 돌아간다면 특별지방행정기관의 제주 이관을 지지하겠느냐'에 대해서도 긍정적 응답은 19.1%, 부정적 응답은 70.2%로 나타났다.

특별지방행정기관의 지방정부 이관이 지역발전에 기여하도록 하기 위해서는 관련 법률에 '이관되는 해당 지방정부 조직과의 통합 운영 여부 등'을 특별지방행정기관 이관 조치사항으로 명시할 필요가 있다. 제주특별법에는 제25조(사무의 이관에 따른 조치 등)에 명시를 하고 지방분권법에는 제12조의 1 등(특별지방행정기관 사무의 이관에 따른 조치 등)을 신설할 필요가 있다. 아울러 자치분 권종합계획에도 특별지방행정기관 평가항목에 '해당 지방정부와의 정책연계 및 통합운영 성과'를 포함하여 성과에 대한 이력관리 체계를 마련할 필요가 있다.

2) 특별지방행정기관 정책성과

(1) 행정서비스 주민만족도

특별지방행정기관 지방이관 목적이 궁극적으로 주민의 삶의 질 향상에 있기 때문에 주민만족도가 높다는 것은 정책을 체감하는 등 이관 목적달성에 어느 정도 부합한다고 판단할 수 있다. 당위적 필요성에도 불구하고 주민만족도 추이를 바탕으로 정책성과를 높이는 것은 쉬운 일이 아니다. '누구를 대상으로 어떤 사무를 가지고 어떻게 측정할 것인가'에 대해 평가 주체와 대상기관 모두 공감하기 위해서는 여러 가지 고민이 필요하다.

제주특별자치도 사례는 몇 가지 시사하는 바가 있다. 앞선 논의를 바탕으로 개선해야 할 사항을 살펴보면, 조사 대상기관은 모든 특별지방행정기관으로 해야 하며 설문대상은 특별지방행정기관 사무이용 주민으로 좁혀야 한다. 조사 항목은 추상적인 내용이 아니라 이용 사무에 대해 구체적인 만족도를 확인해야 한다. 조사 시기도 행정서비스 이용 대장을 마련하여 특정 시기에 설문조사를 하는 방안과 서비스 이용 후 설문작성을 바로 하도록 하고 익명성을 보장할 수 있도록 설문함을 마련하여 연중 조사를 하는 방안이 있을 수 있다.

제주 성과평가 결과에서 주민만족도는 유의미하게 개선되지 않는 것으로 분석되었다. 2008년부터 설문항목으로 포함된 '시급히 개선되어야 할 특별지방행정기관 행정서비스'로 민원서비스처리 절차 및 기간 단축이 가장 많이 꼽히고 있다. 즉, 주민들은 민원서비스 처리에 대한 만족도를 높여달라고 응답하고 있으나 이에 대한 정책적 환류가 전혀 이뤄지지 않고 있다는 것이다. 이러한 평가결과에 대해서도 공무원들도 인식을 같이하는 것으로 분석되었다. 설문조사 결과 특별지방행정기관 이관을 통해 '도민의 행정 접근성'이 좋아졌다(긍정적 40.4%, 부정적 25.5%)고 생각하고 있으나, '도민 행정서비스에 대해 적극적으로 변화되었다'에 대해서는 긍정적인 답변이 36.2%, 부정적 31.9%로 나타났다. '행정서비스에 대한 주민만족도'에 대해서도 긍정적 29.8%, 부정적 27.7%로 나타났다. 행정서비스 주체인 공무원들도 주민만족도를 높이지 못하고 있다는 사실에 공감하고 있었다.

이관사무 행정서비스에 대한 주민만족도를 높여야 한다는 당위성에도 불구하고 이를 규정하는 제도적 근거는 없는 상황이다. 제주특별자치도에서만 제주 성과평가에 평가항목에 포함하여 추진하고 있는 정도이다. '이관되는 사무를 통해 해당 지방정부 주민의 만족도를 높일 수 있도록 노력해야 한다'라는 사항을 관련 법률에 명시할 필요가 있다. 제주특별법에는 제25조(사무의 이관에 따른 조치 등)와 지방분권법에는 제12조의 1(특별지방행정기관 사무의 이관에 따른 조치 등)을 신설하고 자치분권종합계획에도 성과평가 항목으로 반영할 필요가 있다.

(2) 이관 후 정책성과 향상도

하나의 정책이 성과를 내기 위해서는 정책의 목표가 분명해야 하며 이를 추진하는 조직의 임무가 구체적이어야 한다. 아울러 추진상황을 정기적으로 점검하고 그 결과를 환류시켜야 한다. 이러한 내용은 중앙정부와 공유되어 정책 공감도를 높일 수 있으면 더욱 좋다.

정책성과 관리체계 구축을 위해서는 「정부업무평가 기본법」(이하 "정부업무평가법"이라 한다)에 따른 균형성과평가제도(BSC)를 활용할 필요가 있다. 제주특별자치도는 정부업무평가법 제18조(지방자치단체의 자체평가)에 따라 특별지방행정기관별 주요 정책목표와 성과지표를 구축하여 정책성과를 관리하고 있다. 앞선 논의를 통해 정책목표와 성과지표의 연계성이 미흡하고 이관 전부터 시행하던 기본업무 실적 등 쉬운 성과지표로 설정하여 특별지방행정기관 이관에 따른 정책성과를 극대화하기 위한 노력이 부족함을 확인하였다.

특별지방행정기관 이관에 따른 조치와 사무를 추가로 이관하기 위해서는 지방정부 차원의 철저한 성과관리가 필요하다. 중앙정부 차원에서도 객관적인 내용을 바탕으로 특별지방행정기관 지방이관 정책에 대한 의사결정을 할 수 있어야 한다. 이를 위한 제도적 근거를 마련할 필요가 있다. 정부업무평가법 제18조에 "행정안전부장관은 자체평가 성과를 높이는 데 도움이 되는 사항에 대하여 해당 지방자치단체의 의견을 들어 지원할 수 있다" 조항을 신설할 필요가 있다. 지방정부의 자체평가가 정부 업무평가 시행계획에 기초하여 추진하도록 되어있기 때문에 평가결과가 다음의 정부 업무평가계획에 반영되도록 하는 정책취지가 담겨있다. 이 과정에 지방정부에서는 평가결과에 따라 중앙정부의 지원을 요청할 수 있어야 하며 중앙정부는 합리적인 요구인 경우 지원할 수 있어야 한다.

자치분권위원회 차원에서도 주요 지방분권 정책과 함께 특별지방행정기관 지방이관에 따른 정책성과를 높이기 위한 방안을 정부 업무평가 기본계획 및 시행계획에 반영해줄 것을 요청할 수 있어야 한다. 이를 위해 지방분권법 제45조 제3의 2를 신설하여 "제3호에 따른 사항 중 필요한 경우「정부업무평가 기본법」제8조 따른 정부 업무평가 기본계획과 성과관리시행계획 반영 요청에 관한 사항"을 명시할 필요가 있다.

3) 중앙정부의 적극적 지원

'외부효과의 덫'으로 중앙정부가 특별지방행정기관 지방이관정책을 기본적으로 달가워하지 않는다. 그리고 앞서 논의한 정책단계별 전략으로 절차 및 내용적 타당성을 충족한다 하더라도 특별지방행정기관 이관정책의 지속가능성을 담보하기는 쉽지가 않을 것이다. 그런데도 지방정부는 중앙정부를 상대로 그동안의 성과를 바탕으로 적극적으로 소통하는 노력을 기울여야 한다.

(1) 중앙정부 재정지원 적극성

특별지방행정기관 지방이관에 따라 지방정부가 가장 필요한 부분은 무엇보다도 재정적 지원일 것이다. 중앙정부가 지방정부에 대한 지원 공감대를 형성하기 위해서는 특별지방행정기관 이관정책이 모두 이해 주체가 긍정적이라는 인식을 갖게 할 필요가 있다. 우선 지방분권법 상의 특별지방행정기관 '정비' 용어를 '사무의 이관'으로 순화할 필요가 있다. '특별지방행정기관은 무조건 나쁘다'라는 인식을 갖게 하여 소관 중앙부처 관점에서 보면 '그렇지 않다'라는 반발심과 함께 '정비'정책에 우호적이지 않게 하는 행태를 불러일으킬 수 있다. 사무이관 방식도 제주특별법 제23조(이관 기준 등)에 따른 '이양·위임 또는 위탁'을 지방분권법에도 명시할 필요가 있다. 특별지방행정기관 소관 중앙부처와 지방정부 간의 협의를 바탕으로 이관 방식을 가장 낮은 위탁부터 위임, 이양의 방식 중 선택할 수 있는 다양성을 부여할 필요가 있다.

특별지방행정기관 이관 후 중앙정부 지원을 끌어내기 위한 방안으로 이관사무를 활용하여 중앙정부의 정책과 지방정부의 정책 모두 필요한 정책을 설계하고 추진하는 전략이 필요하다. 정책이 갖는 '공공성'과 '형평성'이라는 측면에서 본다면 지역의 여건을 고려하되 국가발전과 연계·연결되는 지점을 이관사무를 활용하는 것이다. 국토의 사무인 경우 국가시책인 국제공항 확충, 산업·관광단지 조성 등과 연계한 신규 국도 신설 또는 국비 지원 지방도

개설을 요청할 수 있다. 해양수산사무는 국가의 신·남방정책과 연계하여 도내 연안항 개발 및 여객·물류 산업 육성, 크루즈산업 육성 등에 필요한 예산을 요청할 수 있다. 중소기업·고용·노동사무는 무비자 지역, 기간산업이 1차 산업 및 관광산업인 지역의 특성을 고려하여 일자리 창출 및 취업률을 높일 수 있도록 제주형 보조지원기준 적용, 국제자유도시 취지에 맞게 도민과 어우러지는 외국인 근로자 지원체계 마련 등에 대해 중앙정부 지원을 요청할 수 있다. 환경사무는 국민의 쾌적한 환경자원 향유의 기회와 질을 높이기 위해 그리고 지역주민 요구의 대응성을 높이기 위해 지방정부에서 필요한 사업을 요청할 수 있다. 보훈사무는 전국단위의 기준으로 지역의 역사성과 특수성을 포함할 수 없는 영역이 있기 때문에 지역의 자존감이 애국심으로 승화될 수 있도록 지역의 정체성을 확립하고 공동체 의식을 함양하는 사업에 대해 중앙정부 지원을 요청할 수 있다.

(2) 중앙정부 정책소통 적극성

중앙정부의 적극적 지원을 끌어내기 위해서는 소관 중앙부처와의 정책소통이 필요하다. 국고 보조사업 지원 등 특정 시기에만 중앙정부와 소통을 시도하는 것은 소기의 성과를 얻어내는 데는 한계가 있다. 제주특별자치도의 사례와 같이 중앙정부와 지방정부 간의 성과협약 등을 통해 정기적으로 협의할 수 있는 기회를 만드는 방법도 있을 수 있다. 하지만 이러한 과정은 오랜 논의와 절차가 필요하기 때문에 당장 성과를 내야 하는 입장에서는 한계가 있을

수 있다. 중앙정부와의 효율적인 소통방법은 주요정책 의사결정을
할 수 있는 직위에 대한 인사교류가 필요하다. 제주특별자치도의
사례에서 보듯이 해양수산사무의 경우 4급 직위까지 소관 중앙부
처와의 인사교류를 함으로써 국가계획에 제주의 특수성이 반영되
고 중앙정부 예산을 원활히 끌어내는 것으로 분석되고 있다. 제주
특별법과 지방분권법에 특별지방행정기관 이관에 따른 조치사항으
로 '인사교류' 근거를 마련할 필요가 있다.

제2절 결론

1. 연구의 요약 및 의의

본 연구는 특별지방행정기관 지방이관에 대한 찬·반 논의를 어
느 정도 매듭짓고 특별지방행정기관 지방이관정책의 성과를 높이
기 위한 전략도출과 이에 따른 정책을 제언하고자 하였다. 특별지
방행정기관 이관정책을 둘러싼 문제의 핵심은 특별지방행정기관이
지방정부의 자치권과 구역이 중복되는 데 있다. 지방자치제도가 부
활하기 이전에 사무 처리의 효율성·전문성 차원에서 특별지방행
정기관이 긍정적으로 기능한 측면이 있었으나 지방자치제도 부활
이후 권한이 상충하는 상황이 지속해 온 부분이 있다. 이의 문제를
해결하기 위하여 특별지방행정기관의 목적을 헌법에 따라 '국민(주
민)의 복리 증진'에 있음을 재구조화하고 법률개정 필요성을 제안

하였다. 모든 중앙정부 및 지방정부의 정책은 국민(주민)의 복리증진에 있으며 특별지방행정기관의 지방이관 여부를 판단할 때 가장 핵심적인 가치가 된다. 특별지방행정기관의 지방이관은 지역의 여건 등을 고려하여 차별화의 경제를 극대화하고 차이의 정치를 적극적으로 도입해야 함을 강조하였다. 아울러 기관 이관 및 이관 사무를 결정함에 있어 보충성의 원칙을 적용하여 주민에게 가장 가까운 지방정부가 수행할 수 있어야 함을 논증하였다. 지방정부가 수행 여건이 부족하더라도 중앙정부에 사무수행에 필요한 자원을 요구할 수 있어야 하며 중앙정부도 이를 적극적으로 지원해야 함을 이론적으로 제시하였다.

그동안 정부가 추진해온 특별지방행정기관 이관정책의 성과를 가늠해보기 위하여 역대 정부의 특별지방행정기관 정책을 비교 분석하였다. 정책성과를 높이는 데 정부 차원의 추진 의지가 의미가 있었으나 내부 구성원들의 공감대 부족으로 정책추진의 지속성을 담보하는 데는 한계가 있었다. 사실상 특별지방행정기관 차원의 이관 지역으로 유일한 제주특별자치도 사례는 중앙정부 정책의 한계와 가능성을 보여주는 것으로 분석되었다.

제주특별자치도 특별지방행정기관 이관평가는 정성적인 평가와 실증적인 분석을 시도하였다. 정성적인 평가는 선행연구와 제주특별자치도 성과평가, 관련 행정자료를 바탕으로 실시하였다. 제주특별법 제도개선 추진 사항, 각 특행기관별 인사교류 및 조직 운용 현황, 예산 운용 내역, 정책 성과관리 운용 현황 등을 통해 실시하였다. 중앙정부와 제주특별자치도 모두 특별지방행정기관의 성과 있는 정책에 관심이 많이 부족하였다. 제주 특별지방행정기관 평가에 대한 실증분석은 특별자치도 출범 시 같이 이관해온 당시 근무자를 대상으로 실시하였다. 설문조사 결과도 특별지방행정기관 지방이관이 제주지역발전에 기여하고 정책성과를 내기 위해서는 중앙정부의 추진 의지와 제주특별자치도의 사후관리 등 지속적인 정책적 관심이 중요한 것으로 분석되었다.

특별지방행정기관 지방이관의 명분은 국민(주민)의 복리 증진이라는 명확성에도 불구하고 실제 기관 차원의 이관 등 이관 규모에 대한 구체적 기준을 도출하기가 어려웠다. 또한 특별지방행정기관 이관으로 관련 정책이 종료되는 것이 아니라 정책의 성과를 높이기 위한 사후관리와 관련 사무의 신설 등에 대응하기 위한 성과관리가 중요하였다.

앞선 논의를 바탕으로 특별지방행정기관 지방이관정책이 성공적으로 추진되기 위해 단계별 정책추진 과정에 따라 정책 주체인 중앙정부와 지방정부 및 특별지방행정기관 소속 및 소관 부처 공무원 등 정책이해관계자별 맞춤형 전략을 제시하였다. 정책단계는 총 다섯 단계로 각 단계에 맞는 정책 방향과 이를 충족시킬 수 있는 정책적 과제를 제시하였다.

2. 연구의 한계 및 향후 과제

본 연구는 특별지방행정기관 지방이관정책의 명분을 확보하고 제주특별자치도 사례를 통해 실익을 평가하여 전국적으로 확산시킬 수 있는 전략방안을 도출하는 데 의미가 있다. 그런데도 제주 특별지방행정기관 및 일부 사무에 대한 중앙정부로의 환원에 대해서는 구체적으로 논의하지 않았다. 앞서 논의했듯이 제주 특별지방행정기관에 대한 장·단점이 존재하며 특히 일부 사무에 대해서는 추가 이양 또는 중앙정부로의 환원 필요성은 도출되었으나 그러한 논의결과가 기관 환원의 필요성으로까지 이어질 수는 없기 때문이다. 각 특별지방행정기관에 대한 보다 구체적인 분석과 소관 중앙부처와 타 지방정부에서 운영되는 특별지방행정기관 등과의 비교분석을 통해 추가 이관해야 할 사무 또는 환원시켜야 하는 사무에 대한 연구는 향후 연구과제로 남기고자 한다. 아울러 추가로 제주 특별자치도로의 이관이 필요한 특별지방행정기관 발굴 또한 향후 연구과제로 제시하고자 한다.

2022년 1월 13일 시행될「지방자치법」전부개정 내용으로 신설된 특별지방자치단체(제12장)는 특별지방행정기관 지방이관 또는 환원 등에 대한 대안으로 검토될 수 있을 것이다. 조직 또는 사무가 주민의 복리증진에 닿아있어야 한다는 본질적인 원칙을 견지하면서 특별지방행정기관 소속의 변경 없이 정책협력·연계를 통해 그동안의 문제점을 극복할 수 있는 방안이기도 하다.

지역에 지부·지소를 두고 있는「정부조직법」상의 중앙행정기관과 국가공기업 등도 특별지방행정기관을 둘러싼 시각이 투영될 수 있다. 이 역시 '존치' 또는 '이관'이라는 이분법적인 시각보다는 사무중복을 지양하고 지역발전에 공동으로 기여하는 방향으로 기관간 협력을 추진할 필요가 있다. 이를 위한 제도적 근거는 제주특별법 제460조(국가공기업의 협조)를 참고하여 「지방자치법」과 「지방분권법」에 명시할 필요가 있다. 이 역시 구체적인 사항은 향후 연구과제로 남기고자 한다.

[참고문헌]

1. 국내 문헌

【 단행본 】

강형기(2016), '지방자치의 의미와 가치', 지방자치발전위원회 엮음, 「한국 지방자치 발전과제와 미래」, 박영사.

권영주(2014). '특별지방행정기관의 정비: 찬성 vs 반대', 이승종 편저, 「지방자치의 쟁점」. 박영사.

기획예산처(2002). 「국민의 정부 공공개혁백서」.

김병준(2012), 「지방자치론」, 법문사.

민기(2017), '지방조직과 좋은 행정: 특별지방행정기관의 이관 실태를 중심으로', 임도빈 편저, 「국가와 좋은 행정」, 서울대학교출판 문화원.

박연호·이종호·임영제(2015), 「행정학 개론」, 박영사.

이성우(2014), 「정책분석론」, 조명문화사.

이승종(2014), 「지방자치론」, 박영사.

_____(2014), 「지방자치의 쟁점」, 박영사.

임도빈(2017), '좋은 행정이란', 임도빈 편저, 「국가와 좋은 행정」, 서 울대학교출판문화원.

임승빈(2010), 「지방자치론」, 법문사.

정부혁신지방분권위원회(2005), 「참여정부의 혁신과 분권」, 정부혁신 분권위원회.

_____(2005), 「참여정부의 지방분권」, 정부혁신분 권위원회.

정정길 외(2007), 「정책학 원론」, 대명출판사.

정재화(2012), 「지방자치 행정론」, 청목출판사.

제주특별자치도(2007), 「제주특별자치도 추진백서」, 제주특별자치도.

지방분권촉진위원회(2013), 「제2기 지방분권촉진위원회 지방분권 백서」, 지방분권촉진위원회.

지방이양추진위원회(2003), 「(1999~2003) 지방 이양 백서」, 지방이양 추진위원회.

지방자치발전위원회(2017), 「지방자치 발전백서」, 지방자치발전위원회.

최봉기(2009), 「정책학 개론」, 박영사.

최승범(2016), '특별지방행정기관 정비', 지방자치발전위원회 엮음, 「한국 지방자치 발전과제와 미래」, 박영사.

【 학술 · 학위논문 】

고광용(2015), 한국정부의 지방분권화 성과와 제약요인에 관한 연구: 김대중 정부부터 이명박 정부까지 사무, 인사, 재정 분야를 중심으로, 「한국지방자치학회보」, 27(1), 63-91.

권경득 · 우무정(2009), 참여정부 지방분권정책의 실태분석: 중앙사무의 지방 이양을 중심으로, 「한국지방자치학회보」, 21(2), 5-28.

권영주(2009), 참여정부 지방분권정책 성패의 영향요인에 관한 연구, 「한국지방자치학회보」, 21(2), 5-28.

금창호(2009), 특별지방행정기관의 정비, 효율적인 추진방법은, 한국지방행정연구원

금창호 · 박기관(2014), 지방분권 국정과제의 평가와 성공적 추진전략, 「한국정책연구」, 14(1).

김석태(2013), 지방분권 사상과 한국의 지방자치, 「지방정부 연구」 19(4), 1-24.

김석태(2005), 지방분권의 근거로서 보충성 원칙의 한국적 적용, 한국거버넌스학회 학술대회자료집 2005 권1호 3-22.

김성호(2010), 이명박 정부의 국가 특별지방행정기관 지방이관 평가와 과제, 한국자치발전연구원, 자치발전 2010 권5호 114- 121.

김영수·금창호(2002), 지방자치와 특별지방행정기관 운영방안, 한국지방정부학회 학술발표논문집 2002 권2호, 225-240.

금창호(2002), 분권화 시대의 특별지방행정기관; 외국의 특별지방행정기관 운용 실태와 시사점, 지방행정 51권 589호, 44-51.

금창호·최영출(2016), 제주특별자치도의 특별행정기관 운영현황과 중앙정부의 역할 방향, 한국자치행정학보 30권 4호, 437-457, 한국자치행정학회.

금창호(2018), 특별지방행정기관 정비정책의 평가와 과제, 한국지방자치학회 동계학술대회 발표논문.

김배원(2008), 헌법적 관점에서의 지방자치의 본질, 공법학연구, 제9권 제1호, 2008.2, 219-251.

김성배(2006), 공공서비스 전달의 적정 거버넌스 모형 모색-특별지방행정기관의 기능조정을 중심으로, 한국지방자치학회보, 제18권 제2호(통권 54호).

김순은(2003), 참여정부의 지방분권 추진계획(분권 로드맵)의 평가, 「지방정부 연구」, 제7권 제2호(2003 여름) 113-133, 한국지방정부학회.

_____(2010), 참여정부와 이명박 정부의 지방분권 비교·평가, 한국지방정부학회 2010 학술발표논문집 권3호.

김익식(2002), 분권화 시대의 특별지방행정기관 -특별지방행정기관의 의의와 역할, 대한지방행정공제회, 지방행정 51권 589호, 16-23.

김홍환·정순관(2018), 역대 정부 지방분권과제와 성과에 대한 평가, 지방행정 연구 32권 1호 3-34(32pages), 한국지방행정연구원.

민기·홍주미(2017), 중앙행정 권한의 지방 이양에서 나타난 권한 이양 유형 분류 및 소요재원 산정방안, 한국지방자치학회보.

박종관(2018), 연방제 수준의 지방분권과 특별지방행정기관의 정비 방향, 한국지방자치학회 동계학술대회 발표논문.

박재율(2015), 지방자치 발전계획의 주요 쟁점과 실천과제, 「한국지방정부학회 2015년 춘계학술대회 발표논문」.

방민석(2016), 국정과제의 설정, 변화와 관리에 대한 탐색적 연구: 박근혜정부의 국정과제는 어떻게 될 것인가?, 「한국정책과학학회보」제20권 제4호, 27~57.

배준구(2016), 박근혜 정부의 지방자치 추진 현황과 과제, 「한국지방정부학회 동계학술대회발표논문」.

이상팔(2005), 정부위원회 제도 운영현황과 개선방안, 『입법정보』 제180호, 국회입법조사처.

제주발전연구원(2004), 「제주특별자치도 기본방향 및 실천전략」.

소진광(2002), 특별지방행정기관 운용 실태와 문제점, 지방행정 제51권 제589호, 대한지방행정공제회.

_____(2003), 우리나라의 지방분권정책과 특별지방행정기관 정비방안, 사회과학연구 제10집, 경원대학교사회과학연구소

_____(2005), 지방분권과 특별지방행정기관 정비, 상, 지방자치. 통권202호, 미래한국재단.

_____(2005), 지방분권과 특별지방행정기관 정비, 하, 지방자치. 통권202호, 미래한국재단.

_____(2008), 특별지방행정기관 정비, 지방자치. 통권 232호(2008년 1월), 미래한국재단.

_____(2010), 특별지방행정기관의 정비 방향, 한국정책학회.

_____(2019), 지방분권과 명분과 실익: 민주주의와 지역발전, 「한국사회와 행정연구」 제30권 제2호(2019.8), pp 1~30.

_____(2020), 지역균형발전의 접근 논리 탐색: 지역 격차 인식을 중심으로, 지방행정연구 제34권 제1호(통권 120호), pp 3~48.

소순창(2011), 역대 정부의 지방분권정책의 평가, 「한국지방자치학회보」, 23(3), 39-68.

소순창·이진(2016), 지방분권정책의 오뒷세이야: 자치 경찰, 교육자치, 특별지방행정기관을 중심으로, 「한국사회와 행정연구」, 27(1), 95-118.

송병주(2013), 지방분권촉진위원회의 성과와 과제, 경상남도의회 지방분권연구회 주최 발표자료.

신환철(2001), 한국 지방자치제도의 변천 과정과 향후 과제-지방자치법 개정과 관련하여, 정치정보연구 제4권 제2호, 2001.12, 73-96.

안성호(2014), 참여정부 지방분권정책의 평가와 교훈, 「한국사회와 행정연구」, 25(3) 1-33.

안영훈·한부영(2012), 이명박 정부의 특별지방행정기관 정비실적 평가, 제2012년 하계학술발표논문집, 한국행정학회.

양수이(2007), 광역행정의 관점에서 지방행정 체제 간 기능조정에 관한 연구-환경 분야에서 광역행정체제와 특별지방행정기관의 기능을 중심으로-, 석사학위 논문, 단국대학교 대학원.

양영철(1998), 지방정부의 개혁과 중앙정부의 역할에 관한 연구, 한국지방정부학회 지방정부 연구 2권 1호, 69-97.

_____(2007), 제주특별자치도의 권한 이양 현황과 과제, 제주대학교 법과정책연구원, 법과 정책 13권 2호, 195-221.

_____(2009), 제주특별자치도 특별지방행정기관 통합의 성과와 과제, 지방행정연구 제23권 제2호(통권 77호), 한국지방행정연구원.

오재일(2018), 바람직한 지방분권의 방향성, 「2018 지방분권과 균형발전 비전 회의 자료집」.

유경화(2013), 이명박 정부 지방분권정책평가 -성과와 과제-, 현대사회과학연구 17권 0호: 119-145, 전남대학교 사회과학연구소.

유영철(2004), 식품 행정에 있어 분권화 정책의 방향과 한계 -중앙정부와 지방정부 간의 중복기능에 대한 역할분담을 중심으로-, 한국정책학회, 한국정책학회보 13권 4호, 73-98.

윤태웅(2015), 역대 정부의 지방분권정책에 대한 성과와 개선 방향,

한국지방정부학회 2015년도 춘계학술대회 논문집.

윤종인(2018), 문재인 정부의 자치분권 비전과 전략, 「2018 지방분권 과 균형발전 비전 회의 자료집」.

이기우(2007), 참여정부의 지방분권정책: 성과와 과제를 중심으로, 「서울 행정학회 학술대회 발표논문집」, 197-228.

이승종(2015), 「지방자치 발전종합계획」의 의미와 실천방안, 2015 한 국지방자치학회 동계학술대회 발표논문, 제2권 323-329.

이원희(2015), 미래 지방자치 발전을 위한 새로운 거버넌스와 리더십 형성 세미나 토론문, 54, 한국지방자치학회 주관.

이재호·김현성(2012), 행정통계로 보는 정부 행정의 현황과 과제, 한 국행정연구원.

이창균(2010), 이명박 정부의 특별지방행정기관 정비와 과제, 「한국정 책학회 추계학술발표논문집」, 421-437, 한국정책학회.

정원식(2009), 독일의 특별지방행정기관 기능이관을 통한 기능적 행정 체제개편의 성과와 영향: 바덴-뷔르템베르크 주정부 사례를 중 심으로, 「현대사회와 행정」 제19권 제3호(2009. 12): 25~52, 한국국정관리학회.

정정화(2017), 박근혜 정부의 지방분권정책의 평가와 과제: 민주적 평 가모델의 관점에서, 한국자치행정학보 31권 3호 :1-24, 한국자 치행정학회.

조계근(2003), 특별지방행정기관의 기능조정에 관한 연구 -강원도 지 역을 중심으로- , 한국지방정부학회, 한국지방정부학회 학술발 표논문집 2003권 2호, 63-77.

국무총리실·제주특별자치도(2011), 제주특별자치도 5년 종합평가, 제 주특별자치도.

최근열(2018), 박근혜 정부의 지방분권정책의 특징, 「한국지방자치학 회 학술대회」.

한귀현(2012), 지방자치법상 보충성의 원칙에 관한 연구, 공법학연구

제13권 제3호.

한표환(2014), 역대 정부의 특별지방행정기관 정비정책 비교평가-지방행정연구 제28권 제4호 통권 99호 2014.12.

금창호·박기관(2014), 지방분권 국정과제의 평가와 성공적 추진전략, 「한국정책연구」, 14(1).

소순창(2011), 역대 정부의 지방분권정책의 평가, 「한국지방자치학회보」, 23(3), 39-68.

소순창·이진(2016), 지방분권정책의 오뒷세이야: 자치 경찰, 교육자치, 특별지방행정기관을 중심으로, 「한국사회와 행정연구」, 27(1), 95-118.

정정화(2017), 박근혜 정부의 지방분권정책의 평가와 과제: 민주적 평가모델의 관점에서, 한국자치행정학보 31권 3호 :1-24, 한국자치행정학회.

유경화(2013), 이명박 정부 지방분권정책평가 -성과와 과제-, 현대사회과학연구 17권 0호 : 119-145, 전남대학교 사회과학연구소.

최근열(2018), 박근혜 정부의 지방분권정책의 특징, 「한국지방자치학회 학술대회」.

최병대(2013), 중앙과 지방의 상생을 위한 지방분권, 의정연구 19(1) 5-38.

홍준현 외(2006), 지방분권 수준 측정을 위한 지방분권 지표의 개발과 적용, 「지방정부연구」, 10(2):7-30.

【 보고서 · 자료집 】

권오성(2012), 「이명박 정부 주요정책의 성과와 과제」, 한국행정연구원.

국무총리실(2007), 「제주특별자치도 2007년 성과평가 보고서」.

_____(2008), 「제주특별자치도 2008년 성과평가 보고서」.

_____(2009), 「제주특별자치도 2009년 성과평가 보고서」.

_____(2010), 「제주특별자치도 2010년 성과평가 보고서」.

_____(2011), 「제주특별자치도 2011년 성과평가 보고서」.

_____(2012), 「제주특별자치도 2012년 성과평가 보고서」.

_____(2013), 「제주특별자치도 2013년 성과평가 보고서」.

_____(2014), 「제주특별자치도 2014년 성과평가 보고서」.

_____(2015), 「제주특별자치도 2015년 성과평가 보고서」.

_____(2016), 「제주특별자치도 2016년 성과평가 보고서」.

_____(2017), 「제주특별자치도 2017년 성과평가 보고서」.

국무총리실·제주특별자치도(2011), 「제주특별자치도 5년 종합평가」

김윤권(2012), 정부 조직관리의 자율성과 책임성에 관한 연구- 정부
  기관 법인화·특별지방행정기관·책임운영기관을 중심, 한국
  행정연구원, 기본연구과제 2012권.

김철회(2012), 이명박 정부의 국정철학, 권오성 외(2012), 「역대 정부
  의 국정 기조 비교분석 연구」, 한국행정연구원.

대통령직인수위원회(2003), 참여정부 국정 비전과 국정과제, 대통령직
  인수위원회.

대한정치학회(2017), 지방 차원의 실질적 지방분권 추진전략 연구, 경
  상북도.

이창길(2016), 김영삼 정부의 조직개편 성찰, 박중훈, 「역대 정부 조직
  개편에 대한 성찰과 전망」, 한국행정연구원.

이승종(2006), 특별지방행정기관의 정비방안에 대한 토론문, 특별지방
  행정기관 지방이관추진 공청회, 김정권 국회의원실.

안영훈(2006), 특별지방행정기관의 정비방안에 대한 토론문, 특별지방
  행정기관 지방이관추진 공청회, 김정권 국회의원실.

이현우·이미애. (2008). 「특별지방행정기관의 지방 이양 대응방안:
  기구·인력·재정 조정을 중심으로」. 경기개발연구원.

_____(2008). 「일본 삼위일체 개혁의 적용 가능성과 한계
  에 관한 연구」. 경기개발연구원.

임성근(2017), 「분권형 국정 운영 체제와 정부 혁신」, 한국행정연구원.

제주특별자치도지원위원회(2006), 「중앙행정기관 권한의 제주특별자
치도 이양방안」, 한국지방행정연구원.

정광호(2012), 이명박 정부(선진정부)의 국정철학: 창조적 중도실용의
선진정부, 권오성 외(2012), 「역대 정부의 국정 기조 비교분석
연구」, 한국행정연구원.

서용석(2012), 이명박 대통령 국정철학-함께 가는 미래, 더 큰 대한민
국-, 권오성 외(2012), 「역대 정부의 국정 기조 비교분석 연구」,
한국행정연구원.

조성호(2010), 「지방 일괄이양법」 제정 시급하다!, CEO REPORT No.
36 2010. 11, 경기개발연구원.

_____(2011), 한국 지방자치의 당면 과제, 이슈&진단, 경기개발연구원.

전국시도지사협의회(2009), 주요 선진국 국가관리지방청 특별지방행
정기관 운영 연구.

정부혁신지방분권위원회(2004), 「분권형 선진국가 건설」을 위한 지방분
권 5개년 종합실행계획.

지방자치발전위원회(2016), 「국가사무 수행체계 및 지방 이양대상 사
무 연구-고용, 복지, 산업 분야 위탁사무를 중심으로-」.

제주특별자치도(2012), -특별지방행정기관 이관사무 운영 관련-분야별
진단 및 개선방안, 특별지방행정기관 이관사무의 실효성 있는
제도 운영을 위한 실무워크숍 발표자료.

제주특별자치도 외(2014), 제주특별자치도의 성과와 미래 발전 전략,
세미나 자료지.

_____(2016), 「제주특별자치도 10년 평가 및 향후 전략」.

_____(2016), 특별자치도 10년 평가와 미래, 제주특별자
치도 출범 10주년 기념 세미나 자료집.

_____(2017), 제주특별자치도 10년 평가 및 향후 전략.

제주특별자치도의회(2016), 「제주특별자치도 10주년 평가 및 제도개

선 과제 발굴 연구」.

＿＿＿＿＿＿＿(2020), 「제주특별자치도 대규모개발사업장에 대한 행정사무 조사 결과보고서」.

지방이양추진위원회(2006), 제3기 지방이양추진위원회 성과와 지방이양 발전 방향 세미나, 지방이양추진위원회 자료집.

청와대(2008), 이명박 정부 100대 국정과제.

최유진(2012), 제2편 행정 분야 Ⅲ. 지방행정(지방자치), 권오성(2012), 「이명박 정부 주요정책의 성과와 과제」, 한국행정연구원.

하혜영(2016), 특별지방행정기관의 지방 이양현황과 향후 과제, 이슈와 논점, 국회입법조사처.

하혜영(2017), 중앙행정 권한의 지방 이양 관련 쟁점과 과제, 이슈와 논점, 국회입법조사처.

한국조직학회(2007), 「특별지방행정기관 계층구조 합리화 방안」, 행정자치부.

한국지방행정연구원(2015), 「제주특별자치도 자치분권 강화연구 용역」.

＿＿＿＿＿＿＿(2016), 「특별지방행정기관 지방 이양대상 사무 발굴 및 추진전략-충청남도를 중심으로-」.

＿＿＿＿＿＿＿(2011), 「중앙권한의 지방 이양에 따른 지방재정 현황분석 및 재정 지원방법 연구-사무이양에 따른 비용추정과 보전방안을 중심으로-」.

＿＿＿＿＿＿＿(2017), 특별지방행정기관 정비, 이제는 실천해야, 지방자치 정책 Brief.

한국행정학회(2007), 「정부 혁신 과정과 성과 종합분석 및 평가연구」, 행정자치부.

＿＿＿＿＿＿＿(2008), 「특별지방행정기관 지방이관 추진전략 연구」, 행정안전부.

【 행정자료 】

국가기록원(2006), 참여정부 100대 국정과제.

국무총리·제주특별자치도(2006.8.23.), 제주특별자치도 성과목표 및 평가에 관한 협약서.

국정기획자문위원회(2017), 문재인 정부 국정 운영 5개년 계획

정부업무평가위원회·국무조정실(2020), 2019년도 정부 업무평가결과.

_____(2020), 2019년도 일자리·국정과제 평가-국정과제 과제별 보고서-.

지치분권위원회(2018), 자치분권종합계획.

_____(2020), 2020년 자치분권위원회 업무계획.

제주특별자치도(2016), 특별지방행정기관 운영현황, 지방자치발전위원회 특별지방행정기관 TF 방문(내부)자료.

_____(2019), 제주특별법 1~5단계 미반영과제 현황 및 추진 계획.

【 관련 법령 및 조례·규칙】

(1) 법률

「제주특별자치도 설치 및 국제자유도시 조성을 위한 특별법」(2006.7.1.~ 현재)

「중앙행정 권한의 지방 이양촉진 등에 관한 법률」(1999.1.29.~2008. 8.30)

「지방분권특별법」(2004.1.16.~2007.5.11)

「지방분권 촉진에 관한 특별법」(2008.5.30.~2013.5.28)

「지방행정 체제개편에 관한 특별법」(2010.10.1.~2013.5.28)

「지방분권 및 지방행정 체제개편에 관한 특별법」(2013.5.28.~현재)

(2) 대통령령

「정부혁신추진위원회규정」(2000.7.22.~2003.4.7)

「정부 혁신·지방분권위원회규정」(2003.4.7.~200.6.1)
「행정기관의 조직과 정원에 관한 통칙」(시행 2018.3.30.)
「국토교통부와 그 소속기관 직제 시행규칙」(시행 2018.3.30.): 지방국
　　토관리청.
「해양수산부와 그 소속기관 직제 시행규칙」(시행 2018.3.30.): 지방해
　　양수산청.
「중소벤처기업부와 그 소속기관 직제 시행규칙」(시행 2018.3.30.): 지방
　　중소벤처기업청.
「국가보훈처와 그 소속기관 직제 시행규칙」(시행 2018.3.30.): 지방보
　　훈청 및 보훈지청.
「환경부와 그 소속기관 직제 시행규칙」(시행 2018.3.30.): 유역환경청.
「고용노동부와 그 소속기관 직제 시행규칙」(시행 2018.3.30.): 지방고
　　용노동청·지청, 지방노동위원회.
「제주특별자치도 행정기구 설치 및 정원 조례 시행규칙」(시행 2017. 10.23.)
헌법재판소 1996. 6. 26 자 96헌마200 결정문.

【 언론기사 】

『대전일보』. 2004.10.12. "손발 다 자르고 어떻게 일하나".
『동아일보』. 2018.3.2. "한국 찾은 난민 3만 명 넘었다".
『제주신보』. 2008.11.15. "구-국도를 국도로 환원되어야 하는 이유".

2. 외국 문헌

Council of Europe(1985), European Charter of Local Self-Government,
　　European Treaty Series - No. 122.
Cooper, Terry L.(2001), Handbook of Administrative Ethics, 2nd
　　edition, New York: Marcel Dekker.

Mellors and Colin and Nigel Copperthwaite(1987), Local Government in the Community, Cambridge, ICSA Publishing.

Fesler, James W.(1949), Area and Administration, Alabama, University of Alabama Press.

Fesler, James W.(1968), Centralization and Decentralization, in David L. Sills(ed), international Encyclopedia of the Social Sciences. Vol. 2. N.Y, The Macmillan and Free Press.

Follesdal, Andreas(1988), "survey Article: Subsidiarity," The Journal of Political philosophy, 6(2): 190-218.

Gerald M. Pops(2000), A Teleological Approach to Administrative Ethics, Cooper, Terry L.(2000), Handbook of Administrative Ethics

Maass, Arthur(1959), Division of Powers, An Areal Analysis, in A. Maass(ed), Area and Power, Glenooe, The Free Press.

Humes, Samuel and Eileen Martin(1969), The Structure of Local Government, The Hague, IULA.

Jones, G. W.(1987), Local Government and Field Adminstration, Local Government Studies, Vol. 13. No. 5.

Hao Bin. (2012), Distribution of Powers between Central Governments and Sub-national Governments, The United Nations.

Ralph Clark Chandler(2000), Deontological Dimensions of Administrative Ethics Revisited, Cooper, Terry L.(2000), Handbook of Administrative Ethics

Zimmerman, joseph F.(1995) State-Local Relations: A Partnership Approach, New York: Praeger.

[부록] 설문지

제주 특별지방행정기관 성과평가 및 개선방안 마련을 위한 설문조사

안녕하십니까?

2006년 7월 1일 제주특별자치도가 출범하면서 제주로 이관된 **7개 특별지방행정기관에 대한 연구를 진행**하고 있습니다.

제주 특별자치 분야 중 하나인 특별지방행정기관 이관 이후 실태와 성과를 점검하여 개선방안을 마련하고자 합니다. 본 설문은 이에 필요한 내용을 담은 조사표입니다. **설문 응답에는 정답이 없으며, 느끼시는 대로 답하여** 주시면 감사하겠습니다.

2020. 4

제주대학교 행정학과 박사과정 김인성(문의:010-5647-1996)

응답자 특성

문1. 귀하의 직급은 어떻게 되십니까?
① 5급 이하   ② 5급 이상   ③ 퇴직(최종 직급:)

문2. 제주특별자치도 출범 시(2006.7.1.) 어떤 특별지방행정기관에 근무하셨습니까?
① 제주지방국토관리청   ② 제주지방해양수산청 ③ 제주지방중소기업청
④ 제주보훈지청   ⑤ 제주환경출장소   ⑥ 광주지방노동청 제주지청
⑦ 제주지방노동위원회

문3. 제주 특별지방행정기관에서 근무하신 총 기간(2006.7.1 이후)은 어떻게 되십니까?
① 1년 미만   ② 1-2년 미만   ③ 2-3년 미만   ④ 3-5년 미만
⑤ 5~9년   ⑥ 10년~14년   ⑦ 15년 이상

※ 다음은 특별지방행정기관 이관원칙과 기준 등에 대한 질문입니다. 귀하께서 속했던 특별지방행정기관 사무를 참고하여 응답해주시면 감사하겠습니다.

		매우 그러함	그러한 편	보통	그렇지 않은 편	전혀 아님
행정 여건 및 능력	문 1. **특별지방행정기관 이관 시 제주특별자치도 행정여건** (특별사치도 등)을 고려하였다.	⑤	④	③	②	①
	문 2. **특별지방행정기관 이관 시 제주특별자치도 재정여건**을 **고려**하였다.	⑤	④	③	②	①
	문 3. **특별지방행정기관 이관 시 제주특별자치도 운영능력**을 **고려**하였다.	⑤	④	③	②	①
도민 공감대 등 제주 입장	문 4. **특별지방행정기관 이관 시 도민 의견수렴 등 도민사회 공감대를 고려**하였다.	⑤	④	③	②	①
	문 5. **특별지방행정기관 이관 시 제주특별자치도 입장을 고려**하였다.	⑤	④	③	②	①
제주 특수성 부합 등	문 6. **특별지방행정기관 (사무) 이관은 제주지역 특수성을 잘 반영**하였다.	⑤	④	③	②	①
	문 7. **특별지방행정기관 (사무) 이관은 제주지역 비전을 달성하는 데 도움**이 되었다.	⑤	④	③	②	①
보충성 원칙	문 8. 내가 속한(했던) **특별지방행정기관 이관사무는 정부보다는 제주에서 의사결정하고 추진하는 것이 더 효율적·효과적**이다.	⑤	④	③	②	①

		매우 그러함	그러한 편	보통	그렇지 않은 편	전혀 아님
주민 복리 증진 기여	문 9. 내가 속한(했던) **특별지방행정기관 이관사무는 제주경제 발전에 긍정적인 영향을 미치는 사무**였다.	⑤	④	③	②	①
	문 10. 내가 속한(했던) **특별지방행정기관 이관사무는 지역주민의 삶의 질에 긍정적인 영향을 미치는 사무**였다.	⑤	④	③	②	①
정부 추진 의지	문 11. **특별지방행정기관 (사무) 이관을 위한 중앙정부 추진 의지가 높았다.**	⑤	④	③	②	①
제주 추진 의지	문 12. **특별지방행정기관 (사무) 이관을 위한 제주특별자치도 추진 의지가 높았다.**	⑤	④	③	②	①
사무 이관 방식	문 13. 내가 속한(했던) **특별지방행정기관 이관사무는 제주특별자치도와 중복되는 사무**였다.	⑤	④	③	②	①
	문 14. 내가 속한(했던) **특별지방행정기관 이관사무는 관련된 모든 사무를 동시에 이관**하였다.	⑤	④	③	②	①
	문 15. 내가 속한(했던) **특별지방행정기관 이관사무는 합의된 사항부터 단계적으로 이관**하였다.	⑤	④	③	②	①
특별지방행정기관 사전 공감대	문 16. 내가 속한(했던) **특별지방행정기관 이관 시 구성원들의 의견을 합리적으로 수렴하였다.**	⑤	④	③	②	①

		매우 그러함	그러한 편	보통	그렇지 않은 편	전혀 아님
특별지 방행정 기관 사전 공감대	문 17. 내가 속한(했던) **특별지 방행정기관 이관 시 법적 타당 성, 제주특별자치도 실익 등 내 용상으로 사전에 충분히 검토 하였다.**	⑤	④	③	②	①
	문 18. 내가 속한(했던) **특별지 방행정기관 이관 시 정권 차원 의 정책 의지로 추진되었다**	⑤	④	③	②	①

Ⅱ	특별지방행정기관 이관 시 중요한 요인

※ 다음은 특별지방행정기관 이관 시 각각의 원칙과 기준에 대한 중요도를
묻는 질문입니다. 아래의 각 항목에 대한 중요도를 해당하는 곳에 체크
(√)해 주시기 바랍니다.

		매우 중요함	중요한 편	보통	중요 안 한 편	전혀 중요 안 함
행정 여건 및 능력	문 19. **제주특별자치도 행 정여건**(특별자치도 등)	⑤	④	③	②	①
	문 20. **제주특별자치도 재 정여건**	⑤	④	③	②	①
	문 21. **제주특별자치도 운 영능력**	⑤	④	③	②	①
도민 공감대 등 제주 입장	문 22. **도민 의견수렴 등 도민사회 공감대**	⑤	④	③	②	①
	문 23. **제주특별자치도 입장**	⑤	④	③	②	①

		매우 중요함	중요한 편	보통	중요 안한편	전혀 중요 안 함
제주 특수성 부합 등	문 24. **제주지역 특수성**	⑤	④	③	②	①
	문 25. **제주지역 비전달성 기여도**	⑤	④	③	②	①
보충성 원칙	문 26. **정부보다는 제주에서 더 나은 의사결정 및 추진의 효율성·효과성**	⑤	④	③	②	①
주민 복리 증진 기여	문 27. **제주경제발전 기여도**	⑤	④	③	②	①
	문 28. **지역주민의 삶의 질 향상 기여도**	⑤	④	③	②	①
정부 추진 의지	문 29. **중앙정부 추진 의지**	⑤	④	③	②	①
제주 추진 의지	문 30. **제주특별자치도 추진** 의지	⑤	④	③	②	①
이관 방식	문 31. 특별지방행정기관 사무와 제주특별자치도 사무 중복배제	⑤	④	③	②	①
	문 32. **이관사무와 관련된 모든 사무의 동시 이관**	⑤	④	③	②	①
	문 33. **이관사무는 합의된 사항부터 단계적 이관**	⑤	④	③	②	①
특별지방 행정기관 사전 공감대	문 34. **특별지방행정기관 이관 시 구성원들 의견수렴**	⑤	④	③	②	①

		매우 중요함	중요한 편	보통	중요 안한편	전혀 중요 안 함
특별지방 행정기관 사전 공감대	문 35. 특별지방행정기관 이관 시 법적 타당성, 제주 특별자치도 실익 등 내용상 으로 사전에 충분히 검토	⑤	④	③	②	①
	문 36. 특별지방행정기관 이관 시 정권 차원의 정책 의지	⑤	④	③	②	①

문 37. 지금까지 응답한 내용을 고려했을 때, 귀하가 속한(속했던) 특별지방
행정기관 (사무) 이관은 전반적으로 제주에 필요했다고 생각하십니까?

매우 필요 했다	필요한 편	보통	필요하지 않은 편	전혀 필요하지 않았다
⑤	④	③	②	①

Ⅲ	특별지방행정기관 이관 운영평가 관련

※ 다음은 특별지방행정기관 이관 후 정부와 제주특별자치도의 지속적인 정
책추진 의지에 대한 질문입니다. 아래의 각 항목에 해당하는 곳에 체크
(√)해 주시기 바랍니다.

		매우 그러함	그러 한 편	보통	그렇지 않은 편	전혀 아님
정부 지원 의지	문 38. 특별지방행정기관 이관 후 소관 정부 부처와의 협의 등 정책소통은 원활하다고 생각하 십니까?	⑤	④	③	②	①
	문 39. 특별지방행정기관 이관 후 소관 정부 부처의 재정지원은 적극적이라고 생각하십니까?	⑤	④	③	②	①

		매우 그러함	그러한 편	보통	그렇지 않은 편	전혀 아님
제주 추진 의지	문 40. **특별지방행정기관 이관 후 도에서는 지속해서 제도개선 노력을 하고 있다**고 생각하십니까?	⑤	④	③	②	①
	문 41. **특별지방행정기관 이관 후 도에서는 정부 예산절충을 위해 노력하고 있다**고 생각하십니까?	⑤	④	③	②	①
	문 42. **특별지방행정기관 이관 후 도에서는 자체예산 지원에 적극적이라고 생각**하십니까?	⑤	④	③	②	①

※ 다음은 특별지방행정기관에 대한 제주특별자치도의 운영역량과 의지에 대한 질문입니다. 아래의 각 항목에 해당하는 곳에 체크(√)해 주시기 바랍니다.

		매우 그러함	그러한 편	보통	그렇지 않은 편	전혀 아님
사무 이관 조치	문 43. **특별지방행정기관 출신 공무원에 대한 생활환경 개선 등 행·재정적 지원을 한 바 있다.**	⑤	④	③	②	①
	문 44. **특별지방행정기관 출신 직원에 대한 근무평정 등 인사상 불이익이 없다.**	⑤	④	③	②	①
전문성 강화	문 45. **현재 특별지방행정기관 인사 시 전문성 등 기관 특성을 반영하여 인사를** 하고 있다.	⑤	④	③	②	①
	문 46. **직원의 전문성 강화를 위한 교육훈련 지원이 잘 되고 있다.**	⑤	④	③	②	①

※ 다음은 특별지방행정기관 이관사무 활용도 및 지역발전 기여도에 대한 질문입니다. 아래의 각 항목에 해당하는 곳에 체크(√)해 주시기 바랍니다.

		매우 그러함	그러한 편	보통	그렇지 않은 편	전혀 아님
이양 사무 활용도	문 47. 특별지방행정기관 **이관 사무가 제주 여건에 맞게 활용이 잘 되고 있다고 생각**하십니까?	⑤	④	③	②	①
시역 발전 기여도	문 48. **특별지방행정기관 이관사무의 활용**이 제주지역 발전에 도움이 된다고 생각하십니까?	⑤	④	③	②	①
	문 49. **특별지방행정기관 이관사무의 활용**이 주민 삶의 질 향상에 도움이 된다고 생각하십니까?	⑤	④	③	②	①

※ 다음은 도 조직으로 통합된 특별지방행정기관(제주지방국토관리청, 제주지방중소기업청, 제주지방해양수산청, 제주환경출장소)에 대한 질문입니다. 아래의 해당하는 곳에 체크(√)해 주시기 바랍니다.

		매우 그러함	그러한 편	보통	그렇지 않은 편	전혀 아님
특행 기관 통합 지지	문 50. 이관된 **특별지방행정기관을 도 조직으로 통합한 것**은 도 차원의 종합행정에 도움이 된다고 생각하십니까?	⑤	④	③	②	①
	문 51. 이관된 **특별지방행정기관을 도 조직으로 통합한 사실**에 대해 지지하십니까?	⑤	④	③	②	①
	↳ 문 51-1. **도 조직으로의 통합에 지지 또는 지지하지 않는 이유는 무엇**입니까? ( )					

※ 다음은 특별지방행정기관 이관 후 인력 및 재정지원에 대한 질문입니다.

		매우 그러함	그러한 편	보통	그렇지 않은 편	전혀 아님
인력 운영	문 52. 내가 속한(했던) **특별 지방행정기관 이관 후 공무 원 정원은 충분히 늘어났다.**	⑤	④	③	②	①
	문 53. 내가 속한(했던) **특별 지방행정기관 이관 후 공무 원 정원은 비슷한 다른 지역 특별지방행정기관의 정원 증 가율보다 높다.**	⑤	④	③	②	①
재정 운용	문 54. 내가 속한(했던) **특별 지방행정기관 이관 후 재정 은 충분히 증가했다.**	⑤	④	③	②	①
	문 55. 내가 속한(했던) **특별 지방행정기관 이관 후 재정 규모는 비슷한 다른 지역 특 별지방행정기관의 재정 증가 율보다 높다.**	⑤	④	③	②	①

※ 다음은 특별지방행정기관 이관에 따른 행정수요 대응성 및 주민만족도에 대한 질문입니다. 아래의 각 항목에 해당하는 곳에 체크(√)해 주시기 바랍니다.

		매우 그러함	그러한 편	보통	그렇지 않은 편	전혀 아님
행정 대응성	문 56. **특별지방행정기관 이관 후 도민 대상 행정서 비스가 적극적으로 바뀌었 다고 생각**하십니까?	⑤	④	③	②	①
주민 편의	문 57. **특별지방행정기관 이관 후** 도민들의 **행정서 비스 접근성이 더 높아졌 다고 생각**하십니까?	⑤	④	③	②	①

		매우 그러함	그러한 편	보통	그렇지 않은 편	전혀 아님
주민 만족도	문 58. **특별지방행정기관 이관 후 행정서비스에 대한 주민만족도가 높아졌다고 생각**하십니까?	⑤	④	③	②	①

문 59. 지금까지 응답한 내용을 고려했을 때, 귀하께서는 특별지방행정기관 이관 후 정책성과가 좋아졌고 생각하십니까?

매우 그렇다	그러한 편	보통	그렇지 않은 편	전혀 그렇지 않다
⑤	④	③	②	①

문 60. 귀하께서는 타 지방자치단체에서도 중앙정부에 특별지방행정기관을 이관해줄 것을 요구한다면, 적극 지지하시겠습니까?

적극 지지	지지하는 편	보통	지지하지 않는 편	절대 지지 안 함
⑤	④	③	②	①

↳ 문 60-1. 지지하신다면, 어떤 특별지방행정기관 이전을 추천하시겠습니까?
(복수응답 가능)
① 지방국토관리청 ② 지방해양수산청 ③ 지방중소기업청
④ 보훈지청 ⑤ 환경출장소 ⑥ 지방노동청 00지청
⑦ 지방노동위원회

문 61. 귀하께서는 제주특별자치도 출범 이전으로 돌아가서 다시 한번 특별지방행정기관의 제주 이전 논의를 진행하게 된다면, 귀하가 속했던 특별지방행정기관을 제주로 이관하는 것에 대해 지지하십니까?

적극 지지	지지하는 편	보통	지지하지 않는 편	절대 지지 안 함
⑤	④	③	②	①

오랜 시간 설문에 답해주셔서 대단히 감사합니다.

김인성

　제주특별자치도의회 행정자치위원회 전문위원
　제주특별자치도의회 행정자치위원회 정책연구위원
　제주경제정의실천시민연합 사무차장
　제주대학교 석사 및 박사 졸업
　아주대학교 정치외교학 및 경제학 복수전공

특별지방행정기관 지방이관의 운용실태와 전략방안

초판인쇄　2021년　3월　30일
초판발행　2021년　3월　30일

지은이　김인성
펴낸이　채종준
펴낸곳　한국학술정보㈜
주소　경기도 파주시 회동길 230(문발동)
전화　031) 908-3181(대표)
팩스　031) 908-3189
홈페이지　http://ebook.kstudy.com
전자우편　출판사업부　publish@kstudy.com
등록　제일산-115호(2000. 6. 19)

ISBN　979-11-6603-379-7　93350